# 역량평가 · 평가센터

## Assessment Centers In Human Resource Management

김명준 · 김영재 옮김
George C. Thornton III, Deborah E. Rupp

어세스타

## 김명준

김명준 박사는 심리검사 및 평가센터 전문가로 활동하고 있고, 경영학의 인사조직분야와 심리학의 산업 및 조직심리분야의 지식 및 경험을 결합하여, 국내 기업에 합리적인 인사평가 Tool(평가센터, 면접기법, 상황판단검사, MBTI®, Firo-B®, CPI® 등)을 제공하고 있다. 그가 대표로 있는 회사 ㈜어세스타(www.assesta.com)는 한국의 여러 공공기업과 민간기업에 역량평가 서비스를 제공하고 있고, 이를 통해 많은 조직의 역량평가 및 개발을 돕고 있다. 더불어 그는 서울시, 외교부 등의 역량평가 평가위원으로 활동하기도 했다. ICACM(국제역량평가학회)의 평가센터 운영 가이드라인 개정 Task Force 위원으로 임명돼 2008~2009년과 2015년에 참여했고, 지금까지 활동을 이어오고 있다.

영국 Surrey University에서 직업심리학 석사과정을 수료, 연세대학교에서 MBA를, 광운대학교에서 인사심리 박사학위를 취득하였다. 또한 미국 일리노이 대학교의 개발평가센터 연구실(DAC Lab)에서 관리자 역량개발 프로그램에 관한 연구활동을 하였다.

## 김영재

김영재는 미국 일리노이 대학교 심리학과를 졸업하고, KAIST 인문사회융합과학대학 기술경영학과에서 석사과정을 졸업한 후, 현재는 미국 조지아 대학교 산업조직심리학 박사과정에 재학 중이다.

LG CNS 인사과에 근무한 후 ㈜어세스타 연구원으로 재직하며, 본 도서의 저자인 Dr. Deborah E. Rupp, Dr. George C. Thornton의 Assessment Center, Development Center에 관한 연구지원 및 저자들의 한국 방문 시 개최된 세미나에서 통역을 맡은 바 있다. 현재는 미국 조지아 대학교 Dr. Brian J. Hoffman 교수의 연구실에서 평가센터, 리더십, 팀, 감정노동에 관한 연구를 진행하고 있으며, 미국 산업조직심리학회(SIOP)에 여러 차례 연구결과를 발표하고, 평가센터 관련 연구논문을 학술지에 게재하였다.

# 목 차

# 역자 서문

2003년 3월 일리노이 대학교 심리학과의 DAC(Developmental Assessment Center) Lab에서 처음 만난 Deborah E. Rupp 교수는 평가센터 분야의 떠오르는 연구자였다. 평가센터 연구에 거의 평생을 받쳐 많은 연구를 수행했던 George C. Thornton III 교수와의 인연이 그녀의 연구에 큰 밑바탕이 되었던 것 같다. 나에게 DAC Lab에서의 3년 반은 평가센터의 과거와 현재 그리고 미래를 함께 볼 수 있는 참 소중한 기회였다.

이미 20세기에 산업 및 조직심리학은 채용 및 승진과정에서의 합리적이고 과학적인 방법을 찾아 세상의 많은 조직에 커다란 기여를 해 왔다. 특히 평가센터 방법(Assessment Center Method)은 기존의 심리검사와는 매우 다른 접근을 통해 미래의 성과를 예측하는 방법으로 미국 및 유럽의 민간 기업, 정부, 공공기관의 승진 의사결정에 필수적인 방법론으로 자리를 잡았다.

21세기에 들어서면서, 시뮬레이션을 바탕으로 한 평가센터 방법을 미래 성과 예측을 통한 합리적인 승진 의사결정뿐만 아니라, 변화가 빠른 정보처리 분야 전문가들의 약점을 진단하여 이를 보완하는 전략 구성 및 역량개발의 방법으로 확대해 사용하는 새로운 흐름에 맞춰 2006년에 본 도서가 출간되었다.

이 책은 평가센터 방법을 익히려는 대학원생, 조직의 채용/승진 관리자, 인사분야 컨설턴트가 평가센터를 설계하거나 운영할 때 필요한 다양한 이슈들을 다루고 있다.

또한, 많은 이슈가 2000년도 판 평가센터 가이드라인(Guidelines and Ethical Considerations for Assessment Center Operations: International Task Force on Assessment Center Guidelines/ www.assessmentcenters.org)과 미국 산업 및 조직심리학회(www.siop.org)에서 최근에 다루고 있는 내용과 유관하다.

우리나라에서 2006년 7월 1일 전면 시행된 고위공무원단 제도에서, 정부의 주요 정책 결정 및 관리를 할 수 있는 고위 공무원의 역량을 평가하기 위해 평가센터 방법을 도입하였다. 이미 이 방법은 고위공무원뿐 아니라 4급, 5급의 역량평가를 위한 방법으로 확대되어 정부 내 승진 시스템으로 자리를 잡았고, 지방정부 및 국내 공공기관 등에도 확대되어 사용되고 있는 인사시스템의 중요한 요소가 되었다. 평가센터 방법을 전문적으로 설계하고 공정하게 운영하기 위하여 실무적으로 고려해야 할 점은 평가자의 선택 및 훈련, 과제설계, 평가기준의 설정, 평가센터 방법의 타당도 및 신뢰도 확보 등 매우 다양하다.

본 도서의 원문에 등장하는 여러 용어가 아직 우리나라 실정에 맞는 적절한 용어가 없어 번역 시 어려움이 있었지만, 역량평가를 위한 평가센터 설계 및 운영을 하는 실무자들에게 도움이 되기를 바라는 마음으로 번역하였다.

특히 본 도서를 번역하는 과정에는 현재 조지아 대학교의 산업 및 조직심리학과에서 박사과정에 있는 김영재 군의 역할이 매우 중요하였으며, 출간하는 과정에는 어세스타 최희정 연구원의 도움이 컸다. 그들에게 감사하는 마음을 전한다.

*2017년 어세스타 김명준*

# 서문

이 책의 전반에 걸쳐 담겨 있는 평가센터 주제는 바로 연속성과 변화이다. 우리는 이 책에 지난 50년간의 역사를 거쳐온 평가센터 방법에서 무엇이 바뀌었고, 무엇이 존속됐는지를 설명해 놓았다. 그 중 교육받은 평가자에 의해 이뤄지는 '상황별 과제 내에서 피평가자가 보여주는 업무성과 관련 역량의 관찰 및 평가' 등과 같은 평가센터 방법의 가장 기본적인 요소는 변하지 않고 그대로 존속됐다. 이 같은 연속성은 미국의 많은 공공안전기관들(예를 들어, 경찰과 소방관할구역들)이 실행해온 기존의 평가센터에서도 나타나고 있다.

평가센터 기법의 변화는 점점 더 분명해지고 있다. 이에 따라 평가센터 개발자들은 아래 사항에 대응하여 몇몇 변화들을 시도해 왔다.

- 일의 유형
- 비즈니스의 글로벌화
- 조직의 구조
- 노동력의 다양화
- 인사관리체계
- 연구논문에 있어서 이론적 증거와 실증적 증거
- 평가에 있어서 기술적 개혁

그리고 우리는 이러한 변화의 장단점에 대해 평가를 해 보았다.

주된 변화는 평가센터의 목적과 평가센터 및 관련 구성요소에서 사용해오던 방식들이 변화했다는 것이다. 민간 기업에서 승진을 목적으로 한 평가센터의 사용률은 점차 감소하는 반면 역량개발을 목적으로 한 평가센터의 사용률은 점차 증가하는 추세다. 그로 인해 평가센터에 대한 보다 명확한 정의를 내릴 필요가 있었고, 각기 다른 목적의 평가센터가 어떻게 설계되고 진행되는지에 대한 명쾌한 설명이 필요했다.

이 책에서 우리는 예측과 진단, 개발을 위한 평가센터의 차이점을 명확하게 구분해 놓았다. 역사적으로 평가센터는 외부 지원자의 선발과 내부 후보자 승진 장면에서 주로 사용되었다. 하지만 그 후 많은 조직이 강점과 개발이 필요한 부분을 진단하기 위한 목적으로 평가센터를 사용했다. 최근 들어서는 평가센터 프로그램의 참여 과정에서 기술을 습득하거나 혹은 프로그램 완료 후 기술을 습득하는 등과 같은 개발목적의 평가센터 또한 볼 수 있었다. 우리는 이 책의 한 장을 통해 이러한 새로운 형태의 평가센터에 관해 설명하였다. 이러한 쟁점에 관하여 '개발 가능한' 역량의 분류와 사용, 개발과 관련된 피드백, 그리고 개발평가센터가 시작부터 끝까지 어떠한 방법으로 구성되는지를 놓고 분석하였다.

1992년 판과 비교하여 이 책은 평가센터와 인적자원관리, 평가센터 관련 법정 사례, 평가센터 운영에서 이뤄진 혁신, 인력의 다양성을 포함한 문화 간 차이점에 있어서 고려해야 할 점, 평가자 훈련 등과 같은 주제에 관한 설명을 담았다. 분야마다 평가센터 운영과 관련한 학설과 그에 대한 연구 또한 분석되었다.

평가센터의 타당도를 다룬 장은 그 동안 그 범위가 대폭 확장됐다. 타당도 관련 장에서 우리는 *Standards for Educational and Psychological Tests* (American Educational Research Association, American Psychological Association, National Council of Measurement in Education, 1999)에서 자세히 설명된 현대적 타당도의 정의를 사용하여 평가센터 타당도에 대해 논해 보았다. 이번 개정판에서는 처음으로 예측, 진단, 개발 목적의 평가센터 사용과 관련된 몇 가지 증거를 통합하였다. 이는 기존의 '내용, 준거, 그리고 구성 타당도'와 관련하여 이전의 타당성 논의와 비교했을 때 현저한 차이를 보인다. 이 책의 요점을 간단히 말하면, 평가센터가 예측과 진단, 개발 목적을 달성하는 데 충분한 타당성을 지니고 있다는 것이다.

이 책은 1992년 판과 동일한 문체를 사용했으며, 대상 독자 역시 동일하다. 이 책의 대상은 평가센터에 대해 배우고 있는 학생과 평가센터 실행을 고려하고 있는 인사관리자 및 컨설턴트, 평가센터 방법을 연구하고 최신 이슈를 이해하고자 하는 교수진이다.

우리는 지금까지 현재 학업에 종사하고 있지 않은 독자를 위해 조금 더 명확한 학설과 연구, 실무에 대한 해석을 내놓고자 힘써왔다. 또한, 우리는 산업조직심리학, 사회심리학, 성격심리학, 발달심리학, 인지심리학 등과 같은 한 차원 더 세분된 심리학 분야의 지식과 심리측정학, 경영관리와 조직행동, 인적자원관리, 노사 관계와 같이 여러 학문 분야에서 자료를 수집하였다. 이 분야의 학설과 연구들은 평가센터의 실행에 많은 정보를 제공해 왔으며, 또한 다양한 용도를 목적으로 한 평가센터 기법의 실효성을 설명하는 데도 도움이 됐다.

우리는 몇몇 논쟁거리의 주제와 관련하여 장단점을 알아보고 이들에 대한 결론을 내렸다. 비록 일부 학계가 특정 평가센터 방법을 지지하는 것이 시대의 흐름에 맞지 않을 수 있고, 또 시대정신이 이전부터 내려오던 기존의 방법을 바꾸기도 하지만, 우리는 여기서 평가센터 방법론을 확고히 지지하기로 하였다. 그리고 우리는 전산화된 평가기법, 이중목적의 평가센터, 진단적 기법의 평가센터, 그리고 구성 타당도와 같은 전통적 개념의 용어와 관련된 연구결과를 제시하였다.

## 감사의 글

우선 우리의 생각과 의견에 많은 공헌을 해준 이들에게 깊은 감사를 표하고 싶다. 함께 연구를 진행했던 동료들은 우리가 논리를 명확히 하고 논란거리의 주제들에 반박하는 데 큰 도움을 주었다. 검토를 도와주신 분들 또한 연구의 범위와 설명방식의 개선점에 대한 조언을 아끼지 않았다. 실무에 계신 분들도 실무에서의 경험과 이야기를 아낌없이 제공해주셨다. 조직의 인사관리자들도 직접 현장 설정의 실험대 역할을 맡아주셨고, 학생들도 학설과 연구, 실무에 대한 깊이 있는 논제들을 우리에게 던짐으로써 이 책의 원고에 존재했던 미약하거나 불확실한 점들을 좀 더 명확히 하는 데 도움을 주기도 하였다. 이 장에서 다 나열하기에 너무나도 많은 동료에게 깊은 감사를 다시 한 번 표하고 싶다. 끝으로 혹시나 남아 있는 결점이나 누락된 사항에 관하여 우리 두 저자가 책임을 지는 바이다.

*George C. Thornton III*
*Deborah E. Rupp*

# 총서를 여는 글

쟈넷 N. 클리브랜드 (Jeanette N. Cleveland)
펜실베니아 주립대학교 (The Pennsylvania State University)
에드윈 A. 플레시맨 (Edwin A. Fleishman)
조지 메이슨 대학교 (George Mason University)

오늘날 사람들은 대인관계 갈등과 같은 여러 문제의 해결책으로 더욱 혁신적인 접근법을 요구하고 있다. 이러한 접근법들은 타당한 연구와 적용이 뒷받침되었을 때 더욱 성공적일 것이다. *Series in Applied Psychology*는 최신 연구법들을 소개하고, 또 그런 방법을 적용한 다양한 사회적 배경 속 인간의 행동과 관련된 연구들을 담은 출판물을 계속해서 발행하고 있다. 그리고 그 주된 목적은 학술적인 부분과 실무적인 부분을 연결하기 위해서이다.

Galton, Binet, Cattell과 같은 초기의 심리측정 전문가들은 일정 수준의 조작 기술과 기계에 대한 이해력, 시·지각적 능력이 요구되는 심리검사를 개발했다. 1차 세계대전을 시작으로 인지적 집단 지필검사가 주를 이루기 시작했고, 독일과 영국군의 장교 선발 과정에서 면접과 인간의 능력에 관련한 지필검사, 그리고 복잡한 모의 직무 상황을 이용하여 게슈탈트 수준의 '리더십'을 평가하기 위한 검사들이 실시되었다. 이 프로그램은 이후 U.S. Office of Strategic Services Program의 선구자 역할을 하였으며, 다수의 평가자와 기존의 지필검사 방식, 집단토론, 압박 면접, 모의과제 등을 이용하여 제2차 세계대전 당시 첩보원 지원자들의 복합적인 평가에 도움을 주었다. 1950년대 후반 AT&T社에서 리더급 인재의 발굴에 관하여 학문적으로 유의미한 타당도 종적 연구를 포함한 관리절차연구가 진행되었다. 평가센터를 향한 움직임은 이러한 초기의 발전으로부터 시작되었다.

우리는 *Series in Applied Psychology*에서 George C. Thornton Ⅲ과 Deborah E. Rupp에 의해 쓰인 *Assessment Centers in Human Resource Management: Strategies* *for Prediction, Diagnosis, and Development*의 발간을 매우 기쁘게 생각한다. Thornton 박사는 평가센터 분야에서의 학문적 업적과 직업적 전문성으로 세계적으로 유명한 인물이다. Rupp 박사 또한 평가센터 분야에서의 연구와 조직의 공평성과 정당성에 대한 통찰력으로 유명하다. 이 두 저자는 그들의 전문 분야를 응용해 점점 더 변화하고, 글로벌화 되어가며, 복잡해지는 업무 현장에서 이루어지는 평가센터에 관한 연구결과와 현장의 실무상태를 분석하였다.

채용과 평가도구로써의 평가센터 사용에 관하여 지금까지 상당수의 연구가 진행됐다. Thornton과 Rupp은 채용과 관리잠재력의 발견에서 실질적 기술의 습득 또는 개발로 변화하는 평가센터의 목적을 연구하였다. 또한, 훈련된 평가자의 피평가자에 대한 평가와 같은 평가센터의 기본적 요소들이 어떠한 방법으로 지속해서 유지됐는지를 자세히 설명하였다. 더욱 중요한 것은, 저자들이 날로 변화하는 환경과 직업, 인구통계적 상황에 대해 평가센터가 효과적으로 기능할 수 있는지 확인했다는 것이다.

이 책은 심리학, 경영, 노사 관계를 포함한 몇몇 학과목으로부터 도출된 접근법에 대한 학설과 연구, 업무를 재해석하였으며, 실제 평가센터의 적용사례를 포함하고 있다. 평가센터에 있어 첨단 기술의 사용은 세계적인 흐름이고, 이미 각기 다른 분야에서 기술의 영향을 받고 있으며, 웹 기반의 평가센터 또한 새롭게 다뤄지는 이슈이기도 하다. 이 논의는 전 세계의 업무현장 및 노동인구에 대한 예측, 진단, 개발과 관련한 최근 평가센터의 다양한 타당성 검증에 관한 증거를 포함하고 있다.

이 책은 산업조직심리, 검사, 그리고 인적자원관리에 근거하고 있으며, 경영학적 리더십을 가진 인재의 채용과 진단, 개발에 관한 기법에 대해 시기 적절하면서도 혁신적인 논의를 펼치고 있다. 이 책의 대상은 평가센터의 개발에 관심을 갖고 있고, 또 최근 평가센터에 관해 다뤄지고 있는 논의에 대해 알고 싶어하는 학생과 교수들이다. 또한, 평가센터를 연구하는 사람과 평가센터 사용을 진전시키려는 사람, 평가센터의 개발과 사용에 관심 있는 컨설턴트, 인사관리자에게도 유용할 것이다.

제 1 장

# 인적자원관리를 위한 평가센터

평가센터 방법이란, 조직의 효율성과 관련된 조직 구성원의 특성이나 역량을 평가하고 개발하기 위한 목적을 가지고 있다. 비록 모든 평가센터가 공통된 특징을 갖고 있지만 각기 다른 목적에 따라 다양한 방식으로 적용될 수 있다. 이 책의 목적은 인적자원관리의 특정한 목적에 맞는 평가센터 방법을 알려주는 것이다.

인적자원관리를 목적으로 한 평가센터의 활용은 (a) 선발과 승진, (b) 직무 관련 역량의 강점 및 약점 진단, 그리고 (c) 직무와 관련된 역량의 개발로 세분화 된다. 인사관리자는 구체적인 목적을 세워 평가센터를 설계하고, 그 목적에 따라 여러 가지 결정을 해야 한다. 이 책에서 우리는 평가센터의 요소들을 갖추기 위한 실제 운영에 대해 논의하고, 어떤 절차를 수행해야 하는지에 대한 이론적 근거를 제공하고자 한다. 평가센터의 실제 운영에 대한 고려사항은 많은 평가센터 운영자들의 경험뿐 아니라 평가센터 각 요소에 관한 이론과 조사에 근거하고 있다.

이 장에서는 평가센터 방법을 설명하고, 이를 다른 평가 방법과 비교할 것이다. 그리고 인적자원의 기능에 대해 간단히 설명한 뒤 이를 활성화하기 위해 평가센터가 어떻게 사용되는지 소개할 것이다. 제2장에서는 각기 다른 세 가지 유형의 인적자원 관리 문제를 해결하는 데 평가센터가 어떻게 사용되고 있는지 알아볼 것이다.

## 1 평가센터의 연속성과 변화

우리는 지난 수십 년 동안 평가센터를 적용하면서 연속성과 변화의 두 모습을 보아왔다. 현재의 평가센터는 과거보다 더 다양한 목적을 위해 사용되고 있고, 지금도 평가와 개발에 있어 새롭고 흥미로운 방식으로 통합되고 있다.

더욱이 직무와 조직의 근본적인 변화는 인적자원 기능이 수행되어 온 방식에도 변화를 주었다. 이에 대해 이 장의 뒷부분과 책 전체에 걸쳐 더 자세하게 논의할 것이다. 평가센터 방법에 대한 논의를 시작하기 전에 지난 수십 년 동안 변하지 않았던 기본적인 평가센터 방법에 대하여 알아볼 필요가 있다.

평가센터 방법의 본질적인 특징은 피평가자의 특정 행동을 관찰하기 위한 모의과제의 사용이다(International Task Force, 2000). 이때 이 모의상황은 피평가자가 마케팅 문제를 분석한 후 보고서를 작성하거나 발표하는 것, 수신함에 있는 메모와 메일에 답하는 것, 서비스 불만에 대해 고객과 상담하는 것 등의 상황을 포함한다. 또한, 개인 과제 이외에 대상직무 일부분에 해당하는 집단 과제도 포함되는데, 이는 조직상의 문제나 의사결정 과정에서 나타날 수 있는 상황으로 구성되어 있다. 훈련받은 평가자는 과제에서 관찰한 피평가자의 행동을 평가하며, 각 평가자의 개별적인 평가에서 나온 정보는 평가자 회의나 통계처리 절차를 통해 하나로 통합된다. 이 같은 평가센터의 결과물은 피평가자의 강점과 약점 평가 및 종합평가평정을 나타낸다.

평가센터를 개인과 집단의 개발을 위해 사용할 때, 개인과 집단의 새로운 경영 능력을 신장시킬 수 있다. 이 장의 후반부에서는 평가센터의 다양한 활용의 효과성을 설명할 것이다. 우선 시대에 따라 평가센터 방법이 어떻게 진화했는지, 현대 조직에서 평가센터가 어떻게 운영되는지 이해하기 위해서는 직무, 조직구성원, 조직의 변화하는 속성을 이해할 필요가 있다.

## 2 변화하는 직무, 조직, 그리고 글로벌 기업 환경

21세기 들어 전 세계 고용 시장에서는 다양한 변화가 일어나고 있다. 첫째, 미국 내 고용 시장의 급속한 성장을 예로 들 수 있는데, 향후 6년간 대략 1억 6천 8백만 개의 직무가 미국 경제를 주도할 것으로 예상된다고 한다(미국 노동부/U.S. Department of Labor, 2003).

둘째, 노동 시장 구성의 변화이다. 노동인력에서 소수 집단과 여성인력의 구성이 계속 증가할 것이며, 그들 중 대다수가 새로운 직업에 입문할 것이다. 미국에서 실시한 한 조사에 따르면 '전형적인' 남성 및 백인 위주의 직업에 여성과 소수 집단이 입문하고 있다고 한다. 따라서, 인적자원 정책은 비주류 집단에서 나타나는 낮은 직업 만족도와 직원의 근속을 파악하고 그런 상황에서 발생할 수 있는 차별을 고려해 수립할 필요가 있다.

셋째, 조직의 경영방식 변화이다. 현재 대다수 조직은 사회적, 기술적 체계의 조화를 최대화할 수 있는 고(高)성과 업무 체계의 수립을 위해 직무를 구조화하고 있다. 또한, 조직의 변화와 관련하여 직무가 설계되는 방식도 변화하고 있다. 조직 구성이 점점 팀 기반으로 변화하고, 많은 기업이 더욱 글로벌화 되어감에 따라 직업 간의 경계는 모호해지고 있다.

넷째, '지식기반 근로자'의 비율이 현재와 미래 직무 성장의 약 절반을 이루고 있다. 또한, 조직구성원의 사생활 보장을 위해 작업 일정을 유연하게 편성하고 있고, 비정규직의 활용이 지속해서 증가하고 있다(미국 노동부/U.S. Department of Labor, 2001, 2002).

다섯째, 직업의 세계는 경영자와 조직구성원 사이의 고용계약에서 급속히 변화해 왔다. 평생 고용에 대한 기대는 단기간의 고용에 대한 기대로 바뀌었다. 이전에는 경영자가 조직구성원의 경력 개발에 대한 책임을 졌던 반면, 이제는 개인이 책임지는 조직 문화로 변화하고 있다.

이러한 변화는 인적자원관리의 전반적인 개혁과 더불어 평가와 개발에 대한 혁신을 요구하고 있다.

## 3 인적자원관리의 '도구'를 구성할 때 중요한 주의사항

그렇다면 이 모든 변화는 인적자원관리에 어떤 의미를 지닐까? 첫째, 노동력의 수요 증가와 함께 조직구성원과 경영진 간의 고용계약 형태가 변했다. 이로 인해 조직이 신입사원을 모집, 선발하고 훈련 및 유지하는 데 필요한 도구를 개발하는 것에 힘쓰고 있다. 이 도구들은 갈수록 다양해지는 노동 인력과 고용 관련 법규의 중요성과 함께 채용대상자와 조직구성원 모두에게 공정하게 인식되고 운영 과정에서도 공정하게 사용되어야 한다. 연구에 의하면 미국의 남성 및 백인계 집단보다 여성과 소수 집단의 승진비율이 훨씬 낮은 것으로 밝혀졌다(Cheng, 1997; Lyness & Judiesch,

1999; Roberson & Block, 2001). 따라서 이들에게 평등한 기회를 제공할 수 있는 평가도구와 의사결정 도구를 만드는 것은 인적자원 전문가에게 새로운 도전이 되고 있다.

둘째, 변화하는 직무의 특성은 부수적인 도전 과제를 만들어낸다. 우선, 조직은 서서히 변화하는 직무들의 성공에 필요한 특성을 측정할 수 있어야 한다. 그러한 특성은 융통성, 문화적 적응성, 학습 동기와 준비성 등의 평가항목과 그 외에 측정, 개발 및 정의가 어려운 다른 능력들을 포함한다. 마지막으로, 일의 영역이 세계화되고 기술의 진보로 원거리 업무가 가능해지면서 인적자원관리 도구 역시 이런 추세를 따라 유연하고 안전하며 다양한 환경에 적용 가능한 방법으로 개발돼야 한다. 요약하면, 조직 환경의 변화는 다양한 인적자원관리 도구의 필요성에 대한 인식을 바꿔놓았고, 그 도구에 대한 채용대상자와 조직구성원의 태도 또한 변화시켰다. 그러므로 현대의 기업/정부조직은 경영 목표의 효과적 달성을 위해 인적자원을 효과적으로 관리할 다양한 방법과 관련 도구의 개발 및 운영에 관심을 기울여야 할 것이다.

## 4 평가센터 방법

평가센터 방법은 포괄적이고 유용하게 조직 환경에 적합한 채용대상자와 조직구성원을 평가하고 개발할 수 있는 도구를 제공한다. 평가센터는 다음과 같은 강점을 가지고 있다.

- 직무에서 요구되는 복잡한 역량을 측정한다.
- 공정성과 타당성이 높다.
- 피평가자에 대한 유불리효과가 거의 없다.
- 다양한 준거들을 예측한다(예: 업무 성과, 잠재 능력, 교육 성과, 경력 개발 등; Gaugler, Rosenthal, Thornton, & Bentson, 1987). 또한 기업 환경의 글로벌화와 인터넷 발달과 더불어 평가센터 방법에도 최신 기술이 도입되고 있다(Lievens & Thornton, in press). 예를 들면, 컴퓨터 기반의 모의상황(computer-based simulations), 웹-기반 평가센터의 확대, 측정하고자 하는 역량과 관련된 글/목소리/기타의 것을 점수화할 수 있는 소프트웨어 프로그램, 평가센터 과정을 자동화하기 위한 다른 보조기구 등이 있다(Bobrow & Schlutz, 2002; Ford, 2001; Reynolds, 2003; Smith & Reynolds, 2002).

주목해야 할 것은 평가센터 방법을 인적자원관리의 '최고', 또는 '유일한' 도구라고 주장하지 않는다는 것이다. 이 장 후반부에서 논의하겠지만, 평가센터 운영에 관련된 단점이 분명히 있다. 그럼에도 중요한 사실은 1940년대 처음 시작된 평가센터 방법은 직업 세계와 함께 진화해 왔으며, 포괄적인 방법으로 조직구성원의 광범위한 역량을 평가하고 개발해주는 하나의 신뢰받는 방법이라는 것이다.

## 5 일반적인 평가센터

다음의 예시는 하나의 평가센터가 어떻게 실행되는지에 대한 상황이다. 어느 월요일 아침, 12명의 승진 대상자인 피평가자와 이들을 평가하려는 6명의 평가자, 그리고 평가센터 운영자 한 명이 지정된 장소에 모인다. 사전에 평가자는 평가 수행에 필요한 전문교육을 받았고, 피평가자는 프로그램에 대해 간단히 설명을 들은 상태이다. 운영자는 평가센터의 프로그램 개요를 설명하고 일정을 점검하는 오리엔테이션을 실시한다. 피평가자는 하루 동안 일련의 모의과제를 수행하고 평가자는 그들을 관찰한다. 6명의 피평가자가 집단토론에 참여하는 동안, 다른 6명의 피평가자는 개인적으로 조직의 문제 상황 사례를 분석하고 보고서를 준비한다. 피평가자는 문제가 있는 조직구성원의 역할을 맡은 역할수행자와 면담시간을 가진 후, 현재의 조직 내 문제 상황을 개선할 아이디어를 만들어 가상의 상급자인 평가자 앞에서 발표하고, 다양한 업무 상황을 주어진 시간 내 이메일 답신이나 메모 전달 등의 방법으로 해결해간다.

평가자는 무선 네트워크에 연결된 노트북으로 피평가자가 수행하는 각 과제를 관찰하며 평가자 역할을 수행한다. 또한 자신에게 배정된 피평가자의 의사소통 행동과 의사결정 유형을 관찰한 후 피평가자의 특성에 대한 요약 보고서를 작성한다. 이러한 보고는 모의과제 수행 종료 후 진행될 통합 과정(평가자 회의)을 위해 평가센터 운영자에게 전달된다. 평가는 피평가자 한 사람을 적어도 세 명 이상의 평가자가 관찰할 수 있도록 순차적으로 돌아가며 이루어진다.

과제수행이 완료되면 피평가자는 임무를 마치고 귀가하지만, 평가자는 그날 저녁 또는 다음날 각자가 관찰한 바를 논의하고, 피평가자의 잠재된 관리역량에 대해 각자의 관찰 기록문을 바탕으로 평정한 결과에 근거하여 피평가자의 최종 평가를 위한 토의를 진행한다. 이 과정에서 피평가자의 모의과제 수행 중 관찰된 행동에 대한 상세한 논의가 이루어진다. 평가자는 스프레드시트를 활용하여 피평가자의 평가 점수를 표기하고, 평가 결과에 대해 합의점에 도달할 때까지 각자가 부여한 평가 점수의 차이에 대해 논의한다. 이 회의를 통해 피평가자는 승진 후 자신의 미래 직무에 대한 성공 가능성을 역량별 종합평가평정에 의해 최종적으로 평가받는다. 또한, 평가센터의 많은 프로그램에서 평가자는 피평가자의 역량개발에 대해 논의하고 직무 효율성을 개선하기 위해 피평가자가 무엇을 개선하고 개발해야 하는지 제안한다.

일반적으로 피평가자는 평가를 받은 뒤, 그다음 주에 결과에 대한 피드백을 받는다. 피드백의 내용과 방법은 평가센터를 운영하는 목적에 따라 달라진다. 가령 평가센터가 채용/승진 결정을 위해 운영되었다면 피드백 보고서는 인사결정권자에게 전달된다. 평가센터를 개발의 필요를 진단하기 위해 사용한다면, 피드백은 피평가자와 그의 직속 상사에게 전달될 것이다. 이러한 예는 그림 1.1에 설명되어 있다.

위에 제시된 모습은 하나의 사례에 불과하다. 2장에서는 서로 다른 세 개의 조직이 어떻게 평가센터를 설계하는지 보여 준다. 평가센터의 여러 가지 주제에는 다양한 변수가 존재한다. 다시 말해서 행동관찰을 통합하는 데 있어서 매우 다양한 절차가 사용될 수 있다는 것이다. 그림 1.1에서 평가자는 합의점에 도달할 때까지 자신의 평정에 대해 논의한다. 일반적으로 사용되는 또 하나의 절차는 평가의 통계적인 통합이다. 예를 들어, 어떤 조직은 최종 평정 점수를 도출해 내기 위해 각 평가자 평정의 평균치를 계산하는 반면, 다른 조직은 최종 역량 평정을 하나의 전반적인 성공예측 가능성에 대한 점수로 결합하는 방식을 사용한다. 이 같은 다양한 정보 통합 방법의 이점과 단점은 7장과 8장에서 논할 것이다.

## 6 다른 평가 절차와의 비교

평가센터 방법은 다른 평가절차와 비슷한 면도 있지만 매우 다르기도 하다. 개인에 대한 의사결정을 목적으로 한 평가에는 피평가자의 역량을 추론하기 위해 개인의 직무 관련 특성을 그때그때 상황마다 한 번씩 측정하는 개인 평가 기법을 사용하기도 한다(Prien, Schippmann, & Prien, 2003). 대체로 훈련을 받은 심리전문가가 피평가자의 직무 적합성에 대한 전반적인 평가를 위해 평가자 역할을 수행한다(Highhouse, 2002). 조직구성원의 개발을 목적으로 한 평가에서는 여러 명의 평가자(예: 피평가자의 상급 관리자, 동료, 부하 직원)가 다수의 역량을 평가한 후, 다양한 피드백을 제공하는 방법이 사용된다. 일반적으로 피드백 보고서는 각 피평가자에게 제공된다(Bracken, Timmerick, & Church, 2001). 이런 방법은 조직구성원의 역량개발 및 채용/승진 의사결정 등 다양한 목적으로 사용된다(Prien et al., 2003). 평가센터 방법 이외의 채용/승진 평가방법으로는 이력서, 적성검사, 성격측정 도구, 투사적 검사, 인터뷰(Ryan & Sackett, 1998), 작업표본검사, 정직성 검사, 신상정보 측정법(Schmidt &

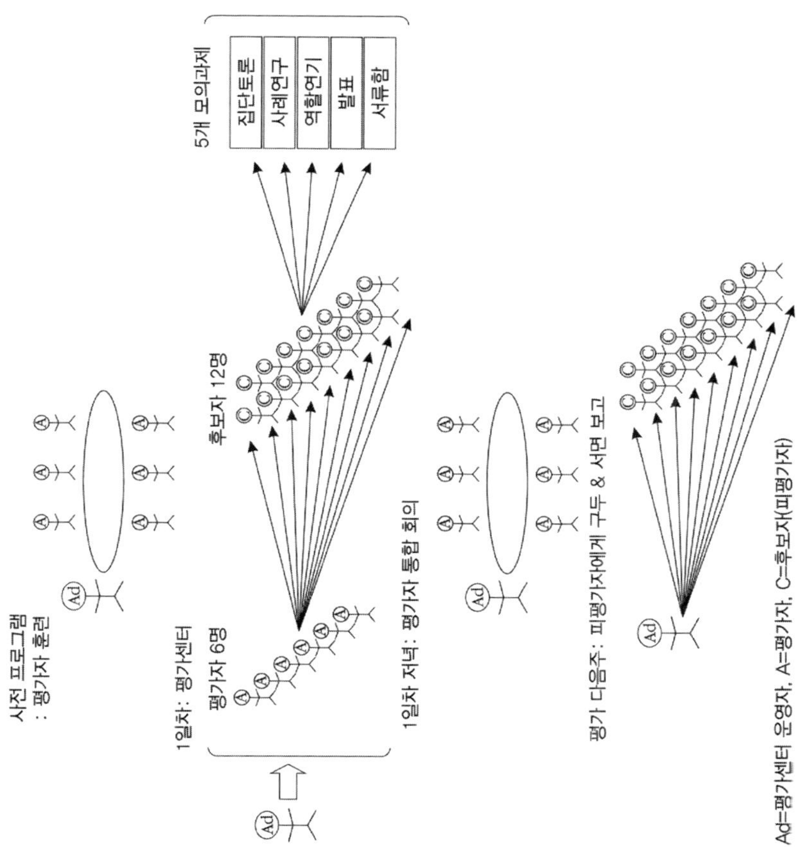


참고. Ad=평가센터 운영자, A=평가자, C=후보자(피평가자)

**그림 1.1** 전형적인 평가센터

Hunter, 1998), 흥미 검사, 가치관 검사, 선호도 검사(Heneman & Judge, 2003), 가중치를 부여한 지원서 평정법(Gatewood & Feild, 2001) 등을 사용하며, 이는 평가센터 방법과 함께 사용하기도 한다.

이러한 방법은 각각의 강점을 가지고 있으며 그중 많은 방법이 관리역량의 성공을 예측하는 데 효과적이라고 여겨져 왔다. 표 1.1은 평가센터의 특성을 다른 평가 기법과 비교한 것이다.

**표 1.1** 다른 평가 기법과 평가센터의 특징 비교

| 다른 평가 기법 | 평가센터 |
|---|---|
| **개별 평가** | |
| • 전반적인(전체적인) 판단<br>• 한 명에 의해 평가가 이루어짐<br>• 한 번에 한 명만 평가 | • 구체적인 판단이 이루어지며 이는 종합적인 평정으로 통합됨<br>• 다양한 평가자에 의한 판단<br>• 여러 사람이 동시에 평가받을 수 있음 (예: 6~12명) |
| **다양한 피드백** | |
| • 평가자의 훈련에 대한 제약이 없음<br>• 피드백은 주로 서면으로 작성<br>• 다양한 평가자가 작성함 (예: 상사, 동료, 부하, 고객) | • 평가자는 광범위한 훈련을 받음<br>• 피드백은 주로 구두와 서면으로 제시됨<br>• 다양한 평가자가 사용되지만 전형적으로 상위 경영진, HR, 또는 외부 조직 사람임 |
| **행동배경 면접** | |
| • 과거 행동에 대한 자기보고<br>• 허위진술을 할 수 있음 | • 현재 행동을 관찰<br>• 위조하기 어려움: 후보자는 실제 행동을 보여주어야만 함 |
| **상황 면접** | |
| • 행동의도에 대한 자기보고 | • 실제 행동에 대한 관찰 |
| **인지능력검사** | |
| • 추상적인 문제들<br>• 문항 반응으로 능력을 나타냄<br>• 유불리효과 발생할 수 있음 | • 구체적인, 업무 관련된 문제들<br>• 요구되는 외현 행동을 발휘<br>• 유불리효과 발생이 적음 |
| **성격검사** | |
| • 허위응답의 가능성<br>• 자기 기술<br>• 고정적인 기질을 측정<br>• 낮은 안면 타당도 | • 허위응답이 어려움<br>• 관찰자에 의한 서술<br>• 고정적인 기질과 개발 가능한 기술 모두를 측정할 수 있음<br>• 참가자가 호의적으로 반응함 |

평가센터 방법이 특별한 것은 여러 가지 개별적인 평가 절차를 조합하여 사용하는 방식이기 때문이다. 평가센터의 평가기법은(심리검사, 모의과제, 인터뷰 등) 대상직무의 중요한 요소를 대표하는 한 가지 이상의 모의과제와 관리역량에 관한 복합적인 행동을 관찰하고, 전문적인 훈련을 받은 평가자(상위 직급 관리자/경영진을 포함)를 사용하여 평가를 통합하는 체계적인 과정 등을 포함하고 있다. 평가센터 방법을 적절히 사용하였다면 목표한 몇 가지 관리역량을 객관적으로 평가하게 되며, 결과적으로 해당 직무에서 관리자에게 필요한 전반적인 잠재 능력에 대한 평가를 이끌어 낼 수 있다.

모의과제는 평가센터 방법을 다른 평가 방법과 구분할 수 있는 특징적인 평가측정 도구 중 하나이다. 모의상황은 피평가자가 다른 사람과 관계를 맺고, 문제를 해결하고, 자신의 분석에 따라 행동하는 복합적인 행동을 평가자가 관찰할 기회를 제공한다. 여기에서 사용되는 작업 표본이 실제와 똑같을 필요는 없다. 단지 실제 직무 상황의 일부분만을 그대로 묘사하면 된다. 예를 들어, 일정 관리에 대한 모의상황은 비서직 업무의 작업 표본으로 대체할 수 있다. 관리 역량을 평가하기 위한 평가센터 과제는 하나의 작업표본일 수 있지만(예: 조직이 직면한 실제 문제), 그것이 업무 구성요소와 완벽하게 일치할 필요는 없다. 평가센터 과제가 실제 업무 상황과 얼마나 비슷해야 하는지에 대한 논의는 6장에서 더 자세히 살펴보기로 하자. 위의 내용을 요약하면, 평가센터 방법은 각 모의과제의 고유한 특성을 최대한 활용하여 피평가자가 대상직무를 성공적으로 수행하는 데 요구되는 역량을 외적인 행동으로 끌어내는 것이다.

## 7 평가센터의 다양한 인적자원관리 기능

평가센터는 한 조직의 인적자원관리 체계 아래 수행되는 많은 기능에 유용한 정보를 제공한다. 이러한 기능은 조직의 경영목표 달성에 요구되는 신입/경력사원 모집, 선발, 승진, 교육, 보상에 유용한 정보를 제공할 수 있도록 설계된다. 평가센터는 인종, 성별, 연령대에 상관없이 모든 개인에게 공정한 평가를 위해 사용되어야 하며, 변화하는 경영 환경 속에서 인적자원을 효과적으로 관리하는 방법이 되어야 한다. 지금부터는 대부분의 조직에서 수행되는 인적자원관리 기능들을 요약하고(Bohlander & Snell, 2004; Ivancevich, 2004) 평가센터가 실제 조직 환경에서 어떻게 사용되었는지 간단한 예를 통해 살펴보겠다.

## 모집

조직은 역량있는 준비된 인재의 관심을 지속해서 끌어들일 수 있는 매력과 힘이 있어야 한다(Rynes & Cable, 2003). 새로운 인적자원은 조직 외부의 지원자 형태로 존재할 수도 있고, 조직 내부의 승진이나 직무 전환의 형태로 존재할 수도 있다. Chrysler社와 Mitsubishi社가 공동출자한 벤쳐기업 Diamond Star Motors社는 채용 대상자가 일본식 관리체계를 경험하게 하려고 평가센터 방법을 사용했다(Henry, 1988). 이 오리엔테이션은 많은 이들의 흥미를 불러일으켰으나, 한편으로는 일부 응시자가 입사지원을 포기하게 하기도 했다.

평가센터 결과는 조직의 승진 의사결정에 사용되기도 한다. Lawrence Livermore 연구소에서는, 평가센터가 과학자와 엔지니어에게 관리의 역할을 보여주고, 본인이 가지고 있는 관리역량의 강점을 발견할 기회를 주기 위해 사용되었다. 이런 경험은 일부 피평가자가 관리 직급에 관심을 갖게 하는 데 도움이 되었다.

## 선발

조직은 수많은 지원자 중에 누구를 선발하고 탈락시켜야 할지를 결정해야 한다(Gatewood & Field, 2001). 따라서 선발 절차는 그 일에 가장 적합한 사람을 찾을 수 있도록 도움이 되어야 하며, 공정해야 한다. 평가센터는 비행기 조종사(Damitz, Manzey, Kleinmann & Severin, 2003), 자동차 제조회사의 교육담당자(Franks, Ferguson, Rolls, & Henderson, 1999), 소방관, 경찰관(Coulton & Field, 1995) 등을 심사/선발하는 데 사용되었다.

## 배치

신규 조직구성원은 여러 가지 다양한 업무 분야에 배치할 수 있다. 직무배치는 직무 요건과 개인의 강점을 잘 연결할 때 가장 이상적인 결과를 만들어낸다. 시어즈 백화점(Bentz, 1967)에서는 관리자를 모집하는 프로그램에서 선발 목적뿐만 아니라 직무배치 목적을 포함하여 평가센터를 사용하였다. 예를 들어, 숙련된 의사소통 역량이 높은 사람은 프리젠테이션을 주 업무로 하는 일에 배치하였고, 기획력이 부족한 사람은 기획력이 우수한 관리자 밑에 배치되었다.

## 훈련과 개발

훈련과 개발은 개인에게 요구되는 적절한 지식, 기술, 능력, 그리고 기타 직무수행에 요구되는 특성을 알려줌으로써 조직이 효과적으로 기능하게 하는 과정이다(Salas & Cannon-Bowers, 2001). 평가센터는 조직구성원의 부족한 점을 진단하고 특정 분야의 기술적인 훈련을 제공하기 위해 사용되었다(Lievens & Klimoski, 2001; Lievens & Thornton, in press; Thornton & Rupp, 2003). 이 책 전반에 걸쳐 평가센터를 언급할 때 그 목적에 따라 각각 진단-평가센터와 개발-평가센터로 나눌 것이다. 한 예로, Tillema(1998)는 독일 회사에서 조직구성원의 역량을 평가하기 위해 개발목적의 평가센터가 사용되었음을 보고했다. 금융시장에서는 많은 조직이 개발목적의 평가센터를 운영하고 있다(Engelbrecht & Fischer, 1995; Shore, Tashchian & Adams, 1997).

2장에서는 이 두 가지 유형의 평가센터에 대한 사례 연구를 소개하고, 4장에서는 개발목적의 평가센터에 대해 깊이 있게 소개하고자 한다.

## 성과평가

조직은 조직구성원의 직무 숙련도를 평가하기 위한 절차가 필요하다. 대부분의 조직에서는 직속 상사가 연례행사로 수행평가를 실시한다. 또 다른 경우에는 개인이 전문적인 기술을 수행할 능력이 있는지 확인하는 방법으로 평가센터를 사용했다. 이러한 상황에서는 주로 작업 표본을 모의과제로 사용한다. 미국전문심리학회(the American Board of Professional Psychology, 1988)는 수년 동안 임상심리전문가의 진단 능력을 평가하기 위해 평가센터를 사용했다.

## 조직 개발

조직 개발이란, 조직 전체 또는 한 부서의 효율성을 향상시키는 일련의 절차를 의미한다. 조직 개발은 개인의 기술을 향상시키는 것이 목적인 관리역량개발과는 다르다. 많은 조직이 조직 개발의 수단으로써 복잡성이 높고 큰 규모의 조직 모의상황을 사용한다(Iles & Forster, 1994). 도시설계 전문 엔지니어링 회사는 평가센터를 사용하여 큰 규모의 구조조정을 통해 과거 존재하지 않았던 새로운 직무에 적합한 인재를 선발하였다(Bobrow와 Leonards, 1997). Thornton과 Cleveland(1990)는 조직 개발에 필요한 리더십 역량평가를 위해 평가센터를 사용했다고 설명했다.

## 인적자원 계획

영향력 있는 조직은 특정 기술의 미래 필요성을 예측하고 그들이 보유하고 있는 인적자원 수요를 측정한다(Heneman & Judge, 2003). Kodak社의 Colorado 지부는 평가센터를 사용하여 관리자들 사이의 경영관리 능력이 부족하다는 것을 알 수 있었고(예: 작업과정이 정확하고 적절한 방식으로 종료되었는지를 진단함), 이를 조직구성원의 경영관리 기술을 향상시키기 위한 새로운 훈련 프로그램을 설계하는 데 사용했다(Thornton, 1976).

## 승진과 직무전환

조직구성원에게 새로운 임무를 부여하는 것은 당사자나 관리자 모두에게 매우 중요한 결정이다. AT&T社와 많은 Bell 회사들은 고위 관리직의 역량을 확인하기 위해 40년 넘게 'Advanced Management Potential Assessment Program'이라는 평가센터를 사용했다(Bray, Campbell, & Grant, 1974; Bray & Grant, 1966; Ritchie, 1994). 물론 승진후보자의 현재 직무 수행능력 또한 매우 신중하게 고려된다. 이런 유형의 프로그램은 2장에서 더 자세하게 설명할 것이다.

## 해고

조직이 경제적 이유 또는 구조상의 변화 등으로 인해 인력 감축이 필요할 때, 구조조정 대상자와 유지 대상자를 선정해야 하는 어려운 결정에 직면하게 된다. Hoffman Company社의 경비부서는 구조조정 된 부서의 자격 요건을 모의상황으로 구성한 평가센터를 사용했다. 평가센터에 참가한 구조조정 대상자는 평가센터가 자신의 능력을 보여줄 공정한 기회를 제공했다고 보고했다. 그들은 자신의 성과 결과에만 근거한 직속 상사의 평가 결과보다 평가센터를 통한 해고 결정을 더 타당한 것으로 받아들였다. 미국 내 한 지방정부 기관은 50%의 인력 감축을 하는 데 평가센터를 사용했으며, 남겨진 조직구성원의 훈련 필요성을 확인하는 데에도 도움을 주었다고 보고 했다(Cochran, Hinckle, Dusenberry, 1987).

## 요약

앞에서 제시한 간단한 예시는 평가센터 방법의 광범위한 적용 사례를 보여주고 있다. 그렇다고 모든 평가센터가 비슷하다거나 평가센터를 운영하는 방법이 단 하나만 있다는 의미로 해석해서는 안 된다. 사실은 완전히 정반대라고 할 수 있다. 평가센터의 설계는 사용 목적과 조직문화에 따라 달라진다. 조직의 인적자원관리 체계와 조직문화는 매우 밀접하게 얽혀있기 때문이다.

## 8 조직 환경에 대한 고찰

평가센터를 효과적으로 조직 내에서 사용하기 위해서는 조직 문화와 조직이 처한 상황에 잘 맞도록 설계해야 한다. 평가센터를 유용하게 사용하기 위해 조직은 피평가자의 입장과 반응 등을 고려해 신중하게 접근해야 한다.

### 인적자원관리에 대한 접근

조직은 인적자원관리를 하는 데 있어 각기 다른 유형의 접근법을 사용한다. 어떤 기업은 엄격하고 보수적이며 어떤 기업은 매우 유연하고 개방적이다(Schein, 1970). 평가 과정은 조직이 조직구성원을 관리하는 다양한 방식의 한 형태로 조직의 특성에 따라, 상황의 필요에 따라, 그 조직이 추구하는 비전 등에 따라 다르다. Jackson, Schuler, Rivero(1989)는 조직의 특성(업종, 혁신을 강조하는 정도, 보유 전문기술, 조직의 구조 등)이 수행 평가, 보상, 고용 안정, 훈련과 같은 인사관리자의 실무적인 영역과 관련이 있다는 것을 보여주었다.

### 평가센터와 인적자원관리의 다양한 접근들

평가센터는 변화하는 조직 내 인적자원관리 정책에 따라 유연하게 설계해 사용할 수 있다. 평가센터는 조직이 미래에 지향하는 방향으로 모의상황을 구성하여 조직구성원과의 관계를 재정립하는 데 사용되기도 한다. 예를 들어, Anheuser-Busch社는 기계기술자나 배관기술자 같은 숙련된 기술/기능직을 선발하기 위해서 작업 표본 절차를 사용하였다. AT&T社와 통신 산업에 관련된 통신회사들은 조직 내 간부의 승진 결정을 위해 평가센터를 사용함으로써 역량기반 승진 제도를 정착시켰다. Kodak社의 Colorado 지부는 기술자, 1급 관리자, 부서장 등의 경력을 신장시키기 위해 평가센터에서 경력 성장 모델을 고려해 모의상황을 구성하였다.

Diamond Star Motors社는 특별계약으로 설립된 조립 공장에서 생산 담당 기술자를 확보하기 위하여 팀워크 조성 능력과 생산 방법 향상을 필요로 하는 생산환경을 모의과제로 구성하여 평가센터에 사용했다.

### 지원자/조직구성원의 태도

모든 조직의 인적자원관리 체계 속에서 평가 절차는 후보자의 태도와 행동에 강력한 영향력을 발휘한다. 채용/승진 대상자인 후보자는 그 평가방법에 따라 조직과의 심리적인 계약을 형성한다(Schalk & Rousseau, 2002). 만약 조직구성원이 기계적이고 단순한 평가방법으로만 관리되었다면 그들은 단지 한정된 노력만 하겠지만, 공정하고 다양한 방식으로 평가받는다면 조직목표 달성에 추가적인 노력을 할 것이다(Ployhart & Ehrhart, 2002; Rupp & Cropanzano, 2002).

특히 채용 후보자는 해당 조직의 모집과 선발 과정에서 자신이 겪은 경험을 토대로 그 조직에 대한 이미지를 만들어 간다(Bauer, Maertz, Dolen, & Campion, 1998; Ployhart & Ehrhart, 2002; Ployhart & Ryan, 1997; Thibodeaus & Kudisch, 2003; Truxillo, Bauer, Campion, & Paronto, 2002). 그러므로 조직은 채용 과정에서 조직문화 및 직무 내용을 포함한 조직의 비전과 목표에 대한 정보를 홍보 책자나 인터넷 등을 통해 제공하고, 면접관은 면접 과정에서 후보자를 존중하고 친절하게 대해야 한다. 특히, 채용 목적의 인적성검사는 적절하고 공정해 보일 수도, 부적절하고 불필요한 과정으로 보일 수도 있다. 면접 과정은 후보자에게 조직의 분위기를 따뜻하게 격려하는 분위기로 느끼게도, 조직의 품위를 떨어뜨리는 분위기로 느끼게도 한다.

위에서 언급한 조직의 모든 상호 작용은 후보자에게 회사에 대한 첫인상의 토대를 형성한다. 후보자는 채용 과정의 경험을 통해 조직의 다른 정책, 조직 문화에 대한 인상을 형성하기 시작한다. 또한, 이러한 첫인상은 채용 후 조직에 대한 충성도와 태도의 기초가 된다(Bauer et al., 1998). 궁극적으로 후보자의 입사를 위한 노력과 미래의 직무수행 여부, 조직을 떠날 것인가 머무를 것인가 하는 결정은 이런 초기 접촉기간을 통해 형성된 태도의 영향을 받는다. 더 중요한 점은 채용/승진 과정의 공정성과 합리성에 대한 조직구성원의 인식을 통해 인적자원관리에 대한 신뢰감을 형성하는 경향이 있다는 것이다(Thornton, 1993).

채용후보자와 조직구성원이 평가센터 방법을 매우 호의적으로 본다는 것을 시사하는 많은 증거가 있다. 오랫동안 다양한 목적의 평가센터에 대한 피평가자의 반응 연구가 수행되어 왔다(Dulewitz, 1991; Howard, 1997). 관리직에 지원한 많은 사람이 평가센터를 통해 평가를 받은 후, 자신이 경험한 선발 절차가 공정하다고 보고하고 있다. 마찬가지로, 승진후보자들은 평가센터가 자신의 관리 역량을 보여줄 공정한 기회를 준다고 믿는다. 평가센터를 경험한 많은 사람들이 자신의 선발/승진의 성공 여부와 관계없이 긍정적인 반응을 보인다. 소수 집단의 지원자 또한, 그 방법이 편파적이지 않다고 한다. 역량개발 계획을 위해 사용할 경우, 역량이 높이 평가된 개인뿐 아니라, 낮게 평가된 개인에게도 그 정보를 활용하여 추후 개선을 위한 행동에 착수하게 된다.

## 9 평가센터 방법에 대한 비판과 한계

평가센터가 조직의 인적자원관리 필요성을 충족시킬 적절한 도구인지 아닌지를 결정하는 데 있어 조직이 사용 가능한 수단일 뿐만 아니라, 왜 그러한 도구가 필요한지에 대해 평가센터 방법의 찬반양론 득실을 비교할 필요가 있다. 평가센터 방법의 많은 장점이 있음에도 불구하고 수많은 비판도 존재한다(예: 평가센터는 절차가 복잡하고, 평가자 역할을 해야 하는 핵심 관리자에게는 훈련과 평가방법 개발을 위해 많은 시간이 필요하다). 특히, 상대적으로 비용이 덜 드는 평가 방법과 비교해서 과연 비용 대비 실질적인 이익 효과가 있는지에 대한 의문을 갖는다. 다른 비판은 일부 일반적인 평가센터 절차를 지지하지 않는 조사 결과에서 생겨난다. 예를 들어 관찰하고, 기록하고, 행동에 관한 관찰을 통합하는 데 여러 가지 절차를 사용하는 것에 대한 엇갈린 의견이 있다. 그러나 일부 비판은 이론적인 부분에 한정된다.

Howard(1997), Thornton과 Mueller-Hanson(2004)는 자주 언급되는 평가센터 사용의 많은 장단점을 조사해 보았다. 이러한 장단점은 표 1.2에 나열되어 있다. 다음 장에서 우리는 다른 방법으로는 측정하기 어려운 복합적인 역량을 측정하는 데 유용한 평가센터를 검토해 볼 것이다. 평가센터는 미래의 직무 성공을 예측하고, 유불리효과를 만들지 않으며, 피평가자 또한 공평하다고 여긴다. 평가센터는 개인의 행동에 관련된 풍부한 정보를 제공하며, 개인이 왜곡된 행동을 하지 못하게 한다(즉, 피평가자가 평가센터에 참여하여 평가받는 동안 부족한 역량을 뛰어난 것처럼 조작해 행동하기는 매우 어렵다). 마지막으로 평가센터는 본질적으로 '유연하다'(평가를 둘러싼 환경에 따라 대응할 수 있다). 평가센터는 조직의 특정 요구를 충족시키기 위해 특별히 제작될 수 있는 표준화된 방법을 제공한다(Howard, 1997).

또한, 평가센터는 매우 복합적인 활동이며 평가센터를 올바르게 설계하고 필요한 방법을 개발하고 유지하기 어려운 경우가 많다. 첫째로, 평가자와 과제 개발자를 포함한 전문가 확보, 물리적인 공간 확보, 많은 시간 할애와 같은 큰 비용이 들기 때문이다. 이 장의 처음에서 언급했듯이 조직구성원과 경영진 사이의 고용보장에 대한 변화가 생기면서, 조직은 조직구성원의 평생 고용이 불가능한 상황에서 평가센터에 투입되는 투자가 타당한지를 고려해 보아야 한다. 둘째, 평가센터는 관리하기 어렵고, 힘들다는 비판을 받아왔다. 셋째, 평가센터는 지필 검사처럼 단체로 평가받을 수 없다. 소규모 집단이 과제를 수행하는 데 짧게는 반나절에서 길게는 며칠까지 걸린다. 넷째, 평가센터를 통한 평가의 질은 충분한 훈련을 받고 검증을 거친 평가자의 능력에 달려 있다. 전문적인 교육을 받았다 하더라도, 평가자는 자신의 역할을 수행하는 데 있어 상당한 인지적 부하에 직면하게 된다. 마지막으로, 조직의 글로벌화가 가속화됨에 따라 문화적으로 적절한 평가와 개발 기법의 필요성도 계속 증가하고 있다. 글로벌 기업의 다양한 문화를 수용하는 신뢰성 있고 타당한 평가센터를 구축하거나, 다국적 기업의 피평가자(후보자)에게 적합한 하나의 평가센터를 구축하는 것은 매우 복잡한 일이다.

**표 1.2** 평가센터의 찬반양론(장단점)

| 평가센터 사용을 찬성하는 의견 | 평가센터 사용을 반대하는 의견 |
|---|---|
| • 광범위한 준거를 예측<br>• 참가자와 조직구성원의 수용도가 높음<br>• 다른 것으로 측정하기 어려운 속성을 측정할 수 있음<br>• 측정할 수 있는 다른 것(다른 검사)과도 조합이 가능함<br>• 개발가능한 속성을 측정할 수 있음<br>• 세밀한 행동을 풍부하게 보고할 수 있음<br>• 인지 검사 보다 높은 수준의 관리 영역에 대한 제약이 덜함<br>• 발전된 기술이 잠재적 단점을 상쇄할 수 있음<br>• 채점과 보고의 진보(발전)가 평가자의 부담을 줄여줌<br>• 다양한 속성의 측정이 가능<br>• 모의과제에서는 거짓된 행동을 하기 힘듦 (faking 어려움)<br>• 서언적, 절차적 지식 모두 평가할 수 있음<br>• 조직의 구체적인 요구사항에 따라 수정이 가능함 | • 비용이 많이 듦<br>• 관리가 어렵고 번거로움<br>• 많은 구성원이 필요함<br>• 많은 시간이 소요됨<br>• 한 번에 처리되는 인원이 제한적임<br>• 초기 선발이나 낮은 수준의 직무에는 비용효과성이 낮음<br>• 설계하고 표준화하는 데 다문화/국제적인 적용이 어려움<br>• 평가자의 인지적인 부하가 큼<br>• 보안에 대한 주의가 필요함<br>• 암묵적 계약사항에 수정이 생기면 평가운영 투자의 정당성이 부족해짐 |

요약하면, 평가센터 사용을 둘러싼 비판적 의견을 이해하는 것은 중요하다. 평가센터 방법에 대해 주로 제기되는 질문 중 하나는 '다른 평가 형식에 반하여 평가센터는 언제, 어떤 조건에서 사용되어야 하는가?'라는 것이다. 이것은 대답하기 쉬운 문제가 아니다. 한 조직이 승진 결정을 내리기 위해 정확하고 타당한 방법이 필요할 때, 복합적인 역량이 있어야 하는 조직 내 간부들의 역량을 개별적으로 평가하고, 그들의 역량을 개발할 수 있는 적절한 자원을 가지고 있을 때, 그리고 개인의 강점과 역량개

발 필요성에 대해 풍부하고 자세한 정보를 얻는 것이 목적일 때, 평가센터가 조직 내에서 유용하게 사용될 수 있는 것은 확실하다. 우리는 이 책에서 평가센터의 장점과 쟁점을 동시에 다루며, 논점의 양 측면에 대한 논의와 연구를 제공하여 객관적인 정보를 전하고자 한다.

## 10 21세기의 평가센터: 연속성과 변화

이 장을 시작하면서 21세기의 평가센터가 갖고 있는 연속성과 변화라는 두 가지 특징에 대해 설명하였다. 즉, 항상 변하지 않는 평가센터의 일정한 특징-다수의 모의과제 사용, 훈련받은 평가자, 그리고 수많은 평가-이 있는 반면, 평가센터 연구자와 실무자의 흥미를 끄는 새로운 쟁점도 많다. 여기에는 개발목적의 평가센터 적용 사례와 새로운 구성 타당화 전략, 국제적인 환경에서의 평가센터 사용, 그리고 웹 기반의 평가센터 운영을 가능하게 한 기술적 혁신이 포함된다. 연속성과 변화는 이 책 전반에 걸쳐 하나의 주제로 계속 이어질 것이다. 앞으로 평가센터 방법의 기본과 그 방법을 둘러싼 주요 문제들, 많은 활용 사례를 소개할 것이다. 덧붙여서 이 분야에서 빠른 변화와 성장을 하고 있는 영역을 짚어보고, 특히 미래와 관련된 논쟁거리를 논할 것이다.

제2장

# 평가센터 운영의 사례 연구

이 장에서는 서로 다른 분야에 종사하는 세 개의 조직이 각기 다른 목적을 위해 평가센터를 어떤 식으로 사용해 왔는지에 대한 사례를 소개하고자 한다. '연속성과 변화'라는 주제를 따라, 이 장의 목표는 (a) 평가센터의 전통적인 구성 요소를 보여주고, (b) 조직들이 평가센터에 최신 기술을 통합시켜 나가는 방식을 설명하는 것이다. 이 장에서 설명하고자 하는 내용은 다음과 같다.

- 선발/승진 평가센터
- 진단 평가센터
- 개발 평가센터

평가센터 사례 연구에서 가장 주목하고자 하는 것은 IT 기술 활용, 다국적/다문화의 문제, 대규모 인적자원관리 기능으로의 평가센터 통합, 외주제작 평가센터, 비경영적인 평가센터, 그리고 평가센터 내에서 능력과 성격을 평가하는 것 등이다. 이 장에서 소개하는 사례는 조직이 특정 목적을 위해 위에서 언급한 논점에 어떻게 접근해 왔는지 그 예를 보여주며 다양한 관점으로 기술되어 있다. 중요한 점은 평가센터가 조직의 목표를 효율적으로 달성하는 데 있어 상당한 유연성을 제공하는 일반적인 방법이라는 것을 염두에 두어야 한다는 것이다. 첫 번째 사례는 미국 내 한 소방본부에서 부서장을 대장으로 승진시키기 위한 목적으로 사용된 평가센터이다. 두 번째 사례는 급변하는 직무 특성을 가진 회사의 IT 정보 엔지니어를 훈련하기 위해 컨설팅 업체에 외주제작 평가센터를 의뢰한 경우이다. 세 번째 사례는 해외 업무를 맡게 될 관리자를 훈련시키기 위해 사용된 개발 평가센터에 대한 것이다. 다음 소개할 위 세 가지 사례를 통해 조직, 대상 직무, 평가 프로그램의 구체적인 특징을 알아볼 수 있을 것이며, 각각의 평가센터가 특정한 인적자원관리 문제를 해결하기 위해 어떻게 설계되었는지 비교할 수 있을 것이다.

## 1 팔모어 소방본부(PALMORE FIRE DEPARTMENT)

팔모어 소방본부는 평가센터 방법을 사용하여 구조대장 직급의 승진후보자를 소방서장으로 승진시키기로 결정했다. 수년 동안 팔모어 소방본부는 고위직으로 승진된 관리자의 경영 능력이 부족하다고 느껴왔다. 당시, 최고의 소방기술을 가진 구조대장들이 대부분 고위직으로 승진되었다. 하지만 이들은 소방관으로서 그리고 일선 작업현장의 관리자로서는 훌륭했으나, 이 같은 성과가 과거에 했던 기본적인 관리 업무와는 전혀 다른 고위 관리직에서도 훌륭한 성과를 나타낼 것을 의미하지는 않았다. 또한 팔모어 소방본부는 소수 집단과 여성 후보에게도 공정한 평가를 실시하고자 했다. 이에 따라 유능한 소방서장으로 발전할 역량을 가지고 있는 최고의 소방서장을 가려내기 위해 승진 평가센터를 설계, 운영하기로 했다. 미국(Spychalsi, Quinones, Gaugler, & Pohley, 1997)과 독일(Krause & Gebert, 2003)의 수백 개 평가센터에 대한 연구조사에 의하면 45~50%의 조직이 승진을 목적으로 평가센터를 사용한 것으로 나타났다.

### 조직

팔모어 소방본부는 20개가 넘는 소재지에 400명이 넘는 조직구성원으로 이루어진 복잡한 조직이다. 소방전문장비를 대량 보유하고 있으며, 2천만 달러가 넘는 예산을 운용하고 있다. 주로 소방 업무, 응급 의료 서비스, 위험물 처리, 인명 구조, 화재 예방 코드 시행, 공공 교육, 재난 대비 등에 관한 서비스를 제공하고 있다. 소방본부장이 조직을 이끌고 있으며, 소방서장은 구조대장과 초보 소방관의 감독을 포함하여 몇 가지 관리 기능을 수행하고 있다. 그림 2.1은 팔모어 소방 본부의 간단한 조직 구성표이다.

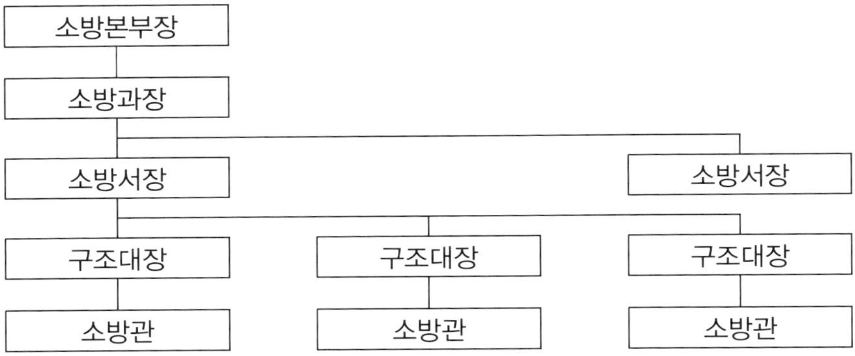


**그림 2.1** 팔모어 소방본부의 간단한 조직 구성표

## 대상 직무

평가센터는 유능한 소방서장이 되는 데 필요한 역량을 갖춘 구조대장 승진후보자 중 소방서장을 선발하기 위해 만들어졌다. 소방서장의 직무는 소방서 전체를 관리하는 것을 포함한다. 중간 관리직인 소방서장은 소방서 내의 다른 교대조를 관리하는 소방대 관리자뿐만 아니라 하나의 소방대(즉, 한 교대조에서 함께 일하는 소방관들)를 감독하는 일도 수행한다. 소방서장은 소방서 내의 인사와 지원 서비스뿐만 아니라, 장비의 사용과 보수 관리를 포함한 소방서에서 일어나는 모든 일을 책임진다. 또한 조사, 훈련, 기술 서비스, 관리행정 그리고 인적자원을 포함한 지원을 총괄한다. 따라서 소방서장은 모든 소방관, 구조대장, 행정관리직 인원을 감독하게 된다.

팔모어 소방본부는 유능한 소방서장을 선발하는 효율적인 방법을 찾기 위해 고심하고 있었다. 이전의 승진 결정은 연공서열 순위에 따랐으나, 구조대장으로서의 직무경험이 반드시 소방서장의 성과를 보장하는 것은 아니었다. 구조대장은 주로 화재진압 시 소방관을 이끄는 일이 주된 업무였으나, 소방서장의 역할은 다양한 유형의 인사 관리와 행정관리를 비롯한 광범위한 업무를 포함하고 있다. 팔모어 소방본부는 매일매일의 소방 운영을 성공적으로 이끄는 능력뿐만 아니라 훈련, 조직구성원 간의 갈등해결, 부하 직원과의 상담, 평가, 보고서 작성과 같은 인사업무의 효율적 관리 능력 또한 갖춘 유능한 사람이 소방서장으로 선발되기를 원했다. 따라서 팔모어 소방본부는 소방서장으로 성공하는 데 중요한 특성을 분석하고, 서장으로 장기간 활동 시 필요한 기술을 확인할 수 있는 평가센터 프로그램을 설계하기로 했다.

## 평가역량

평가센터 도입 전, 소방서장의 역할에 대한 직무분석이 실시되었다. 과거의 직무기술서, 교육 자료, O*NET(미 노동부, 2002)으로부터 정보가 수집, 검토되었다. 업무과제와 지식, 기술, 능력에 관한 사전 목록이 만들어지고, 요인들의 중요성에 대한 평가가 해당 직무 전문가(선임 소방서장, 소방과장, 소방본부장)로부터 수집되었고, 이러한 정보를 바탕으로 새로운 직무기술서와 기본적인 자격조건 목록이 만들어졌다. 이외에도 승진후보자는 소방서장이 되기 위해 필요한 기본 자격(소방관과 구조대장으로서의 경력과 자격증빙서류)을 갖추는 것뿐 아니라 다음 영역에 있어 적절한 수준의 숙련도를 보여 주어야 했다.

- 계획 및 조직화
- 의사 결정
- 갈등관리
- 구두 및 서면 의사소통
- 개별 및 집단 리더십

## 평가 과제

직무분석에서는 소방서장이 일반적으로 다루어야 할 상황과 그 속에서 직면하게 될 문제들을 명시하였고, 이러한 직무분석 정보는 팔모어 소방서장 직무의 평가과제를 만드는 데 중요한 구성요소로 사용되었다. 이전에 승진 의사결정 시 사용되었던 집단 과제는 시뮬레이션 방법에 대한 이의 제기가 있었기에, 개인 과제만을 사용하기로 결정했다.

첫 번째 과제는 '서류함 기법'이었다. 이 과제에서는 소방서장이 매일 수행해야 하는 일상적인 업무와 비슷한 일들을 준다. 허가 신청의 승인 및 거절, 부서장과 소방관의 교대 일정 계획, 초과 근무 일지 완성, 부서 일지 작성, 사건 보고서 완성, 그리고 다른 관련 여부에 따른 정보 분류 상황 등 여러 가지가 있었다. 이는 피평가자의 계획 및 조직화, 의사결정, 서면 의사소통 등의 역량을 평가하기 위해 만들어졌다.

두 번째 과제에서 피평가자는 갈등 상황에 있는 두 명의 부서장(훈련된 역할수행자)을 만나야 했다. 이 두 사람은 소방팀의 성과를 이끌어 내는 방법에 대한 생각이 매우 달랐다. 그들은 특정 정책 수행에 대한 의견 대립 상태에 있었고, 이는 소방서의 일상 업무에 지장을 주고 있었다. 평가센터에 참가한 후보자들은 두 사람을 만나 갈등을 해결해야 하는 상황에서 의사 결정, 갈등관리, 서면 의사소통, 집단 리더십 역량을 평가받도록 설계되었다.

세 번째 과제는 부하 직원의 수행에 대한 기록과 보고를 검토하고 수행 평가를 준비하며, 부하 직원(역할수행자)에게 수행에 대한 피드백을 제공하는 것이었다. 이 과제를 통해 계획 및 조직화, 구두 및 서면 의사소통, 개별 리더십 역량을 평가했다.

마지막 모의과제에서 피평가자들은 구조대장을 대상으로 필수 소방장비 부품의 안전점검에 대한 단기 교육 보고서를 준비했다. 피평가자에게는 준비할 시간과 다양한 매뉴얼, 안전 규준, 발표를 위한 자료들(메모장이나 플립 차트)이 제공되었다. 그 후, 피교육자 역할의 평가자들에게 실제 교육을 시행하도록 하였다. 이 과제를 통해 계획 및 조직화, 의사 결정, 구두 의사소통, 리더십 역량을 평가했다.

팔모어 소방 본부는 승진후보자들이 기본적인 지적 능력과 소방서장으로서 효과적인 수행에 필요한 성격과 특성이 있는지를 평가하기 위해 인지능력 및 성격검사를 실시했다. 언어추리, 독해능력, 일반지능 등 세 가지 능력검사와 대인관계 유형 및 성격특성검사(주도성, 사회성, 공격성 등)가 산업 및 조직 심리학자의 감독하에 진행되었다.

## 피평가자

승진후보자는 현직 소방서장으로부터 추천을 받거나 스스로 추천할 수 있으며, 자기 추천은 본부장으로부터 승인을 얻어야 했다. 추천을 받기 위해서는 기본적인 자격요건 부합 여부를 인사팀장/관리팀장의 승인을 통해 취득해야 했으며, 기본적인 자격요건을 갖춘 승진후보자는 인지능력평가와 성격평가를 받도록 하였다. 이 검사에서 가장 높은 점수를 받은 6명은 평가센터에 참가할 것을 통보받고, 평가센터를 보다 자세하게 이해하기 위한 오리엔테이션을 받았다.

## 평가자

소방본부장, 소방대대장, 타 소방본부 소속의 소방과장이 평가자로서 임무를 수행했는데, 이런 방식의 평가센터 운영은 매우 일반적이다. 평가자는 피평가자보다 적어도 두 직급보다 높은 직급에서 맡게 된다(Spychalski et al., 1997). 평가자는 다른 평가과제 및 타당성 검사 개발의 경험이 있는 산업 및 조직심리학자에게 훈련받고 조직되었다. 평가자는 과제 수행 중인 후보자를 관찰하고 평가역량과 관련된 행동을 평가했다. 산업 및 조직심리학자들은 과제를 운영하고, 통합회의를 주재하고, 인지능력 및 성격검사 결과와 더불어 평가 보고서를 작성했으며, 피평가자와 승진 의사결정자에게 구두 및 문서로 피드백을 제공했다.

## 프로그램

평가센터 과제 수행은 하루 동안 진행되었다. 과제 수행이 끝나면 평가자는 늦은 오후와 저녁 시간을 사용하여 평가를 준비하고 수집한 정보를 통합하였다. 이때 평가자는 자신이 관찰한 내용을 체크리스트와 비교하고, 이를 효과적인 수행에 대한 행동 평가 기준(BARS; Behaviorally Anchored Rating Scales)과 비교했다. 평가자는 운영자가 수집한 수행 역량에 대해 평가를 내리고 피평가자에 대한 논의에 약 45분 정도를 사용했다. 각각의 역량이 차례로 논의되었고, 평가자의 의견이 일치하지 않은 경우에 각자의 의견 차이를 토론하고 합의해 5점 척도에서 1점의 차이까지 합의점을 찾아내도록 했다. 최종적으로 승진 가능성 평정과 평가 차원 평정을 통합하기 위해 통계적인 형식을 사용했다. 만약 평정 과정에서 평가자 간의 의견이 다르면, 점수가 다르게 부과된 구체적인 이유에 대해 논의하고, 이 내용이 소방본부장에게 전달되도록 하였다. 이같이 평가결과를 통합하는 통계적 방법은 평가센터에서 약 15% 정도에서만 사용되었으나, 소방서 및 경찰서를 중심으로 확대되는 추세이다(Spychalski et al., 1997).

## 피드백

과제 수행 종료 후 1주일 뒤, 산업 및 조직 심리학자들은 피평가자에게 평가센터 수행에 대한 피드백을 제공했다. 피드백은 결과에 대한 구두 검토와 승진 가능성에 대한 권고사항 등으로 이루어졌다. 그 후에 피평가자는 평가 결과에 대한 간단한 서면 보고서를 받았다. 보고서는 자세히 서술된 형식이 아니라 의사결정 과정, 결정 준거, 그리고 관련 준거에 대해 피평가자가 어떻게 점수를 받았는지 보여주는 정도였다. 앞으로 이를 의사결정 피드백이라 하겠다. 다음에 소개할 사례에서 더 자세한 두 번째 유형의 피드백(개발 피드백)의 예를 소개할 것이다. 피평가자의 평가에 대한 자세한 보고서는 소방본부장에게 제출되었는데, 이 보고서에는 같은 직무평가를 받았던 피평가자들의 평가결과 및 프로그램에 참석했던 다른 그룹의 평가결과도 포함되어 있었다.

## 프로그램의 다른 구성요소

승진 가능성에 대한 전반적인 평가를 포함한 팔모어 소방본부의 평가센터 결과들은 소방본부장이 승진 결정을 하는 데 사용되는 정보였다. 소방본부는 본부장에게 과거 수행평가와 안전 규칙 위반, 사고 기록 등과 같은 정보를 추가 정보로 사용하게 하였다. 현재 수행하고 있는 직무에 관해 확인할 수 있는 피평가자의 직속 상사/관리자에게서 받은 정보는 주의 깊게 다루어야 했으며, 이 모든 정보를 바탕으로 소방본부장은 누구를 서장으로 승진시킬 것인지 최종 결정을 내렸다.

## 결과

평가센터 도입 5년 후, 팔모어 소방본부에서 프로그램의 효과성 입증을 위한 평가가 실시되었다. 조사에 응답한 소방서장 및 소방본부장들은 평가센터가 이전의 평가 결과에서는 찾을 수 없었던 소방서장으로서의 역량에 대해 가치 있는 정보를 제공했다고 응답했다. 소방본부장은 승진한 소방서장들이 그들의 관할 소방서를 운영하는 기술과 더불어 광범위한 부문에서 보여주었던 성과가 향상되었다는 점에 만족해했다. 이후 승진된 소방서장 중 몇 명은 그들의 역량을 직무에 한껏 발휘하여 추가 승진되기도 하였다. 또한, 부서장 직급에서부터 훨씬 다양한 기질의 리더십을 가진 사람이 승진되는 듯했다.

평가센터 효과에 대한 설문조사 후 실행되었던 평가센터에 관해 몇 가지 문제가 지적되었다. 그것은 소방본부장이 역량별 평가 이외의 전반적인 평가에 큰 비중을 두지는 않았다는 것이었다. 종합평가평정(OAR; Overall Assessment Rating)이 주관적인 견해를 담는 판단보다 더욱 미래의 예측을 타당하게 할 방법이라는 점이 평가센터의 목적임을 고려했을 때, 종합평가평정을 불신한다는 것은 하나의 큰 문제였다. 이미 평가센터의 유지에 막대한 비용이 드는 것과 운영 및 개발 측면을 고려한다면, 종합평가평정을 신뢰하지 않는 것은 문제로 지적되지 않을 수 없었다. 따라서 평가센터 전문가들은 이에 관한 기술적 보고서와 발표자료를 제공하여 소방서장이 최종 승진 결정을 내릴 때, 종합평가평정에 더욱 큰 비중을 둘 수 있도록 하였다.

## 요약

팔모어 소방본부 평가센터는 승진에 필요한 정보제공을 목적으로 설계 및 운영되었다. 평가역량과 과제들은 소방본부의 발전을 위해 필요한 역량을 가진 후보자를 선발하는 데 적절했다. 평가센터의 결과는 몇 가지 관리 역량에 대한 평가와 하나의 종합평가평정이었다. 피평가자에게 주는 피드백을 제외하고 모든 평가 결과들은 승진 의사결정자인 소방본부장에게만 제공되었다. 결과는 승진 결정과 관련 있는 다른 정보와 함께 사용되었다.

## 2 테크노소프트 주식회사(TECHNOSOFT, INC.)

테크노소프트는 회사 내에서 '엔지니어들(techs)'이라는 명칭으로 불리는 컴퓨터 소프트웨어 엔지니어 및 디자이너, 개발자에게 어떤 훈련이 필요한지 확인하기 위해 평가센터를 사용했다. 엔지니어마다 독특한 지식, 기술, 경험을 가지고 있고 필요한 훈련도 다르므로 개별화된 맞춤형 프로파일과 훈련 계획에 대한 목적을 바탕으로 평가센터가 도입되었다. 조직의 51.2%가 개발 계획을 위해 평가센터를 사용했고, 34.4%가 훈련에 대한 결정을 내리기 위해 평가센터를 사용했다고 한다(Spychalski et al., 1997). 반면 독일 평가센터의 경우 오직 8%만이 훈련의 필요성을 확인하기 위해 평가센터 결과를 사용했다(Krause & Gebert, 2003). 테크노소프트는 평가센터를 이 두 가지 목적에 모두 사용했다. 즉 각 엔지니어 간의 기술 차이를 이해한 뒤, 그 차이를 완화하기 위한 체계적인 훈련 계획을 세웠다. 과거 경험으로 볼 때, 훈련과 개발의 기회가 모든 엔지니어에게 지속적으로 주어지지는 않았다. 따라서 테크노소프트는 훈련의 필요성을 확인하고 적절한 훈련 경험을 제공할 올바른 방법을 원했다. 여기에서 한 가지 중요한 것은 '개발' 목적이란 승진을 위한 지침서를 만드는 것이 아닌, 엔지니어가 자신의 현재 위치에서 더욱 성장하는 데 필요한 훈련을 확인하는 것이라는 점이다.

### 조직

테크노소프트 주식회사는 전문적으로 컴퓨터 소프트웨어와 하드웨어를 판매한다. 이 회사의 미션은 최고 품질의 컴퓨터 제품과 부품을 판매하는 것이다. 테크노소프트는 최상의 기준과 소비자 만족을 보장하는 회사로 명성을 얻었다. 자신들의 상품을 초·중·고등학교, 대학, 조직뿐 아니라 개인에게도 직접 판매하고 있다. 상품개발과 내부 관계 및 고객 서비스에서 우수성을 입증하고, 조직구성원 간의 유대 및 강력한 조직문화를 형성하고자 노력하고 있다.

### 대상 직무

테크노소프트가 직면한 경영 환경은 매우 빠른 속도로 변화하는 최신 기술에 발맞춰 엔지니어의 실력을 키우는 것이었다. 모든 엔지니어가 특정 기술이나 실질적인 업무 처리를 수행할 수 있게 되면, 새로 습득해야 할 프로그램 언어와 프로토콜에 대해 학습하도록 회사의 교육체계를 구성하였다. 또한, 엔지니어 사이에서도 개인마다 기술과 경험에 상당한 편차가 있었고, 그로 인해 조직구성원을 훈련하는 데 있어 많은 어려움이 발생했다. 따라서 기술 인력이 빠른 변화에 발맞추어 나가기 위해서는 다양한 기술의 훈련이 필요했다. 회사는 모든 엔지니어에게 똑같은 훈련 프로그램을 제공하는 것이 아닌, 각각의 엔지니어를 위해 맞춤 개발된 훈련 계획을 적용할 수 있는 프로그램이 필요했다. 또한, 엔지니어들의 유연성과 강한 적응력, 팀워크 및 대인관계 기술과 같은 비기술적인 능력의 필요성이 증대되었고, 모든 것에 대한 평가를 통합해줄 수 있는 프로그램이 필요했다.

## 평가역량

이 필요성을 충족시키기 위해 테크노소프트는 한 컨설팅 업체에 엔지니어의 기술적·비기술적인 역량 두 가지를 모두 평가할 수 있는 진단 평가센터의 개발을 의뢰하였다. 소프트웨어 엔지니어에게 필요한 지식, 기술, 능력은 매우 빨리 변화하기 때문에 향후 5년에 걸쳐 그 직무에 필요하다고 여겨지는 기술적 지식과 소프트 스킬(대인관계 능력 등)을 확인하기 위한 전략적인 직무분석이 실행되었다(Schneider & Konz, 1989; Taylor, 1990). 필수 역량은 다음의 5개 범주로 나뉘었다.

1. 최근 개발되었거나 개발 과정 중에 있었던 구체적 애플리케이션(응용 소프트웨어의 통칭)의 기술적 지식
2. 정보 탐색, 비판적인 사고, 복합적인 문제 해결, 의사결정과 같은 인지 기술
3. 적극적인 경청, 글쓰기, 독해 능력, 말하기, 사회적인 지각과 같은 의사소통 기술
4. 솔선수범, 유연성, 적응성과 같은 동기 부여 역량
5. 프로젝트 관리와 팀워크 같은 프로젝트 관련 기술

평가센터는 이 같은 역량에서 엔지니어의 현재 능력 수준을 평가하기 위해 개발되었다.

컨설턴트들은 현재 회사가 엔지니어에게 제공하고 있는 강의나 다른 훈련 기회를 확인하기 위해 테크노소프트의 교육 부서와 공동으로 평가센터를 개발하였다. 도출된 역량에 대한 훈련의 필요성 여부는 평가센터에서 확인된 역량 보유 수준을 근거로 결정되었으며, 엔지니어들은 모듈화된 일련의 훈련 활동에 참여할 수 있게 개발되었다.

## 평가 과제

진단 평가센터는 몇 가지 구성 요소로 이루어져 있다. 첫 번째 구성 요소는 새롭게 뜨고 있는 최신 기술에 대한 지식 테스트이다. 이러한 테스트는 어떤 새로운 기술이 테크노소프트의 경쟁 우위에 큰 영향을 미치는가에 따라 매년 개정되었다.

두 번째 요소는 새로운 기술과 환경을 배우고 적응하고자 하는 엔지니어의 동기와 능력에 초점을 맞춘 다단계 평가과제로 이루어졌다. 엔지니어는 새로운 컴퓨터 언어와 애플리케이션(과제 수행을 목적으로 만들어진)을 사용하여 프로그램을 가동하고, 그 언어로 쓰인 일련의 문제 코드를 해결하여 발표하며, 특정 목적을 위해 애플리케이션 사용을 동료에게 지시해야 했다. 프로그래머는 이러한 과업을 수행하는 데 시간 제한을 받았으며 인지능력과 동기, 의사소통 및 기술 역량이 평가되었다.

세 번째 요소에서 엔지니어는 기술적인 문제로 어려움을 겪고 있는 마케팅 부서의 직원(훈련된 역할수행자)과 상담하는 과제를 수행하게 되었다. 엔지니어는 담당 직원과의 상담을 통해 그 문제를 이해하기 위한 정보를 수집하고, 최선의 행동 방향을 결정하며 잘못된 점과 필요한 대안에 대해 비기술적인 언어로 담당 직원과 의사소통을 진행해야 했다. 인지능력과 의사소통 역량이 모두 이 과제에서 평가되었다.

네 번째 요소에서는 엔지니어들끼리 팀을 꾸려 일을 진행해야 했다. 각 팀에게는 현재 사용하고 있는 시스템과 관련된 많은 결점에 대한 설명, 그리고 생산 부서에 의해 사용되고 있던 소프트웨어에 대한 정보가 제공되었다. 또한, 많은 협력업체로부터 대체 시스템에 대한 제안서를 받았다. 그룹은 각 대안에 대해 찬반 논의와 검토를 거쳐 부서가 택해야 할 방향에 관한 계획안을 개발했다. 또한, 제안된 변화를 실행하기 위해 무엇을 해야 하는지를 결정했고, 팀 내의 구성원에게 일을 분배하였다. 마지막으로 경영진(평가자가 그 역할을 수행)에게 각 팀 구성원의 역할과 업무분장 계획을 발표하도록 하였다. 이 과제에서는 인지능력과 의사소통 역량, 프로젝트 관련 역량이 평가되었다.

## 피평가자

최고 경영진은 당시 모든 엔지니어를 대상으로 진단 평가센터를 실시했다. 프로그램의 목표는 새로운 지식 습득 및 변화관리 역량 강화에 초점을 두고 있었기 때문에 근속연수가 가장 긴 엔지니어부터 먼저 실시하도록 하였다. 이것은 여러 가지 목적을 동시에 충족시킬 수 있었는데, 경력이 많은 엔지니어는 대학을 갓 졸업한 프로그래머보다 오래된 방식의 기술을 갖고 있었기 때문에 최신 기술이 필요했고, 신참 엔지니어에게 회사의 새로운 프로그램에 대한 동기유발을 형성할 수 있었다. 또한 경력이 많은 엔지니어가 평가자와 교육자 역할을 돌아가며 할 것으로 기대하였고, 그들이 그 프로그램을 경험하고, 역할을 준비하기 위해 최신 기술을 습득하는 것은 중요했다.

## 평가자

이 프로그램에서 평가된 역량은 고도의 기술 지식에서부터 심리적인 역량까지 분포되어 있어 다양한 평가팀이 구성되었다. 평가팀은 교육 담당자, 심리학 배경을 가지고 있는 인사팀 부서 직원, 외부 컨설팅 회사의 구성원, 조직 내부의 다른 해당 직무 전문가로 이루어져 있다. 처음에는 외부 컨설팅 회사가 평가자 훈련, 평가, 센터 운영, 통합 회의, 피드백 제공 등을 수행하는 데 적극적인 역할을 하였으나, 2년여의 기간이 지나면서 이러한 역할은 훈련과 개발 부서에 있는 경험 있고 자격을 갖춘 직원들에게 전수되었다.

## 프로그램

이 평가센터의 개발목적이 '최신 기술을 가진 엔지니어'들의 평가인 까닭에 평가센터 자체의 높은 수준이 요구되었다. 체계적인 평가센터의 높은 수준은 피평가자들에게 안면타당도를 인정받았고 이로 인해 피평가자는 프로그램을 매우 진지하게 받아들이게 되었으며, 피평가자 자신이 어떤 훈련이 필요한지를 결정하는 유용한 방법으로 평가센터에 참여하게 되었다. 그러한 이유로 평가센터의 많은 부분이 전산화되었고, 결과적으로 비용을 절감하고 프로그램의 효율성을 증대시킬 수 있었다. 컨설팅팀은 테크노소프트와 함께 작업하며 커뮤니케이션 센터 역할, 평가의 거점 역할, 프로그램 관리 도구를 공급할 수 있는 웹 기반의 응용 프로그램을 개발했다. 피평가자는 프로그램에 등록하기 위해서 이 시스템에 접속했고 다양한 활동을 계획했다. 일단 시스템에 접속하면 프로그램과 평가되는 역량, 개인별 맞춤 훈련을 학습하기 위한 웹 기반의 개별 지도와 오리엔테이션을 받아야 했다.

엔지니어는 우선 프로그래머의 편의를 위해 평가과제에 참석하기 2주 전 감독관의 지시하에 컴퓨터로 실시하는 지식 검사들을 받았다. 모의과제는 2주 연속 금요일마다 반나절 동안 이루어졌다. 여러 단계의 과제가 첫째 주 금요일 아침에 실시되었고, 2개의 추가 과제(역할수행과 집단토론)가 그다음 주 금요일 아침에 실시되었다.

평가자는 무선 네트워크가 가능한 컴퓨터를 제공받고 웹 기반 응용 프로그램에 접속하였다. 시스템 자체에 직접 노트를 기재하고 평정을 하였으며, 그 평정은 입력되는 대로 실시간 통합되었다. 따라서, 피평가자의 프로파일이 처음에 시스템에 등록되고, 이후에 평가활동에 대한 세부내용이 프로파일에 작성되었다.

평가자의 보고서는 과제 수행 후 자동으로 생성되었다. 통합 과정 전에 평가자는 시스템에 접속하고 피평가자의 프로파일을 검토했다. 프로파일에는 지식검사 점수와 평가자가 평정한 과제별 평가 차원의 평정점수가 포함되었다. 평가자가 모든 피평가자의 프로파일을 논의하고 전반적인 역량점수에 대한 합의점에 도달하는 데 반나절이 걸렸다. 종합평가평정은 도출되지 않았다. 컴퓨터와 웹 기반 응용 프로그램 등의 웹캐스트 기술로 인해 평가자가 사용하는 프로파일의 구체적인 내용에 대한 문제를 발견하고 검토하는 절차가 원활하게 진행되었다. 동영상과 웹상에서 진행되는 회의는 함께 자리하지 못한 평가자 또한 토론에 적극적으로 참여할 수 있도록 해 주었다.

### 피드백

통합 과정 중 운영자가 각 엔지니어의 최종 평가역량 점수를 입력하면 시스템에서 각 피평가자에 대한 훈련 프로파일이 생성되었고, 피평가자는 자동으로 자신의 평가결과와 훈련 프로파일이 생성되었다는 것에 대한 이메일을 받았다. 이 보고서는 피평가자에게 어떤 교육과정이 필요한지를 알려주고, 각 과정이 어느 시간대에 가능한지와 온라인상에서 과정을 등록할 수 있도록 해 주었다. 그다음 주에 피평가자는 자신의 감독관을 만나 훈련 계획을 의논하고 모든 필수적인 훈련을 완성하기 위한 목표를 세웠다.

### 프로그램의 다른 구성요소

피평가자는 훈련의 진척상황을 확인하기 위해 지속적으로 웹 기반의 응용 프로그램을 사용하였다. 프로그램에 접속해서 자신이 이수한 훈련과 그러지 못한 훈련을 확인할 수 있었다. 시스템은 훈련 시험뿐 아니라 추가적인 성공 이력도 제공하였다. 엔지니어가 받은 어떠한 표창이나 승진 결과뿐 아니라 훈련 계획 밖에서 취득한 부가적인 훈련이나 자격시험도 이곳에 기록되었다. 또한, 이 프로그램은 엔지니어에게 새로운 훈련 코스를 통지해 주는 역할로 사용되기도 했다. 평가역량과 관련된 프로그램의 평가에서 낮은 평가를 받은 피평가자에게는 역량개발의 필요성과 훈련기회 제공 안내에 대한 이메일이 자동으로 발송되었다.

### 결과

몇 년 후 이 프로젝트를 함께 진행한 컨설팅 회사는 웹 기반 시스템에 저장된 방대한 규모의 정보를 토대로 현재 테크노소프트 엔지니어에게 효율적인 최신 기술 훈련이 되고 있는지 확인해 달라는 요청을 받았다.

하나의 주목할 만한 발전은 평가센터와 훈련 계획 도구가 실행된 이래로 엔지니어들이 이전보다 훨씬 더 훈련에 적극적으로 변했다는 점이었다. 엔지니어들 스스로 프로그램의 효율성에 대해 자주 언급했다. 평가센터는 엔지니어들이 부족한 기술의 핵심을 찾아 필요한 분야에서 훈련을 받고, 불필요한 훈련에 시간을 낭비하지 않게 해 주었다. 경영진은 엔지니어들이 변화 관리와 팀워크, 기술 이외 부문의 조직구성원/직원과의 의사소통 역량에서 상당한 발전이 있었다고 보고했다. 마지막으로, 프로그램 자료들은 시기적절한 방식으로 훈련 계획을 이수한 엔지니어들이 더 높은 직위로 승진할 가능성이 높았다는 것을 보여주었다.

### 요약

테크노소프트 평가센터의 목적은 훈련의 필요성을 진단하는 것이었다. 더욱이 평가센터 결과는 훈련 계획을 개발하는 데 사용되었기 때문에 그것은 광범위한 훈련과 개발 기능에 철저히 통합되었다. 일반적인 웹 기반 실행 체계의 사용은 이러한 통합을 완벽하게 해주었고, 엔지니어들에게는 새로운 지식과 적응력을 갖춘 성공적인 전문 엔지니어가 될 수 있도록 해주었다.

## 3 오토-매뉴펙 월드와이드(AUTO-MANUFAC WORLDWIDE)

오토-매뉴펙 월드와이드(이하 AMW로 표기)는 리더십 개발 프로그램의 기초로 개발 평가센터를 도입했다. 직원 선발과 역량개발에 투자를 아끼지 않는 회사답게 AMW는 뛰어난 역량을 갖춘 직원들이 미래에 성공적인 지도자로 성장할 수 있도록 지속적인 학습체계를 만들기 위해 혁신적인 방식을 추구해왔다. 또한, AMW는 세계적인 조직이기 때문에 해외 지사로 임명된 관리자들을 준비시키기 위한 프로그램을 설계했다. 산업 및 조직심리학자로 이루어진 내부 팀과 더불어 개발 평가센터를 핵심으로 한 종합적인 리더십 개발 프로그램을 만들었다. 평가센터의 목적은 전반적인 역량을 평가(팔모어 소방본부의 경우)하거나 진단(테크노소프트의 경우)하는 것이 아닌, 평가센터 그 자체를 훈련 경험으로 사용하기 위한 것이었다. 이러한 응용 프로그램은 전통적인 평가센터 설계에서 몇 가지 변경 사항이 필요했다. 그림 2.2는 AMW 리더십 개발 프로그램의 구성 요소를 개괄적으로 보여준다. 오직 16% 정도의 조직만

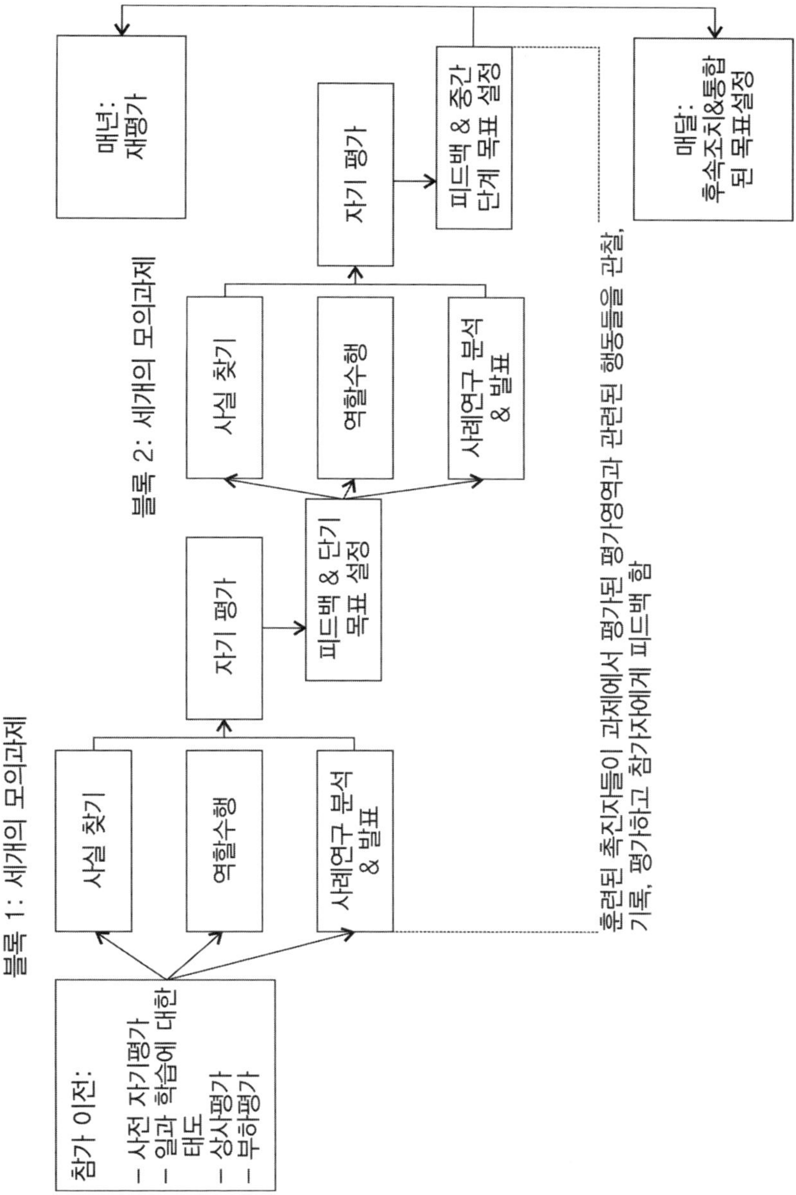


그림 2.2 AMW의 리더십 개발 프로그램 다이어그램(Gibbons & Rupp, 2004)

이 이러한 목적으로 평가센터를 사용한다(Spychalski et al., 1997). 그러나 많은 조직이 훈련 목적을 위해 복합적인 행동에 관한 모의상황을 사용하지만 그것을 평가센터라고 부르지는 않기 때문에 이 통계는 적게 추산된 것이라고 할 수 있다.

## 조직

AMW는 제조회사의 생산 과정을 자동화하는 데 필요한 제품을 생산한다. 이러한 제품은 발송과 수취를 자동화하는 기술뿐 아니라 조립 라인 시스템, 창고, 재고품 목록 시스템도 포함한다. AMW는 미화로 30억 달러 이상의 예산과 더불어 50개국 이상에 제품생산 공장, 창고, 판매 사무소를 가지고 있다. 이 조직은 회장/CEO와 많은 부회장에 의해 경영되고 있다. 중간관리자는 모든 현장 운영과 인사문제를 책임지는 현장관리자로 이루어진다. 이들은 부서장과 교대 매니저를 직접 관리·감독한다. AMW는 15,000명 이상의 직원을 고용하고 있다.

## 대상 직무

AMW는 현장 부서장과 교대 매니저를 현장 관리자 직급에 맞게 준비시키기 위해 할 수 있는 모든 것을 다 하고자 했다. 회사가 생산하는 다양한 제품들과 산업의 유일성, 복잡성을 봤을 때 조직은 외부지원자를 고용하는 것보다 자체 현장 매니저를 육성하고자 했다. 그러나 AMW는 현장 부서장과 교대 매니저가 현재 직무에서는 리더십 기술 개발에 도움이 되는 경험을 배울 수 없다는 것을 경험상 알고 있었다. 따라서 AMW는 이들을 위해 종합적인 리더십 개발 프로그램을 만들기로 했다. 프로그램의 목적이 상위직급 관리직에서 필요한 기술을 개발하는 것이었기 때문에 대상직무는 현장 관리직급이었다.

## 평가역량

전 세계 현장관리자로서의 업무 성과를 높이는 데 필요한 공통적인 역량을 찾기 위해 직무분석이 행해졌다. 직무분석은 AMW에 전사적으로 집행되었으며, 직무전문가를 중심으로 진행되었다. 직무분석 과정에서 직원들은 자신의 역량개발에 실질적인 도움을 줄 수 있는 평가역량을 찾아내 이를 리더십 개발 프로그램이나 개발 평가센터에 반영하는 것이 목적이라는 것을 안내받았다. 이 과정은 프로그램의 실제 목적이 관리자를 선발하는 것이 아니라, 평가역량에 대한 숙련성을 향상시키는 것이었기 때문이다. 따라서 몇 가지 인지적인 능력과 성격 특성이 요구된다는 사실을 직무분석에서 확인했더라도 교육을 통해 변화될 수 있는 지식과 기술만이 프로그램에 포함되었는데 문화 적응력, 갈등 해결, 구두 의사소통, 정보 탐색, 문제 해결, 계획/조직화 등이 평가역량으로 선택되었다.

## 평가 과제

개발 평가센터에서는 과제의 목적을 두 가지로 구분한다. 피드백과 코칭의 근본이 되는 여러 역량 관련 행동을 유도하는 것과 피평가자에게 평가역량에 대해 자신을 개발시키고 체험해 볼 수 있는 활동적이고 경험적인 학습의 기회를 제공하는 것이다. 이 같은 구분에 근거하여 세 가지 종류의 과제로 구성된 두 개의 평행블록(같은 역량 측정을 위한 목적이지만 과제의 구성이 조금씩 다른 두 개의 유사한 과제 묶음)이 개발되었다. 각 블록에서 피평가자는 현장관리자의 역할을 하고 역할수행 과제, 사실 찾기 과제, 발표 과제 등을 수행했다. 두 번째 블록의 과제들은 비슷하지만 다른 논쟁거리들로 모의상황을 다르게 구성했다. 피평가자는 첫 번째 블록에 참여하고 피드백을 받았다. 그리고 나서 두 번째 블록의 모의상황에 참가하여 과제 수행을 더 발전시키도록 노력하였다. 마지막으로, 두 번째 피드백과 코칭을 개별적으로 받게 되었다.

역할수행 과제는 피평가자의 문화 적응력 역량을 평가하였다. 이 모의과제를 위해 조직문화가 매우 다른 현장에서 근무하는 관리자가 피평가자를 평가하기 위해 투입되었다. 이는 문화적 차이로 인한 부분을 평가할 때 실제로 다른 문화에 있는 사람이 역할수행자로 투입되는 것이 과제를 더욱 실감 나게 하기 때문이다. 실제로 역할수행자는 피평가자와 매우 다른 방식으로 상호작용하였고, 이것은 직원들 간, 감독관들 간, 그리고 직원과 감독관 간에 예상된 갈등을 초래하였다. 피평가자에게는 두 현장의 문화에 관한 자세한 정보와 더불어 메모, 이메일, 직원들의 행동 기록 파일을 줬다. 피평가자는 양측으로부터 추가적인 정보를 모으고, 갈등을 해결하기 위한 미팅을 통해 공장의 직원들이 한 팀으로써 효율적으로 일할 수 있는 정책을 수립하는 과제를 수행해야 했다.

두 번째 유형의 과제는 사실 찾기 과제였다. 이 과제는 피평가자에게 적은 양의 정보를 제공하고 결정을 내리도록 하였다. 평가자 중 한 명이 정보제공 역할자를 맡아 피평가자가 올바른 질문을 했을 경우 제공할 수 있는 추가적인 정보를 가지고 있었다. 질의·응답 과정을 거쳐서 피평가자는 자신의 결정에 대한 이론적 근거를 제시하고 고려해야 할 사항 등을 전달해야했다. 그러면 정보제공 역할자는 추가 정보를 제공하고, 첫 번째 결정에 이의를 제기하며, 피평가자가 결정을 변경하도록 유도했다. 이 과제를 통해 피평가자가 정보를 찾고, 문제를 해결하고, 갈등을 관리하며, 효과적으로 의사소통하도록 했다.

마지막으로, 피평가자는 마케팅과 재정 관련 정보를 습득한 후 신제품 라인에 대한 고려사항을 구두로 보고해야 했다. 이 과제에서는 계획 및 조직화, 문제 해결, 구두 의사소통 역량을 평가했다.

### 피평가자

AMW의 목적은 우수한 역량을 지닌 현장 부서장과 교대조 관리자를 현장 매니저로 '육성'하는 것이었다. 즉, 이미 훌륭한 역량을 지니고 있는 교대조 관리자가 상위 직급의 관리자에게 요구되는 부가적인 기술을 갖추게 하는 것이었다. 따라서, 수행평가 과정을 통해 우수한 역량을 가지고 있다고 확인된 사람들이 리더십 개발 프로그램에 참가할 수 있는 기회를 얻게 되었다.

### 평가자 / 촉진자

이 프로그램에서 평가자는 이 장의 초반부에 설명한 다른 평가 프로그램의 평가자와는 매우 다른 역할을 맡았다. 여기서 그들은 '촉진자'라고 불렸고, 효과적인 행동을 관찰하고 즉각적인 피드백을 제공함으로써 피평가자가 모의상황으로부터 학습할 수 있도록 하는 책임을 지고 있었다. 그들은 평가자라기보다는 멘토나 코치로 여겨졌다. 따라서, 통합 회의는 각 평가역량에 관한 피평가자의 강점과 개발 필요성에 합의할 뿐 아니라, 피평가자에게 주어지는 구체적인 피드백과 코칭에 합의하도록 구성되었다. 피드백은 역량평가 내에서 2회에 걸쳐 이루어지기 때문에 관리자와 촉진자 팀은 신속하고 효율적으로 움직여야 했다. 평가팀에는 AMW의 다른 지역 지부에서 보낸 부회장과 교육 및 개발 부서, 인사관리 부서의 인력이 포함되었다.

### 피드백

이 장에서 설명한 다른 두 평가센터와는 달리 AMW의 개발 평가센터는 더욱 깊이 있는 피드백이 포함되었고, 구체적인 장단기 목적을 설정했으며 리더십 개발 프로그램을 통해 여러 가지 상황에서 사용되었다. 앞서 언급했듯 이런 유형의 피드백을 개발 피드백이라고 부른다. 첫 번째 피드백 세션은 첫 번째 모의과제 블록이 완수된 이후에 진행되었다. 여기서 촉진자는 첫 번째 블록 과제를 통해 관찰된 평가역량과 관련된 행동에 대해 피드백을 주고, 두 번째 블록 과제에서 약점이 있는 역량을 개선할 수 있도록 목표를 세웠다. 두 번째 피드백 세션은 두 번째 과제 블록 이후에 진행되었다. 여기서 촉진자는 첫 번째에서 두 번째 과제 블록으로 넘어오면서 관찰한 개선 사항뿐 아니라, 두 번째 과제 블록에서 관찰된 평가역량과 관련된 행동에 대해 피드백을 받도록 했다. 더불어, 피평가자가 자신의 직무 상황에서 평가역량에 관해 지속적으로 개선해 나갈 방법에 대한 논의도 있었다. 그림 2.2에 그려진 대로, 촉진자는 월 단위로 피평가자를 계속 코치해 나갔고, 피평가자에게 매년 추가 모의과제에 참석하도록 안내하였다.

## 프로그램의 다른 구성요소

피평가자가 프로그램에 참석하기 전에 표준화된 검사 문항을 사용하여 평가역량에 대한 피평가자의 숙련도에 관련된 다면 정보가 수집되었다. 피평가자에 관한 다양한 심리적 속성들은 본인뿐만 아니라 그들의 관리자, 동료, 부하로부터 수집되었다. 추가적인 자기보고 방식의 문항은 평가센터를 수행하면서 각 블록 과제 후에 완성되었다. 현장관리자의 평가역량 기술을 개선하고 개발 평가센터의 효과성을 유지하기 위해 1년에 4회에 걸쳐 다면평가가 진행되었다. 월별 코칭 세션에서는 다면평가에서 나온 결과를 토대로 추가적인 개발 피드백이 제공되었다.

## 결과

일부 피평가자는 리더십 개발 프로그램의 절차에 대해 불만이 있었다. 프로그램이 개발을 목적으로 한 것이고, 인사 결정이 프로그램에서 획득한 점수나 개인의 수행과 무관하다는 것을 분명히 밝혔음에도 불구하고, 리더십 개발 프로그램에 중간관리자로 가는 승진 목적이 있다는 의심이 있었다. 많은 사람이 업무평가/인사고과 시스템에 이중 목적이 내재해 있다고 불평했고, 이는 리더십 개발 프로그램의 대상인 피평가자를 결정하는 것이 업무평가/인사고과 자료였기 때문이다. 그럼에도 불구하고 프로그램은 참석한 사람 사이에서 훌륭한 성공을 보여주었다. 종단적 다면 평가에서 보고되었듯, 개발 평가센터에 참가한 이후 평가역량의 숙련도가 많이 개선되었고, 이는 지속적으로 이루어지고 있다. 더 나아가, 현장관리자로 승진한 피평가자는 그들이 리더십 개발 프로그램에서 받은 실습 덕분에 잘 준비할 수 있었다고 말했다.

## 요약

AMW는 직원을 개발하기 위해 평가센터를 사용했다. 광범위한 리더십 개발 프로그램에 평가센터 방법을 사용하면서, 개발 평가센터는 상위 직급 관리자에게 필요한 기술에 관한 실습과 교육을 제공하기 위해 일련의 과제, 다양하고 깊이 있는 피드백, 목표 설정 회의 등을 사용했다. 결과가 보여주듯 이는 조직 내 역량을 개발하고, 유지하는 효과적인 수단이라는 것을 확인할 수 있었다.

개발 평가센터는 선발 또는 진단 목적의 평가센터에 비해 최근에 등장한 것이기 때문에, 이에 대한 자세한 내용은 4장에서 설명할 것이다.

## 사례 검토

이 장에서 설명한 세 가지 사례는 평가센터의 다양성과 몇 가지 공통적인 특징을 보여준다. 모든 평가센터의 모의과제는 피평가자의 효율적 업무성과와 관련된 평가역량에 대한 행동관찰을 포함하고 있다. 다수의 평가자에 의한 평가는 통합되고, 통합된 정보는 필요한 사람과 피평가자에게 제공된다. 반면, 다양한 목적(승진, 진단, 개발)의 평가센터는 아래와 같은 요소를 목적에 맞도록 설계하여 사용해야 한다.

- 평가역량
- 과제의 유형
- 과제의 내용
- 관찰과 평가 절차
- 피드백의 유형, 본질, 횟수
- 지원 활동들

이 모든 요소는 평가센터가 주어진 인적자원관리 기능의 구체적인 목표를 실현하도록 세분되었다. 각 요소의 항목은 다음 장들에서 더 깊이 있게 다룰 것이다.

제3장

# 평가센터의 기본 요건

평가센터가 1940년대 후반 영국의 공무원 조직과 1950년대 중반 미국의 AT & T에서 시작된 이래로 비군사적인 배경에서 평가센터의 역사를 살펴보면, 연속성과 변화의 관점에서 흥미로운 내용을 발견할 수 있다. 연속성이란 평가센터가 여러 가지 공통된 필수 요소들을 포함하여 발전해왔다는 사실이고, 변화는 이러한 필수 요소의 내용이 다양해졌다는 사실이다. 이러한 변화는 일의 본질, 조직 구조, 노동인력의 통계학적 변화, 그리고 기술의 발달과 밀접하게 연결돼 있다. 더불어, 다양한 목적에 맞게 설계된 평가센터에서 다음과 같은 차이점을 볼 수 있다.

- 평가 차원
- 모의 조직 상황 과제
- 행동을 관찰하고 평가하는 평가자의 유형
- 과제와 평가자로부터의 자료 통합 방법
- 피평가자와 조직의 관리자, 인사부서 직원에게 제공되는 피드백 유형과 구체화 수준

이러한 요소들의 차이점이 나타나는 이유 중 하나는 소수 집단과 여성, 다양한 민

족과 그에 따른 다양한 문화적 배경을 가진 사람, 그리고 노동자의 고령화 및 사회진출 증가와 같은 노동인력의 변화이다. 또한, 평가센터 운영상의 차이점 역시 여러 나라의 적용 사례에서 찾아볼 수 있다. 이 같은 변화 양상 및 차이점들을 앞으로 이 책을 통해 탐색해 보려고 한다(그러나 이러한 변화 및 차이점을 제외하고 평가센터 방법의 기본이 되는 필수 요소들은 변하지 않았다).

이 장에서 우리는 평가센터의 핵심이 되는 특성을 논의하려고 한다. 이러한 필수적인 특징은 평가센터를 정의하는 가이드라인을 통해 꾸준히 개정되고 시대에 맞게 보완되어왔다. 부록 A에 수록된 가이드라인은 경험 있는 연구자와 평가센터 전문가에 의해 작성되었고, 새로운 평가센터 가이드라인은 2000년도 평가센터 방법론 국제학술대회(ICACM: International Congress on the Assessment Center Method)에서 200여 명의 전문가에 의해 비준되었다. 이 책에서는 이러한 평가센터 방법의 핵심을 설명한 후, 다양한 목적에 맞게 설계된 평가센터의 이론적 기반을 제시할 것이다. 그리고 이 이론들은 어떻게 평가센터의 다양한 요소가 각기 다른 목적에 맞게 적용될 수 있는지를 보여주기 위해 실용적인 내용을 기술할 것이다. 또한, 평가센터는 각자 다른 유형의 평가센터에 적용되는 여러 가지 이론적 기반에 상응하여 설계와 실행에서도 다양한 변화의 양상을 보이기도 한다.

이러한 변화 속에서도 변하지 않고 남아 있는 특징은 평가센터를 다른 평가방법과 구별 짓는 일련의 핵심적인 특징들이다. 이 장의 후반부에는 왜 '평가센터(assessment center)'라는 용어를 사용하게 되었는지, 평가센터가 왜 인적자원관리 분야에서 중요한 방법으로 자리 잡게 되었는지 설명하고자 한다.

2장에서 제시된 3개의 사례는 조직이 승진 결정을 하고, 개발 필요성을 진단하며, 관리 방법을 개선하는 것을 돕는 데 평가센터가 어떻게 사용됐는지 보여주었다. 이러한 사례는 평가센터 간의 차이점과 공통적인 특징을 보여준다. 평가센터가 인적자원관리의 목적에 맞게 설계될 때는 더욱 다양한 형태를 보일 수 있다.

## 1 평가센터의 필요조건

가이드라인에 따르면 평가센터를 설계하면서 '평가센터'라고 부르기 위해서는 몇 가지 기본적인 필요조건이 있다. 평가센터의 지지자들은 수년에 걸쳐서 이 용어를 오직 특정한 방법에만 적용해야 한다고 주장해 왔다. 이런 주장을 지지하는 이유는 평가센터 방법의 일관성과 정확성을 뒷받침하는 상당한 조사와 연구가 있었기 때문이다. 때때로 평가센터가 아닌 다른 평가도구를 개발하는 사람들은 아무런 실증적인 근거 없이 단순히 평가센터라는 이름만을 사용하여 공공성과 홍보 효과를 취하고자 했다. 이 때문에 평가센터 방법의 지지자들은 다음에 소개할 기본조건을 충족하는 절차에 한해서만 평가센터라는 용어를 사용할 수 있도록 노력해왔다.

## 직무분석

직무분석은 인적자원관리를 위한 절차를 개발할 때, 가장 첫 번째 단계가 된다(Brannick & Levine, 2002). 직무분석 과정 및 결과를 공유함으로써 선발 절차가 모든 피평가자에게 공정하다는 것을 보장해주기 때문에 특히 중요하다. 평가센터와 관련된 직무분석은 평가받을 여러 가지 역량들(법, 자질, 특성, 동기, 지식 등), 기대되는 역량 수준, 수행되는 과제, 조직 환경(Thornton & Mueller-Hanson, 2004) 등의 직무와 조직 상황에 관한 광범위한 정보 수집을 위해 필요하다. 이러한 여러 평가역량은 모의과제를 만들고, 지원자의 행동을 관찰하며, 수행의 효율성을 평가하고, 피드백을 주기 위한 토대가 된다(다른 유형의 평가역량들은 다른 목적을 위해 기획된 평가센터에 적합해야 한다. 예를 들어 '개발 평가센터'를 위한 평가역량들은 '개발 가능'해야만 한다- 4장과 10장에서 더 깊이 있게 다룰 개념이다).

직무분석을 위해 수집된 과업의 예시는 이를 필요로 하는 조직 내 경영자들에게 경영정보의 형태로 제공되기도 한다. '과제를 얼마나 복잡하고 어렵게 만들 것인가?' 그리고 '평정은 어떠한 기준에 근거할 것인가?'에 대한 기준 제공을 위해 역량 기대수준 또한 직무분석 과정에서 이해될 필요가 있다. 또한, 대상직무의 현실 적합성과 피평가자에게 안면 타당도를 가진 과제를 만들기 위해서는 반드시 조직환경을 이해해야 한다. 만약 적절한 직무분석이 이루어지지 않았다면 평가센터 운영을 위한 새로운 분석이 필요할 것이다. 최근에는 직무와 조직의 전략이 어떻게 일치하는지에 대한 정보와 더불어 전통적인 직무분석 방법을 보완하기 위해 역량모델링(Schippmann et al., 2000)을 사용하고 있다. 평가센터의 실행 준비 단계로써 역량모델링/직무분석을 수행하기 위한 절차는 5장에서 설명한다.

## 다양한 평가기법

평가센터에서는 다양한 평가기법(인터뷰, 심리검사, 질문지, 모의과제 등)이 사용된다. 이러한 기법은 역량모델링/직무분석 과정을 통해 나타난 평가역량과 관련된 복합적인 행동을 관찰할 기회를 제공할 수 있도록 설계되어야 하고, 인지능력과 성격검사가 사용될 때는 그 운영과 해석에 적합한 훈련을 받은 사람이 평가자로 참여할 수 있도록 해야 한다. 최근 미국에서는 평가센터 과정을 여러 모의과제 상에 나타나는 행동관찰로만 제한하고, 심리검사는 분리하여 운영하려는 경향이 있다.

### 모의과제

평가센터가 다른 평가방법과 구별되는 특징 중 하나는 모의과제를 사용한다는 점이다(Bray & Grant, 1966). 직무분석이 해당 직무담당자가 직면해야 하는 일의 상황과 공통된 과업 및 문제들을 드러낸다면, 모의과제는 대상 직무의 중요한 단면들을 묘사한다. 이처럼 모의과제는 직무 상황의 중요한 특성을 한데 모아 만들어진다.

모의과제는 피평가자가 다루어야 할 복합적인 정보나 자료를 의미한다. 예를 들어, 과제수행을 위한 자료에서는 피평가자에게 한 작은 마을의 경제 상황을 묘사해주고 은행 분점의 개설 여부가 관련된 재무분석을 요구하는 내용을 제시할 수 있다. 집단토론에서 피평가자는 경영진에게 보고할 권고사항을 작성하기 위해 다른 피평가자와 상호작용을 할 수도 있다. 또, 일대일 상호작용을 해야 하는 역할수행에서는 문제가 있는 직원이나 화가 난 고객의 역할수행자와의 의사소통을 포함할 수도 있다. 이러한 과제의 공통적인 특징은 피평가자가 실제 직무에서 발생할 수 있는 복합적인 사건과 직면하게 된다는 것이다. 다른 평가 방법과 비교했을 때 모의과제의 장점은 피평가자가 복합적이고 확실한 행동들을 보여준다는 것이다.

최근 조사결과에 따르면, 특정 유형의 과제들이 예전보다 낮은 빈도로 사용되고 있다고 한다. 예를 들면, 집단토론과 역할수행자와의 상호작용 모의상황은 미국의 선발과 승진 프로그램에서 사용이 감소하였는데, 그 이유는 표준화가 덜 돼 일관성이 부족할 수 있다는 것이다(즉, 한 집단의 역동이 다른 집단과 다를 수 있다는 것과 역할수행자가 모든 피평가자에게 항상 똑같이 행동할 수 없다는 것이다).

최근 수년간, 몇몇 평가과제는 피평가자에게 시대에 맞는 자료를 제공하기 위하여 다양한 형식의 장비(동영상 자료와 컴퓨터)를 이용해 왔다. '첨단 기술을 활용한' 평가의 장단점은 6장에서 검토할 것이다.

### 행동 반응

모의과제는 조직에서 발생할 수 있는 중요한 상황과 유사한 시나리오상에서 피평가자의 복합적인 행동이 요구되는 수행 검사(Anastasi & Urbina, 1997)이다. 성공적인 평가가 될 수 있도록 피평가자는 이 과제에서 그 직무에 필요한 행동과 일치하는 뚜렷한 행동을 보여주어야만 한다. 예를 들어, 피평가자는 집단토론을 수행하며 과제 내 상황에 근거한 새로운 업무처리 절차를 제안하기도 하고, 사례연구에서는 비판적

분석, 권고사항, 혹은 제안서 등을 서면으로 작성해야만 한다. 이는 심리검사에서 응답지에 표시하는 방식과는 매우 다르다. 피평가자는 복잡한 상황을 제시받게 되면, 더 많이 생각하고 행동으로 반응하게 된다. 이때, 검사 해석자는 이면의 반응들에 대해 추론을 하게 된다. 이와는 대조적으로, 집단토론의 피평가자는 생각뿐 아니라 다른 사람들에게 영향력을 발휘하는 방식으로 말하고 행동한다. 이러한 과제에서는 평가자가 피평가자의 기술이나 능력에 대해 지나치게 많은 추론을 할 필요가 없다.

모의과제의 또 다른 특징은 상호작용이 존재한다는 점이다. 집단토론 중 사람들은 자기주장을 하고 타인의 주장에 반응해야만 한다. 프레젠테이션에서는 청중이 질문할 것이고 조직구성원의 문제를 포함하고 있는 모의상황에서는 격렬한 의사소통이 있을 수 있다. 이러한 일련의 복합적이고 역동적인 상호작용은 대부분의 객관식 심리검사로는 평가할 수 없는 복잡한 행동을 이끌어낸다.

최근에 개발된 모의과제 형태에서 피평가자에게 복합적인 외적 행동을 보여주지 않고, (a) 미리 결정된 대안 중에서 선택하거나, (b) 무엇을 하려고 했거나 말하려 했던 것을 표현하도록 하여 이를 평가한다. 다음 세 가지 예는 '낮은 현실 적합성'의 방법과 복잡하고 뚜렷한 행동을 해야 하는 '높은 현실 적합성'의 모의상황 사이의 차이점을 보여준다. 첫째, 컴퓨터 서류함은 피평가자에게 스크린에 나타난 메모에 대해 대안이 되는 행동 중 한 가지를 선택하게 한다. 둘째, 상황 면접에서는 피면접자가 어떤 상황에 직면했을 때 그가 수행할 것이라고 예상되는 일을 진술하게 한다. 셋째, 동영상 기반의 평가에서는 동영상으로 하나의 시나리오를 보여주고 피평가자에게 어떤 행동을 할지 작성하도록 한다. 이러한 방법의 장점과 한계는 6장에서 알아볼 것이다.

## 행동 관찰

모의과제에서는 훈련된 평가자가 피평가자의 행동을 관찰하고 자세하게 기록한다. 문제 해결을 위한 집단토론 중 행동관찰의 예는 다음과 같다. '최부장이 출장 수당을 올리자고 제안했을 때 박이사는 주먹으로 탁자를 치며 "이미 너무 늦었어요!" 라고 말했다.' 행동관찰은 '그는 화가 났다'와 같은 추론이나 '그는 다른 피평가자들에게 나쁜 인상을 주었다.'와 같은 해석과는 다른, 관찰 가능한 행동과 실제 발언에 대한 기록을 바탕으로 구체적인 정보가 제공되어야 한다.

행동관찰은 피평가자가 언어적으로 표현하려고 시도했거나, 행동으로 시도하다가 실패한 내용, 또는 뚜렷하지 못한 행동 역시 관찰 대상이 된다. '최대리는 팀장이 다음 날 미팅을 위해 필요한 정보를 달라고 이메일로 요청한 것에 응답하지 못했다.', '박과장은 경영진에게 마케팅 관련 보고를 할 때 요점을 전달하지 못했다.', '오팀장은 부하 직원과의 수행검토 회의에서 심각한 안전위반 사항을 논의하지 않았다.' 등이 관찰 기록이다. 평가자에게 평가에서 나타나지 않은 피평가자의 행동까지 기록할 수 있도록 교육하기는 쉽지 않은 일이다.

## 다수의 평가자

평가센터 방법에서 피평가자를 평가하는 데 한 명 이상의 평가자가 참여하게 된다. 다수의 평가자에 의한 관찰은 한 명의 평가자가 가질 수 있는 오류 또는 편견이 평가 과정의 최종 결과에 영향을 미치지 않도록 도와준다. 예를 들어, 모든 서면 보고서는 특정 양식을 따라야 한다는 잘못된 생각을 하는 평가자가 있을 수 있다. 여러 가지 관점을 종합해볼 때, (a) 전문적인 역량에 관해 판단을 내려야 하고, (b) 판단은 본질적으로 그 안에 어느 정도의 주관성을 가지지만, (c) 한 명 이상의 평가자가 평가에 참여함으로써 한 평가자의 편견에 의한 부작용을 최소화할 수 있게 된다.

다양한 배경과 경험을 가진 여러 관점의 평가자들은 전문적인 역량평가에 효과적으로 기여할 수 있지만, 평가자의 다양성은 한 피평가자의 평가 결과에 대해 모든 평가자가 항상 동의하는 것은 아니라는 것을 의미한다. 각각의 서로 다른 평가는 매우 정확하기도 하고 부정확하기도 한 정보를 가지고 있을 수 있다. 사실, 이런 차이점은 다수 평가자를 사용할 때 예측되었던 부분이며, 이것 또한 유용한 정보이다. 평가센터의 설계자/관리자는 조직 내의 인사관리 부서, 외부의 컨설턴트, 대상 직무와 관련된 다른 개인들 혹은 관리자로 이루어질 수 있다. 평가자 특성에 관한 연구에 의하면, 평가자의 다양한 유형이 평가에 보다 확실한 기여를 할 수 있다고 한다(Gaugler, Rosenthal, Thornton & Bentson, 1987). 평가센터에서 적절한 평가를 위해 몇 명의 평가자가 필요한지에 대한 공통적인 합의는 없다. 그러나 일반적으로 평가센터에서는 세 명 또는 그 이상의 평가자가 피평가자의 수행을 독립적으로 관찰한다.

## 평가자 교육

평가자는 복잡한 평가 기능을 수행하기 위해 훈련을 받는다. 그들은 행동을 관찰하고, 일정한 방식으로 관찰을 기록하며, 평가 역량별로 행동을 분류하고, 피평가자가 보여준 수행 수준을 판단한다. 또한, 다른 평가자에게 관찰한 내용을 설명하고 다양한 근거를 바탕으로 다른 평가과제에서 미리 관찰한 행동들과 통합하며, 어떤 경우에는 최종 평가를 하고 피평가자의 개발을 위해 제안을 할 줄 알아야 한다(Thornton & Mueller-Hanson, 2004; Thornton & Rupp, 2003). 평가 기능을 수행하기 위해 평가자는 철저한 훈련을 받아야 하며, 기능을 정확하게 수행하는지 확인하기 위해 다시 평가받고 점검받아야 한다. 평가자 훈련 요소에는 평가역량의 내용에 대한 이해, 행동의 관찰 및 평가 연습, 평가자 그룹 내의 정보 통합과 피평가자에게 피드백을 제공하는 것 등이 포함된다. 최근 평가자 훈련 기법은 수행평가자들을 위해 개발된 많은 '참조의 틀 훈련'을 포함해왔다(Schleicher, Day, Mayes, & Riggio, 2002). 가이드라인에 따르면, 조직은 모든 평가자가 행동을 관찰하고, 분류하고, 평가할 수 있는 능력이 충분한지를 확인하기 위해 심사를 해야 한다고 말한다. 평가자 훈련에 관한 더 자세한 사항은 다음의 몇 가지 출처(Byham, 1977; Thornton & Byham, 1982; Thornton & Mueller-Hanson, 2004; Thornton & Rupp, 2003)와 7장에서 소개된다.

## 평가자 통합 회의

다음으로 소개할 주제는 어떻게 개별적인 평가 정보를 통합하는지와 같은 일반적인 문제부터 논란이 되는 사항까지 포함하고 있다. 전통적으로 평가센터는 평가자의 통합회의를 통해 내려진 판단에 의존해 왔으며, 각 과제의 결과는 그 판단에 따라 관찰되고 분류된다. 아울러 평가자가 여러 과제에 걸친 관찰을 통합하고 종합평정을 끌어내기 위해 평가를 통합할 때, 이 과정 역시 매우 판단적으로 수행된다. 판단적인 통합 과정은 예전에 '임상적인 방법'(Dawes, 1979; Sawyer, 1966)으로 불려 왔는데 그 이유는 개인의 성격 성향을 진단하거나 다양한 치료법의 성공 여부를 예측하기 위해, 그리고 여러 자료에서 정보를 통합하기 위해 임상심리학자들이 종종 사용하는 방법이기 때문이다.

정보를 통합하는 판단적 방법의 대안으로써 '통계적 방법' 또는 '기계적인 통합 방법'이 있다. 예를 들면, 다수의 지원자를 신입 수준 직무의 채용선발에서 심사해야 할 때나, 고용 관련 소송 가능성이 있을 때와 같은 상황에서 사람들은 이 대안을 더 선호한다. 정보를 통합하는 통계적인 방법에서(Sawyer, 1966) 단편적인 정보들은 사전에 정해진 가중치가 할당되고, 일정한 공식에 따라 계산되어 통합된다. 예를 들어, 승진 가능성에 대한 전반적인 평정에 도달하기 위해 '의사결정' 역량에 '리더십' 역량보다 두 배의 가중치를 둘 수 있다. 이렇게 가중치를 다르게 두는 것은 대상 직급에서 성공하기 위한 평가역량들의 상대적인 중요도를 보여주기 위한 것이다. 평가자의 점수 통합을 위한 가중치 부여 공식은 역량평가의 역량별 상대적 중요성에 대한 평가자의 주관적 판단을 감소시키는 역할을 할 수 있다.

평가자 결과를 통합하기 위한 최적의 통합 방법에 대한 연구는 끊임없이 이루어지고 있다. 앞서 언급된 각각의 통합 방법에 대한 실증적 연구결과가 보고되어 왔다. 현 시점에서는 어떤 것이 최적의 방법인지 절대적인 답은 없다. 이에 대한 보다 자세한 설명이 7장과 8장에서 소개된다.

전통적으로, 평가센터 방법은 판단적인 통합 과정을 사용해 왔다. 그 과정은 평가센터의 원칙에 맞고 우리가 이 책의 후반부에 검토할 일부 연구에서 우수하다고 입증되어 왔다. 그러나 여기서 여러분이 유의해야 할 점은, 일부 평가센터의 지지자들이 통계학적 통합 과정을 주장하고 그에 따른 타당한 연구결과들을 제공하고 있다는 것이다(Feltham, 1988b; Sackett & Wilson, 1982; Tziner, Meir, Dahan & Birati, 1994). 이전 논의는 평가결과를 통합하기 위해 판단적 혹은 통계적 방법 두 가지 모두가 사용 가능하다는 것을 보여준 것일지도 모른다. 사실 그 두 가지 방법은 서로를 보완하고, 평가자의 의사결정을 향상시키기 위해 함께 사용될 수 있다.

### 평가센터 가이드라인에서 다루어지지 않은 것

가이드라인은 이러한 평가 방법의 많은 특징적인 내용을 다루고 있긴 하지만 평가센터의 몇 가지 중요한 사항들이 가이드라인에서 다루어지지 않았다는 것을 알게 될 것이다. 우리는 여기서 몇 개의 주제만 언급하고, 이 책의 마지막 장에서 개발 필요성이 있는 분야의 연구에 대해 다시 논의하려고 한다. 다음은 미래의 평가센터 전문가가 고려해야 할 사항들이다. 서로 다른 문화적 관점에 대한 내용, 현실 적합성과 첨단 기술의 사용 유형과 수준, 평가자를 훈련하는 트레이너와 평가센터 설계자 및 과제 개발자의 자격, 그리고 진단 평가센터와 개발 평가센터를 보완할 지원 시스템을 갖춰야 하는 조직의 책임 등이 이에 해당한다.

## 2 다양한 평가센터의 설계를 위한 이론적 기초

2장에서 평가센터 프로그램을 운영하는 매우 다른 세 가지 방법을 보여주었다. 이 세 가지 프로그램의 요소들은 각기 다른 목적을 위해 설계되었다. 올바르게 설계된 승진 체계에서 승진 제도의 목적은 관리자들이 상위 직급의 성공적인 임무 수행을 위한 그들의 잠재능력 또는 역량을 평가하고, 승진후보자가 상위 직급에서 성공적인 수행을 할 수 있는지 예측하는 것이다. 진단 프로그램의 목적은 각 개인의 직무 관련 역량에 대한 상대적인 강점과 약점을 구분하려는 것이고, 개발 프로그램의 목적은 피평가자에게 일련의 요구되는 역량을 개발시키고, 조직 내 팀워크 기술을 개발시키는 것이다. 이렇게 각기 다른 목적을 달성하기 위해서는 각각의 목적에 맞게 설계된 평가센터가 필요하다. 과거에는 일부 평가센터가 한 가지 목적만을 위해 설계되었으나 그 목적과는 다른 용도로 사용되기도 했다. 그러나 결과는 대부분 실망스러웠다. 예를 들어, 어느 한 평가센터가 승진과 역량개발의 목적을 동시에 충족시키고자 설계되었다고 하자. 이러한 경우, 승진 목적에서는 요구되는 역량이지만 개발할 수 없는 역량이 평가역량에 포함될 수 있고, 피평가자에게 제공되는 행동 변화를 요구하는 피드백 과정에서 효과적인 내용을 제공할 수 없게 된다.

다양한 평가센터 설계를 위한 이론적 기초에 대해 평가센터 실무자나 이를 교육받고 있는 사람들이 주의를 기울여야 하는 이유는 무엇인가? 그 이유는 이러한 이론을 이해하는 것이 효과적인 평가센터를 설계하는 데 있어 실용적으로 매우 도움이 되기 때문이다. 1930년대의 유명한 심리학자인 Kurt Lewin(1951)은 "간단하면서도 설득력 있는 좋은 이론만큼 실용적인 것은 없다"라고 말했다. 다음으로 예측, 진단, 훈련의 원칙을 논의하고, 실무에서 쓰인 몇 가지 평가센터 설계에 대한 예를 소개하고자 한다.

## 예측의 원칙

좋은 예측의 이론적 기초를 위해 심리측정학 분야에서 측정의 원칙들을 살펴볼 수 있다(Ghiselli, Campbell, & Zedeck, 1981; Guion, 1998; Nunnally & Bernstein, 1994). 몇 가지 핵심 측정 원칙들은 표준화, 신뢰도, 그리고 타당도에 관한 이론이며 논점이다. 표준화는 피평가자를 평가하기 위한 절차가 같은 것인가를 말한다. 하나의 절차는 모든 사람이 같은 교육, 같은 질문, 같은 규칙과 시간제한, 그리고 충분히 반응할 동등한 기회를 제공받을 때 표준화된다. 그러나 표준화에 대한 몇 가지 잠재적 방해요소가 평가센터 운영상 발생할 수 있다. 모의과제의 경우 표준화가 되지 않을 수 있는데, 이는 피평가자가 사례연구 과제를 수행하는 동안 시간의 양을 다르게 배정받을 수 있고, 역할수행자가 과제의 내용을 잘못 이해하여 잘못된 역할수행을 하거나, 피평가자마다 다른 수준의 역할수행을 수행할 수도 있으며, 집단토론에서 피평가자가 지나치게 긴장하여 평소와 다른 행동을 할 수도 있기 때문이다. 이 같은 예기치 못한 상황들은 평가센터 프로그램의 신중한 설계를 통해 최소화할 수 있다. 평가센터를 설계하는 과정에서 통제할 수 없는 요소들은 의사결정자에게 상세히 보고되어야 한다.

신뢰도는 두 가지 동등한 행동 예시에 대한 두 가지 측정치, 혹은 시차를 드며 두 번에 걸쳐 행해진 각각의 측정치에 대한 점수의 일관성을 나타낸다. 신뢰도는 또한 각기 다른 평가자의 평정치 간의 일치율을 지칭하기도 한다. 올바르게 설계된 평가센터는 어떤 형식으로 사용되든지, 언제 실시되든지, 누가 실행하고 관찰하든지, 그리고 누가 그것을 평정하는지에 상관없이 비슷한 점수를 얻을 때 신뢰할 수 있다. 리더 없는 집단토론에 다른 주제가 할당될 경우, 평가자가 관찰하고 기록하는 행동이 각자 다를 때, 혹은 평가자 그룹이 행동에 관한 정확한 정보를 통합하지 못할 경우 평가센터의 신뢰도를 저하시킬 수 있다. 다행히도, 이러한 신뢰도를 저하시키는 대부분의 잠재 원인은 평가자의 철저한 훈련, 명확한 평정 기준, 그리고 각 피평가자에 대한 정보를 나누고 평가하는 통합회의 절차를 충실히 따른다면 통제될 수 있다. 올바르게 설계된 평가센터 평정이 매우 일관성 있다는 증거가 많은 연구를 통해 확인되었다.

타당도는 얻고자 하는 목적과 목표를 측정해낼 수 있는가에 대한 평가방법의 능력을 의미한다. 평가센터에서 타당도를 수립하는 일은 평가센터가 목표한 개념을 측정하고 있는지, 그리고 다양한 의사결정에 관련된 정보로써 기여하고 있는가에 대한 통합된 정보를 포함하는 매우 복잡한 과정이다(American Educational Research Association, American Psychological Association, American Council of Measurement in Education, 1999; Binning & Barrett, 1989; Guion, 1998). 예를 들어, 승진 목적 평가센터의 경우 가장 관련 있는 타당도 정보는 어느 평가자가 해당 직무에서 장기간의 성공을 예측할 수 있는가에 대한 정확성이다(Society for Industrial and Organizational Psychology, 2003). 타당도는 직무가 신중하게 분석될 때, 중요한 구성요소가 확인될 때, 측정이 신중하게 이루어질 때 얻을 수 있다. 평가센터가 직무에 중요하지 않은 구성요소를 포함한다면 그 평가센터의 타당도는 낮아질 수 있다. 여기에는 효과적인 직무수행과 관련된 '특징적 행동'을 지지해주는 이론적, 실질적 증거들이 있다. 여기서 나타나는 '특징적 행동'들은 평가센터의 행동지표로 사용될 수 있다. 징후(Sign)의 예로는 지필검사로 진행되는 지능검사와 성격검사, 한 사람의 경력을 다루는 면접, 그리고 배경과 교육 경험을 다루는 생활사적 정보 형식 등이 있다. 그러나 행동 표집 절차는 매우 다르며, 실제 직무에서의 행동과 같은 복합적인 행동을 보여주기를 요구한다. 이 같은 행동 표집은 1장과 2장에서 소개된 모의과제에 의해 제공되고, 5장과 6장에서 더 깊이 있게 설명된다. 평가센터는 미래의 성공을 예측하는 데 높은 정확성을 가지고 있다. 수많은 개별 연구와 메타 분석 연구에 따르면 전반적인 평가센터 결과가 최대 약 25년 후까지의 다양한 준거를 예측한다고 한다. 이러한 연구의 세부 사항은 10장에서 요약된다.

## 차별적인 진단의 원칙들

차별화된 강점과 약점 진단에 대한 이론은 장기간의 성공 예측에 관한 이론과 매우 흡사하다. 그러나 이 정의는 효과적인 측정의 원칙에 근거하여 작동된다. 진단은 각기 다른 성격에 대한 명확하고 개별적인 측정을 요구한다(Wiggins, 1973). 대조적으로 장기간의 성공 예측을 목적으로 직무수행의 핵심 요소를 확인하기 위해 역량을 평가하지만, 실질적인 관심사는 전반적인 미래의 직무수행 능력을 예측하는 것이다. 진단 목적에서의 측정은 개별 역량에 대한 정확한 측정값을 제공해야 한다. 그러나 더 나아가, 측정 절차는 관련성이 서로 낮은 특성에 대한 정보 또한 제공해야 한다 (Guion, 1998). 예를 들어 리더십에서 높은 점수를 얻은 사람이 구두 의사소통에서도 모두 높은 점수를 얻는다면, 이로 인해 각자에 대한 특별한 강점과 약점 프로필을 만들기가 어려워진다. 다시 말해 이 평가 과정은 각기 다른 두 가지 역량에 대한 기술적 진단을 내리지 못한 것이다.

진단 평가센터에서 얻고자 하는 결과는 차별화된 진단이다. 차별적인 진단을 얻기 위해, 평가센터는 관리역량의 다른 측면에 대한 정확한 평가를 제공해야 한다. 예를 들어 평가센터는 의사결정 능력을 협상과 같은 다른 역량과는 독립적으로 평가해야 한다. 이러한 '독립적인' 평가를 위해, 평가센터는 특정한 요소를 고려하여 설계해야 한다. 평가역량은 개념적으로 명확히 구분되어야 하고, 과제는 평가자가 다양한 역량에 관련된 자신의 업무수행에 있어 그 다양성을 스스로 감지하도록 해주어야 하며, 평가자는 역량에 관련된 행동을 적절히 구별할 수 있도록 훈련되어야 한다. 이러한 목적을 어떻게 달성할 것인지에 관한 내용은 리에벤의 연구(Lievens, 1998)에서 찾을 수 있고, 7장과 8장, 10장에서 논의된다.

## 개발 평가센터와 관련된 교육 훈련의 원칙들

만약 평가센터가 정보처리 기술이나 일반 엔지니어링 기술을 훈련시키기 위해 사용된다면 매우 다른 일련의 원칙들이 설계 단계에 포함되어야 한다. 승진이나 진단 프로그램에서는 행동의 평가와 측정을 강조하는 데 반해, 개발 평가센터는 행등의 변화를 강조한다. 2장에서 설명했듯이, 오토-매뉴펙 월드와이드는 관리자가 새로운 상호작용 기술을 배울 수 있도록 하기 위해 평가센터를 사용했다. 과제, 피드백, 그리고 실행/수행은 각 피평가자 자신의 부족한 부분을 개발할 기회를 제공했다.

학습과 개발의 원칙은 몇 가지 측면에서 평가센터 설계의 지침이 되는데 개발시켜야 할 역량의 선택이나 과제가 운영되는 방식, 피드백이 주어지는 방법과 시기, 그리고 프로그램의 전반적인 분위기가 그 지침에 포함된다. 훈련과 개발의 중요한 몇 가지 원칙을 소개한 후에 이러한 모든 사항을 검토하겠다.

오랫동안 심리전문가들은 학습을 촉진하는 조건을 밝히고자 노력했다(Goldstein, 1986). 학습 패턴에 대한 초기 연구는 처음 반응했던 것이 반복학습효과 후에 일반적인 반응으로 바뀐다는 것을 보여주었다. 또, 다른 학습 연구를 통해 사람들은 강화가 뒤따르는 새로운 행동을 학습한다는 것을 알게 되었다. 개인적 행동발달 측면에서는 새로운 행동으로부터 긍정적인 피드백을 얻거나 이로 인해 경력개발, 조직의 수익성, 프로젝트의 효율적인 완성으로 이어진다면, 사람들은 그 새로운 행동에서 새로운 기술을 배우게 된다는 것이다.

이론 및 연구의 새로운 두 분야인 성인학습과 사회학습(Bandura, 1977, 1986, 1997; Goldstein & Sorcher, 1974)은 조직구성원의 훈련 프로그램 개발에 기여해 왔다. 성인학습 이론(Adult learning theory, Knowles, 1970)은 성인이 어린아이와는 다르게 여러 방면의 경험이 많고 배우고자 하는 준비가 되어 있으며, 인생에서 중요한 역할을 수행하는 데 도움이 될 기술을 배우고 싶어 하므로, 어린아이와는 학습방법이 다르다는 전제에서 수립되었다. 이러한 관점에서 Knowles(1973)는 훈련 프로그램이 어떻게 만들어져야 하는지에 대해 몇 가지 제안을 했다. 성인학습에서의 훈련은 추상적인 학문보다는 실생활과 관련된 문제로 구성되어야 한다는 것과 성인들의 구식 행동 관례를 깰 수 있는 확실한 환경이 필요하다는 것이다. 아울러 학습 과정에 적극적으로 참여할 기회를 제공하면 더욱 더 열심히 학습에 임한다는 것이다.

사회학습 이론은 조직구성원의 훈련 프로그램이 어떻게 만들어져야 하는지에 대한 통찰을 제공한다. Bandura(1977)는 많은 행동을 간접경험을 통해 배운다는 것, 즉 다른 사람이 배우는 것을 관찰함으로써 배운다는 것을 보여주었다. 우리는 모든 행동에 직접 참여할 필요 없이 다른 사람의 행동을 관찰함으로써 어떤 행동이 효과적이고 강화가 되는지, 반면에 어떤 행동이 비효과적이고 강화되지 않는지 볼 수 있다. 이 원칙은 다른 사람과의 상호작용을 포함하는 평가센터의 모의과제에서 증명된다. Bandura는 협력적인 분위기가 조성되었을 때 사람들이 자신을 묘사하는 것에 더욱 더 확신을 갖고 이야기하는 모습을 보여주었다. 즉 성공의 기회가 많을 때, 다른 사람의 성공을 관찰할 수 있을 때, 또 신뢰할 만한 사람이 자신의 성공을 지지해줄 때, 그리고 자신의 성공에 의문을 품거나 불안을 일으키지 않는 안전한 상황일 때 등이다. 이러한 조건은 평가센터가 현실적인 학습과 기술 개발을 위해 어떻게 만들어져야 하는지에 대한 많은 실제적인 제안을 우리에게 제공한다.

## 3 평가센터 설계를 위한 원칙의 적용

이제 평가센터 설계를 위한 원칙의 적용에 대해 보기로 하겠다. 앞선 사례에서 소개한 세 조직은 우리가 방금 설명한 이 원칙들을 어떠한 방식으로 사용하고 있는가?

팔모어 소방본부의 승진 평가센터는 측정과 예측의 좋은 원칙들을 사용했는가? 테크노소프트의 진단 프로그램은 차별적 측정에 좋은 원칙들을 사용했는가? 오토-매뉴펙 월드와이드의 관리자 리더십 개발 프로그램은 훈련과 학습에 좋은 원칙들을 사용했는가?

표 3.1은 2장에서 설명한 평가센터 운영의 다양한 방식을 요약한 것이다. 구체적인 사례 예시를 통해 평가센터의 몇 가지 특징이 어떻게 변화하는지 보여준다. 확실한 것은 '전형적인' 평가센터는 없다는 것이다. 이는 평가센터가 만들어지고 운영되는 방식에 있어 다양성이 존재한다는 것을 보여준다. 이 책의 근본적인 주제는 평가센터의 특징들이 그 프로그램의 목적에 맞춰져야 한다는 점이다. 과거에는 진단을 위한 평가센터가 장기간의 잠재력 예측을 위한 예측 평가센터와 아주 비슷해 보였다. 조직이 평가센터를 시작했던 초기 시절에 AT & T와 같이 평가센터를 훌륭하게 사용하던 통

**표 3.1** 다양한 목적의 평가센터 비교

| | 승진 또는 선발 | 훈련필요성 진단 | 개발 |
|---|---|---|---|
| **참가자** | 높은 잠재력을 가진 조직구성원 또는 지원자 | 모든 조직구성원 | 모든 조직구성원 |
| **분석 직위** | 현재 또는 미래에 채워져야 하는 직무 | 현재 또는 미래 직무 | 현재 또는 미래 직무 |
| **평가영역의 수** | 적은 편(5~7개), 보다 포괄적임 | 많음(8~10개), 보다 구체적임 | 적음(5~7개) |
| **평가영역의 특징** | 잠재력, 기질 | 개발가능한, 개념적으로 구분이 가능한 | 훈련되어야 할 기술 |
| **과제의 수** | 적음(3~5개) | 많음(6~8개) | 각 유형에 한 가지 이상 |
| **과제의 유형** | 포괄적인 | 중간정도의 직무유사성 | 작업 표본 |
| **평가에 필요한 시간** | 상대적으로 짧음 (0.5~1일) | 상대적으로 김 (1.5~2일) | 상대적으로 김 (1.5~2일) |
| **관찰 방법** | 매우 통제됨 | | |
| **통합 방법** | 객관적이고, 수량화됨 | 각 참가자에게 개별화됨 | |
| **보고 유형** | 짧고, 서술적 | 길고, 진단적 | 즉각적인 구두 보고 |
| **피드백을 받는 사람** | 참가자, 2단계 이상의 관리자 | 참가자, 직속 상사 | 참가자, 가능한 경우 직속 상사 |
| **피드백을 주는 사람** | HRM 부서 직원 | HRM 부서 직원 또는 평가자 | HRM 부서 직원, 훈련교관 또는 촉진자 |
| **중요한 성과** | 종합평가평정 | 평가영역 평정 | 행동 제안 |

신 회사의 예를 따르고 싶어 했기 때문에 이는 놀라운 일이 아닐지도 모른다(Bray, 1964; Bray & Grant, 1966). 그러나 AT & T와 같은 프로그램의 특징이 완전히 다른 목적을 위해 사용될 조직의 프로그램에는 적절하지 않을 수도 있다는 것을 인식하지 못했다. 인사관리자가 배워야 할 교훈은 훌륭한 프로그램이라도 그대로 따라 해서는 안 된다는 것이다. 다른 사람을 위한 기법을 일시적으로 채택하는 것은 인적자원관리 분야의 재앙으로 여겨져 왔다.

'모방'과 '혁신'이라는 두 가지 관점에서 볼 때 만일 새로운 프로그램이 기존의 평가센터와 유사한 목적을 가진 것이라면, 이미 다른 조직이 수행해 놓은 타당한 연구와 개발에서 얻는 이익과 같은 절차를 사용하는 것은 아주 적절할 것이다. 사실 우리는 초기 연구 결과를 새로운 환경에 적용하기 위해 같은 절차를 사용해야 한다고 강력히 주장했다. '바퀴를 재발명할' 필요는 없지만, 그 '바퀴'는 당신이 만들고 있는 운송 수단에 필요한 기구가 아닐 수도 있다. 다시 말해서, 조직은 이전에 설계한 평가센터와는 매우 다른 평가센터가 필요할 수 있다. Sackett(1982)는 직무분석이 1980년대 초반의 평가센터 개발에 거의 보고되지 않았다는 것을 관찰했다. 조직은 그들이 전에 사용했던 것과 동일한 평가역량과 과제들을 주로 사용했다. 다행스럽게도, 현재 상황은 달라진 듯하다. 미국에서의 연구(Spychalski et al., 1997)와 독일어권 나라에서의 연구(Krause and Gebert, 2003)를 통해 조사된 조직의 90% 이상이 평가센터의 기초로 직무분석을 시행했다는 것이 발표되었다.

표 3.1은 한 가지 특성이라도 다양한 방식으로 실행될 수 있다는 것을 확실히 보여준다. 모의상황에서 설정하는 직무들은 테크노소프트의 진단 프로그램에서처럼 현재의 직무일 수도 있고, 팔모어 소방본부의 승진 프로그램에서처럼 상위 단계의 직무일 수도 있으며, 오토-매뉴펙 월드와이드의 개발 프로그램에서처럼 다양한 일련의 직무군일 수도 있다. 평가역량 또한 여러 프로그램마다 모두 다르다. 승진 목적을 위해서는 장기간에 걸쳐 성장할 가능성을 반영한 역량에 대해 평가가 이루어져야 하지만, 진단과 개발을 위해서는 프로그램 진행 기간 동안(개발 프로그램의 경우) 혹은 미래에(진단 프로그램의 경우) 개발될 수 있는 기술이나 역량을 평가해야 한다.

세 가지 유형의 프로그램에서 사용되는 평가과제 또한 차이가 있다. 모든 프로그램에서 과제의 기본 유형인 서류함 과제, 집단토론, 다른 사람과의 상호작용 등을 모의상황으로 사용할 수 있다. 그러나 과제 유형의 차이점은 과제의 내용과 피평가자에게 부여할 요구사항의 차이에서 발생한다. 선발이나 승진 프로그램에서 피평가자에게 제시될 문제는 피평가자들이 제시된 과제와 관련된 경험이 거의 없다고 가정하기 때문에 어떤 특정한 지식이나 전문 기술을 보여줄 필요가 없다. 반대로, (역량)진단이나 (역량)개발 프로그램에서는 피평가자가 관련 경험이 있다고 가정한 뒤, 기술의 수준을 평가하여 그 결과에 따라 기술을 향상시키려고 노력한다. 따라서 진단이나 개발 프로그램의 과제는 대상직무와 관련된 전문 자료를 포함할 수 있다.

이처럼 행동을 관찰하고, 분류하고 평가하는 과정 또한 세 가지 프로그램에서 확연히 다르다. 승진 프로그램의 목적이 미래의 성공을 위한 잠재력을 예측하는 것이라는 점을 생각해 보자. 최종적으로 내린 종합평정은 몇 개의 역량에 대해 수행한 관찰 결과의 축적된 정보에 근거한다. 관찰되는 행동의 유형과 주어진 역량에 대한 평정에 따라 결과에 도달하는 많은 경로가 있을 것이다. 하지만 한 가지 역량의 특정 우수성은 종합평정에서 예측하는 정확성만큼 중요하지는 않다. 대조적으로, 진단 프로그램을 위해서는 각 역량에 대한 평가가 매우 정확해야 한다. 따라서 평가자가 훈련을 받는 방식, 그들이 행동을 관찰하고 기록하고 판단하는 방식은 각 역량에 대한 정확한 측정을 제공하도록 명확하게 설계되어야 한다. 7장과 8장에서는 다양한 유형의 프로그램에서 관찰과 판단이 실행되는 대안적인 방법에 대해 더욱 자세히 다룰 것이다. 여기에서는 관찰의 절차가 프로그램 목적을 충족하는 데 필요한 유형의 정보를 제공하도록 설계되어야 한다는 것만 설명하도록 하였다.

세 가지 유형의 프로그램에서 산출된 결과와 피드백 역시 확실히 다르다. 모든 프로그램에서 피평가자는 자신의 수행 결과에 대해 피드백을 제공받아야 한다. 부록 A에 포함된 가이드라인은 피평가자가 자신의 수행에 대한 피드백을 받아야 하고 평가팀이 작성한 권고 사항을 알아야 한다는 것을 강조한다. 심리전문가가 평가센터를 설계하고 운영하는 데 있어, 고객이 평가 결과를 알고 해석을 받아야 할 권리가 있다는 미국심리학회(APA: American Psychological Association, 1992)의 윤리 규범 중 일부와 밀접한 관계가 있다. 승진 프로그램의 결과는 개인에게 제공되는 피드백 외에도 피평가자보다 두 직급 높은 관리자에게 보고된다. 그 이유는 이들이 대부분 조직에서 승진에 관해 최종 결정을 내리는 사람들이기 때문이다. 피평가자의 사생활을 지키기 위해 평가 결과는 다른 사람에게 주어져서는 안 되며, 특히 피평가자의 직속 상사에게 전달되어서는 안 된다. 이들은 평가받고 있는 대상 직급에 있고, 상사는 피평가자의 현재 임무 수행에 대한 평가를 할 수 있지만, 자기 자신의 직급에 다른 사람들이 승진하는 것에 대한 결정을 내리지는 못하기 때문이다. 더 높은 직급의 의사 결정권자가 필요한 이유는 승진후보자가 승진할 경우 얼마나 성공할 가능성이 있는지에 대한 편견 없는 예측이 가능하기 때문이다.

반대로, 진단 프로그램에서는 각 역량의 수행에 대한 구체적인 정보가 피평가자와 직속 상사에게 제공된다. 구체적인 피드백은 한 가지 역량의 구성 요소를 설명해주는 특정 행동에 관한 것이다. 예를 들어 어떤 피평가자가 문제를 해결할 때, 바로 아래 직급의 사람에게 절대 도움을 청하지 않았기 때문에 그 사람의 리더십 기술은 약하다고 평가되었다면, 그러한 정보는 개발 계획과 후속 훈련, 개발 활동의 기초를 형성하는 데 사용된다. 이렇게 몇 가지 추후 활동은 개인별로 시작될 수 있지만, 보통 직속 상사가 많은 개발 활동에 참여하게 된다. 요약하면, 승진 프로그램의 피드백보다는 진단 프로그램의 피드백이 훨씬 상세하고 구체적이어야 한다.

개발 평가센터 프로그램의 피드백에서는 두 가지 특징이 중요하다. 첫째, 피드백은 구체적이어야 하고 수행을 개선할 방안을 제공해야 한다. 둘째, 피드백은 행동이 수행되자마자 바로 주어져야 한다. 승진이나 진단 프로그램의 결과가 며칠이나 몇 주 후에 나오는 반면, 개발 프로그램은 피평가자가 새로 배우고, 이후 진행되는 과제에서 개선할 기회를 얻기 위해 훈련 프로그램에서 바로 피드백을 주는 것이 가장 효과적이기 때문이다. 이것이 바로 두 가지 이상의 과제가 있어야 하며 평가자가 관찰한 것을 신속하게 기록하고 피평가자에게 도움이 되는 방식으로 피드백을 제공해야 하는 이유이다.

## 4 '평가센터'라는 용어 사용을 제한해야 하는 이유

왜 이 장에서 요약된 것처럼 혹은 다른 도서에 명시돼 있는 것처럼 '중요한' 요소가 포함된 평가 방법에만 평가센터라는 용어를 써야 한다고 주장하는가? 이 용어가 의미하는 바에 관한 공통적인 합의점은 없는가?

우려스럽게도, '평가센터'라는 용어는 때때로 평가센터 가이드라인을 따르지 않는 평가방법에도 사용되기도 한다. 미국 내 큰 규모의 HR 관련 컨설팅 회사에서 단지 인지능력 검사와 성격 검사만을 평가하는 과제에서 '평가센터'라는 용어를 사용했다. 다른 HR 관련 컨설팅 회사는 자신이 평가센터를 가지고 있다고 홍보했으나, 실제로는 한 명의 심리학자가 진행하는 개인평가 과정을 사용하고 있었다. 어떤 지방 자치단체는 경찰 행정관을 위한 승진 심사 과정을 평가센터라 칭하였는데, 사실 배경조사를 위한 면접만 시행했을 뿐이었다. 미국 내 또 다른 중견기업조차 심리검사와 단순한 리더십 개발을 위한 시설을 '평가&개발 센터'라고 칭했다. 앞서 보이듯 이러한 경우는 평가센터의 정의가 너무 서둘러 내려진 경우들이다. 물론 이 같은 평가 자체에 문제가 없을지도 모른다. 그리고 이러한 평가들도 효과적일 수 있다. 그러나 우리의 요점은 본래의 평가센터와 혼동하여 '평가센터'라는 용어를 사용하는 데 문제가 있을 수 있다는 것이다.

수년에 걸쳐 평가센터 연구자와 실무자들은 가이드라인과 이 장에서 설명한 일련의 평가센터에 필요한 요소를 포함하여 운영된 경우에만 평가센터라는 용어 사용을 한정하려는 시도를 해왔다. 여기에는 몇 가지 이유가 있다. 이 분야에서 일하는 사람들은 원활한 의사소통을 위해 용어를 일관되게 사용할 필요가 있다. 전문 서적을 읽거나 누군가가 이미 수행한 절차에 관해 이야기하는 것을 들을 때, 사람들은 공통의 관심 주제를 논의하기 위한 합의된 언어가 필요하다. 한 전문 분야에서 언어는 중요한 함축적 의미를 지닌다. 효과적으로 의사소통하기 위해 전문가들은 언어가 일관된 방식으로 사용되고 있다는 확신을 가질 필요가 있다. 일반적으로 받아들여지는 의미를 지닌 용어들은 의사소통 또한 효율적으로 만들어 준다. 예를 들어, 어떤 인사관리자가 자신의 조직이 모의상황과 다수의 평가자, 뚜렷한 행동관찰 등을 이용한 평가방법을 사용하고 있다고 말하고 싶을 때, 일일이 그것에 대해 모든 설명을 할 필요가 없다. 대신 조직이 '평가센터'를 사용하고 있다고 말한다면, 식견이 있는 동료들은 그것이 무엇을 의미하는지 알 수 있다.

평가센터를 설계하고 과제를 개발하는 전문가들 또한, 평가센터라는 용어를 상황에 맞도록 일관되게 사용할 필요가 있다. 소규모 조직은 그들만의 연구자료로 평가센터의 타당성을 입증할 수 없다. 때때로 일부 절차에 대해 평가하고자 하는 그 직무와 수행 자체의 영역이 이미 평가센터가 타당하다고 입증한 다른 상황과 비교 가능한지를 확인할 필요가 있다. 이러한 논지를 내세우기 위해, 새로운 조직에서의 평가 과정은 확실히 입증된 장소와 과정에 의거하여 그 필수적인 요소들을 따라야 한다.

연구자 또한 독창적인 연구를 하거나 다양한 연구 결과를 취합하기 위해 표준화된 용어를 사용할 필요가 있다. 효율적인 인적자원관리를 위한 연구의 한계를 깨닫고, 연구자들은 가끔 다양한 연구에서 일반적인 주제와 일관된 결과를 찾는다. 예를 들어, 그들은 때때로 한 가지 기법의 효과성을 요약하고 기법 간의 비교를 위해 통계적인 준거-타당도 계수의 평균을 계산한다. 조사 결과 취합을 위한 한 가지 방법으로 타당도 일반화가 사용된다(Hunter & Schmidt, 1990; Hunter, Schmidt, & Jackson, 1982). 이러한 메타 분석 방법은 증거를 모으는 것, 즉 평가센터에 대한 모든 연구의 증거를 모으는 것을 말한다. 관련 연구들을 포함하거나 배제하게 되는 오차는 평가센터에 관한 용어의 사용이 일관되지 못할 때 발생할 수 있다.

또한, 가끔 일부 부도덕한 실무자들이 고의로 '평가센터'라는 용어를 도용하는 것이 우려된다. 그들은 평가센터 타당도 연구의 오랜 역사와 대중적인 인지도를 이용하기 위해 평가센터라는 용어를 내세운다. 이들은 아마 평가센터를 뒷받침하지 않는 전혀 다른 방법을 사용하고 있을 것이다.

## 5 평가센터는 단 하나의 방법으로만 존재하는가?

“평가센터라는 용어가 사용되는가?” 원더릭 검사(the Wonderlic, Wonderlic, 1992) 혹은 NEO 검사(the NEO, Costa & McRae, 1992)처럼 고유한 의미를 가지는 맥락으로 평가센터라는 단어가 쓰이지 않기 때문에 대답은 “아니다”이다. 평가센터 분야에서는 평가역량의 단일구성 조합이 있는 것이 아니고, 단일 공표된 과제가 있는 것도 아니며, 단 하나의 행동관찰 기록 방법이 있는 것도 아니고, 단 하나의 정보 통합 방법이 있는 것 역시 아니다. 대신 평가센터 방법에는 일련의 필수적인 특징들이 있다. 이 장에서 우리는 평가센터의 본질을 드러내는 일련의 특성을 모두 설명했고, 이러한 특성이 실제 평가센터 적용의 다양한 분야에서 어떻게 실행되는지 그 많은 다양성을 보여주었다. 앞으로 소개할 내용에서 평가 차원(5장)과 과제(6장), 관찰 과정과 통합(7장과 8장), 피드백 제공 방법(9장)에서 무엇이 변하지 않고 남아 있는지, 무엇이 변화했는지를 좀 더 깊이 있게 알아볼 것이다.

## 6 서로 다른 문화적 특성에 대한 고려

평가센터를 다른 문화와 다른 나라들에 걸쳐 적용할 때 두 가지 요인을 고려해야 한다. 첫째, 평가센터 방법의 적용에 있어 그 나라가 실행하고 싶은 필수적인 특성이 있을 수 있다. 예를 들어, 개인의 사생활 보호와 기록 유지 혹은 평가 결과의 사용을 위한 추가적인 절차들이 분명하게 표현되어야 할 것이다. 둘째, 같은 특성들이 존재하더라도 그 발현 형태가 다를 수 있다. 예를 들어, ‘리더십’이라는 같은 용어를 사용하더라도 그 정의가 다를 수 있다. 모의상황이 요구될 수 있으나, 미국과 유럽에서 사용되어온 것과 같은 유형이 아닐 수 있다. 좋고 나쁜 리더십의 수준을 위한 행동기준이 다르게 기술될 수 있다. 그런 점에서 유럽과 인도네시아에서 이를 고려한 평가센터 가이드라인을 작성하기 위한 노력이 진행되고 있다(Pendit & Thornton, 2001).

## 7 요약과 결론

이 장의 처음에서 다음 두 가지 이슈를 제기했다. 평가센터의 특징이라는 것이 있는가? 하나의 평가센터를 하나 이상의 목적을 위해 사용할 수 있는가?

지금까지 평가센터에 관해 읽은 후, 당신은 이 방법이 다른 인사 평가 절차와 크게 다르지 않다고 결론 내릴지 모른다. 그러나 결국 평가센터의 특성 하나하나는 각각의 목적을 위해 사용된다. 즉, 대부분의 평가센터 방법은 일반적으로 채용이나 승진 의사결정을 위해 사용해 왔다. 그중 상황 면접과 서류함 기법은 독자적인 기법으로 사용되기도 한다. 이 경우 다양한 정보의 출처는 보통 직무의 성공을 예측하기 위해 조합된다. 결론적으로 평가센터에 관한 독특한 점은 이러한 절차가 서로 조합되어 사용되는 방식이다. 따라서, 우리는 평가 절차를 보고 그것이 평가센터인지 아닌지를 말할 수 있다.

평가센터라고 부르기 위해 직무분석, 다수의 평가자와 모의과제들, 행동에 관한 기록, 훈련된 평가자, 적절하게 개발된 통계적 방법에 의한 통합 과정 등과 같은 필수적인 모든 요소를 갖추고 있어야 한다. 이러한 각 요소는 인사관리자가 내세운 평가 프로그램의 특정한 목적에 따라 변할 수 있다. 측정, 차별적인 진단, 그리고 학습 이론은 각 유형의 평가센터를 어떻게 설계해야 하는지에 대해 가치 있고 실제적인 제안들을 제공한다.

평가센터를 여러 목적을 위해 사용할 수 있는지 없는지에 대한 문제는 더욱 복잡하다. 하나의 예로, 승진 목적을 우선으로 설계한 평가센터 프로그램을 진단과 개발을 위해 사용할 수 있는지에 대해 먼저 생각해 보자. 한편으로는, 평가 과정 중 평가자가 풍부한 양의 정보를 수집하고 그 정보를 개인의 발전을 돕는 데 사용하는 것은 좋은 생각이라고 주장할 수 있을 것이다. 피드백을 주는 시간에 피평가자가 발전할 수 있는 제안을 하는 데는 단지 약간의 시간이 더 필요할 것처럼 보일 수 있다. 만약 조직이 어떤 체계적인 교육훈련 과정을 계획하지 않더라도 피평가자는 자신의 약점에 대한 개인적인 통찰을 얻거나 자기 발전에 스스로 몰입할 기회를 얻게 될지도 모른다. 마지막으로 개인이 어떻게 직무 성과를 높혀갈 수 있는지에 대해 이야기하는 것 자체만으로도 개인에게는 자기개발의 좋은 기회가 될 수 있다.

반면, 일반적으로 선발과 승진 프로그램에서 평가되는 많은 평가역량을 개발시키는 것을 논하는 것은 불필요하고 오히려 많은 오해를 일으킬 수 있다. 조직 생활의 맥락에서 에너지 수준, 타인에의 영향력, 적응력, 동기, 정직성과 같은 특징들은 변화되기 쉽지 않다. 조직이 승진후보자에게 추가 훈련까지 제공할 의무는 가지고 있지 않다고 주장하는 사람들이 있다. 만약 승진후보자가 다른 사람을 잘 관리하거나 조직 내에서 승진하고자 하는 동기가 없다면, 조직이 그러한 근본적인 가치관을 바꾸려고 노력하는 것은 설사 가능하다 할지라도 비윤리적일 수 있다는 것이다.

다음으로, 진단이나 개발 목적을 우선으로 설계한 프로그램을 승진 결정을 위해 사용할 수 있는지 고려해보자. 조직은 좀 더 책임감이 요구되는 직급으로 승진할 수 있는지 아닌지를 알려주는 가치 있는 여러 정보가 진단이나 훈련 과정에서 수집될 수 있다는 것을 알고 있다. 즉, 만약 한 명의 피평가자가 단기간에 개선이 어려운 실수를 했는데도 조직이 그 사람을 승진시키는 것은 무책임하다는 것이다.

반면에, 만일 평가 정보를 피평가자가 미리 안다면, 약점을 드러내려 하지 않을 것이다. 본질적으로 채용/승진 프로그램의 분위기는 개발 프로그램의 분위기와 잘 어울릴 수 없다.

요약하자면, 하나의 프로그램을 여러 가지 목적으로 사용하는 것은 매우 어려운 일이다. 그리고 각기 다른 목적을 위한 다양한 평가센터 방법이 하나의 목적으로만 사용되는 평가 프로그램과는 양립할 수 없다. 마지막으로, 평가센터의 피평가자는 정보가 어떻게 사용될 것인지 사전에 알아야 한다(*Guidelines* 참조). 예를 들어, 프로그램이 개발을 위한 것으로 공표되었으나 상위 직급의 관리자가 그 결과에 접근할 것이라면(상황에 따라서 그 결과가 승진에 이용될 수 있다면), 피평가자는 이 사실을 알아야 한다는 것이다.

제4장

# 개발 평가센터

이 장에서는 조직구성원의 역량개발을 목적으로 만들어진 평가센터를 자세히 살펴보고자 한다. '개발 평가센터'라고 불리는 이 평가센터는 독특한 특징이 있다. 선발이나 진단을 목적으로 한 평가센터가 개인에 대한 판단이나 의사결정(선발 및 승진 결정, 조직구성원 각 개인에게 적합한 역량개발 계획의 준비)을 위해 개인의 역량을 평가하려는 목적으로 설계된 특징과 비교해볼 때, 개발 평가센터는 평가와 개발이라는 이중의 목표를 가지고 있다(Iles & Forster, 1994; Joiner, 2002; Kudisch, Ladd, & Dobbins, 1997). 다시 말해, 개발 평가센터 과정을 통해 피평가자가 역량을 학습하고 개발할 것을 기대한다. 이 장에서 개발 평가센터 기법을 자세히 소개하고자 하는 데는 여러 가지 이유가 있다.

첫째, 개발 평가센터는 실제 조직에서 빈번하게 사용된다(Kudisch et al., 2001). 조직에서 사용되는 평가센터 중 거의 40%가 조직구성원의 역량개발 목적으로 사용되고 있었다(Spychalski et al., 1997). 영국의 평가센터를 조사한 Povah와 Ballantyne(2004)의 연구에 따르면, 총 414개 조직 가운데 43%의 조직에서 개발 평가센터를 사용하고 있는 것으로 나타났다(Constable, 1999). 또한, 201명의 인사관리 담당자를 대상으로 한 영국 Industrial Society(1996)의 조사에서는 응답자의 68%가 개발 평가센터를 운영했거나 운영을 검토했다고 응답했다. 물론 이 가운데 일부는 이 책에서 진단 평가센터라고 정의하고 있는 평가센터에 더욱 가깝다고 할 수 있다. 그러나 조직에서 개발 평가센터를 활발히 도입하는 경향은 앞으로도 계속될 것으로 보인다. 이에 개발 평가센터의 도입을 장려함으로써 조직이 목표한 조직구성원의 기술을 개발하는 데 도움이 되고자 한다.

둘째, 개발 평가센터의 구성 요소에 관해 여러 연구자 간에 아직 합의된 바가 없다. Povah와 Ballantyne(2004)은 이 장에서 설명할 개발 평가센터의 설계도 경영환경의 변화와 함께 발전해 나가는 것이라고 설명하였다. 어떤 조직을 연구하거나 개발 평가센터의 타당도를 평가하기 위해서는 연구자나 실무자가 개발 평가센터의 일반적인 특징에 대해 공감대를 형성함으로써 서로 같은 것에 대해 말하고 있음을 확신할 수 있어야 한다. 실제로 이 분야의 문헌을 검토한 결과 개발 평가센터 과정을 언급하는 데 서로 다른 용어가 사용되고 있음은 물론(개발 평가센터, 개발 센터, 자기통찰 평가센터, 학습 센터, 시뮬레이션을 통한 리더십 훈련 등) 프로그램을 구성하는 요소가 서로 상당히 다름을 알 수 있었다. 그렇기 때문에 일반적인 효과성을 평가하기 위해 모든 프로그램을 통합하여 조합하는 것은 문제가 될 수 있다. 따라서 이 장에서는 최근 여러 학자가 개발해온(Gibbons & Rupp, 2004; Rupp, Gibbons, Runnels, Anderson, & Thornton, 2003; Rupp & Thornton, 2003) 개발 평가센터 모델을 설명함으로써 개발 평가센터 기법의 보편적 구조를 제시하고자 한다. 이 모형은 주로 영국에서 수행된 연구를 토대로 만들어진 모형이다(Povah & Ballantyne, 2004).

개발 평가센터에 이 장을 할애한 세 번째 이유는 가이드라인(International Task Force, 2000)이 개발 평가센터를 어떻게 개발하고 실행하며, 타당화할 것인가에 관해 충분한 지침을 제시하지 못하기 때문이다. 따라서 이 장에서는 개발 평가센터 자체의 세부적인 사항을 소개함은 물론, 개발 평가센터를 설계하고 실행할 때 어떤 사항을 중점적으로 고려해야 하는지를 짚어볼 것이다.

넷째, 개발 평가센터의 평가와 관련된 실증 연구가 아직 부족하다. 앞에서 논의했듯이, 지난 수십 년간 선발이나 승진, 진단을 위한 평가센터의 평가에 대한 연구는 풍부하게 이루어졌지만(Gaugler et al., 1987; Howard, 1997; Spychalski et al., 1997), 개발 평가센터는 목적이나 설계 측면에서 전통적인 평가 센터와 매우 다르므로 이러한 연구 결과를 일반화하여 적용하기에는 무리가 있다(Rupp et al., 2003). 따라서 어떤 요소를 통해 개발 평가센터를 더 효과적으로 만들 수 있는가에 대해서는 더 많은 연구가 이루어져야 한다. 그러기 위해서는 피평가자의 특성, 평가 및 개발 과정의 특성, 조직의 지원 등의 구성 요소에 대한 연구가 필요할 것이다.

다음 절에서는 개발 평가센터에 관해 나름의 정의를 내리고 일반적인 모형을 제시하는 한편, 전통적인 평가센터와 개발 평가센터의 차이에 대해 논의하도록 한다. 또한, 훈련 개입 방법으로써 개발 평가센터의 효과성을 살펴보고, 개발 평가센터의 개발, 실행, 평가, 타당화에 대한 일련의 가이드라인을 제시하기로 한다.

## 1 개발 평가센터의 정의

개발 평가센터는 성공적인 직장 생활에 큰 영향을 미치는 개발 가능한 역량에 대한 실습, 피드백, 발달적 조언을 개인에게 제공하는 직무수행에 관련된 모의과제 및 기타 평가들의 집합이다(Thornton & Rupp, 2003). 개발 평가센터는 단순히 조직구성원의 역량개발 프로그램의 시작단계로써 초보적인 진단을 하는 데 그치는 것이 아닌, 훈련 개입을 통해 개발 과정의 총체적 구성 요소로써 기능한다(Carrick & Williams, 1999; Jones & Whitmore, 1995; Rupp & Thornton, 2003; Thornton & Rogers, 2001). 개발 평가센터는 조직구성원의 학습을 촉진하기 위한 역량에 대한 교육, 경험 학습을 최대화할 수 있게 설계된 과제, 자기관찰 활동을 포함하며, 프로그램 진행 과정 중 여러 관점의 피드백 및 코칭/목표 설정 세션의 구성 요소를 포함한다.

개발 평가센터에서는 어떤 역량을 평가하는지 피평가자가 구체적으로 숙지하고 있어야 하며, 적극적인 실험과 탐색이 장려되는 효과적인 학습 환경을 만들기 위해 세심한 주의를 기울여야 한다. 평가자는 행동을 관찰하고 평가하는 것뿐 아니라, 피평가자에게 피드백을 제공하고 피평가자가 특정 역량에 대한 개선 목표를 설정하는 데 조언을 해줄 수 있도록 훈련되어야 한다(Thornton & Rogers, 2001). 또한 피평가자는 개발 평가센터 참여 이전이나 과정 중, 그리고 과정이 끝난 후에 자기관찰 활동에 참여함으로써 그 역량에 대한 이해를 높이고, 자신의 강점 및 약점을 파악하며, 개선 목표를 세우게 된다. 그리고 자기 관찰 활동을 통해 개발 평가센터의 경험에서 얻은 기술을 어떻게 업무 상황에 응용하여 사용할 수 있을지 이해하게 된다. 마지막으로 피평가자는 개발 평가센터에 이어 추가적인 개발 활동에 참여함으로써 여러 역량에서 지속적인 개선과 행동 변화가 이루어진 훈련에 참여할 수 있는 등, 역량개발을 위한 여러 가지 훈련상황에 일반화하여 적용할 수 있다(Baldwin & Ford, 1988; Rupp & Thornton, 2003).

### 개발 평가센터 과정의 모형

2장에서 오토-메뉴펙 월드와이드(이하 AMW로 표기)가 조직의 리더를 발굴, 개발

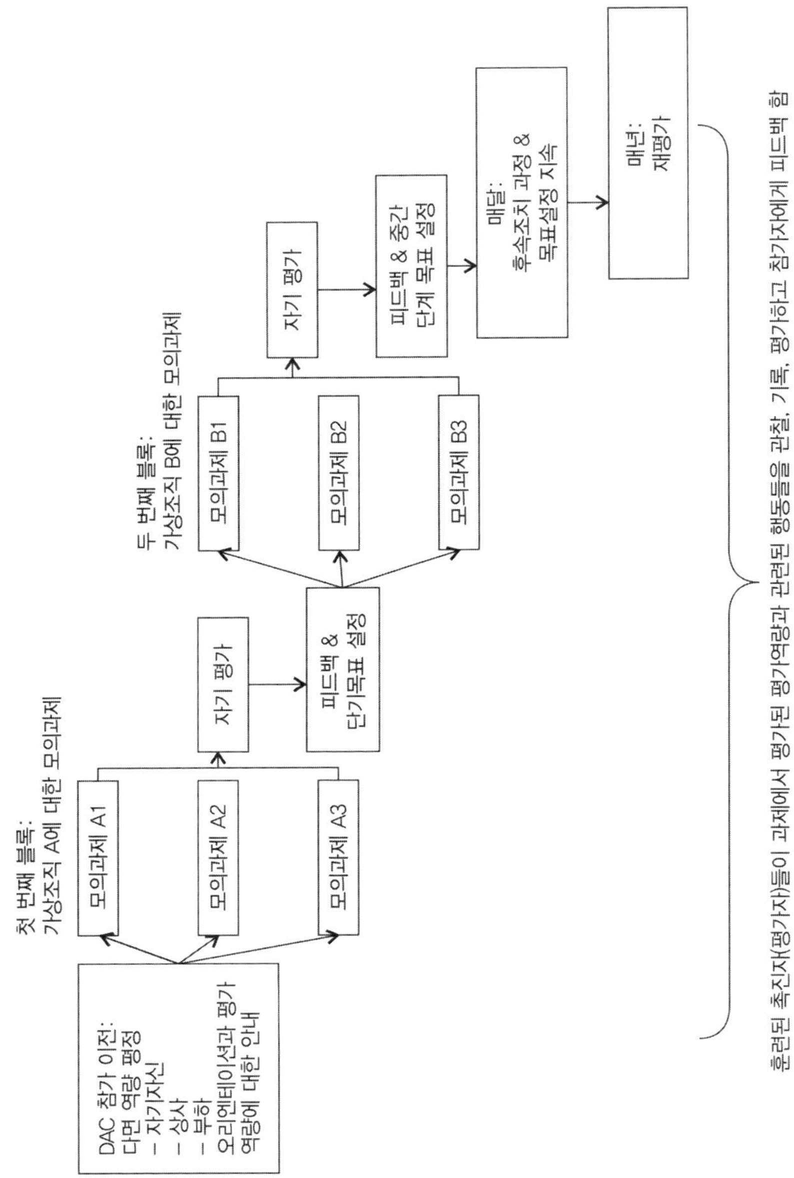


**그림 4.1** 개발 평가센터 과정 모형

하고 해외에 배치하기 위해 준비하는 과정에서 사용하는 개발 평가센터에 관해 살펴보았다. AMW의 사례는 여러 학자가 제시한 개발 평가센터 모형을 따르고 있다(Gibbons & Rupp, 2004; Rupp et al., 2003; Rupp & Thornton, 2003; Rupp et al., 2004). 이 모형을 일반화한 도식이 그림 4.1에 제시되어 있다.

다른 평가센터 학자들의 연구(Boehm, 1985; Carrick & Williams, 1999; Engelbrecht & Fischer, 1995; Goodge, 1997; Griffiths & Goodge, 1994; Jones & Whitmore, 1995; Lee, 2000, 2003: Lee & Beard, 1994; Povah, 1986)에 기반을 둔 이 모형은 개발 평가센터 이전이나 과정 중, 그리고 그 이후에 실시되는 다양한 평가 및 개발 활동을 포함한다. 그리고 이 모형의 각 단계는 국제 개발 평가센터 연구소에서 사용하는 관리자 개발 프로그램을 따라 설계되었다(DAC Lab; Rupp & Thornton, 2003). 이제 평가되는 평가 역량이나 평가자 훈련, 모의과제, 피드백, 타당화 등 개발 평가센터의 구체적인 요소들을 보다 심층적으로 살펴보도록 하겠다.

## 사전 활동

개발 평가센터를 운영하기 전, 평가되고 개발될 역량과 관련하여 피평가자의 사전 숙련도에 대한 정보를 수집한다. 이 정보는 시간이 흐름에 따라 피평가자가 해당 역량에서 얼마나 발전하였는가를 가늠할 수 있는 기본 측정치가 되며, 이러한 정보는 다양한 방법으로 수집된다. DAC Lab에서는 피평가자 본인, 직속 상사, 부하 직원 등 다양한 출처로부터 역량에 대한 평정을 수집한다. 직무의 성격에 따라 고객으로부터 얻을 수도 있고, 평가센터의 역량과 유사한 구성개념에 대해 피평가자를 평가한 자료가 이미 조직 내 존재하고 있을 수도 있다. 이러한 사전 평정에서는 다음 두 가지 사항이 중요하다. 첫째, 어떠한 평가 방식을 사용하든지 개발 평가센터 과정 내 개발될 역량에 초점을 맞추어야 한다는 것이다. 이러한 역량에 대해서는 이 장의 뒷부분에서 다시 다루도록 하겠다. 둘째, 역량을 사전 평가할 때 사용했던 방법을 사후 평가 시에도 똑같이 사용해야 한다는 것이다. 이는 나중에 논의할 프로그램 평가나 개발 평가센터의 타당화 측면에서 중요하다.

개발 평가센터 과정의 또 다른 중요한 단계는 피평가자에게 개발 평가센터 과정이나 평가될 역량, 개발 평가센터에서 모의상황으로 구성된 가상 조직에 대한 배경 정보를 알려주는 오리엔테이션이다. 오리엔테이션 단계는 개발 평가센터가 실시되기 이전이나 시작된 직후에 시행한다. 예를 들어, 개발 평가센터가 운영되기 몇 주 전에 피평가자에게 개발 평가센터 전체 과정을 소개한 자료를 나누어 준다든가, 어떻게 하면 프로그램에서 좋은 평가를 받을 수 있는지에 대한 정보, 평가되는 역량은 무엇인지에 대한 상세한 목록, 개발 평가센터에서 모의상황으로 구성한 가상조직에 대한 읽을거리 등을 제공하는 것이다. 그런 다음 피평가자가 개발 평가센터에 참가하기 위해 도착하면, 첫 번째 활동에 이 자료들과 함께 프로그램의 전체 개요, 그 날 예정된 활동을 훑어보는 공식적인 오리엔테이션을 실시한다. 이때 학습 환경 조성에도 주의해야 한다. 즉 피평가자가 개발 평가센터 과정에서 새로운 기법과 실험을 자유롭게 시도할 수 있으며 필요에 따라 실수도 용납된다는 것을 충분히 인식할 수 있도록 해주어야 한다. 이와 관련하여 Edison(2003)은 '개발 계획 워크숍'을 어떻게 수행해야 할지에 대한 가이드라인을 제시했다. 개발 계획 워크숍은 피평가자가 피드백을 받고 수용하며 그대로 행동에 옮김으로써 개발 평가센터에서 제공되는 경험적 기회를 활용할 수 있게 이끌어주는 과정으로 이해가 되어야 함을 강조하였다.

두 번째 활동에는 컴퓨터를 이용해 피평가자의 흥미나 경험, 성격적 특성 등에 대한 추가 정보를 수집하여 피평가자에 대한 전체적인 정보를 얻을 수 있게 된다. 평가자는 시간 경과에 따라 역량에서 나타나는 피평가자의 발전(혹은 보충할 부분)을 해석하는 맥락으로써 이 정보를 사용하게 된다. 이 방법은 Managerial Progress Study에서 AT&T가 사용했던 기법을 따른 것이다(Bray, 1964; Bray & Grant, 1966).

## 첫 번째 과제 블록, 자기관찰 및 피드백

사전 활동을 마친 후 피평가자는 역량과 관련된 적절한 행동을 끌어낼 수 있도록 설계된 모의과제에 참여하게 된다. 모의상황은 지금까지 언급된 방식 중 어느 것을 사용해도 무방하다. 예를 들어, DAC Lab에서는 리더가 없는 집단토론이나 사례 분석 및 발표, 역할수행 등의 방법을 사용한다. 세 가지 방식의 모의상황 모두 조직구성원과 관련된 문제가 발생한 가상 조직을 대상으로 한다. 개발 평가센터 프로그램에서는 평가자가 각 과제가 끝날 때마다 피평가자에게 피드백을 주도록 설계할 수도 있다(Goodge, 1991). 그러나 DAC Lab에서는 '블록식' 접근법을 사용한다. 즉 여러 과제로 구성된 하나의 블록이 모두 끝난 후에 피드백을 주는 것이다. 이런 식으로 하면 피드백을 주기 이전에 여러 평가자가 다양한 상황에서 피평가자를 관찰할 기회를 가질 수 있다. 이러한 접근은 평가센터 기법의 원래 취지와 일치할 뿐 아니라, 수행에 대한 믿을 수 있는 지표를 제공함으로써 좀 더 정확한 피드백을 줄 수 있게 된다.

이러한 초기 피드백을 주려면 각 피평가자에 대한 피드백 보고서를 만들어야 하는데, 그러기 위해 평가자는 관찰한 결과를 신속하게 통합해야 한다(개발 평가센터에서는 평가자를 '개발 촉진자'라고 부르기도 한다. 왜냐하면 평가자가 일반적인 평가자의 역할과 개발 조언자의 역할을 모두 수행하기 때문이다). 2장에서 우리는 이러한 과정에서 어떻게 첨단기술을 활용할 수 있는지 이미 살펴보았다.

개발 촉진자가 관찰 결과를 통합하는 동안 피평가자는 자기관찰 활동에 참여한다(Cochran, Hinckle, & Dusenberry, 1987; Griffiths & Allen, 1987). 여기서 피평가자는 첫 번째 과제 블록에서 자신이 각 역량에 대해 어떠한 행동수준을 나타냈는지를 되돌아보고 보고서를 작성한다. 이 보고서는 나중에 피드백 세션에서 개발 촉진자와 함께 개발 평가센터에서의 경험을 논의할 때 사용된다. 이렇게 자기관찰 활동을 하게 되면 자기 행동을 반추해보고 비판적으로 분석해보게 되기 때문에 나중에 평가자의 피드백을 받았을 때 더 쉽게 수용하게 된다. 만약 훈련이 성공적이었다면 두 평가의 결과가 유사할 것이기 때문이다(Edison, 2003).

이 장의 뒷부분에서 자세히 논의하겠지만, 이 시점에서 제공되는 피드백은 평가센터에서 다른 목적으로 제공되는 피드백과 비교할 때 그 성격이 매우 다르다. 즉 상당히 구체적이고 행동 중심적이다(다시 말해, 피평가자가 각 역량에서 강점이나 약점을 어떻게 드러냈는가에 대한 구체적인 행동 사례가 포함된다). 또, 이때의 피드백은 미래지향적이다. 개발 촉진자가 관찰 결과에 대한 피드백을 제공하는 것에 그치지 않고, 두 번째 과제 블록의 역량에서 피평가자가 자기 개선의 목표와 전략을 짤 수 있도록 도와주는 것이기 때문이다. 여기서 주의할 점은 피평가자가 학습한 내용을 실제 업무에 적용하는 데 초점을 맞추는 것이 아니라 두 번째 과제에서 역량을 개선하는 것에만 초점을 맞춘다는 점이다.

## 두 번째 과제 블록, 자기관찰 및 피드백

첫 번째 블록이 끝나면 피평가자는 점심을 먹은 후 두 번째 과제 블록을 실시한다. 이때 첫 번째 과제 블록과 같은 역량들을 평가한다. 두 번째 블록에서는 역량을 개선하고 첫 번째 피드백 세션에서 설정한 목표를 달성할 수 있도록 추가 과제를 실시한다. 이때 첫 번째 블록과 동일한 '유형'의 과제를 사용한다. 그림 4.1에서 두 블록의 과제 유형을 같은 기호로 표시한 것(예, A1/B1)은 과제의 유형이 일치함을 나타낸다. 이런 식으로 하면 피평가자가 완전히 새로운 과제를 수행하는 불편함을 겪지 않아도 되며, 모든 블록에서 동일한 역량이 매칭된 과제가 사용될 수도 있다.

각 블록 간에 과제의 유형은 같지만, 난이도는 다를 수 있다. 실제로 두 번째 블록에서는 해당 역량에 대하여 피평가자가 더욱 숙련될 수 있도록 새로운 도전 과제를 제시한다. 예를 들어, DAC Lab에서는 조직 문화가 서로 다른 두 조직이 합병되었을 때의 상황을 과제로 제시한다. 피평가자는 각 과제에서 합병된 회사가 과도기를 지나면서 겪게 되는 여러 중요한 이슈를 다루면서, 문화적 변화나 적응과정 같은 복잡한 문제들을 해결해야 한다. 이처럼 두 번째 블록의 과제는 첫 번째 블록과 같은 역량을 측정하며 같은 종류의 과제(집단토론, 발표, 역할수행자들과의 미팅 등) 완수를 요구하고 있지만, 첫 번째 블록보다 어렵다고 할 수 있다.

두 번째 과제 블록이 끝나면 피평가자는 다시 자기관찰 활동을 하고, 그동안 개발 촉진자는 두 번째 통합 세션을 갖는다. 이때 두 번째 블록에서 피평가자가 각 역량에서 어떠한 성과를 보였는지에 대해서도 관심을 기울이지만, 첫 번째 블록과 비교하여 얼마나 숙련도가 향상되었으며 목표가 달성되었는가에 대해서도 초점을 맞춘다. 따라서 두 번째 피드백 세션은 다음과 같은 여섯 가지 요소로 구성된다.

- 두 번째 과제 블록에서 나타난 역량 수행
- 첫 번째 블록의 수행과 비교했을 때 나타나는 개선의 정도
- 첫 번째 피드백 세션에서 설정한 목표의 달성 여부에 대한 검토
- 역량과 관련된 강점 및 약점에 대한 최종 목록
- 개발 평가센터 과정에서 학습한 내용을 피평가자의 구체적인 직무에 활용하는 방법에 대한 논의
- 각 역량을 더 많이 발전시키기 위한 기본적 목표의 설정. 개발 평가센터 참여 후 몇 주에 걸쳐 열리는 개발 회의에서 피평가자와 피평가자의 상사가 이 목표를 함께 검토하게 된다.

이렇게 피드백 세션이 끝나면 개발 평가센터는 집단 정리 세션으로 이어진다. 개발 평가센터의 운영자가 주관하는 가운데 궁금한 질문에 대한 답을 제시하고, 개발 평가센터 이후의 단계들을 검토하며 피평가자가 프로그램을 평가하는 것으로 마무리된다.

## 후속 활동

개발 평가센터는 과정을 통해 피평가자의 역량이 개발되는 것을 전제로 한다. 그러나 개발센터 이후의 훈련 및 개발 프로그램과 개발센터가 잘 통합될수록 역량개발에 더 큰 영향력을 행사할 수 있다. 따라서 정기적인 후속 모임을 통해 피평가자의 목표 달성 여부를 확인하고 새로운 목표를 설정하며 경력개발 정도를 모니터링 하게 된다. 피평가자와 개발 촉진자가 정기적으로 만남으로써 다양한 후속 활동을 할 기회가 제공되는 것이다.

예를 들어, 피평가자는 분기별로 모임을 할 수 있다. 첫 번째 모임에서는 피평가자의 상사가 승인한 개발 계획을 최종적으로 확정한다. 학습 결과를 실제 업무에 더욱 잘 적용하기 위해 피평가자는 개발 평가센터에 참여한 이후 직면했던 상황에 대한

사례를 만든다. 이때 하나 이상의 역량이 연계되면서 개발 평가센터 프로그램에서 학습한 기술이나 전략을 사용하고자 시도했던 상황을 사례화한다. 두 번째 후속 모임에서는 피평가자가 스스로 개선하고자 노력하고 있는 역량에 대해 특별히 초점을 맞춘 자료를 제공한다. 그것은 도서가 될 수도 있고 인터넷 참고자료나 온라인 학습자료일 수도 있으며, 조직이나 지역 사회에서 제공하는 또 다른 훈련 프로그램이 될 수도 있다. 세 번째 후속 모임은 해당 연도에 실시한 개발 과정에 참여하면서 다양한 평가자로부터 받은 평가 결과를 종합적으로 검토하는 피드백 모임이다. 이때는 다음과 같은 것들을 다룬다.

- 피평가자의 각 역량의 숙련도에 대한 전반적인 평가(평가자 및 시간대를 총합)
- 평가자별 평정 결과의 차이(평가자, 본인, 상사, 부하)
- 시간 경과에 따른 역량평가 결과의 변화 및 개선
- 피평가자가 개발 평가센터의 경험 및 피드백의 결과로 해당 역량을 얼마나 깊이 있게 이해하게 되었는가

마지막 후속 모임은 피평가자가 역량의 재평가를 위해 일정 기간이 경과한 후(6개월 또는 일 년) 개발 평가센터에서 다시 평가가 이루어진다. 피평가자는 두 번째 개발 평가센터 경험을 준비하고, 자기 평가를 수행하며 개발 평가센터에서의 수행 목표를 설정한다.

## 재평가 및 지속적 개발

9개월 후에 피평가자는 두 번째 개발 평가센터 과정에 참여한다. AT&T 종단연구의 최초 모형(Bray, 1964; Bray & Grant, 1966)에 따라 실시되는 이 재평가 과정에서는 각 역량에 대한 피평가자의 발전 정도를 상세하게 재평가한다. 또한, 이 과정은 집중적인 후속 훈련 개입의 기능을 수행한다. 그러나 AT&T 관리자들이 같은 평가 과정을 반복적으로 거쳤던 것에 반해 DAC Lab에서는 피평가자가 개발 평가센터와 병렬적인 과정을 거친다. 즉 두 번째 개발 센터는 첫 번째 개발 센터와 같은 역량 및 동일 유형의 과제로 구성되며, 각 과제 블록의 난이도 구성도 일치한다. 이렇게 두 개의 개발 평가센터가 심층적인 구조 면에서는 동일하게 유지될 수 있지단, 표면적인 구조의 구성 요소는 변경될 수 있다(Clause, Mulling, Nee, Pulakos, & Schmitt, 1998). 따라서 모의상황으로 구성되는 가상조직이나 묘사되는 등장인물, 상황 등이 갖는 세부 사항은 얼마든지 달라질 수 있다. 이렇게 병렬적인 모의과제를 만드는 것은 결코 쉬운 일이 아니다(Brummel & Rupp, 2004 참조). 그러나 정확하게 만들 경우

병렬적인 모의과제를 통하여 검사-재검사 상황에서 흔하게 발생하는 혼입 요인의 우려 없이 역량의 개선 정도를 '보다 명확하게' 측정할 수 있게 된다.

## 2 전통적 평가센터와 개발 평가센터 간의 주요 차이점

개발 평가센터는 일부 측면에서는 전통적 평가센터와 유사하지만, 또 어떤 측면에서는 크게 다르다(표 4.1 참조). 다음 절에서는 이러한 차이점 중 몇 가지를 소개하도록 하겠다.

### 역량

개발 평가센터에서의 역량은 개발 가능해야 한다. 개발 가능하다는 것은 개발 평가센터 과정 중이나 그 이후에 합리적인 정도의 노력과 시간을 투자했을 때 충분히 개선될 수 있는 지식이나 기술, 능력 등으로 역량이 구성되어야 한다는 것을 의미한다. 성공적인 경영 활동에 필요한 역량(Borman & Brush, 1993; Tett & Gutterman, 2000)

**표 4.1** 전통적 평가센터와 개발 평가센터의 차이점

| | 전통적 평가센터 | 개발 평가센터 |
|---|---|---|
| **목적** | 평가<br>인사 관련 의사결정 | 평가 및 개발<br>학습 결과의 업무 적용 |
| **제공되는 경험의 종류** | 진단 | 경험적 학습, 자기성찰, 수행 개선 |
| **피평가자의 역할** | 피평가자 | 능동적 학습자 |
| **초점** | 종합 수행 | 평가영역 상의 수행<br>개선 |
| **평가영역(역량)** | 참가자에게 항상 공개되는 것은 아니다<br>안정적 능력 | 항상 공개된다<br>개발 가능한 지식과 기술 |
| **피드백** | 통과/탈락, 완수에 달려 있다 | 광범위하며, 여러 차례에 걸쳐 주어진다.<br>자세하고 행동기반적이며, 높은 수준의 행동계획을 제공한다 |
| **예측타당도의 증거** | 종합 평가나 평가영역별 평가가 해당 직무에서의 성공을 예측한다 | 평가영역의 숙달도는 개발 평가센터 및 이어지는 개발 활동의 결과로 시간 경과에 따라 증가한다 |

Rupp & Thornton(2003)에서 발췌하여 수정

이라든가 전통적인 평가센터에서 주로 사용되는 역량(Arthur, Day, McNelly, & Edens, 2003)에 대해서는 학자들 간에 보편적인 공감대가 형성되어 있다. 그러나 개발 평가센터에는 어떠한 역량이 적절한가에 대해서는 가이드라인이 부족하다. 예를 들면, (a) 어떠한 역량이 개발 가능한가, (b) 만약 그 역량이 개발 가능하다면 개발 평가센터는 이러한 역량을 개발하는 데 얼마나 효과적인가 등이 아직 체계적으로 연구되지 못하였다(Jones & Whitmore, 1995; Thornton & Rogers, 2001). 또한, 대다수 평가센터 관련 연구가 선발이나 승진에 초점을 맞추고 있으므로 더욱 안정적인 행동 특징들이 강조되어 왔다(Howard & Bray, 1988). 그러나 개발 평가센터는 적절한 시간과 노력을 들였을 때 변화 가능하다고 판단되는 수행에 대한 역량을 포함하고 있다(Thornton & Rogers, 2001). 따라서, 개발 평가센터를 설계하는 사람은 이러한 역량의 개발 가능성에 대해 신중하게 생각해 볼 필요가 있다.

Rupp et al.(2003)은 학계 최초로 관리자를 위한 개발 평가센터의 기반으로써 가장 적합한 역량이 무엇인지를 체계적으로 분석하였다. 이 연구는 학문적/실무적인 기사(논문이나 발표), 관리, 수행, 평가센터, 훈련, 개발 분야의 보고서를 총망라하고 있다. 이를 통해 역량에 대한 데이터베이스를 구성하고, 정량적 방법 및 주제 전문가의 평가 등을 모두 활용하여 적절한 역량을 추출하였다. 이때 내용 타당도를 알아보기 위한 설문지를 개발해 미국 및 한국의 관리자 표본집단에 배포하였다. 이 두 표본의 데이터를 종합한 결과, 개발 평가센터에 포함하기에 적합한 20개의 역량에 대한 모형을 지지하는 증거가 도출되었다. 표 4.2에 이 20개 역량이 제시되어 있다.

이제 적절한 개발 평가센터의 역량을 알았으니 앞으로는 다음과 같은 주제에 대한 연구가 이루어져야 한다. (a) 이 역량들이 개발 평가센터 과정 중이나 그 이후에 적당

**표 4.2** 개발 평가센터에서 개발될 여지가 있다고 평가된 역량

- 리더십(Leadership)
- 성실성(Conscientiousness)
- 문제해결(Problem Solving)
- 팀워크(Teamwork)
- 대인관계 기술 (Relationship/Interpersonal Skills)
- 계획 및 조직화(Planning & Organizing)
- 동기(Motivation)
- 개발에 대한 의지(Readiness to Develop)
- 갈등관리 및 해결 (Conflict Management/Resolution)
- 정보 탐색(Information Seeking)
- 공정성(Fairness)
- 설득력(Persuasiveness)
- 경청(Listening)
- 창의성(Creativity)
- 적응력(General Adaptability)
- 구두 의사소통(Oral Communication)
- 정서 관리(Emotion Management)
- 스트레스 관리(Stress Management)
- 서면 의사소통(Written Communication)
- 문화적 적응력(Cultural Adaptability)

Rupp et al.(2003)

한 수준의 노력을 통해 개발 가능한 것인지 검증해야 하며 (b) 이 역량을 개발함으로써 피평가자가 자신의 경력상에 어떠한 진보를 끌어낼 수 있는지 검토해야 한다. 개발 평가센터에서 사용되는 역량의 타당도에 대해서는 10장에서 추가로 논의하도록 한다.

## 평가자의 역할 및 교육

개발 평가센터에서는 평가자를 개발 촉진자라고 지칭하는 것이 더욱 정확하다. 개발 촉진자는 단순히 행동을 관찰, 기록, 분류, 평정하는 것 이상의 큰 책임을 지닌다(Atchley, Smith, & Hoffman, 2003; Pottet & Kudisch, 2003). 즉 개발 촉진자는 각 역량에서 피평가자의 강점 및 약점에 대한 피드백을 제공하고, 미래의 개발 계획에 대한 조언을 해주며 개발 목표 설정에 참여한다.

그러므로 이러한 임무를 수행하는 데 가장 적합한 사람이 누구인가와 관련해 매우 복잡한 이슈들이 제기된다. 유능한 평가자가 되기 위해서는 관찰, 분석, 평가를 할 수 있는 기술이 필요하다. 한편 유능한 개발 촉진자가 되기 위해서는 뛰어난 의사소통 능력과 카리스마를 지녀야 하며 피평가자가 목표 달성을 위해 노력하도록 동기를 부여하는 능력을 갖추어야 한다. 피평가자가 피드백을 더욱 잘 수용하도록 하는 평가자 및 개발 촉진자의 특성은 표 4.3과 같다(Edison, 2003). 과연 같은 사람이 평가와 개발이라는 두 가지 매우 다른 임무를 동시에 수행할 수 있는가에 대해서는 많은 논란이 있었다(Atchley et al., 2003; Rupp & Thornton, 2003). 피드백과 조언을 제공하는 사람이 동일인이든 아니든, 이들이 이러한 역할을 잘 수행할 수 있도록 사전 교육을 철저히 해야 함은 분명하다.

**표 4.3** 피평가자의 피드백 수용도를 높일 수 있는 피드백 제공자의 특성

- 풍부한 피드백 경험
- 상대방이 안정감을 느낄 수 있게 해주는 기술
- 상대방의 이해 정도를 확인하는 것
- 신뢰감을 주는 태도
- 목표 직무에 대한 충분한 이해
- 비언어적인 표현으로 감정을 전달하는 것
- 정중하면서도 쾌활한 태도

## 모의과제

실제 업무환경에서 발생하는 문제점을 모의상황에 반영하여 과제를 구성하면, 개발 평가센터의 훈련 효과가 더욱 높아진다. 모의과제는 해당 역량에서 어떠한 행동이 관

찰, 평가되며 피드백이 제공되는지 밝혀줄 뿐 아니라, 과제 자체가 경험 학습과 연습, 자기관찰, 수행 개선의 기회를 제공한다(Goodge, 1991). 피평가자는 자신의 실제 직무 환경과 매우 유사하게 설계된 '안전한' 환경에서 새로운 행동을 시도해 보고 연습해 볼 기회를 갖는다(Thornton & Cleveland, 1990). 개발 평가센터의 모든 과정에서는 적극적 참여가 요구되는데 이는 성인 학습에 필수적인 요소이다(Mehta, 1978). 이러한 적극적 참여를 통해 피평가자는 개발 평가센터 과정의 혜택을 분명히 깨닫게 된다.

더 나아가 피평가자가 실제 업무를 하면서 직면하게 되는 문제점이나 상황과 유사하게 설계된 과제를 수행함으로써 훈련의 업무 활용 효과가 극대화된다. 이렇게 실제적인 과제를 하게 되면 개발 평가센터 과정 동안 드러난 강점과 약점이 해당 역량에 대한 피평가자의 실제 강점 및 약점과 더욱 정확하게 일치하게 된다.

아울러 현실 그대로의 모의과제는 피평가자가 역량을 내면화하고 기술을 습득하는 것을 촉진하는 잠재력이 있으며, Schmitt, Ford, Stults(1986)는 이것을 실증적으로 증명하였다. 이들의 연구에서 실제적인 모의과제에 참여한 피평가자는 이후 역량에서 큰 성장을 하게 되었음을 인식하였다. 이는 피드백이 전혀 주어지지 않았을 때도 마찬가지였다. 마지막으로, 리더 없는 집단 토론과 같은 집단 과제에서 피평가자는 과제 수행을 통해 간접경험을 체험하고 자신의 역량을 향상할 수 있다(Bandura, 1986; Smith-Jentsch, Salas, & Baker, 1996). 즉 다른 피평가자의 우수한 행동을 관찰하고 모방함으로써 학습이 이루어진다는 것이다.

## 피드백

개발 평가센터에서 피평가자에게 제공되는 피드백은 선발과 승진, 혹은 진단 평가센터에서 제공되는 피드백과 매우 다르다(Griffiths & Allen, 1987). 전통적인 평가센터에서는 피드백이라는 용어가 단순히 평가센터에서의 수행 결과를 피평가자에게 알려주는 정도를 의미하는 경우가 많다. 이때는 피드백이 성공/실패 여부의 판단, 수치화된 점수의 형태를 보이거나 그 조직의 고유한 평가시스템의 형태를 보인다. 진단 평가센터에서는 역량 수준의 판단을 포함하는 피드백을 제공하기도 하지만, 이 역시 과거 행동에 대한 서술만을 포함할 뿐이다. 다시 말해 진단적 피드백은 개발 평가센터 과정이나 그 이후에 관심의 대상이 되는 역량을 개선하기 위해서 실제로 어떻게 행동을 수정해야 하는지에 대한 가이드라인은 제공하지 않는다(Arnold, 1987).

개발 평가센터에서 피드백의 목적은 역량개발을 촉진하는 것이다(Joiner, 2002). 따라서 피드백 세션이 전통적인 평가센터의 세션보다 더 길어지고 구체화되는 경향이 있다. 개발 피드백은 단순히 전반적인 평가를 해주는 것이 아니라, 행동에 근거한 미

**표 4.4** 피드백 수용도와 활용도를 증가시킬 수 있는 평가자/개발 촉진자의 전략

| |
|---|
| • 개방적인 토의와 대화를 장려한다<br>• 실제적인 도움이나 조언을 주고 평가센터 이후에도 지속적으로 지원한다<br>• 상호신뢰를 구축하고 피평가자의 흥미와 욕구가 무엇인지 밝혀낸다<br>• 피평가자에게 주인의식과 변화에 대한 책임감을 심어준다<br>• 피평가자에 대한 관심과 흥미, 공감을 표현한다<br>• 피드백과 조언을 수행의 결과와 연결 짓는다<br>• 구체적이고 행동 중심적인 피드백을 제공한다<br>• 신뢰할 수 있는 상대임을 보여준다<br>• 다양한 주제에 대하여 토론한다<br>• 현실적이고 실행 가능한 개발계획을 수립한다<br>• 비판적이거나 논쟁적인 태도, 지나치게 설득적이거나 지시적인 태도, 무뚝뚝한 태도를 취하지 않는다 |

Poteet & Kudisch(2003)

래지향적인 정보를 풍부하고, 상세하게 전달한다(Tillema, 1998). 피평가자는 개발 평가센터 과정이나 그 이후에 수 차례에 걸쳐 각 과제에서 평가되는 역량에서 자신이 얼마나 능숙한 수행을 보였는가에 대하여 구체적인 피드백을 받게 된다.

덧붙여 개발 피드백은 다른 유형의 평가센터에서 제공되는 것보다 쌍방향적 성격이 훨씬 강하다. 피드백 세션에서는 피평가자의 적극적 참여가 요구되며, 피평가자와 개발 촉진자가 함께 각 역량에 관한 개선 목표와 전략을 짜게 된다. 언제 피드백이 주어지느냐에 따라(개발 평가센터 과정 중인가 끝난 후인가) 이러한 목표와 전략은 뒤이어 실시될 모의과제에 초점을 맞출 수도 있고 피평가자의 실제 업무 환경에 초점을 맞출 수도 있다(Cochran et al., 1987; Griffiths & Allen, 1987). 피드백은 늘 상세하고 특정 행동에 초점을 맞추어야 하며, 해당 역량을 더 숙련하기 위해 어떻게 노력해야 하는지에 대한 지식을 제공해야 한다. 이러한 유형의 피드백이 실시될 때 개발 학습이 극대화된다(Boehm, 1985; Francis-Smythe & Smith, 1997; Kluger & DeNisi, 1996).

Poteet와 Kudisch(2003)는 평가자/개발 촉진자가 피평가자에게 피드백을 줄 때 사용할 수 있는 여러 가지 기법을 제시하였다. 표 4.4에 요약된 이러한 전략은 피평가자의 피드백 수용도를 최대화하기 위하여 만들어진 것이다.

## 역량개발 계획

개발 평가센터 피드백 과정의 또 다른 중요한 요소는 구체적인 역량개발 계획의 구성이다. 개발 계획은 양적 자료(역량평가)와 질적 자료(평가자의 코멘트 및 피드백)에 기반하여 수립하며, 피평가자가 개발 평가센터 이후에 자신이 취약한 분야에서 어

떤 구체적인 기회를 통해 추가 개발을 할 수 있는지 제시해준다. 또한, 피평가자가 개발 평가센터에서 학습한 지식과 기술을 실제 업무에 이행할 수 있도록 도와주는 부분이 포함된다(Engelbrecht & Fischer, 1995). 결과적으로 개발 평가센터 피드백 과정에서는 평가와 개발이 밀접하게 연결돼 있다. 각 역량의 숙련도에 대한 개발 평가센터의 평정은 해당 역량을 개선할 수 있는 훈련 기회를 제공한다. 또한, 해당 역량에 대한 피평가자의 지속적인 개선 정도를 측정하고 그것을 관찰하며 개선을 최대화할 수 있도록 장기적인 개발 계획을 수립할 때 위의 평정점수가 기초 자료로 활용된다. 이때 개발 계획은 피평가자, 개발 촉진자, 피평가자의 상사 간의 공식적인 합의를 거쳐 수립될 수도 있다. 그래서 피평가자는 약점이 지적된 분야를 개선하도록 행동화할 부분을 찾고, 상사는 그러한 개선 노력에 대해 지속적으로 관심을 가지고 지지와 격려를 통해 행동 변화를 촉진한다. 그와 동시에 언제까지 목표를 달성할지 마감 시한 또한 설정한다(Thornton & Cleveland, 1990). Goodge(1991)는 모든 개발 계획이 미래의 학습 목표, 목표를 실행할 방법, 그리고 시간표를 포함하고 있어야 한다고 하였다.

### 요약

개발 평가센터는 여러 측면에서 전통적인 평가센터와 다르다. 개발 평가센터는 일종의 훈련 개입의 방법이며, 경험적이고 참여적인 학습 환경을 제공한다. 또한, 현실적이면서 실무와 관련된 모의과제가 포함된다. 개발 평가센터의 구성원은 평가자 역할뿐 아니라 개발 촉진자 역할도 수행한다. 한편 개발 평가센터에는 심층적인 피드백, 조언, 개발 계획이 포함되며 이러한 특징 때문에 선발, 승진, 진단 센터와는 차별화된다. 개발 평가센터가 프로그램 자체 그 이상의 목적에 따라 다른 방식으로 활용될 수 있기는 하지만(예, 보편적인 훈련과 개발을 위해서, Engelbrecht & Fischer, 1995, Griffiths & Allen, 1987; 연속적인 개발 프로그램의 일부로써, Cochran et al., 1987), 그 개발적인 특성으로 인해 개발 평가센터 고유의 특징뿐 아니라 복잡한 과정을 지니게 된다.

개발 평가센터가 평가센터 기법의 특수한 활용 예임은 확실하지만, DAC는 가이드라인에서 제시되는 필수요소들을 충족시키는 평가센터이다. 즉 역량을 측정하고, 다양한 모의과제를 제공해야 한다. 그리고 다수의 훈련받은 평가자가 참여하는 가운데 여러 과제와 평가자를 통해 제시된 정보에 기반하여 그 결과(피드백 및 개발 계획)가 주어져야 한다.

## 훈련 개입 방법으로써의 개발 평가센터에 대한 평가

개발 평가센터가 조직에서 인기를 얻게 된 이유는 훌륭한 역량개발 도구이기 때문이라는 것이 여러 학자의 결론이다(Hollenbeck, 1990). 개발 평가센터의 주요 목표는 특정 역량에서 피평가자의 성과가 높아지도록 훈련하는 것이다. 따라서 성인의 학습을 효과적으로 촉진하는 요소가 개발 평가센터에 포함되어 있는지 확인하기 위해서는 조직구성원 교육 관련 문헌을 보다 광범위하게 살펴보아야 한다. 지금까지 이러한 탐색에 지침이 될 수 있는 여러 가지 연구 모형이 제시되었다. 예를 들어 Hezlett, Ones, Kuncel(2000)은 개발 프로그램에 포함되어야 하는 필수 요소를 다음 다섯 가지로 정리하였다.

1. 개발 욕구에 대한 평가나 진단
2. 개발 계획 및 학습 목표의 설정
3. 개발 활동에 대한 참여 기회의 제공
4. 학습 결과를 새로운 업무 상황에 적용할 수 있는 메커니즘
5. 훈련 이후 개선된 수행에 대한 보상의 제공

더 나아가 McCauley와 Hezlett(2001)은 개인의 능력 개발을 최대화하기 위해서는 다음 다섯 가지 요소가 포함되어야 한다고 주장하였다.

1. 개발 욕구에 대한 자각
2. 학습에 대한 자기효능감
3. 새로운 경험
4. 자기관찰
5. 타인으로부터의 지원

이 외 기타 교육훈련 관련 연구에 따르면 훈련 프로그램은 다음과 같은 특징을 지녀야 한다(Salas & Cannon-Bowers, 2000).

1. 학습할 정보나 개념에 대한 제시
2. 학습할 기술이나 역량에 대한 실연
3. 학습한 결과를 연습할 기회
4. 과제 중간이나 이후에 주어지는 피드백

그림 4.1에서 제시된 개발 평가센터 모델이나 일리노이 DAC Lab에서 시행되고 있는 프로그램에는 이 요소들이 모두 포함되어 있다. 개발 평가센터의 평가 및 피드백 세션에서 피평가자는 자신이 더 개발해야 할 약점을 파악하고 수행 목표를 세울 수 있다. 또 여러 과제 블록을 거치면서 기술을 연마하고 개발할 수 있는 새로운 경험을 하게 된다. 아울러 자기관찰 활동을 통하여 역량들을 내면화하고 자신만의 강점과

약점을 진실로 이해하게 된다. 마지막으로 개발 계획의 수립과 지속적인 후속 모임을 통해 학습 결과를 실제 업무에 최대한 활용하도록 한다.

훈련 및 개발 모형은 위의 요소들을 포함할 뿐 아니라 피평가자의 상사나 소속 조직이 피평가자에게 지속적인 학습 기회 및 과정에 대한 지원을 제공하는 단계를 포함해야 한다. 그래서 피평가자가 다양한 사람(인사담당자, 동료, 부하 등)들로부터 지원받고 있다고 느끼는 것이 중요하다. 또한 피평가자가 개발 평가센터 프로그램 내에서 평가되고 개발되는 역량들이 실제로 개발할 수 있고, 개선할 수 있는 것임을 자각하게 해주어야 한다. 이러한 정보는 피평가자에게 미리 나누어주는 오리엔테이션 자료를 통해 제공할 수도 있고, 개발 평가센터 시작 시 공식적인 오리엔테이션에서 제공할 수도 있다.

교육훈련 관련 연구에 따르면 개발 평가센터 설계자나 운영자는 다음과 같은 사항을 명심해야 한다. 예를 들어, 훈련 목적으로 사용하는 모의과제는 프로그램 참여나 독서와 같은 다른 훈련 기법과 함께 사용할 때 더욱 효과적이다(Manz & Sims, 1981; Pinolli & Anderson, 1985). 따라서 개발 평가센터에는 모의과제 블록과 함께 다른 유형의 훈련 기법도 포함되는 것이 바람직하다. 사전 작업이나 피평가자 오리엔테이션, 다면적 피드백 요소 등이 그러한 대안적 훈련 기법이 될 수 있다. 그러나 여러 연구 결과를 고려할 때 모의상황이 아닌 훈련 기법을 추가할 경우 역량의 개선 정도가 실제로 증가하는지 주의 깊게 검토해야 한다. 한편 Griffith와 Allen(1987)의 연구에서 발표와 토론을 조합한 개발 평가센터 프로그램이 가장 효과적임이 입증되었다.

## 3 훈련 개입 방법으로써 개발 평가센터의 타당성

개발 평가센터가 효과적인 훈련 개입 방법의 도구로 쓰이기 위해서는 또 다른 조건이 만족되어야 한다. 즉, 개발 평가센터의 타당도가 확보되어야 한다(10장에서 이 주제를 좀 더 심층적으로 다룰 것이다). 선발 및 승진센터에서는 평가센터의 수행과 미래의 직무에서 나타나는 성공적 수행 간의 관계가 입증되면 준거 타당도가 증명된다(Nunnally & Bernstein, 1994). 다시 말해 선발 및 승진센터에서는 성공적 수행에 대한 예측에 초점을 맞춘다. 반면 개발 평가센터는 변화에 초점을 맞춘다(Carrick & Williams, 1999; Jones & Whiltmore, 1995). 그러므로 효과적인 개발 평가센터란 미래의 수행을 정확하게 예측하는 것이 아니라, 관심 대상이 되는 역량의 충분한 발달을 끌어내는 것이다. 따라서 개발 평가센터의 효과성은 개발센터 참여 이전과 과정 중,

그리고 그 이후의 역량에 대한 숙련도를 비교함으로써 종단적으로 평가되어야 한다. 달리 표현하자면, 전통적인 평가센터가 평가 도구로써 그 타당도를 검증받는 것에 반해 개발 평가센터는 훈련 개입 방법의 일환으로써 타당도를 검증받는다. 이때 검증 방식은 아래와 같다.

- 다양한 평가자가 제시한 평가치가 시간 경과에 따라 어떻게 변하였는지 지속적으로 관찰한다.
- 개발 평가센터에서 여러 평가자가 다양한 시점에 평가한 역량 평가치를 비교한다.
- 시간 경과에 따라 피평가자를 재평가하고 개선의 정도를 지속적으로 관찰한다.
- 시간 경과에 따른 피평가자의 개선 정도를 개발 평가센터에 참여하지 않은 통제 집단과 비교한다.

이렇게 개인이 각 역량에서 시간 경과에 따라 얼마나 발전했는지를 타당도의 증거로 삼을 수도 있고, 개발 평가센터로 인한 경험이 피평가자의 행복이나 자존감, 성장, 학습에 어떠한 영향을 미쳤는지를 살펴봄으로써 타당도를 검증할 수도 있다. 이는 10장에서 더욱 자세하게 다루도록 하겠다. 개발 평가센터 기법의 타당도에 대한 실증적 증거를 제시하는 연구는 아직 부족하지만, 이 장에서는 연구자나 실무자가 개발 평가센터를 활용하고 연구할 수 있는 기반을 제공하였다. 이에 대해 10장에서 다시 다루면서 지금까지의 연구들을 개괄하도록 한다.

## 4 개발 평가센터를 운영하거나 연구할 때의 주의점

지금까지 개발 평가센터 기법의 복잡한 특성에 대해 간략하게 살펴보고, 향후 이 분야를 연구하거나 개발센터를 실행할 때 도움이 될 수 있는 개발 평가센터의 일반 모형을 제시하였다. 또, 전통적인 평가센터와 개발 평가센터가 궁극적으로 어떤 점에서 다른지를 소개하였다. 마지막으로 이 분야에서 일하게 될 연구자 및 실무자를 위해 몇 가지 가이드라인을 제시하고자 한다(표 4.5 참조).

이 가이드라인에는 개발 가능한 역량을 사용하고 피평가자를 대상으로 역량에 대한 교육을 실시해야 한다는 내용이 제시되어 있다. 또 피평가자에게 모의과제 블록을 통해 새로운 행동을 연습할 다양한 기회를 제공하고, 개발 평가센터 과정 중이나 종료 후에 여러 차례에 걸친 피드백을 주며, 피평가자의 개발 과정에 대하여 집중적인

**표 4.5 개발 평가센터에 대한 가이드라인**

- 역량은 개발 평가센터 과정이나 그 이후에 피평가자가 이루게 되는 경력상의 성공과 관련되어야 하며, 개발의 여지가 있어야 한다.
- 어떠한 역량이 측정, 평가되는지 피평가자들에게 완전히 공개되어야 한다.
- 피평가자는 역량에 대해 충분한 오리엔테이션을 받고 그 의미를 이해해야 하며, 그 역량에서 숙련 정도에 따라 어떤 행동이 나타나게 되는지 안내 받아야 한다.
- 개발 평가센터 관리자는 피평가자에게 학습에 대한 자기효능감을 심어주어야 한다. 사전 작업이나 오리엔테이션에서 역량이 충분히 개발 가능하다는 것을 강조하면 자기효능감을 높일 수 있다.
- 개발 평가센터에서는 여러 모의과제 블록을 사용해야 하며, 충분한 연습 및 개선의 기회를 제공하기 위하여 각 블록이 끝날 때마다 피드백을 주어야 한다.
- 각 과제는 경험적 학습을 최대화하도록 설계되어야 한다.
- 각 과제 블록에서는 같은 유형의 과제를 사용해야 하며 같은 역량을 평가해야 한다.
- 개발 평가센터가 끝날 때는 피평가자의 지속적 자기개발을 극대화하고 학습 내용을 실제 업무에 적용하는 데 사용할 수 있도록 개발 계획을 수립해야 한다.
- 역량에 대한 수행 측정은 개발 동안 여러 차례 이루어져야 한다. 즉 개발 평가센터에 참여하기 전, 과정 중, 그리고 그 이후에 주기적으로 수행을 측정하는 것이 바람직하다. 이는 여러 평가자에 의한 역량평가라든가, 어느 정도 시간이 흐른 후에 병렬적인 개발 평가센터를 사용한 재평가 등의 형태로 실시될 수 있다. 가능하다면 통제집단을 사용하는 것이 좋다.
- 개발 평가센터의 타당도를 평가하고자 할 때는 개발 평가센터의 목표가 (성공적 수행을 예측하는 것이 아니라) 변화를 촉진하는 것임을 명심해야 하며, 타당도를 확보하기 위한 전략도 이 목적에 부합해야 함을 숙지해야 한다.
- 개발 평가센터 프로그램은 조직으로부터 충분히 지원을 받아야 한다. 그래서 피평가자가 그들의 동료, 상사, 조직으로부터 지원받고 있음을 깨닫도록 해주어야 한다.
- 개발 평가센터 프로그램은 여타의 광범위한 훈련 및 개발 프로그램, 그리고 그 외 인사 기능이나 조직 전략과 통합되어야 한다.
- 개발 평가센터는 장기적인 헌신과 비용을 수반한다. 따라서 개발 평가센터의 실시에 앞서 모든 실무적 문제가 고려되어야 한다.

후속 관찰과 코칭을 하고 공식적인 개발 계획을 수립해야 한다고 제시되어 있다.

덧붙여 개발 평가센터가 전제하고 있는 것이 경험적 학습임을 인식해야 한다. 개발 평가센터의 활동은 피평가자에게 학습하고 탐색하며 실험할 기회를 제공하기 위한 것이므로 새로운 행동을 시도해 보는 연습을 가능한 한 많이 할 수 있도록 과제가 만들어져야 한다. 또한 조직 내 다른 인사 기능은 물론 더 광범위한 훈련 및 개발 기능과 많이 통합될수록 훈련 개입의 방법으로써 개발 평가센터의 효과성은 더 증대될 수 있다(Wilkinson & Byhan, T., 2003). 이에 대해서는 11장에서 더욱 자세하게 다룰 것이다.

이와 관련하여, 개발 평가센터의 목적은 성공을 예측하는 것이 아니라 성공을 현실로 만드는 것임을 다시 한 번 강조하고자 한다. 즉 개발 평가센터 프로그램의 주된 목표는 능력의 개발이며, 따라서 변화, 개발, 학습, 개선에 초점을 맞추게 된다. 이것이 바로 우리가 '하이브리드형 평가센터', 즉 조직이 하나의 평가센터에서 조직구성원의 능력을 개발하는 목적과 인사 관련 의사결정을 내리는 목적 두 가지 모두를 달성하고자 하는 것을 경계하는 이유 중 하나이다. 개발 평가센터는 능력 개발에 초점을 맞추므로 프로그램을 설계하고 평가할 역량을 선택할 때, 타당도 증거를 수집하거나 피드백을 제공할 때, 그리고 평가자를 선택하고 훈련할 때 항시 능력 개발이라는 목표를 염두에 두어야 한다.

마지막으로, 개발 평가센터는 개발하고 유지하는 데 매우 큰 비용이 들며 조직이나 피평가자, 프로그램 관리자 측면에서도 장기적인 노력이 필요한 프로그램이다. 따라서 필요한 경우 그림 4.1에 제시된 개발 평가센터 모형을 하나의 모의과제 블록만으로 축소한다면 프로그램을 보다 단순화할 수 있을 것이다. 그러나 어떤 단계를 사용하든지 그 효과성을 보장하기 위해서는 개발 평가센터를 정확히 평가하는 것이 중요하다(International Task Force, 2000). 10장에서는 조직이 평가센터 프로그램의 효용성을 평가하는 방법에 대하여 추가로 살펴볼 것이다. 예를 들어, 이직률이 높고 조직구성원의 충성도가 낮은 조직에서는 조직에 소속되어 있을 가능성이 낮은 조직구성원의 능력을 개발함으로써 경쟁력 향상을 이룰 수도 있다. 한편 개발 평가센터나 우수한 교육 훈련 부서를 보유하는 것은 조직의 유용한 채용 및 조직구성원 유지의 도구가 될 수 있다. 또 일상적인 조직개발 활동에서 간과하기 쉬운 여성이나 소수인종의 능력을 개발할 수 있고, 조직구성원에 대한 경영진의 헌신과 배려를 보여주는 수단이 되기도 한다. 따라서 결과적으로는 개발 평가센터 실시를 통해 회사에 대한 충성도와 팀워크, 그리고 조직 시민 행동을 향상시킬 수 있다. 이러한 모든 사항을 개발 평가센터의 실행 여부를 결정할 때 주의 깊게 고려해야 한다.

## 5 결론

지금까지 1~4장을 통해 평가센터를 정의하고 각 평가센터의 서로 다른 목적에 대해 논의하였으며, 그 특징을 잘 알 수 있는 사례를 살펴보고 모든 종류의 평가센터가 가져야 할 기본적인 필수 요소를 개괄하였다. 다음으로는 평가되는 역량과 그것을 평가하기 위하여 사용되는 과제들, 평가와 피드백 단계 기저에 존재하는 심리적 과정들에 대하여 더욱 심층적으로 살펴보도록 하겠다.

제5장

# 행동역량: 평가센터의 구성요소

5장에서는 다양한 목적을 지닌 평가센터에서 평가될 수 있는 행동역량에 대해 살펴볼 것이다. 우선 용어를 정의하고, 철저한 직무분석의 중요성에 대해 논하며, 전통적인 직무분석의 기본 구성요소와 현대의 구성요소를 기술하고, 선발과 승진, 진단, 육성 프로그램에서 평가되는 역량의 특성에 대해 논의할 것이다. 그리고 평가센터에서 핵심 구성요소로 측정되는 몇몇 행동역량의 대안에 대해 논의해 보겠다.

## 1 행동역량의 정의

앞서 1장부터 4장까지, 평가센터에서 다루는 많은 행동역량에 대해서는 이미 언급하였다. 평가역량을 결정하기 위해 직무분석이 반드시 선행되어야 하며, 평가역량의 의미와 채점방식에 대한 평가자 훈련이 반드시 이루어져야 하고, 평가역량은 평가센터의 목적에 따라 다를 수 있음을 언급하였다. 또한, 평가센터에서 평가되는 평가역량의 예를 사례 연구에서 제시하였다. 이 장에서는 보다 구체적으로, 정확히 무엇이 평가역량이며 어떻게 선택하고 정의하는지 살펴볼 것이다.

간단히 말해서 평가역량은 평가센터의 분석 단위이고, 모의과제는 그 평가역량을 실제로 측정하는 도구이다. Thornton과 Byham(1982)은 행동역량을 조화로운 하나의 관찰 가능한 행동들의 집단이라고 정의했다. 또한 평가역량을 숙련도, 개인역량, 그리고 KSAOs(지식, 기술, 능력, 기타 특성)를 나타낸 것으로 정의했다. 역량이라는 용어는 평가센터 연구자와 실무자가 일반적으로 사용하는 용어이다. 평가센터 역량평가의 핵심은 그것이 행동으로 정의되어, 실제 행동들을 관찰하고 그 역량 내에서의 숙련 수준을 판단한다는 것이다.

이 장의 후반부에서는 평가센터에서 사용할 수 있는 평가역량의 대안에 대해 논의하겠지만, 역량을 평가하는 것 자체가 역사적으로 평가센터를 정의하는 하나의 요소이고, 대부분 평가센터가 이 역량평가를 중심으로 조직되었기 때문에 이 책의 전반에 걸쳐서는 역량평가의 관점을 중심으로 진행될 것이다.

## 일반적으로 사용되는 역량의 사례

평가센터에서 평가되는 행동역량은 직무분석에 기반해야 하며, 다양한 평가센터들은 그 역량이 시행되는 조직, 특정 직무, 혹은 직급에 따라, 또는 평가센터의 목적에 따라 논리적으로 서로 다른 역량을 평가하게 된다. 이러한 다양성에도 불구하고 많은 평가센터에서 이러한 세부적 역량은 7개의 영역별 역량으로 체계적으로 분리할 수 있으며, 이를 표 5.1에 제시하였다.

또한, 개발 평가센터를 위한 역량평가 연구에서 Rupp et al.(2003)은 발표된 연구, 학회 발표집, 미발표 논문, 평가센터 기법 보고서, O*NET, 그리고 주요 인적자원관리 컨설팅 회사에서 사용한 성과 모델을 검토하고 평가센터에서 사용되는 역량의 목록을 정리하였고 총 65개의 자료에서 모두 1,095개의 역량을 추출하였다. 이 프로젝트를 수행한 연구자들은 자동 자료축약 기법과 주제 전문가 평정을 사용하여 이 목록을 4개의 군집을 이루는 16개의 행동역량으로 축약하였다. 이 평가역량들은 표 5.2에 제시하였다. Arthur et al.과 Rupp 등의 목록에는 서로 중복되는 부분이 상당히 많이 보인다. 이는 곧 관리직 직무분석을 시행할 때 많은 역량이 반복해서 나타나는 사실을 반증한다고 볼 수 있다. 개발 가능한 평가역량의 타당성에 대해서는 10장에서 논의할 것이다.

**표 5.1** Arthur, Day 등(2003)이 밝힌 평가센터 공통 평가역량

- **의사소통**: 구두 및 지필 정보를 전달하고 질문에 응답할 수 있는 정도
- **배려/인식**: 타인의 필요와 요구사항을 반영하여 행동하는 역량과 조직 내/외부의 다른 요소들과 연계하여 의사결정의 영향력을 인지하는 정도
- **추진력**: 높은 활동 수준 유지, 높은 수행 기준 수립, 높은 성취감 추구, 상급 직급으로 성장하기를 추구하는 정도
- **영향력**: 개인이 원하는 결과를 얻기 위해 어떤 일을 하거나 다른 관점을 받아들이도록 타인을 설득하고, 타인의 의견을 따르기보다는 자신의 확신에 따라 행동을 취할 수 있는 정도
- **조직화 및 계획**: 효과적인 과업 성취를 위해 체계적으로 자신과 타인의 업무와 자원을 조정하는 정도 및 미래를 예상하고 준비하는 정도
- **문제 해결**: 정보를 수집, 관련된 기술적/전문적 정보를 이해하고 효과적으로 자료와 정보를 분석함. 실행 가능한 옵션/아이디어/해결안 등을 만들고 지지 가능한 행동대안을 선택하며, 새로운 방식의 자원을 사용하고 창의적인 해결안을 만들어 내고 인식하는 정도
- **스트레스 관리**: 다양한 상황 및 압박, 반대 상황에서도 침착함을 유지할 수 있는 정도

**표 5.2** Rupp 등(2003)이 밝힌 평가센터 공통 평가역량

| 군집 | 정의 |
|---|---|
| | **문제 해결** |
| 문제 해결 | • 정보 수집 후, 문제를 파악하고 문제 간의 논리적 관계를 인식하기 위해 분석함. 일련의 행동 대안을 개발하고 시의적절하게 논리적으로 의사 결정함. 문제 해결의 결과에 대해 평가함. |
| 정보 탐색 | • 자료를 수집하여 문제 해결에 필요한 관련된 핵심 정보를 파악하고 발견함. 자료와 정보를 효과적으로 분석하고 사용함. |
| 창의성 | • 과업을 수행하는 절차에서 혁신을 추구하고 창의적인 해결안을 제안함. 기존의 과정 및 방식에 의문을 제기하고 현재 수준(상태)을 넘어서려 함. |
| | **직무에 대한 접근** |
| 계획 및 조직화 | • 특정 목표를 달성하기 위해 자신 및 부하 직원의 과업, 행동, 책무를 점검할 수 있는 절차를 수립. 시간과 자원을 효과적으로 배열하고 우선순위를 설정. 장/단기 계획을 효과적으로 수립. 적절한 우선순위 설정과 사용. 관리상의 세부사항을 다룸. |
| 적응력 | • 새로운 과업, 책무, 가치, 태도, 사람들에게 적응하기 위해 행동 양식을 효과적으로 수정. 제약, 좌절, 역경에 직면했을 때 회복력을 나타냄. |
| 스트레스 관리 | • 압박, 반대, 시간에 쫓김, 불확실성 하에서 평정을 유지. 회복력을 갖추고 높은 수준의 전문성을 유지하면서 건설적인 해결방안을 모색하려 노력함. |

| 군집 | 정의 |
|---|---|
| 성실성 | • 목표를 향해 효율적이고 일관적으로 업무 수행. 마감을 지키고 기대에 부응함. 세부사항에 주의를 기울이고, 조직화함. 행동하기 전에 주의 깊게 사고함. |
| 동기 | • 문제(사건)에 소극적으로 대처하기보다는 적극적으로 행동하고 대처함. 원하는 목표를 달성할 때까지 장기간 노력을 유지할 수 있는 능력. 자기 개발에 대한 지속적인 노력을 통해 발전하고자 함. |
| | **의사소통 능력** |
| 구두 의사소통 | • 언어적/비언어적으로 일대일 상황이나 집단 상황에서 청중을 대상으로 적합한 방식으로 명확하고 정확하게 표현할 수 있는 능력. |
| 서면 의사소통 | • 공식적/비공식적 문서에서 적절한 문법을 사용하여 서면으로 명확히 아이디어를 표현하는 능력. 독자에게 요구되는 수준에 따라 작문 스타일, 어휘 등을 적절히 조정할 수 있는 능력. |
| 경청 | • 집단이나 개인 상황에서 타인의 질문과 설명에 적극적으로 집중하고 이해함. 말로 표현된 단어나 문장을 통해 제시되는 정보나 생각의 중요도를 가늠하고 주의를 기울이는 것. 적절한 시기에 질문을 하는 등 적극적으로 경청하는 것. |
| 설득력 | • 생각, 계획, 행동 등에 동의나 지지를 얻기 위해 구두 또는 서면 의사소통 수단을 적절히 사용하고 타인의 행동에 예리한 통찰을 보이고 그들을 설득시켜 영향력을 발휘하기 위해 본인의 행동을 적절히 수정함. 타인의 몰입이나 지지를 얻는 것. |
| | **관계 능력** |
| 대인관계 능력 | • 갈등상황에 직면했을 때 타인에게 긍정적인 방식으로 자신을 표현함으로써 효과적인 관계를 시작하고 유지하는 것. 타인의 의견, 감정, 요구사항에 반응하는 것. 개인이나 조직의 목표를 이루기 위해 관계를 적절히 사용하는 것. |
| 리더십 | • 부하 직원의 관심과 능력 및 조직의 요구사항을 고려하여, 그들이 중요한 업무를 수행할 수 있도록 지시하고, 이끌고, 동기부여 하는 것. 부하 직원의 개인적 목표와 관련하여 건설적이고 구체적인 피드백을 제공함. 관심과 존경을 받음. 조직의 공통 비전과 일치하는 목표와 우선순위를 설정하도록 긍정적인 변화를 촉진하는 것. |
| 팀워크 | • 팀 목표를 추구하기 위해 타인과 효과적으로 협력. 시의적절하게 의사결정, 변화, 기타 관련 정보를 팀과 의사소통하는 것. 동료들과 지지적인 관계를 발전시키고 팀 정신을 공유하는 것. |
| 갈등관리/해소 | • 갈등을 적절하게 인식하고 개방적으로 대처. 긍정적인 업무 관계를 유지하면서 건설적인 해결법에 도달. |

## 2 직무분석의 중요성

모든 평가센터 프로그램 설계에 있어 첫 단계는 평가하거나 개발할 행동역량을 사전에 결정하는 것이다. 이 단계는 일반적으로 직무분석을 통해 이루어진다. 평가센터 개발을 위한 직무분석은 직무 과업과 KSAOs를 결정하는 일반적인 직무분석보다 범위가 더 넓다. Thornton과 Muller-Hanson(2004)은 이 광범위한 과정을 상황 분석이라고 지칭하였다. 그 이유는 이 과정이 조직환경, 직무과업, 각 평가역량에서 요구되는 역량과 같은 직무 상황의 여러 가지 구성요소를 분석하는 것이기 때문이다. 이러한 광범위한 분석은 평가센터 프로그램의 개발, 실행, 타당성 확보 등 많은 측면에서 풍부한 정보를 제공하기 때문에 평가센터 개발의 시작단계에서 반드시 시행되어야 한다.

직무분석 혹은 상황분석이 평가센터 개발의 중요한 첫 단계인 이유로 다섯 가지를 들 수 있다. 첫째, 직무분석 결과는 평가센터 구성의 많은 측면에 유용한 정보를 제공한다. 직무 상황을 분석함으로써 평가할 행동역량을 결정할 수 있다. 조직에서 기대하는 숙련도 수준을 정의함으로써 모의과제의 난이도 수준을 조정할 수 있으며, 직무과업을 파악함으로써 사용할 모의과제의 내용과 유형에 대한 정보를 얻을 수 있다. 마지막으로 조직 환경을 이해함으로써 평가센터 및 과제의 일반적인 방향성을 결정할 수 있다.

직무분석을 시행해야 하는 두 번째 이유는 훌륭한 측정결과를 확보하기 위해서이다. 이것은 인사 의사결정과 직결된다. 직무와 조직에 가장 적합한 사람을 채용, 승진 및 훈련하기 위해서는 그 직무에서 요구하는 것이 무엇인지 알아야 한다. 우수한 잠재력을 가진 직원을 파악하기 위해 직무 관련 평가역량을 선택하고 사용할 수 있다.

셋째, 직무분석은 평가자 교육에도 중요한 정보를 제공한다. 즉, 직무분석은 역량의 특성과 각 역량에서 요구되는 숙련 수준, 그리고 각 역량과 관련하여 공통으로 관찰할 수 있는 행동에 대한 상세한 정보를 제공한다. 평가자 훈련에서 평가자는 각 역량의 의미에 대한 공통된 이해를 형성해야 한다. 피평가자의 수행을 정확하게 평가하기 위해 평가자는 같은 참조의 틀을 개발해야만 한다. 참조의 틀 훈련의 구체적인 사항에 대해서는 7장에서 다루기로 한다.

직무분석을 시행해야 하는 네 번째 이유는 법적 문제에 대비하기 위해서이다. 즉, 선발과 승진에 사용하는 평가센터에 대한 법적인 문제와 관련해서 직무분석이 해결 방안을 제공해줄 수 있다(Thompson & Thompson, 1982). 필수적인 직무 특성이 아닌 이상, 많은 국가에는 인종, 피부색, 성별, 종교, 연령, 장애 등에 기반한 인사 의사결정을 금지하는 법이 있다. 미국에는 1964년의 시민권 법 제 7조(Title VII of the Civil

Right Act of 1964), 1991년의 시민권 법(the Civil Right Act of 1991), 1990년의 장애인에 대한 법령(the Americans with Disabilities Act of 1990), 그리고 1967년의 고용법에서 연령 차별에 대한 법령(the Age Discrimination in Employment Act of 1967)(Landy, 2005) 등이 있다. 인적자원관리에서 행해지는 많은 의사결정은 추론을 통해 이루어진다. 평가센터 설계자는 현재 직무에 대한 정보나 조직의 목표로부터 평가역량을 추론하며 어떤 모의과제가 관련 행동을 유도할지를 추론하고 평가자들은 관찰된 행동에 기반하여 수행 효과성을 추론한다. 이러한 추론은 법적으로 문제시 될 수 있으며, 직무분석의 역할은 전체 인적자원과정의 법적인 적절성뿐 아니라 각 단계에서 행해지는 추론에 대해서도 확신을 가질 수 있도록 충분한 증거를 제공하는 것이다(Gatewood & Feild, 2001).

직무분석을 시행하는 마지막 이유는 피평가자와 운영자에게 안면 타당도가 있는 과제를 개발하기 위해서이다. 심리측정학에서의 또는 법적인 이유로 각 과제는 직무환경과 관련 있는 모의상황으로 구성해야 한다. 또한, 평가센터는 채용후보자가 그 조직에 대해 갖는 매력도, 조직구성원의 공정성에 대한 인지, 그리고 훈련 참가자의 학습 및 개발 동기, 후속 훈련에 참가하고자 하는 의지 등에 영향을 미칠 수 있으므로 평가센터의 과제가 관련성 있는 것으로 인식되어야 한다. 평가센터 피평가자는 조직이 그들을 인구통계학적 특성이나 인기 등과 같은 특성보다는 직무 관련 기술 및 경험에 기반하여 평가하기를 바란다. 평가나 육성 프로그램의 관련성에 대한 인지는 직무분석에서 도출된 직무 및 조직의 요구사항에 대한 완벽하고 정확한 정보에서부터 시작된다.

조직현장의 다양성 증가를 고려하였을 때, 이러한 이유가 모두 직무분석의 중요성을 강조한다. 직무분석, 역량모델링, 상황분석과 같은 과정을 통해 평가센터와 같은 선발/육성 프로그램은 기존의 고정관념에 의한 분석이 아닌 실제 직무 요구사항에 기반을 둘 수 있다. 따라서 조직은 이러한 사전분석을 통해 실제로 공정해질 뿐 아니라, 다양한 집단이 공정하다고 인식하는 프로그램을 개발할 수 있을 것이다.

## 3 직무분석의 기본 요소

직무분석을 시행하는 방법은 매우 다양하다(Brannick & Levine, 2002; Chen, Carsten, & Krauss, 2003; Sanchez & Levine, 2001 참조). 일부 방법은 직무활동 자체에 초점을 두고 있으며, 다른 방법은 그 직무를 수행하는 사람의 특성에 초점을 두고

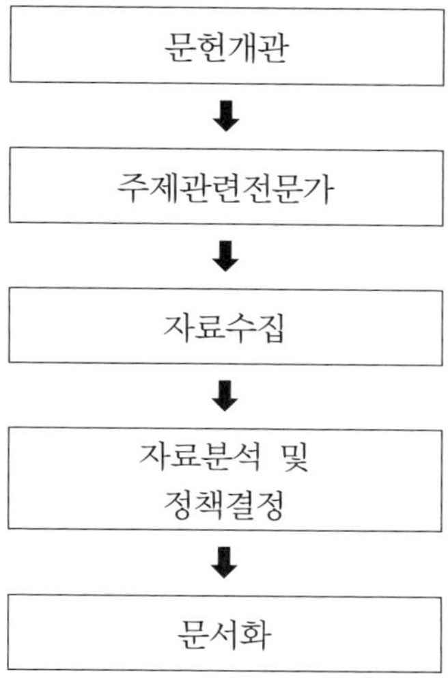


**그림 5.1** 직무분석 단계

있다. 일부 방법은 매우 기본적인 수준의 과업 정보에서 시작하여 조직 효과성으로 거슬러 올라가고 다른 방법은 매우 광범위한 조직 가치에서 시작하여 조직구성원이 수행해야 하는 작업으로 내려간다. 직무분석 방법은 매우 다양하지만 많은 방법에는 공통적인 요소가 있다. 이러한 요소들은 그림 5.1과 같다.

## 직무 관련 문서 검토

문서 검토 단계에서 평가센터 설계자는 직무분석에 필요한 과업 및 KSAOs에 대한 사전 목록을 만들기 위한 정보를 수집한다. 표 5.3은 직무 정보를 제공하는 자료 목록이다. 하나의 자료는 직무와 산업 분야에 대해 문서화된 자료를 포함한다. 이러한 서류는 조직도, 직무 기술서, 정책/절차 매뉴얼, 훈련 매뉴얼, 훈련 교재, 기술 매뉴얼, 직무에서 사용하는 장비에 대한 설계 명세서 등이다. 이러한 몇 가지 직무에 Occupational Information Network, 혹은 O*NET에서는 매우 자세한 정보를 제공한다(Peterson et al, 2001). O*NET은 온라인 데이터베이스(www.onetcenter.org)로써 미국 노동부가 현재 미국 내 현존하는 많은 직무의 산업, 일, 그리고 그 일에 종사하는 사람의 특성에 대한 정보를 제공하기 위해 만든 것이다.

평가센터 개발자가 직무에 대한 사전정보를 얻는 방법은 다양하다. 예를 들어, 직무를 수행하는 사람을 관찰할 수 있다. 이 과정은 사람이 할 수도, 오디오나 비디오

표 5.3 직무 정보 제공 자료

**관찰 기법**

- 직접관찰
- 비디오 녹화
- 오디오 녹음
- 일정 기간 동안 실제 직무 수행

**관련 문서 - 조직 내부 자료**

- 직무 기술서
- 조직도
- 정책 및 절차 매뉴얼
- 훈련 매뉴얼
- 장비 명세서

**관련 문서 - 조직 외부 자료**

- O*NET
- Occupational Outlook Handbook
- 분야별 저널
- 교과서
- 연구 문헌

**정보 수집을 위한 기타 활동**

- 산업 학회 및 협회에 참가
- 다른 직무분석가와 이야기함
- 주제전문가들(SMEs)을 면접
- 직무 담당 실무자 면접
- 직무 담당 실무자가 업무 일지를 작성하도록 함
- 훈련관, 교육자 면접

녹화로 진행할 수도 있다. 어떤 경우에는 평가센터 개발자가 그 직급에 있는 사람의 실제 생활감각을 익히기 위해서 일정 시간 실제로 그 직무를 수행해 볼 수도 있다. 그 직무를 수행하거나 관찰하는 일이 현실적으로 실행하기 힘들 때는 평가센터 개발자가 직무 실무자를 개별적으로 혹은 집단으로 면접할 수도 있다. 조직구성원들은 일정 기간 업무일지를 작성할 수도 있고, 또한 평가센터 개발자는 그 직무에 종사하는 사람들의 전문 학회에 참가하거나 전문 잡지나 저널을 읽기도 한다. 즉, 정보를 얻기 위해 다양한 자료를 사용하는 것이 핵심이다. 제공된 정보 및 자료들은 그 직무에 대해 서로 다른 측면을 나타낼 수 있으나 이것이 주어진 자료가 타당하지 않다는 것은 아니다. 모든 자료는 서로 다른 측면에 대한 정확한 정보를 제공한다.

## 주제전문가의 활용

많은 직무분석 방법은 해당 직문전문가들 즉, SME(Subject Matter Expert)에게 의존한다. 주제전문가들은 해당 직무에 대한 경험이나 식견을 가지고 있는 개인들이다. 이들은 평가센터 개발자가 특정 직무에서 요구되는 과업과 KSAOs를 이해하는 데 도움을 준다. 그리고 또한 주제전문가들은 직무 담당 실무자, 상사 및 훈련 전문가일 수 있으며, 그 직무를 잘 아는 누구라도 될 수 있다. 평가센터 개발자는 과업 목록의 정확성을 확증하고 공식화된 과업 문서를 좀 더 상세하게 작성하기 위해 다양한 주제전문가들과 워크숍을 가질 수 있다. 또한, 평가센터 개발자는 각 직무 과업의 상대적 중요도를 결정하고 각 과업을 완수하는 데 요구되는 구체적인 KSAOs를 확인하기 위해 주제전문가들과 공동으로 작업할 수 있다.

## 자료 수집

직무분석가가 정교하게 정보분석을 마친 후, 대규모의 직무 담당자 표본을 사용하여 자료를 수집하게 된다. 추가 정보를 수집하는 가장 일반적인 방법은 설문조사이다. 설문조사는 특정 조직의 주제전문가들에게서 얻은 과업 및 KSAOs를 사용하여 구성하거나, 다양한 조직에서 사용할 수 있도록 컨설팅 회사에서 제작하여 제공하는 것을 구입할 수도 있다. 어느 것을 선택하여 활용하더라도 과업, KSAOs, 그리고 과업과 KSAOs가 서로 어떻게 관련되어 있는지에 대한 확실한 정보를 얻는 것이 중요하다.

모든 직무분석 방법들이 이 장에서 개관한 모든 정보를 사용하는 것은 아니지만, 연구(Goldstein, Schneider, & Zedeck, 1993), 판례(Thompson & Thompson, 1982 참조), 그리고 단일화된 가이드라인(Equal Employment Opportunity Commission, Civil Rights Commission, Department of Labor, Department of Justice, 1978)은 공통으로 다양한 정보를 수집하도록 제안하고 있다. 이는 다양한 정보수집을 통해 평가센터의 많은 측면을 개발하고 법적으로 방어할 수 있는 기반이 제공되기 때문이다.

## 자료 분석 및 정책 결정

직무분석 과정의 다음 단계는 수집된 정보를 종합하는 것이다. 이는 (a) 평가역량, (b) 그 평가역량을 측정하기 위해 개발할 과제 유형, (c) 과제평가 시 요구되는 평가역량별 숙련도와 난이도 수준, (d) 평가센터가 시행되는 일반적인 상황/장면을 결정하기 위함이다. 이 시점에서, 평가센터 개발자는 평가역량과 과제의 매트릭스를 구성할 수 있다. 과제의 매트릭스란 어느 과제에서 어떻게 평가역량을 측정하는지를 구체화한 것이며, 이는 평가센터 개발과정에서 다시 다룰 것이다.

### 문서화 및 유지

직무분석의 마지막 단계는 문서화하는 것이다. 직무분석에서 얻어진 모든 정보가 문서화되어 체계적으로 구성되는 단계이다. 추가로 직무분석가는 직무분석이 어떻게 진행되었는지, 어떻게 자료를 분석하고, 또 어떻게 최종 과제와 평가역량을 선정하였는지에 대해서도 문서화하여야 한다. 또한, 직무분석 결과를 정기적으로 재평가하는 것도 중요하다. 이는 직무가 최근 변화를 겪고 있거나, 직무가 재설계 되었을 때, 조직의 임무나 가치가 변화되었을 때, 직무 경계가 이동하는 시기에 더욱 중요하다. 기존의 과업과 KSAOs가 여전히 필수적인 자료인지를 확인하기 위해 추가적인 주제전문가들과 직무담당 실무자들의 자료를 사용하는 것이 필요할 것이다.

### 요약

앞서 언급된 절차는 직무담당 실무자들이 수행하는 현재 직무를 분석하는 체계적인 방법이다. 이러한 절차는 실제 행동, 활동, 중요 평가역량, 직면하게 되는 문제의 유형을 파악하는 데 효과적이다. 직무가 안정적이라면, 현재 행동에 대한 분석은 그 직무에 새로운 조직구성원을 선발하고 육성하기 위한 평가 절차를 개발하는 데 적절할 것이다. 사실, 많은 직무가 시간이 지남에 따라 안정화되고, 또 성공적인 업무수행의 필요조건들 역시 단시간 내 안정화된다.

그럼에도 불구하고, 기본적이지만 필수적인 이러한 초기 과정을 평가센터의 시작단계에 활용하고 수행하는 것을 부담스러워 하는 경우가 많다. 직무분석이 평가센터 개발의 여러 단계에 유용한 정보(평가할 행동역량, 그 행동역량을 명확히 하기 위한 행동 예시, 모의과제 유형, 과제에서 제시할 문제의 내용, 각 행동역량에서 요구되는 숙련 수준, 과제 채점을 위한 기준, 평가센터 과정의 직무 관련성에 대한 문헌 증거 등)를 제공한다는 것은 중요한 사실이다. 그러므로 평가센터의 시작단계에서 직무분석을 소홀히 해서는 안 되며, 철저한 직무 분석과정에 들인 노력의 결과는 곧 그에 상응하는 이익으로 이어진다.

## 4 직무분석 방법의 출처

이 장에서 다룰 수 있는 범위를 넘어설 만큼 직무분석 방법은 매우 다양하다. 이러한 방법들은 과업분석목록(Task Analysis Inventory), 직급분석질문지(Position Analysis Questionnaire; McCormick, Jeaneret, & Mecham, 1989), 중요사건기법(Critical Incidents

Technique; Flanagan, 1954), Fleisman의 직무분석 설문조사(Fleisman's Job Analysis Survey; Fleishman & Reilly, 1992), 기능적 직무분석(Functional Job Analysis; Fine & Cronshaw, 1999), 직무요소 기법(Job Elements Method; Primoff, 1975), 직무구성요소목록(Job Components Inventory; Banks, 1988), 그리고 과업 및 요건 분석(Tasks and Demands Analysis; Rohmert, 1988) 등이다. 또한 최근 이 분야에 관해 상세히 저술된 논문이나 저서를 참고할 수 있다(Brannick & Levine, 2002; Chen 등, 2003; Gatewood & Field, 2001; Sanchez & Levine, 2001 참조). 다음 표 5.4에 이러한 많은 방법을 비교해놓았다.

비록 다양하고 많은 직무분석 방법들이 유용한 정보를 제공해줄 수 있지만, 일반적으로 단일 방법으로만 쓰이기에는 부족하다. Spychalski et al.(1997)과 Krause& Gebert(2003)의 연구에 따르면 대부분 평가센터 개발자들이 복수의 직무분석 방법을 사용한다고 한다. 어떤 방법을 사용하든지 평가센터 개발이 목적이라면, 평가할 행동역량을 찾고 타당화하는 것과 평가할 행동역량을 정의하는 것, 그리고 모의과제 개발과 평가센터 내용 결정을 위한 풍부한 정보를 얻는 것에 특별히 주의를 기울여야 한다.

## 5 새로운 직무분석 방법

앞서 기술한 직무분석 방법들은 작업의 특정 측면을 이해하는 데 유용하다. 특정 직무에서 현재 행해지는 활동들, 현재 중요한 KSAOs, 시간이 지나도 잘 변하지 않는 직무의 안정적인 측면 등의 일반적인 방법들은 현재 직무의 특정 요소들을 철저히 조사하고, 직무의 중요 행동역량에 대해 추론한다는 점에서 '상향식 접근'이라 할 수 있다. 그러나 오늘날 많은 직무는 단순하고 안정적이지 않기 때문에 이러한 기법들이 적절하지 않을 수 있다. 많은 직무는 불확실하며 복잡하고 변화하고 있다는 특징을 가지고 있다. 또한, 조직 구조가 팀 기반이 되어가면서 직무 간 경계도 점점 더 모호해지고 있다. 이렇기 때문에 직무분석을 시행하는 일반적인 방법들이 항상 적절하지는 않다(Howard, 1995). 직무 행동을 이해하는 두 가지 새로운 접근법인 역량모델링과 전략적 직무분석을 살펴볼 것이다. 이 두 가지 기법은 조직 목표와 현재 시점을 기준으로 시작하기 때문에 '하향식 접근'으로 볼 수 있다.

### 역량모델링

일반적인 직무분석 방법으로는 하향식, 귀납적 접근방법인 역량모델링이 있으며(Schippmann, 1999), 이 접근법은 분석의 초점이 직무뿐만 아니라 조직을 동시에 고

표 5.4 직무분석 방법 비교

| 평가요소 | 과업분석 | 직급분석 질문지 | 중요사건 기법 | Fleisman 직무분석 기법 | 기능적 직무분석 | 직무요소 기법 | 직무 구성요소 목록 | 과업 및 요건분석 | 역량 모델링 | 전략적 직무분석 |
|---|---|---|---|---|---|---|---|---|---|---|
| 즉시 구입하여 사용할 수 있는가? | × | ○ | × | △ | △ | △ | ○ | ○ | × | × |
| 표준화 되었는가? | ○ | ○ | × | ○ | × | × | ○ | ○ | × | × |
| 사용자/응답자 용이성 | 중/상 | 중/하 | 중 | 중/상 | 상 | 중 | | | | |
| 분석가의 훈련 필요 정도 | 하 | 중 | 중/하 | 하 | 상 | 중/상 | | | | |
| 소요인원 | 대 | 소 | 소 | 중/소 | 중 | 소 | | | | |
| 비용 | 중/상 | 중/하 | 중/상 | 중/하 | 중/상 | 중/하 | | | | |
| 조직 목표/미션/가치에 대한 초점 | × | × | × | × | × | × | × | △ | ○ | ○ |
| 직무의 미래에 대한 고려 | × | × | × | × | × | × | × | × | × | ○ |

Gatewood와 Field (2001) 자료를 수정

려해 분석하는 데 초점을 맞추고 있다. 즉, 분석가는 조직의 효과성을 위한 필요 요소가 무엇인지 우선 파악한다.

그 후, 조직 내 다양한 직무에서 조직구성원이 효과적으로 업무를 수행할 수 있도록 하는 KSAOs를 파악한다(Lawler, 1994). 특히 핵심 역량, 즉 (조직구성원이 아닌) 조직이 성공적으로 업무를 수행할 수 있도록 하는 특성을 찾아내려는 현대 조직의 경향을 반영한 접근법은 매우 광범위하게 적용되기 시작하였다(Prahalad & Hamel, 1990).

경영학 및 경영분야에서 그 개념이 매우 광범위하게 확산되었음에도 불구하고 역량모델링을 시행하는 구체적인 방법은 아직 잘 정립되어 있지 않다(Schippmann 등,

**표 5.5** 직무분석 vs 역량모델링

| 특징 | 직무분석 | 역량모델링 |
|---|---|---|
| **목적** | 선발 및 수행평가 프로그램을 위한 기반으로 많이 사용됨 | 훈련 및 육성 프로그램의 기반으로 많이 사용됨 |
| **초점** | 직무 | 직무 담당 실무자 |
| **방법과 측정의 엄격함** | 엄격함 | 그다지 엄격하지 않음 |
| **목적에 따른 정보 유형/출처의 다양성** | 여러 기법을 결합하여 종종 사용. 기법 간 조합은 직무분석의 목적에 따라 달라짐 | 목적에 상관없이 일반적으로 동일한 기법을 사용 |
| **평정치와 판단의 신뢰도 평가** | 대부분 항상 시행됨 | 거의 시행되지 않음 |
| **광범위한 경영 환경, 전략, 경영목표 지지에 대한 이해를 하고자 하는 노력** | 거의 고려하지 않음 | 충분한 노력을 들임 |
| **분석/초점의 수준** | 특정 직무를 다른 직무들과 구별해주는 특성들에 초점을 둠. 변별에 초점 | 여러 직무 범주들이나 전체조직에서 적용 가능한 개인-수준 역량에 초점. 유사성에 초점 |
| **구체성의 수준** | 매우 상세함 | 보다 광범위함 |
| **시간 지향성** | 단기 직무 기술서 지향 | 장기 조직 적합 지향 |
| **안면 타당도** | 조직의 '특징'에 그다지 주의를 기울이지 않음 | 기업철학과 조직문화를 파악할 수 있는 결과를 산출 |
| **성격과 가치에 대한 초점** | 그다지 두지 않음 | 초점 둠 |

Schippmann 등(2000)이 제시한 결과에 기반

2000). 표 5.5는 전통적인 직무분석과 역량모델링을 비교해놓은 것이다. 역량이 일반적인 KSAOs 이상의 것이 아닐 수도 있지만, 역량은 KSAOs보다 훨씬 더 광범위하다. 예를 들어, 역량은 '고객 서비스'와 같은 광범위한 조직의 목표일 수 있다. 역량의 범위가 이 두 접근법 간의 기본적인 차이를 반영한다. 전통적인 직무분석은 그 직무를 독특하게 하는 것들을 찾고자 하지만, 역량모델링은 직무 간의 유사성을 찾고자 한다. 전통적인 직무분석의 결과는 종종 채용 후보자들 간의 차이를 만들어 변별할 수 있는 선발 준거 수립을 위해 사용되지만, 역량모델링의 결과는 많은 직무 간의 공통적인 능력을 권장하는 육성/개발 프로그램의 측면을 결정하는 데 사용되곤 한다.

역량모델링은 그 방법과 측정 기법이 전통적인 직무분석만큼 철저하지 못하다는 점에서 비판을 받아왔다. 그러나 역량모델링은 직무분석 기법에서 종종 무시되는 기업가 정신, 조직문화, 또는 직무환경과 같은 중요한 요소들을 포함한다. 그러한 이유로 역량모델링 접근은 조직의 핵심 가치, 미션, 목표, 전략 전반을 이해하기 위해 조직의 최고 경영진을 인터뷰하는 것에서 시작되곤 한다. 조직의 광범위한 경영 상황에 대해 어느 정도 이해한 후에야 개인 수준의 역량을 밝히고자 한다. 이 시점에서 분석가들은 특정 직무에서의 역량과 KSAOs를 타당화하기 위해 '하향식'으로 작업한다.

비록 역량모델링에서 일반적으로 제공되는 상세한 정보가 전통적인 직무분석에 훨씬 못 미치지만, 그 결과는 더욱 미래지향적이며 조직의 장기 전략과 관련되어 있다. 또한, 역량모델링은 조직구성원의 성격과 가치뿐 아니라 기업가 정신과 조직문화를 파악한 결과를 제공하기 때문에 역량모델링 프로젝트에 참가하는 조직구성원들은 그 프로젝트를 중요하고 흥미롭게 받아들인다. 반면, 전통적인 직무분석 방법은 안면타당도가 떨어지며 종종 참가자들이 지루하다고 인식하곤 한다. 역량은 과업과 거의 연관되어 있지 않기 때문에 조직은 평가센터 평가역량을 결정하기 위해 역량모델링을 사용할 때, (법적인 제약이 강한 선발이나 승진을 위한 평가센터) 특히 주의를 기울여야 한다. 또한, 채용후보자나 조직구성원이 그들의 직무와 직접 연계되지 않은 역량에 근거하여 평가받는 것에 대해 불편해할 수도 있다(Sanchez & Levine, 2001).

## 전략적 직무분석

전략적 직무분석은 직무의 요구조건이 변화하는 현실을 반영한다. 환경의 압박, 기술 혁신, 조직 구조개혁, 경영 철학의 변화로 인하여 새로운 활동이 추가되고, 책무가 증가하며, 새로운 능력이 필요해지고, 수행에 대한 기대도 올라간다. 예를 들어, 수익 증가를 위해 고객 서비스에 대해 강조하는 최근 경향으로 많은 조직은 조직구성원에게 '경청, 공감 반응, 문제 해결을 위한 고객 지향성'과 같은 능력을 더 많이 요구하고 있다. 현재 조직구성원들이 어떻게 그들의 직무를 수행하고 있는지에 대한 전통적인 직무분석은 미래에 요구되는 행동이나 평가역량들을 밝히지 못할 것이다.

전략적 직무분석(Campion, 1994, Schneider & Konz, 1989; Taylor, 1990)은 미래의 직무 요건을 이해하는 데 도움이 될 수 있다. 전략적 직무분석은 조직의 미래 목표에 대해 구상하고, 어떤 특정한 직무수행이 어떤 변화를 가져올 것인지를 결정하는 과정이다. 이는 과거를 분석하거나 조사하려는 것이 아니고 미래를 예측하는 과정이다. 이 방법은 조직구성원이 현재 어떻게 행동하고 있는지를 조사하는 귀납적인 방법이라기보다 조직의 목표로부터 직무 요건을 추론하는 연역적인 방법이다. 예를 들어, 기업가 정신을 조직의 새로운 주제로 하여 중간 관리자의 직무분석을 시작할 수 있다. 이와 관련된 행동역량은 '위험 부담'과 '혁신'이 될 것이다. 만약 중간관리자가 현재 어떤 일을 했느냐에 중점을 두고 분석을 했다면 이와 같은 역량을 찾아내지 못했을 수도 있다. Murphy& Kroeker(1988)는 효과적 수행을 위한 준거와 기술의 정의에서 이러한 방법으로 접근했을 때 얻을 수 있는 여러 이점을 알려주었다. 이 접근법은 효과적으로 수행측정의 타당성을 평가할 수 있고, 효과적인 수행을 위한 결정적 요소들이 간과되는 것을 방지할 수 있으며, 측정방법에 제한 없이 더욱 넓은 영역에서 중요한 역량들을 고려할 수 있다. 또한, 연역적 접근을 통해 더 광범위한 조직의 목표를 고려할 수 있고, 조직의 목표에 개인별 직무를 연결해 고려할 수도 있다.

요약하면 직무분석, 역량모델링, 전략적 직무분석의 과정을 조합한 방법의 사용을 권장한다. 각 방법은 평가센터의 개발, 운영, 타당화, 그리고 평가센터를 변호하는 데 유용한 정보를 제공한다.

평가센터를 개발할 때, 일반적으로 직무분석 정보를 성공적으로 직무를 수행하는 데 필요한 특성으로 간주해왔다. 이제는 우리가 평가할 수 있는 인간의 다양한 특성을 조금 더 심도 있게 살펴볼 필요가 있다.

## 6 적절한 평가역량 선택

채용후보자나 조직구성원의 고용에 영향을 줄 수 있는 인적자원관리 과정에서 평가하는 역량에 대한 명확한 이론과 근거가 없다면, 조직은 법적인 문제가 발생했을 때 그 상황에 대처하는 것이 취약할 수 있다. 우리는 종종 평가센터의 목적과 평가하는 역량 간의 불일치를 보게 된다. 예를 들어, 선발이나 승진 의사결정을 위해 사용하는 일부 평가센터는 직무에서 쉽게 배울 수 있는 지식과 기술을 평가한다. 이는 비효율적일 뿐 아니라, 조직이 선발과 승진을 위한 절차를 개발, 평가, 사용하는 방식에 관해 기술해 놓은 조항, Uniform Guideline(Equal Employment Opportunity Commission 등, 1978)의 측면에서도 부적절하다. Uniform Guideline은 소수 인종과 여성에 대해 불공정한 차별과 이에 관련된 많은 법정 사례에 기초하고 있다. 이 조항은 직무에서 훈련을 통해 쉽게 학습되는 특성들에 대한 검사 결과로 선발하는 방식을 금지하고 있다.

평가센터의 목적은 평가역량 선택의 지표가 된다. 이 기본 원칙은 매우 논리적이지만 평가센터 설계 시에 제대로 지켜지지 않는다(Spychalski 등, 1997). 평가센터 개발자는 평가센터의 목적에 대해 공식적으로 명확하게 서술해야 하며, 정보가 사용되는 방식도 구체화한 후, 해당 직무를 분석하는 시점에서 적절한 평가역량만을 선택해야 한다.

사회인지이론과 그 연구는 관찰의 주된 목적이 행동을 관찰하고, 부호화되고, 기억에 저장되고, 회상되는 방식에 영향을 미친다는 것을 보여왔다(Fiske & Taylor, 1984; Wyer & Srull, 1986). 예를 들어 개인에 대한 일반적인 인상을 형성하는 것이 목적이라면, 관찰자는 특정 행동을 관찰하기보다는 다양한 행동을 관찰하고 기억할 것이다. 따라서 평가센터 상황에서 프로그램의 목적과 평가역량의 유형이 상호 적합하여, 평가자의 관찰과 판단 과업을 적절히 이끌 수 있어야 할 것이다.

## 선발과 승진 센터

조직에서는 대체로 상급 관리자가 새로운 직급에 맞는 학습 및 성장 가능성이 있는 후보를 확인하기 위해 평가센터를 선발 및 승진 목적으로 사용한다. 그렇기 때문에 이 평가 프로그램은 개인의 능력과 학습 가능성이 있는 잠재 능력을 평가해야 한다(예, 기본적인 대인관계능력 또는 문제해결능력 등). 따라서 직무분석의 초점은 평가자가 각 과제에서 특히 주의를 기울여야 하는 위와 같은 요소에 맞춰져야 한다. 이 요소는 평가자의 행동관찰에 통일된 틀을 제공하기 때문에 모든 평가자에게 사전 교육이 되어야 한다.

몇몇 선발 프로그램에서는 방금 제시한 상황과는 정반대로 현재의 능력 및 역량을 측정하는 경우도 있다. 예를 들어, 정부기관에서는 후보자가 특정 법률, 위법 및 절차에 관해 지식이 있는지를 알고 싶어 하며, 제조업 기업에서는 어떤 용접공이 특정 도구를 사용할 줄 아는 기술이 있는지를 알고 싶어 할 수 있다. 이런 경우, 실제 작업 위주로 이루어지는 평가절차가 그들의 지식 및 기술을 평가하는 데 적합할 수 있다.

## 진단 센터

진단을 위한 프로그램의 목표와 그에 따른 평가역량은 상당히 다르다. 진단센터는 개발 가능한 기술만을 측정해야 한다. 개발 가능한 기술은 개인이나 조직이 어느 정도 노력을 들이면 상대적으로 단기간에 향상될 수 있는 기술이다. 따라서 조직은 피평가자에게 어떤 피드백을 줄 수 있는지, 진단된 약점을 향상시키기 위한 훈련 프로그램은 무엇이 있는지, 피평가자가 약점을 개선할 수 있도록 그의 직속 상사가 어떤 도움을 줄 수 있는지 고려해야 한다. 만약 조직이 해당 역량의 약점을 개선할 자원을 제공할 수 없거나 제공할 의지가 없다면, 그 평가역량은 진단 프로그램에서 배제해야 한다.

훈련 필요성을 진단하기 위해 설계된 일부 평가센터는 조직에서의 훈련 활동 기간에 개발할 수 없는 특징에 대한 평가를 한다. 지능과 내면의 성격 특성이 그러한 평가역량의 예이다. 평가센터에서는 이러한 안정적인 특성을 평가하는 것에 대한 두 가지 관점이 있다. 우리의 관점은 어느 정도 시간을 들여서도 변화할 수 없는 특성을 평가하고 그 약점에 대한 피드백을 제공하는 것은 소용없다는 것이다. 문제분석이나 의사결정 분석과 같은 역량들을 평가하고 후속 훈련을 제공하는 것이 더욱 적합할 것이다. 왜냐하면 이러한 역량은 변화가 쉽기 때문이다. 이와 다른 관점은 이처럼 안정적인 특성을 평가하는 것은 개인에게 미래의 자기계발을 위한 의미 있는 정보를 전달할 수 있다는 것이다. 진단센터에서 위와 같이 안정적인 특성을 평가하는 것은 모든 개인이 후속 조치로 이루어지는 개발과정을 온전히 이해한다는 전제 하에는 이로울 것이라는 결론을 내지만, 실제로는 그렇지 못한 것이 현실이다.

## 개발 센터

개발 평가센터는 다소 다른 평가역량으로 구성되어야 한다. 진단 평가센터에서의 역량과 마찬가지로, 개발 평가센터에서도 개발 가능한 역량을 평가해야 하며, 더 구체적으로, 현재 평가센터 상황에서 혹은 적절한 추후 노력으로 훈련 가능해야 한다. 이러한 유형의 평가센터에서 평가역량은 쉽게 관찰되어야 한다. 만약 그 평가 역량에서 요구하는 행동이 과제에 전혀 포함되어 있지 않다면, 평가센터 참가자에게 '고객서비스 지향성'을 관찰하거나 이에 대한 피드백을 제공하도록 지침을 주는 것은 이치에 맞지 않는다. 평가역량이 피평가자의 상사, 동료, 부하 직원에 의해 관찰될 수 있는 특성일 경우, 피평가자가 평가센터에 참여하기 이전에 주변 사람에게 실제 직무에서의 행동을 기술하도록 사전 과제로 제안할 수 있으므로 도움이 될 수 있을 것이며, 이런 다양한 출처로부터의 피드백을 평가과제에서의 피드백과 결합할 수 있다. 또한, 개발 평가센터의 목적이 조직개발을 촉진하는 것이라면, 평가역량은 집단이나 조직 전체의 기능과 명확하게 연관되어 있어야 한다. 예를 들어, 팀워크 구성 프로그램에서 개인의 서면 의사소통기술과 같은 역량이 팀 기능에 핵심적이지 않다면 이를 평가하고 피드백을 주는 것은 별로 효과가 없을 것이다.

### 평가역량의 범위

Byham(1990)은 평가역량을 구성하는 다른 유용한 방식을 제안했다. 그의 방식은 일반적인 것에서 구체적인 것에 이르기까지 평가역량을 아래 네 가지 범주로 구분했다. 평가역량의 범주(예, 의사소통과 의사결정), 평가역량(예, 구두 의사소통과 문제 분석), 상황적 평가역량(예, 수리 분석력과 직원배치 분석), 하위 평가역량(예, 기술적 전환과 사실 찾기). Byham은 평가역량을 정의하는 데 구체성은 그 정보를 어떻게 사용할 것인가에 달렸다고 제안했다. 일반적인 선발 프로그램에서는 평가역량의 범주가 적절하고, 특정 직위 선발과 배치에서는 상황적 평가역량이 유용하며, 진단 프로그램에서는 하위 평가역량이 각 평가역량의 훈련 가능한 요소들에 대한 지침을 제공해줄 수 있을 것이다.

## 7 평가역량의 수 결정

이제까지 평가센터는 12개에서 15개, 혹은 그 이상의 역량을 평가한다. Spychalski et al.(1997)은 200개 이상의 조직을 조사하였을 때, 평가되는 역량의 평균수는 11개이지만, 15%의 조직이 18개 이상의 역량을 평가한다는 것 역시 발견했다. 심지어 어떤 조직은 100개나 되는 역량을 평가했다. Kruse & Gebert(2003)는 독어권 국가들의 평가센터에서 50% 이상은 8개 이상의 역량을, 12%는 15개 이상의 역량을 평가한다는 것을 발견했다. 이처럼 여러 개의 역량을 평가하는 것은 평가자가 각 과제에서 신중하게 관찰하고, 관찰한 행동을 해당 역량에 적절히 범주화할 수 있다는 것을 가정하는 것이다. 여러 개의 역량을 평가하는 것에 대한 논란은, 평가자들에게 효과적 수행에 중요할 수 있는 많은 양의 행동을 관찰 및 기록하라고 압박을 주는 것이라고 주장한다. 이때, 여러 개의 역량이 서로 관련되어 있어야 한다거나 개념적으로 구분되어야 한다는 가정은 없다. 많은 역량을 평가하는 것을 지지하는 사람들은 다수의 역량을 평가함으로써 더 많은 정보를 제공할 수 있다고 주장한다.

그러나 이와 대조적으로, 최근 연구(7장에 요약)는 평가자가 여러 평가역량 간의 구분을 적절히 하지 못할 수 있음을 보여주었다. 서로 크게 구별되지 않는 많은 수의 평가역량을 평가할 때, 평가자들은 서로 의존적이며, 의미상으로 서로 비슷한 평정을 하기도 한다. 평가자가 많은 평가역량을 관찰, 기록, 회상, 보고할 때 머리를 싸매고 고민하게 된다는 것을 기억해야만 한다. 이러한 맥락에서, 평가센터 평정이 많은 역량을 평가할 때보다(9개 이상), 더 적은 수의 역량을 평가할 때(3~6개) 타당도가 향상됨을 발견한 연구들이 있다(Gaugler & Thornton, 1989; Sackett & Hakel, 1979; Schmitt, 1977; Woehr & Arthur, 2003).

여기서 우리는 과제 수도 많고, 평가자 훈련도 충분히 이루어지며, 통합을 위한 논의에도 장시간을 쏟을 수 있어 많은 수의 평가역량을 평가할 수 있도록 설계하지 않는 한, 향후 평가센터가 7개 이상의 역량을 평가하려 시도하는 것은 바람직하지 않다고 제안하는 바이다.

## 8 행동 역량의 연속선

다양한 평가 목적을 달성하기 위해 평가센터 개발자는 여러 가지 유형의 평가역량을 사용해야 한다(Gibbons, Rupp, Kim, & Woo, 2005; Rupp 등, 2003; Snyder, Gibbons, Woo, & Kim, 2005). 이제부터는 평가역량의 유형을 개념화할 것이다. 평가역량이라는 용어는 '어느 정도 일관성 있게 관찰할 수 있는 특정 행동들의 군집'을 나타내는 용어로 평가센터 문헌들에서 사용되어왔다(Thornton & Byham, 1982). 평가역량에 대한 정의에는 그 역량을 구성하는 행동에 대한 진술, 그 행동이 나타나는 상황, 그리고 해당 직무에서 기대되는 그 역량에서의 효과성 수준에 대한 진술을 포함해야 한다.

과거에 사용되었던 평가역량을 살펴보면, 평가역량이라는 용어는 일반적으로 특정 형태의 인간 특성 혹은 기질을 나타내는 것을 알 수 있다. 이 주제에서는 다양한 인간 특질을 여러 측면에서 살펴볼 것이다. 그림 5.2에서처럼, 인간 특성을 연속선 상에 위치시킬 수 있다.

### 잠재력

차트의 오른쪽 그림은 개인이 갖추고 있는 기본적인 인간 특성이다. 지능과 수줍음을 그 예로 들 수 있다. 이러한 특성들은 안정성, 일관성, 보편성의 특징을 가지고 있으며, 다양한 상황에 일관적으로 영향을 미칠 수 있기에 잠재력이라고 칭할 수 있다.

| 현재 기술 | ←→ | 잠재력 |
|---|---|---|
| 보유 지식 | 능력 | 적성 |
| 개발된 기술 | 역량 | 특질 |
| 명확한 선호도 | | 가치 |
| 의견 | | |

**그림 5.2** 인간 특성의 연속선

성인들에게 잠재력은 개발하기에 너무 많은 시간이 소요되며, 변화에도 오랜 시간이 걸린다는 측면에서 안정적이라고 볼 수 있다. 이런 유형의 특성들이 변하지 않는다거나 타고난 것이어서 유전적으로 결정지어진 것임을 의미하지는 않는다. 여러 특성이 장기간 생애에 걸쳐 개발할 수 있다는 것에 대한 증거를 확인한 연구들도 있다(Fraley & Roberts, 2005; Robins, Norftle, Trzensniewski, & Roberts, 2005). 이 연구결과는 위 특성들이 단지 몇 주나 몇 달 만에 변하지는 않는다는 것을 의미한다.

일관성은 특징이 다양하고 광범위한 상황에서 그 자신을 나타내는 것이다. 교실이라는 상황에서 수줍음을 많이 타는 사람은 다른 집단에 가서도 같은 모습을 나타낼 수 있다. 즉, 핵심은 이러한 유형의 특성들과 관련된 인간 행동은 상당한 일관성이 있다는 것이다.

또한 잠재력은 다양한 과업 또는 기타 여러 노력에 있어 그 효과성이 다양한 영역에서 발휘된다. 예를 들어 사람들이 지닌 기본적인 자질은 그들이 행하는 다양한 활동의 길잡이가 되거나 동기를 제공해준다(Rokeach, 1973). 비슷한 맥락으로 지능은 사람들이 복잡하고 추상적인 다양한 문제를 해결하는 데 영향을 준다. 보편성은 어떤 특질에 관련된 다른 모든 행동이 그 특질로 인해 영향을 받는다는 것을 의미하지는 않는다. 일반지능 수준이 높은 사람도 추상적인 수학 문제를 해결하는 데는 뛰어나지 않을 수 있다. '열심히 일하는 것'과 '진보'에 가치를 두는 사람도 그가 관심 없는 프로젝트를 수행하는 것에 흥미가 없을 수도 있다.

승진을 위한 평가센터에서 공통으로 평가되는 기본적인 인간 특성의 예는 다음과 같다:

- 의사결정 능력
- 타인에 대한 영향력
- 업무 동기

이러한 특성은 잠재력의 준거들에 적합하며, 다양한 관리직 기능에 영향을 줄 것이다. 높은 수준의 의사결정 능력을 지닌 사람들은 타인에 대한 긍정적인 영향력을 발휘할 것이고 동기가 높은 사람은 다양한 관리직과 전문직에서 성공할 잠재력이 있을 것이다.

## 기술

연속선의(그림 5.2) 왼쪽 끝 편에 있는 특성은 현재까지의 교육, 일, 삶을 통한 경험을 토대로 개발된 구체적인 그리고 빠르게 변화 가능한 인간의 특성들이다. 이러한 특성은 한정된 범위의 지식이나 제한된 기술을 나타낸다는 점에서 구체적이다. 두 가지 예를 들면, 투자 회수율을 어떻게 계산하는지에 대한 지식은 재무분석이나 은행 직무를 통해 배울 수 있는 기법이다. 유사하게, 핵폐기물 처리법에 관한 의견도 각 대안의 상대적 위험도를 얼마나 알고 있는지에 따라 영향을 받는다. 따라서, 이런 의견은 시간이 지나면서 얻게 되는 정보에 따라 변화할 것이고, 어떻게 미국 무역적자를 처리해야 하는지에 대한 의견과는 관련이 없으며, 상호 연결이 불가능하다. 평가센터 상황에서 연속선의 왼쪽에 위치한 역량의 예는 다음과 같다:

- 거래 조항에 대한 지식
- 재무분석 기술
- 기업가치 지향성

이러한 특성은 특정 조직에서의 특정 직무와 관련 있을 것이다. Krause와 Gebert (2003)는 의사소통과 협력 같은 기술은 독어권 평가센터의 85% 이상에서 평가되고 있으며, 불확실성에 대한 내성이나 카리스마와 같은 개인적 특징은 상대적으로 적게 평가되고 있음을 보였다.

## 기타 특성

연속선 상의 중간에는 다양한 기타 역량이 위치한다. 이러한 역량은 연속선을 정의하는 주요 특징(즉, 구체성과 안정성)에 따라 다양해진다. 용어는 다양할 수 있으나 우리는 이러한 역량을 능력이라 부르기도 하며(McClelland, 1987), 일반적 기술(general skills; Fleishman & Quaintance, 1984)이라 부르기도 한다. 이러한 역량의 공통점은 특정한 업무 수행과 관련된 특성들이라는 것이다. 또한, 학습되기는 하지만 상대적으로 장시간을 요구하므로 안정적이라는 특징도 지닌다. 평가센터 상황에서 연속선의 중간에 위치하는 이런 역량의 예는 다음과 같다.

- 계획 및 조직화
- 관리 통제
- 민감성

다양한 방식을 통해 이러한 역량을 더 명확하게 정의할 수 있다. 하나의 방식은 더욱 일반화된 특징을 강조하는 것이다. 다른 방식은 구체적인 기술을 강조하는 것이다. 예를 들어, '계획 및 조직화'는 논리적인 방식으로 일하고 다양한 활동 간의 순서를 살피는 일반적인 능력으로 개념화할 수도 있고, 제조 과정을 차트, 도식, 기호를 사용하여 제시하는 구체적인 기법으로도 개념화할 수도 있다. 전자는 일반적인 특성과 유사하며 후자는 개발된 기술과 유사하다. 많은 평가센터는 그림 5.2에 제시된 연속선 상에 걸쳐 위치한 다양한 평가역량을 사용한다. 표 5.6은 Spychalski et al.(1997)의 조사를 통해 나타난 다양한 유형의 역량을 평가하는 평가센터의 비율을 보여주고 있다. 하지만 이 조사 결과에는 어떤 유형의 프로그램에서 어떤 유형의 역량을 사용했는지에 대한 정보는 나타나 있지 않다.

**표 5.6** 다양한 평가역량과 그 평가역량을 사용하는 평가센터의 비율

| 평가 역량 | 평가센터 퍼센트 |
|---|---|
| 현재 기술 | |
| 영업 능력 | 21 |
| 부하 육성 | 17 |
| 능력 | |
| 계획 및 조직화 | 86 |
| 구두 의사소통 | 91 |
| 잠재력 | |
| 판단 | 74 |
| 창의성 | 18 |

Spychalski et al. (1997)

## 개발가능성 연속선

개발 평가센터(dvelopmental assessment centers; DACs) 설계자에게는 각 행동역량이 얼마나 학습, 훈련 및 개발 가능한지가 특히 중요하다. 즉, DAC에서 사용하는 행동역량은 해당 직무와 관련 있을 뿐 아니라, 4장에서 기술한 것과 같은 DAC 프로그

램 내에서 개발 및 육성될 수 있어야 한다. Gibbons(Gibbons, Rupp, Kim, & Woo, 2005; Rupp 등, 2003; Snyder 등, 2005)은 대다수의 공통된 평가역량을 개발 가능한 정도와 그 역량을 개발하는 데 적합한 훈련방법의 유형에 따라 배치한 '개발가능성 연속선'을 제시했다.

이 연구자들이 DAC 평가역량을 선택하는 데 제시한 세 번째 준거는 그 역량의 개발 가능성에 대한 참가자의 주관적인 인식이다. 몇몇 연구에 따르면 개인이 가지고 있는 인식 수준에 따라 인간이 가진 다양한 능력들(예, 지능, 성격)의 변화가능성도 변하며, 이 같은 인식기능은 태도와 행동의 발달을 예측한다(Dweck & Leggett, 1988). 예를 들어, Dunning(1995)은 특질의 중요성과 사람들이 인식하는 수정 가능성은 사람들이 받는 피드백에 자기평가 혹은 자기고양을 선호하는지에 따라 다르다고 하였다. 또한 Potemra(2005)는 성공적인 학업성취와 관련된 평가역량의 증진 가능성에 대한 인식이 대학생활에서 특정 목표를 이루기 위한 학습지향적 태도를 보이는 것과 관련 있음을 발견했다. 이러한 연구는 DAC 평가역량의 개발가능성에 대한 인식이 행동 발달에 영향을 준다는 것이며, DAC 개발자는 DAC 프로그램에 포함되는 평가역량의 직무 관련성, 실제 개발가능성, 개발가능성에 대한 인식을 모두 고려해야 함을 제안한다.

## 평가역량의 대안: 과업

지금까지 평가센터에서 관찰되는 평가역량을 논의할 때 이를 인간 특성과 관련지었다. 대부분 평가센터 구성 요소에서 역량이라는 용어는 인간을 기술하는 특성과 동의어로 쓰인다. 그러나 이것이 행동을 구분하는 유일한 범주는 아니며, 행동을 과업에 따라 범주화할 수도 있다. 과업은 작업과정에서 수행되는 활동에 대한 보고서이다(Brannick & Levine, 2002). 과업의 예는 보고서 작성, 조직구성원의 수행 문제를 해결하는 것 등이다. 이러한 각각의 과업은 몇 가지 행동이 요구되는 하위 과업으로 세분될 수 있으며, 각 과업은 어떤 목표를 획득하기 위해 행하는 일련의 활동이라 생각할 수 있다.

그렇다면 평가센터에서 과업을 평가역량으로 사용하는 것에 대한 논란은 무엇인가? 일부 연구자들(Klimoski & Brickner, 1987; Lance, Foster, Thoreson, & Gentry, 2004; Lowery, 1997; Sackett & Tuzinski, 2001; Thoresoen, 2002)은 평가자가 같은 특성을 다른 과제에서도 일관되게 평가할 수 있는지에 대한 의문을 제기하는 증거들이 있으므로, 평가자가 인간 특성보다는 과업을 관찰 범주로 사용하도록 해야 한다고 주장한다. 과업 보고서는 일반적인 인간 특성보다 직무 중심적이며, 한 직무에 더욱 명확하게 관련된 평가범주를 제공할 것이다. 과업은 또한 관찰과정에 더 쉬운 범주를 제공할 것이다.

과업 범주가 평가자에게 더 좋은 운영방안을 제공하는지, 또 평가자가 인간 특성을 평정할 때 나타나는 문제를 과업 범주가 극복할 수 있는지 신중하게 살펴보아야 한다(Lance, Foster 등, 2004). 이러한 맥락에서, Adams(1990)는 평가자가 특성 범주보다 과업 범주를 사용할 때 더 정확하게 행동을 범주화할 수 있다는 것을 보여주는 예비적인 실험 자료를 제공했다. 궁극적으로 이런 새로운 제안에 대한 검증은 인간 특성을 사용할 때와 과업을 사용할 때(혹은 다른 범주를 사용할 때) 중에서 평가센터의 목적 달성을 위해 무엇이 효과적인지를 고려해 진행해야 한다. 이런 이슈에 대한 자세한 설명은 10장에서 제시될 것이다. 현재 과업만을 유일하게 사용한 평가센터에 대해 발표된 연구는 아직 없으며, 연구자들은 이 방법이 실제로 훌륭한 것인지에 관해 결론을 내리는 것을 보류한 상태이다. 이러한 두 가지 평가센터 설계(과업 대 평가역량)의 상대적 효과성에 대해 평가한 연구도 찾지 못했다.

평가센터의 평가역량으로 인간 특성을 사용하는 것을 지지하는 몇 가지 주장이 있다. 사람들이 타인을 평가할 때 자연스럽게 특성을 고려한다는 것이다(Mischel, Jeffry, & Patterson, 1974). 또한, 특성은 평가자가 피평가자에게 피드백을 줄 때 유용한 정보를 제공한다. 게다가 과업은 특정 부문에만 적용되나 특성에 대한 피드백은 더욱 많은 직무 상황에 일반적으로 적용할 수 있다. 또한, 직무수행은 상대적으로 적은 분량의 기술로 설명될 수 있는 반면, 과업 목록은 상대적으로 길고 상세하다. 인간 특성을 기본 틀로 사용하는 노동자 중심 직무분석 체계는 많은 인사평가 및 훈련 상황에서 가치 있는 자료로써 사용되어 왔다(Gatewood & Field, 2001).

특성을 평가역량으로 사용하여 평가센터를 효과적으로 개발한 역사는 오래되었다. 이와 반대로, 과업을 사용하여 평가센터의 효과를 본 실질적 연구 및 발표는 아직 없다. 따라서 대안적 틀이 효과적일 것인지에 대해서는 지켜봐야 한다. 이 방법에 따른 평가센터에 관해 발표한 문헌도 없으며, 이러한 평가센터의 신뢰도와 타당도에 대해서도 보고된 바 없다. 본 연구자는 증거가 제공되기 전까지는 인간특성을 평가센터의 평가역량으로 계속 사용할 것을 제안했다.

평가를 받거나 개발센터의 과정을 거친 피평가자가 너무 다양해, 특정 평가역량에서의 효과적/비효과적 수행을 나타내는 행동을 구체화하는 것에 어려움이 있다. 수행의 관찰과 평가에 어떤 유형의 변인(잠재능력, 기술, 역량, 과업, 과제 등)이 사용되었는지에 상관없이 이런 어려움이 나타난다. 집단에서의 리더십은 남자와 여자에 따라 다양한 행동으로 나타날 수 있으며, 구두 의사소통 방식은 인종/민족에 따라 다양하게 나타날 수 있다. 젊은 사람과 나이 든 사람은 다른 방식으로 과업을 수행할 것이며, 대인관계 효과성도 인종/민족에 따라 다른 방식으로 나타날 것이다. 또한, 효과적인 의사결정을 이끄는 행동도 국가 문화에 따라 다를 것이다. 이뿐 아니라 그 밖의 많은 예는 평가센터 개발자가 다양한 인종으로 구성된 조직을 대상으로 할 때, 하위집단 간의 차이를 신중히 고려해야 한다는 것을 보여준다. 평가센터 평가역량의 명칭과 정의는 평가센터 구조를 설계하는 초기 단계일 뿐이다. 하위집단 간의 차이는 모의과제에서 평가역량을 효과적으로 수행하면서 나타나는 행동을 구체화할 때 반드시 고려해야 한다.

## 9 요약과 결론

평가센터에서 사용되는 평가역량은 다양한 직무분석 방법과 역량모델링 절차를 통해 얻은 상세한 정보에 기반하여 신중하게 선택되어야 한다. 선발과 승진, 진단, 개발 등 평가센터 유형에 따라 다양한 평가역량을 사용해야 한다. 장기적인 성공을 예측하고자 할 때는 특질-기반의 특성 요소 적용이 적합하며, 지원자의 개발 및 육성을 위해서는 구체적인 기술을 고려하는 것이 적합하다. 대부분 평가센터에서는 5~7개의 평가역량으로도 정확한 예측을 할 수 있다. 더욱 세밀한 구분을 위해 더 광범위한 평가 프로그램을 사용해야 한다. 평가자의 직무를 원활히 하기 위해서는 각 평가역량을 명확히 정의해야 하며, 구체적인 행동으로 각 평가역량을 서로 구분해야 한다. 지식, 기술, 능력, 동기, 흥미, 대인관계 유형 등의 다양한 인간 특성은 이러한 방식으로 정확하게 평가되어야 한다. 향후에는 과업이 평가 및 관찰을 위해 의미 있는 범주로써 적용될 수 있을지 모르지만, 이 방식의 유용성에 대한 증거자료는 아직 찾을 수 없다.

제6장

# 모의과제

모든 평가센터의 핵심은 모의과제에서 행동을 관찰하는 것이다. 모의과제는 피평가자에게 복합적인 자극을 제시하고 복합적인 행동 반응을 끌어내는 상황을 말하며, 복합적인 자극의 예는 다음과 같다.

- 도시 근교에 새로운 지점 개설을 위한 은행 임원들이 활용할 수 있는 재무자료, 인구통계학적 자료 및 지역사회에 대한 자료
- 안전 침해, 결근, 절도 등 징계위원회에서 다루게 될 일련의 인사 문제
- 관리자의 서류함에 있는 편지, 이메일, 메모 등

이에 대한 복합적인 행동 반응의 예는 다음과 같다.

- 은행지점 개설에 반대 혹은 찬성하는 재무 분석자료나 서면으로 작성한 근거자료
- 징계위원회가 해결책을 찾기 위해 행하는 의사결정 활동이나 리더십 행동
- 서면 응답, 부하 직원이나 타인에게 업무 분배, 지시

각 모의과제는 피평가자가 앞으로 행하거나 훈련받게 될 직무의 중요한 측면을 대표적으로 나타낸다. 평가자는 각 모의과제를 통해 서면/구두 의사소통, 문제 분석, 리더십, 주도성과 같은 사전에 결정된 여러 역량에 대해 피평가자를 관찰하고 평가할 수 있다.

이번 장의 목적은 평가센터에서 사용되는 모의과제의 여러 유형을 제시하고, 다양한 평가 목적에 따라 각 과제의 효과성을 평가하는 것이다. 이번 장에서는 모의과제의 설계, 선택 및 실행과 관련된 여러 이슈를 살펴볼 것이다. 목적에 따라 여러 가지 유형의 과제를 사용할 수 있으며, 다양한 평가센터 프로그램의 목적을 달성할 수 있도록 내용, 난이도, 해당 직무와 과제의 유사성의 정도를 신중하게 결정해야 한다. 또한, 전통적인 모의과제와 최근 모의과제 간의 유사성과 차이점을 살펴볼 것이다. 먼저 성공적으로 사용되고 있는 전통적인 과제의 유형을 살펴볼 것이다. 예를 들어, 서류함 과제에서는 상사, 동료, 부하 직원들에게서 온 메모를 다루고, 일대일 면접과제에서는 성과가 떨어지는 조직구성원을 면담하며, 사례연구에서는 복잡한 경영문제나 인사문제를 분석해야 한다. 그리고 지난 50여 년 동안 나타난 중요한 변화를 살펴볼 것이다. 우선 다양하고 정교화된 미디어(예, 비디오, 컴퓨터)를 통해 모의과제 자료를 제시할 수 있게 되었다. 다른 곳에서도 평가할 수 있도록 비디오나 오디오로 반응을 녹화할 수 있다. 또 다른 변화로는, 특정 모의과제의 사용이 감소하는 상황이 있다. 예를 들어, 경찰과 소방관 승진심사에서 승진후보자 간의 상호작용을 요구하는 집단토론을 사용했으나 표준화 문제로 인해 점차 사용이 줄어들었다. 또한, 일상의 업무로 구성된 통합된 과제도 사용한다. 이상에서 제시한 것과 같이, 모의과제와 관련된 다양한 문제를 이번 장에서 다룰 것이다.

## 1 평가센터 과제의 유형

평가센터에서는 인지능력 검사, 성격검사, 투사법, 경력 및 이력에 대한 면접 등 다양한 평가기법을 사용해 왔다. 그러나 평가센터 기법의 중심은 모의과제이다. 매우 다양한 모의과제가 있으며, 이들 각각에 대한 상세한 정보도 여러 문헌에서 쉽게 찾아볼 수 있다. Thornton과 Byham(1982)은 평가 센터에서 사용된 다양한 모의과제에 대한 초기 연구를 상세히 요약 기술했다. 보다 최근에 Thornton과 Rupp(2003)은 모의과제의 심리측정적 적절성에 대해 평가했다. Thornton과 Mueller-Hanson(2004)은 평가, 개발 및 연구 목적에 따라 다양한 유형의 모의과제를 수립하는 방법을 기술했다. 여기서는 다양한 유형의 과제의 특성을 살펴보고, 각각의 강점과 약점을 분석하며, 모의과제를 선택할 때 고려해야 할 점을 제시하려고 한다.

표 6.1은 세 가지 연구를 바탕으로, 다양한 모의과제를 사용하는 평가센터의 비율(%)을 제시한 것이다. 첫 번째 연구는 미국의 215개의 조직을 조사한 것이고(Spychalski 등, 1997), 두 번째 연구는 세계 114개 조직을 대상으로 한 것이며 (Kudisch 등, 1999), 세 번째 연구는 독어권 국가(독일, 스위스, 오스트리아)의 281개 조직을 대상으로 한 것이다(Krause & Gebert, 2003). 표 이후 부분에서는, 제시되는 문제와 피평가자에게 기대되는 행동에 따른 과제 유형을 소개하고 있다. 가장 단순한 유형의 과제라도 특별한 지침이나 내용을 사용하여 매우 복잡하게 만들 수 있기 때문에, 이러한 기술 순서는 어느 정도 임의적인 것이다. 또한, 과제를 비교할 수 있도록 기타 평가센터 방법 사용에 대한 정보도 제시하고자 한다.

여러분은 (a) 모든 과제가 모든 직무와 연관된 것이 아니라는 것을 염두에 두길 바란다. 예를 들어, 서류함 과제는 사무직 관리자에게 매우 중요하지만, 상대적으로 생산/조립 설비의 관리자에게는 의미가 없다. (b) 과제의 내용은 해당 직무와 유사할 수도 있고 그렇지 않을 수도 있다. 예를 들어, 해당 직무가 보험직 관리자라면 서류함의 내용은 보험직의 업무를 그대로 반영하거나 혹은 정부 기관이나 연구 실험실의 업무 내용을 반영할 수도 있다. 직무분석은 해당 직무가 어떤 것인지 알려주지만, 평가센터에서 그 상황을 유사하게 반영할 수도 있고 그렇지 않을 수도 있다.

## 서면 사례분석

서면 사례분석에서, 피평가자는 조직의 문제가 기술되어 있는 자료를 읽고, 어떻게 그 문제를 해결해야 하는지 상급 관리자에게 제안해야 한다. 재무 분석, 시스템 분석, 프로세스 분석 등이 문제를 해결하는 데 필요한 역량들이다. 예를 들어, 어떤 사례분석에서는 각 피평가자에게 특정 지역 혈액은행의 자료보존 절차에 대해 살펴보도록 요구했으며, 대략 50%의 평가센터가 서면 사례분석을 사용하였다.

이 과제의 이점은 매우 유연하다는 것이며 운영 계획을 세우는 능력과 같은 일반적인 특성을 평가하거나, 투자 회수율을 계산하는 것과 같은 구체적인 기술을 평가하도록 제작할 수 있다는 것이다. 이 과제의 결과물은 일반적으로 서면 보고서이지만, 다음에 기술할 구두 발표와 병행되기도 한다. 서면 보고서를 제출하면 평가자는 보고서의 형식과 내용을 평가할 수 있다. 서면 보고서 형식이 열등한 경우에는 문서작성에 대한 교정 훈련을 받도록 할 수 있다. 또한, 보고서 내용이 모호하거나 충분한 분석이 이루어지지 않는 등 해결 방안이 체계적이지 못할 경우에는 의사결정 기술 훈련

표 6.1 평가기법 유형: 세 개의 조사에서 보고된 사용 빈도

| | 모의과제 유형 | 미국 기업[a] | 국제 표본[b] | 독어권 국가[c] |
|---|---|---|---|---|
| **보다 복잡한 모의과제** | 비즈니스 게임 | 25% | | |
| | 서류함 기법 | 82% | 82% | 53% |
| | 집단과제(서베이가 아님) | | | |
| | 집단토론 | | | |
| | 역할 할당 | 44% | | |
| | 역할 비할당 | 59% | 46%/37% | |
| | 알 수 없음 | | | 95% |
| | 구두 발표 | 46% | 62%/48% | 89% |
| | 사례 연구/ 문제 분석 | 49% | 46%/51% | |
| | 사실 찾기 | 38% | | 65% |
| **덜 복잡한 모의과제** | 상호작용 모의과제 | 47% | 53%/42% | 3% |
| | 배경정보 면접 | 57% | 71%/48% | 87% |
| **기타 평가 기법** | 인지능력 검사 | 31% | 58%/44% | |
| | 성격검사 | | 43%/51% | |
| | 기타 검사 형태 | | | 31% |

[a]Spychalskietal.(1997); [b]Kudischetal.(1999); [c]Krauseand Gebert(2003)

이 필요하다는 것을 알 수 있다.

평가자를 위한 객관적인 채점 지침을 개발하는 것이 서면 과제에서의 어려움이다. Jacobsen과 Sinclair(1990)는 다수의 평가자가 사용하고 있는 객관적인 기준을 통해 서면 응답의 질을 신뢰성 있게 평가할 수 있음을 보여주었다.

## 구두발표

구두발표 과제에서 피평가자는 단순한 주제에 대해 짧고 즉흥적인 연설을 하거나, 혹은 앞서 기술한 것과 같은 사례연구에 대해 더욱 길고 공식적인 발표를 하게 된다. 평가자는 발표를 듣고 피평가자에게 질문을 던지기도 한다. 해당 직무와 관련이 있다면 평가자가 피평가자의 결론에 반박하거나, 결론의 한계나 결함을 지적하여 피평가자를 스트레스 상황으로 몰아넣기도 한다. 여러 피평가자가 서로의 발표를 본 후, 토론하여 가장 좋은 해결 방안을 선택하는 형태도 있다. 따라서, 서면 사례분석과 구두발표는 뒤에 소개할 집단토론 과제의 사전 단계가 될 수 있다.

발표 과제는 구성과 운용이 상대적으로 쉽다. 피평가자에게 가상의 주제에 관해 이야기하라고 요구할 수도 있다. 운영자가 특정한 주제 목록을 가지고 있다가, 일정에 따라 다른 과제를 시행하는 과정 중 비어있는 시간에 이 과제를 시행할 수도 있다. 이 과제는 피평가자의 구두 의사소통 기술의 특정 측면(즉, 공식적이거나 준-공식적인 발표 능력)을 평가 혹은 개발하는 데 매우 적합하다. 일부 평가센터에서는 피평가자에게 차트나, 매직펜, 슬라이드와 같은 것을 제공하기도 한다. 보다 기술적으로 진보된 도구 제공이 가능한 상황에서는 피평가자에게 컴퓨터나, 발표용 소프트웨어, LCD 프로젝터를 제공하기도 한다. 평가센터에 참가하기 전에 피평가자에게 준비를 해오도록 한다면 피평가자가 보다 공식적인 발표 자료를 준비할 수도 있다. 평가자는 효과적인 의사소통을 위해 피평가자가 이러한 도구를 어떻게 사용하는지를 볼 것이다. 구두 발표는 독어권 국가를 제외한 미국과 기타 국가에서는 50% 정도가 사용하며, 독어권 국가에서는 90% 정도가 사용한다.

## 리더 없는 집단토론

리더 없는 집단토론, 즉 LGD에서는 4명에서 8명의 피평가자가 대략 1시간 정도의 주어진 시간 안에 해결해야 할 문제를 받게 된다. 그들은 문제에 관해 토론하고 모든 피평가자가 합의한 서면 제안서를 준비해야 한다. 예를 들어, 조직에서 발생하는 인사 관련 이슈를 어떻게 처리해야 할지 등이 문제로 제시될 수 있다. 집단토론 과제의 한가지 형태는 부여된 역할이 없고 모든 사람이 조직을 위한 최선의 해결책을 찾기 위해 협력하는 것이다. 역할이 부여된 LGD는 모든 피평가자가 한 부서나 집단의 대표 역할을 맡아 총수입이나 정부 지원금 등의 자원을 분담받기 위해 토론을 하는 등 더욱 경쟁적인 형태를 띨 수도 있다.

LGD는 특히 팀워크 기술과 좋은 의견을 제시하고 토론 과정을 이끄는 것과 같은 리더십 기술을 평가하고 개발하는 데 효과적이다(Harris, 1949). 문제 분석과 의사결정 능력 또한 평가할 수 있다(Bass, 1950, 1954). 집단토론은 독어권 국가의 모든 평가센터에서 사용했으나, 미국과 기타 국가에서는 그 사용이 상대적으로 적었다. 미국에서는 역할 없는 토론(59%)이 역할이 부여된 토론(44%)보다 더 자주 사용되었다.

LGD의 여러 잠재적인 한계를 살펴볼 필요가 있다. 우선 피평가자 집단의 구성에 따라 행동과 상호작용이 다르게 나타날 가능성이 있다. 집단마다 토론의 분위기와 경향이 다를 수 있는데, 집단의 분위기와 구성에 따라 매우 활기차고 흥미로울 수도, 혹은 매우 조용하고 가라앉을 수도 있다. 집단에 따른 표준화가 이루어지지 않으면 평가자가 관찰한 행동이 특정 개인의 행동인지, 혹은 집단 역동에 따른 것인지 판단하기 힘들 수 있다.

또한 집단의 인구통계학적 구성도 LGD 수행에 영향을 미칠 수 있다. 예를 들어, Frenwick과 Neal(2001)은 모의과제에서 집단 내 성별 조합이 집단수행에 미치는 효과를 연구했다. 그들은 집단별 여성의 수가 모의과제의 팀 수행과 정적인 상관관계가 있음을 발견했다. 그들은 여성의 협력적인 업무 스타일이 남성의 분석적이고 경쟁적인 업무 스타일을 보완하여, 성별이 혼합된 집단이 가장 높은 수준의 수행을 보인다고 주장했다. 평가센터 운영자는 집단토론 과제를 평가센터 설계에 사용할 때 집단의 인구통계학적 조합을 고려해야 할 것이다. 이것은 특히 선발과 승진 목적의 평가센터에서는 모든 지원자가 자신을 보일 기회를 충분히 동일하게 주어야 하기 때문이다.

뿐만 아니라 일부 조직에서는 실제로 '리더가 없는 상황'이 매우 적기 때문에 직무 상황에 타당한가도 고려해야 한다. 대부분 조직의 경우에는 공식적인 리더십 역할을 수행하는 지명된 관리자, 과제 리더, 프로젝트 진행 책임자 등이 있다. 우리는 각 피평가자가 리더 역할을 얼마나 잘 수행할 것인지를 관찰해야 한다. 일부 평가센터에서는 피평가자에게 부하 직원 역할수행자를 대상으로 회의를 이끌도록 한다. 이러한 형태의 평가센터가 실제 조직 상황의 대부분임에도 불구하고, 이를 시행하는 데 필요한 모든 역할수행자를 제공할 시간이나 자원을 가지고 있는 조직은 일부분에 불과하다. 따라서 대부분 일대일 상황에서 리더의 역할을 부여하는 과제 설계가 보다 현실적으로 적절할 수 있다. 이러한 유형의 과제는 다음에서 다룰 것이다.

## 면접 모의상황 혹은 역할수행 과제

면접 모의상황은 부하 직원이나 동료 혹은 고객의 역할을 연기하는 한 명이나 그 이상의 사람과 피평가자가 논의하는 모의과제이다. 면접 모의상황은 태도 변화 촉진을 위해 1950년대에 개발된 역할수행 기법을 적용한 것이다(Fishbein & Aijen, 1975). 이들 과제는 역할연기라고도 부르지만, 이 용어는 평가센터에서 피평가자가 역할을 연기하는 것처럼 느껴지는 측면이 있어 부적절하다. 평가센터에서 피평가자는 직무에서의 행동을 대표하는 실제 행동을 보이는 것이지, 행동을 연기하는 것이 아니기 때문이다. 면접 모의상황은 미국과 국제 표본 평가센터의 59%에서 사용되며, 독어권에서는 3%만이 사용하고 있다.

표 6.2에 다양한 직무에서 모의과제로 만들 수 있는 여러 상황의 예를 제시하였다. 이 모든 상황에서 피면접자는 표준화된 방식으로 행동하도록 훈련받은 역할수행자이다. 역할수행자는 상황에 따라 질문을 하고, 제안하고, 질문에 답하고, 기분이 매우 상한 듯이 행동을 할 수도 있다. 피평가자가 역할수행자와 대화를 하고 문제를 해결하는 것을 한 명이나 그 이상의 평가자가 관찰하게 된다. 면접 모의상황은 특히 구두 의사소통, 공감, 순발력, 문제 해결 능력 같은 평가역량과 관련된 행동을 밝히는 데 효과적이다.

이 과제의 장점은 준비하는 데 15분에서 30분, 실행하는 데 불과 8분에서 10분이 소요되는 등 시간이 상대적으로 적게 소비된다는 것이다. 따라서 다양한 면접 모의상황을 평가센터 프로그램에 포함할 수 있다. 면접 모의상황은 기초적인 의사소통 기술과 문제 해결 능력을 평가하고 개발할 수 있는 통제된 상황을 제공하기 때문에, 경험이 없는 관리자에게 특히 적합하다(Thornton & Cleveland, 1990). 면접 모의상황의 단점은 역할수행자가 필요하며, 이들을 관리해야 할 필요성이 증가하고 있다는 것이다. 평가자가 역할수행자 역할을 할 수도 있지만, 이때 평가자가 두 개의 서로 다른

**표 6.2** 면접 모의상황의 예

| 대상 직위 | 피면접자 | 모의 상황 |
|---|---|---|
| 중간 관리자 | 전화 교환원 | 환경 침해에 대한 조사 |
| 초급 관리자 | 부하 직원 | 성과 문제에 대한 토론 |
| 전화 판매원 | 고객 | 제품이나 서비스 판매 |
| 고객 서비스 담당자 | 성난(화난) 고객 | 결함이 있는 상품에 대한 불만 |
| 재무 관리자 | 새로운 재무 기획인 | 전화로 고객을 유인(권유) |

역할을 동시에 수행해야 한다는 또 다른 문제를 야기한다. 상호작용 모의상황에서의 다른 잠재적인 문제는 역할수행자가 피평가자에 따라 동일하게 역할수행을 하지 못하는 경우이다. 이 문제는 역할수행자에 대한 충분한 훈련을 시행하고, 평가자가 역할수행자를 주의 깊게 감독함으로써 통제할 수 있다.

컴퓨터를 활용한 자극 및 프로그램화된 피드백 등의 기술 혁신이 개발 평가센터에서 사용되는 상호작용 모의상황에 영향을 미쳤다. 예를 들어, FBI 비밀요원 훈련소는 요원에게 문화적 민감성을 훈련하기 위해 컴퓨터화된 면접 자극을 사용한다(Crudup, 2004). 이 모의상황에서, 요원들은 외국인에게 다양한 문제에 관해 질문해야 한다. 요원들은 비디오 모니터 앞에 앉아서 화면에 제시되는 다양한 지역에서의 여러 상황에 반응하게 된다. 어떤 사람의 집에 가서, 문에 노크하고, 질문하는 상황을 요원들에게 제시할 수 있다. 화면에는 그 요원의 질문에 응답하는 실제 인물이 제시된다. 이 프로그램은 음성 인식과 요원들의 질문에 능동적으로 반응하는 외국인의 비디오 이미지 같은 컴퓨터 응용 소프트웨어를 통해 작동한다.

## 서류함 기법

서류함 과제는 관리자의 편지함에 도착한 서류를 처리하는 일반적인 모의과제이다(Fredericksen, Saunders, & Wand, 1957; Lopez, 1966). 현대 조직에서는 음성메일, 팩스, 컴퓨터 수신함 등 다양한 전자 매체를 통해 관리자에게 정보가 도달한다. 따라서 진보된 기술을 사용하는 평가센터는 그러한 형태로 정보를 제시한다. 이러한 기법에 대한 이전 문헌들과의 지속성을 위해 이 책에서는 관리자가 오직 책상 위에 있는 물리적 물체를 통해 정보를 받는다는 인식에 따라 서류함이라는 용어를 사용할 것이다. 개별 과제의 구체적 형식에 상관없이, 서류함 과제에서 제시되는 정보는 메모, 편지, 보고서, 공지사항, 요청사항, 그리고 인사, 재무, 회계 및 절차 문제와 같은 과제 해결과는 무관한 정보들이다. 피평가자는 달력, 배경정보, 일반적인 지침, 그리고 응답지 양식(예, 서면 혹은 전자메일) 등을 받게 되고, 일반적으로 비서는 없고 전화도 사용할 수 없다. 피평가자는 상대적으로 짧은 시간 안에 지시문이나 제안문의 초안을 작성하거나 의사결정을 하고, 회의 일자를 잡아야 한다. 시간 압박이 있으므로 우선순위를 설정해 의사결정을 해야 한다. 미국 평가센터는 대다수(80%)가 서류함 기법을 사용하지만, 독어권 국가 중에는 절반 정도가 사용한다.

적절한 관리인력이 있으면, 전화를 걸고 회의 일정을 조율하는 것과 같은 일상적인 일을 처리하는 것을 돕는 비서나 보좌관이 각 피평가자에게 배정되기도 한다. 이 절차는 장교 지원자가 과제를 수행하는 동안 낮은 직급의 병사를 할당받아 그를 관리하는 이스라엘 공군 평가센터에서 사용되었다(S. Haboucha, personnel communication, July 16, 1990). 평가자는 작성된 결과물을 평가하고, 지원자가 보좌관을 어떻게 이용하는지 관찰한다. 그러면 보좌관은 이후에 평가자에게 지원자의 관리 효과성에 대한 정보를 제공한다.

서류함 과제에서 평가자는 피평가자가 작성한 응답만을 평가한다. 피평가자가 특정 행동을 위한 이유를 설명하는 후속 면접을 시행하기도 한다. 작성된 문건은 각 피평가자의 활동에 대한 기록된 증거이며, 구두 설명은 피평가자의 사고과정에 대해 통찰을 할 수 있도록 돕는다. 그러나 사람은 자신의 판단과 의사결정 과정에 대한 통찰이 정확하지 않은 경향이 있으므로 피평가자가 과제수행 중의 생각을 회고적으로 기술하는 능력을 너무 신뢰하지 않도록 평가자를 훈련해야만 한다(Hammond, McClelland, & Mumpower, 1980). 응답에 대한 실제 기록이 가장 관련 있는 평가자료를 제공할 것이기 때문이다.

서류함 과제는 다양한 역량에 대한 평가를 가능하게 해주며, 많은 관리직무에서 높은 안면 타당도를 지니고 있으므로 대다수 평가센터에서 사용되고 있다. 위임, 계획 및 조직화, 관리 통제, 판단과 같은 역량을 서류함 과제에서 평가할 수 있다. 많은 연구에서 '서류함 과제의 수행과 관리직에서의 성공 관계'를 조사하였다(Schippmann, Prien, & Katz, 1990; Thornton & Byham, 1982). 그 결과, 서류함 과제의 점수가 실제 관리수행의 평정, 서류함 과제의 평가와 유사한 과업의 수행, 상위 관리직 진급과 관련 있다는 결과가 나타났다. Schippmann과 그의 동료들, Thornton과 Byham 모두 승진 의사결정을 위해 서류함 기법을 사용하는 것이 효과적이라고 결론지었으나, Schippmann과 그의 동료들은 서류함 내용이 매우 다양하며 연구 결과도 매우 단편적인 것일 수 있음을 경고했다. 인사관리자는 평가센터에서 사용하려는 모든 개별 서류함 과제의 효과성에 대한 증거를 찾는 데 신중을 기해야 한다. 이것은 기타 모든 평가기법에 대해서도 마찬가지이다.

서류함 과제의 한계 중 하나는 시간이다. 보통 과제 완성에 2~3시간이 필요하며, 채점에도 이와 유사한 정도의 많은 시간이 필요하다. 후속 면접과 면접 수행에 대한 평가에도 추가적인 시간이 소요된다. 여러 문항에 대한 복합적인 응답뿐 아니라 이들 응답에 대한 근거까지 고려해야 하기에 채점도 까다롭다. Brannick, Michaels와 Baker(1989)는 평가자가 하나의 주요 문항에만 근거해 여러 역량에 대해 추론을 하게 되면, 역량평정치들 간에 인위적인 높은 관계가 나타날 수 있음을 보여주었다. 이 같은 문제는 평가자를 위해 더욱 명확한 채점 기준을 개발함으로써 최소화될 수 있다. 또한, 평가자에게 각 문항에 대한 행동 반응의 예를 제공하고, 특정 역량과 관련된 행동을 제시함으로써 채점을 표준화할 수 있다. 평가자는 적절한 훈련을 통해 일관성 있게 서류함 수행을 평정할 수 있는 것으로 보고되었다(Schippmann 등, 1990; Thornton & Byham, 1982).

이후 걸리는 시간을 줄이고, 채점 절차를 표준화하기 위해 자극 제시와 응답 채점을 컴퓨터화한 서류함이 개발되었다(Heine & Struth, 1989; Thornton & Muller-Hanson, 2004). 이에 대한 예로, 한 서류함 과제에서는 모니터를 통해 피평가자에게 문제를 제시하고, 여러 답안 중 하나를 선택하도록 하였다. 각 답안은 평가 역량에서 효과적인 혹은 비효과적인 수행을 나타내는 사전에 결정된 응답들이다. 그 후, 컴퓨터가 응답을 채점하고 역량별로 평정치를 제공한다. 시간 절약의 측면에서는 확실하지만, 이런 방법의 정확성은 아직 입증되지 않았다. 피평가자가 여러 답안 중 선택하도록 하는 것은 피평가자가 자신만의 언어로 응답하는 것과는 상당히 다를 수 있다. 이러한 유형의 검사는 관리직에서의 성공을 예측할 수 있으나, 복합적인 실제 행동이 나타나는 것이 아니라 제시된 대안 중 선택만 하는 것이므로 평가센터로써는 적절하지 않다.

## 사실 찾기

이 과제에서 피평가자는 어떤 문제에 대한 간략한 정보를 읽은 후, 정보를 가지고 있는 사람에게 직접 질문을 하여 추가 정보를 얻을 기회를 갖게 된다. '정보를 가진 사람'은 훈련을 받은 역할수행자이거나 평가자이다. 원래 사실 찾기 과제는 분석적 사고, 실용적 판단, 사회적 인식과 같은 역량에서 관리자를 훈련하기 위해 설계한 일련의 과정(Pigors, 1976)이 변화한 것이다(Pigors & Pigors, 1961). 피평가자가 '정보를 가진 사람'에게 모호한 질문을 하게 되면 일반적인 답을 듣게 되지만 구체적인 질문을 하면 가치 있는 정보를 획득할 수 있다. 질의 응답이 끝난 후, 피평가자는 각기 제안을 하고 그에 대한 근거를 제시해야 한다. 그 후 '정보를 가진 사람'이 피평가자에게 문제를 제기하고, 입장을 바꿀 수 있는 새로운 정보를 제공한다. 이러한 유형의 과제는 독어권 국가 평가센터의 거의 2/3가 사용해왔으며, 미국에서는 1/3 정도가 사용했다.

표 6.3은 사실 찾기 과제의 다양한 예를 기술한 것이다. 정보수집 과제는 고객, 동료, 혹은 기타 관계자로부터 정보를 얻을 수 있는 능력을 평가하고 개발하는 데 특히 효과적이다. 또한, 의사결정 능력과 스트레스 내성을 평가하는 경우에도 사용할 수도 있다. 사실 찾기 과제의 단점은 구성 및 시행이 다소 어렵다는 것이다. 정보를 제시하는 자료를 매우 자세하게 꾸며야 하며, 평가자는 다양한 피평가자가 할 수 있는 많은 질문을 사전에 예상하고 대처해야 한다. 또한, 정보를 가진 사람/평가자는 자료를 숙지하여 적시에 알맞은 응답을 해야 한다. 뿐만 아니라, 면접 과제에서와 마찬가지로

표 6.3 진상 조사 과제의 예

| 대상 직위 | 모의 상황 |
|---|---|
| 중간 관리자 | 예산 제안이 거부된 상황 |
| 초급 관리자 | 조립 라인에서 불량품 발생 |
| 전화 판매원 | 적합한 상품주문을 위한 고객의 도움 요청 |
| 컴퓨터 분석가/회계사 | 새로운 정보 시스템에 대한 고객사의 요구 |

정보를 가진 사람이 모든 피평가자에게 표준화된 상황을 제공하는 데 어려움을 겪을 수도 있다.

## 리더지명 집단 과제

리더지명 집단 과제에서는 프로그램 운영자가 피평가자 한 명에게 집단의 리더로 행동하도록 지명한 후, 그 집단에 수행해야 할 과제를 준다. 중간 관리직을 위한 평가센터에서 리더로 지명된 피평가자는 팀장이 되어 레고 블록을 사용하여 어떤 도구를 만드는 일을 맡을 수도 있다. 소방관이나 경찰관, 그리고 군대를 대상으로 한 평가센터에서는, 지명된 리더가 밧줄이나 벽돌을 사용하여 방벽을 쌓는 육체적 과업을 수행해야 하는 집단의 책임을 맡게 될 수도 있다.

이러한 과제 유형의 장점은 많은 관리 직무의 한 측면, 즉 부하집단을 이끄는 것을 모의상황을 통해 살펴볼 수 있다는 것이다. 집단토론 과제와 마찬가지로, 리더지명 집단 과제를 통해서도 다양한 리더십 기술을 측정할 수 있다. 이 과제의 단점은 모든 피평가자가 리더 역할을 한 번씩 지명받아 수행하는 데 시간이 매우 많이 소요될 수 있다는 것이다. 평가센터의 공정성을 위해서, 각 피평가자가 모두 한 번씩 리더로 지명되어 역할을 수행해야 하는데 대부분 프로그램이 6명 이상의 사람을 동시에 평가하기 때문에, 리더의 역할을 돌아가면서 맡게 되면 과제를 적어도 6번씩 하게 된다. 일부 프로그램은 과제가 진행되는 동안 단계별로 리더 역할을 수행하는 사람을 바꾸어서 이러한 문제를 극복한다. 또 일부 프로그램에서는 부하 직원 역할을 하는 네 명의 역할수행자를 사용하여 한명의 피평가자를 평가하기도 한다(Slivinski, Grant, Bourgeois, & Pederson, 1977). 이러한 방법은 더욱 표준화되었다는 장점이 있으나, 장시간 동안 여러 명의 역할수행자가 필요하다는 단점도 있다.

## 비즈니스 게임

비즈니스 게임은 그 복잡성의 수준에 따라 다양하다. 다음은 일반적인 예이다.

- 6개 부서장들이 제조 공정을 운영하는 2시간 동안의 모의상황
- 4명으로 구성된 3개의 팀이 주식 거래를 하는 4시간 동안의 모의상황
- 20명의 관리자가 다수의 하위 부서를 지닌 대규모 조직을 운영하는 8시간 동안의 컴퓨터 활용 게임

이러한 게임의 공통점은 피평가자 간의 상호작용이 상대적으로 구조화되어 있지 않다는 것과 피평가자가 취할 수 있는 활동이 매우 다양하다는 것이다(Jones, 1972). 복잡한 게임이라는 말이 나타내듯, 비즈니스 게임은 연속적인 모의과제와 유사하다. 리더 없는 집단토론이 일어나고, 일대일 상호작용이 나타나며, 일부 피평가자는 발표를 하거나 사실 찾기를 진행하고, 의사결정을 위해 다시 모이는 등 일련의 모의과제가 한 번에 나타나기도 한다.

비즈니스 게임이 지닌 상호작용 특성으로 인해 전략적 계획, 팀워크, 리더십과 같은 역량을 평가할 기회를 제공한다. 또한, 게임의 내용을 통해 재무분석, 마케팅, 생산관리와 같은 것을 평가하도록 구성할 수도 있다. 그 복잡성의 수준에 상관없이 비즈니스 게임은 장단점을 지닌다. 긍정적 측면은 다른 단순한 과제보다 조직에서의 현실을 잘 반영할 수 있다는 것이다. 게임은 단순한 과제보다 피평가자에게 더 현실적인 것으로 보이며, 숙련된 관리자가 기술을 학습할 수 있도록 도울 수 있다. 또한 피평가자는 게임이 흥미롭고 재미있다고 지각한다. 부정적 측면으로는, 피평가자가 방을 옮겨 다니기도 하고 소집단으로 모이기 때문에 피평가자의 행동을 관찰하기가 어려울 수 있다는 것이다. 훈련 목적으로 사용할 때 상황을 너무 복잡하게 하면 피평가자 중 누구도 잘 해내지 못할 수 있으며, 결과적으로 학습하지 못할 수도 있다(Thornton & Cleveland, 1990). 비즈니스 게임은 개발하기 힘들고 구입하기 비싸며 특정 조직에 적합하도록 제작되는 일이 드물다. Spychalski 등(1997)의 조사에서 보듯이 평가센터의 단지 25%에서만 복잡한 비즈니스 게임을 사용하고 있다는 것은 비즈니스 게임을 시행하는 데 어려움이 있다는 것을 보여준다. 독어권 국가에서는 다양한 컴퓨터 보조 게임이 개발(Kleinmann & Strauss, 1998)되었으나, 평가센터에서 자주 사용되지는 않았으며 타당도 연구도 부족하다.

## 통합 과제: "Day in the Life"

지금까지는 별개로 구별되는 과제를 제시했다. 그러나 이 외에도 두 개나 그 이상의 과제를 함께 관련지어 시행하는 방식이 있다. 이는 여러 방식으로 행할 수 있다. 첫째, 한 과제의 결과를 다른 과제의 운영 자료로 사용할 수 있다. 예를 들어 사례연구에 대한 서면 보고에서 각 지원자가 제안한 것을 집단토론의 시작점으로 사용할 수 있다. 둘째, 기업의 정책, 산업, 환경에 대한 배경자료를 평가 프로그램 초기에 제시한 후, 모든 과제에 공통으로 그 배경자료를 사용할 수 있다. 개별과제에서 피평가자는 일반적인 배경자료로부터 정보를 확인하고, 그 밖에 필요한 추가적인 정보는 각 과제 시작 시에 제시할 수 있다. 이러한 방식에서는 개별 과제를 다양한 순서에 따라 시행할 수 있으며, 그 순서는 피평가자에 따라 다를 수 있다. Bycio와 Zoogah(2002)는 피평가자가 과제를 하는 순서가 평정에 미치는 영향은 매우 적다(〈1%)는 것을 알아냈다.

이들과는 다른 세 번째 방식은, 한 사람이 모의기업에서의 일반적인 일상 업무를 행하는 방식으로 과제를 시행하는 것이다. 예를 들어, 일반적인 배경 정보를 준 후, 서류함 과제를 하는 것으로 시작할 수 있다. 서류함 과제에서는 제시된 문제와 관련된 추가적인 정보 및 절차를 제공한다. 다음 과제인 집단토론에서는 처음에 제공한 배경정보와 서류함 과제에서의 모든 정보가 토론할 때 고려해야 하는 문제와 관련된 것일 수도 있다. 또한, 업무 수행에서 문제가 있는 부하 직원과의 면담 과제에서 이러한 이전 과제의 정보 모두를 사용할 수 있다.

여러 과제 간에는 조직 기술문, 운영규칙 및 규정, 다양한 직급의 사람에 대한 정보 및 직무 기술서 등 공통으로 적용되는 정보가 상당히 많다. 초기과제에서 피평가자가 학습한 것이 다음 과제에서 유용하게 사용될 수도 있다. Spychalski와 그의 동료들(1999)이 200개 이상의 평가 센터를 조사했을 때, 20%가 통합 과제를 사용하고 있었고, 일반적으로 이들은 4개의 구별되는 과제로 구성되어 있었다. Smith와 Reynolds(2002)는 임원진을 위한 복잡하고, 자동화된, 통합 과제 세트에 관해 설명했다.

통합 과제에 대해 옹호자들은 이것이 더욱 현실적이라 주장한다. 실제 조직에서 사람들은 시간이 흐름에 따라 주변 환경에 친숙해진다. 그들은 하나의 상호작용에서 얻은 정보를 다음에 사용할 수 있다. 이처럼 통합과제는 분절된 과제를 사용해서는 검증할 수 없는 예를 들면, 정보를 축적하고 축적한 정보를 자원으로 사용하는 등의 능력을 검증할 수 있다. 통합 과제는 또한 이전 과제를 잘 수행하지 못했을 때 이를 회복할 수 있는 능력도 측정할 수 있다. 이러한 능력은 실제 직무에서 매우 중요하다. 아울러 통합 과제는 높은 안면 타당도를 지닌다. 즉, 실제 직무 및 조직과 매우 유사하다. 이러한 특징은 조직구성원이 평가센터에 참여하고자 하는 동기를 높일 것이고, 그 결과와 피드백을 더 신뢰할 것임을 의미한다.

그렇다면, 평가센터에서 통합 과제의 사용을 반대하는 의견은 무엇일까? 한가지 주장은 관리 직무가 매우 분절되어 있으며, 단기간의 서로 구별되는 별개의 상호작용만을 수행한다는 것이다(Mintzberg, 1975). 관리자는 전화로 재무 문제에 대해 잠깐 이야기하고 다음에는 잠시 생산 문제에 대한 메모에 응답하며, 그 후 몇 분 동안은 징계 문제에 대해 상급자에게 제안할 수 있다. 그리고 이러한 업무들은 모두 별개로 이루어지며 관련성이 없을 수도 있다. 각 문제와 관련된 인물 등에 대한 배경정보와 문제 해결에 필요한 기술은 과제마다 매우 다를 수 있다. 오히려 서로 연관이 없는 평가과제의 집합을 사용하는 것이 실제 관리자의 일상과 유사할 수 있다.

통합 과제 사용을 반대하는 두 번째 주장은, 동기와 관련되어 있다. 과제가 서로 구별되는 별개의 활동일 경우, 피평가자는 과제마다 새로운 출발을 할 수 있다. 예를 들어, 피평가자가 서류함 과제에서 수행을 잘하지 못했더라도, 그 피평가자는 집단토론 과제에서 다시 잘해볼 수 있는 기회를 갖게 된다. 한 과제에서 정보를 잘 이해하지 못한 것이 다음 과제 수행에 부정적인 영향을 미치지 않을 것이다.

이 두 번째 주장의 준거는 별개의 과제가 평가되는 역량에 대한 독립적인 측정치를 제공한다는 것이다. 서로 다른 여러 관찰에 근거하여 평가할 경우, 평가가 더욱 일관적이며 정확할 수 있다는 측정원리의 측면에서 장점으로 볼 수 있다(Nunnally & Bernstein, 1994). 통합 과제는 과제 간의 오염을 야기할 수 있으나, 별개의 과제는 이러한 가능성을 최소화할 수 있다.

과제를 통합해야 하는지에 대한 결론을 내리고자 하는 것은 아니다. 다만 관리역량에 관해 정확한 평가가 필요한 프로그램이라면, 과제 내용은 독립적인 측정치를 제공할 수 있도록 별도로 구성되어야 할 것이다. 피평가자 및 조직 실무자에게 프로그램에 대한 높은 수용성을 얻는 것이 중요하고, 모든 피평가자가 동일한 순서로 과제를 수행하는 것이 가능한 상황이라면, 조직에서의 일상과 유사한 통합 과제를 시행하는 것이 적절하며 편리할 것이다.

## 2 과제들의 상대적 가치에 대한 평가

지금까지 논의한 각 과제 유형의 가치에 대해서는 다른 문헌들에서도 이미 기술하였다(Thornton & Byham, 1982; Thornton & Muller-Hanson, 2004; Thornton & Rupp, 2003). 앞서 지적했듯 과제의 내용, 난이도, 실제 직무와의 유사성은 평가센터의 다양한 유형에 적합하게 만들기 위해 신중하게 결정해야 한다. 다양한 평가센터에서 이 모든 과제가 성공적으로 사용되고 있지만, 과제의 상대적 가치를 평가한 자료는 거의 없으며, 어떤 과제가 다른 과제보다 더 좋거나 나쁘다고 말하기 힘들다.

연구대상이 되는 직무, 평가센터의 목적, 평가활동을 운영하는 데 가용한 자원에 따라 모의과제의 상대적인 이점이 결정된다. 발생할 수 있는 질문들은 철저한 직무분석(측정하고자 하는 역량에 대한 설명뿐만 아니라 피평가자가 평소 마주해야 하는 상황에 대한 설명)으로 답변이 될 수 있다. 예를 들어, 초급 관리자는 업무 관련 문제해결을 위해 부하 직원과의 일대일 면담에 상당한 시간을 보내지만 구조화되지 않은 집단에서 다른 관리자를 만날 일이 거의 없을 것이다. 따라서, 이 상황에서는 리더없는 집단토론보다 면접 모의상황이 더 적합할 것이다. 반면, 엔지니어와 회계사와 같은 전문직은 정규 팀이나 태스크포스 팀으로 업무를 수행하는 경우가 많다. 이러한 활동은 구조화되지 않은 상황에서의 리더십 기술을 필요로 하며, 그러한 기술은 리더없는 집단토론으로 평가할 수 있다.

또한, 과제 유형별 상대적 가치는 조직이 그 과제를 올바로 시행하고자 하는 의지에 따라서도 결정된다. 서류함, 사실 찾기, 비즈니스 게임 과제는 준비에 시간이 많이 소요되며, 구성에서도 많은 주의를 기울여야 하는 과제이다. 평가자 훈련을 세밀하게 해야 하며, 복잡한 행동을 평가, 관찰하는 데 충분한 시간이 있어야 한다. 조직이 이러한 복합적인 과제를 올바로 개발하고 운영하고자 하는 의지가 충분하다면, 그 과제는 매우 강력한 힘을 발휘할 수 있을 것이다. 그렇지 않다면, 조직은 더욱 단순한 과제를 행하는 것이 나을 것이다.

## 3 평가역량 및 과제 매트릭스

다양한 유형의 과제의 효과성에 대해 더욱 단순하게 요약하여 평가역량 및 과제 매트릭스로 표 6.4에 제시하였다. 이 표에는 각 과제에서 일반적으로 평가할 수 있는

**표 6.4** 평가역량 관찰 가능 매트릭스

| 평가역량 | 서면사례 분석 | 구두발표 | 리더없는 집단과제 | 면접 모의상황 | 서류함 | 사실찾기 | 리더지명 집단과제 | 비즈니스 게임 |
|---|---|---|---|---|---|---|---|---|
| 문제분석 | ○ | | ○ | ○ | ○ | ○ | ○ | ○ |
| 의사결정 | ○ | ○ | ○ | ○ | ○ | ○ | | ○ |
| 리더십 | | | ○ | ○ | ○ | | ○ | ○ |
| 공감 | | | | ○ | ○ | | | |
| 행정능력 | | | | ○ | ○ | | | |
| 위임 | | | | ○ | ○ | | | |
| 계획/조직화 | ○ | | | | ○ | | | ○ |
| 스트레스 내성 | | ○ | | | | ○ | | |
| 팀워크 | | | ○ | | | | | ○ |
| 구두 의사소통 | | ○ | ○ | ○ | | ○ | ○ | ○ |
| 서면 의사소통 | ○ | | | | ○ | | | |

평가역량이 무엇인지 제시하였다. 이 매트릭스는 여러 방식으로 단순화한 것으로 모든 평가역량을 포함하진 않는다. 즉, 사례연구는 재무분석 능력을 평가하도록 구성될 수도 있다. 또한, 피평가자가 특정한 일련의 과업을 수행하는 데 적절한 지시를 함으로써, 일반적으로는 그 과제에서 측정되지 않는 평가역량을 관찰할 수 있다. 마지막으로, 과제의 내용을 적절히 구성하면 그 과제에서 관찰할 수 없는 평가역량과 관련된 행동도 끌어낼 수 있는데 리더 없는 집단과제에서는 계획 및 조직화 역량과 관련된 행동을 평가할 기회를 제공할 수 없지만, 다양한 업무 활동에 대한 계획을 세우는 문제를 집단에 제시하고 그에 대해 심도 있는 토론을 하도록 한다면 가능하다.

평가역량을 측정하는 다양한 과제의 상대적 효과성에 대해 기질-활성화 이론(trait-activation theory, Tett & Guterman, 2000)은 다음과 같이 설명하고 있다. 기질 활성화의 원리는 '기질과 관련된 상황적 단서에 의해 특정 기질이 각성되었을 때, 그 기질이 행동으로 표현된다'는 것이다. 이 이론은 행동 결정요인의 상호작용을 강조함으로써 행동에 대한 기질적 설명과 상황적 설명을 조화시켰다. 이 이론을 통해 다양한 유형의 과제가 개인에게 다양한 능력, 기술 및 기타 수행 평가역량을 보일 기회를 어떻게 제공하는지 이해할 수 있다. 과제의 내용, 지시, 그리고 유형은 수행에서의 개인차를 관찰하고 평가할 수 있는 상황을 제공한다. Haaland와 Christianson(2002)은 주어진 평가역량에 대한 기질-활성화 잠재력이 높은 과제의 평정치가, 평가역량에 대한 기질 활성화의 잠재력이 낮은 과제에서보다 더 좋은 수렴 타당도를 보인다는 것을 보여주었다. Lievens, Chasteen, Day와 Christiansen(2004) 역시 평가센터에 기질-활성화 이론을 적용했는데 외향성과 성실성에 대한 평가센터 평정치들의 상관이, 필요한 행동을 이끌어내지 못하는 과제보다 특성과 관련 있는 행동을 관찰할 기회를 제공하는 과제 간에 더 높다는 것을 발견했다.

## 4 평가센터 과제의 모형

평가과제에 대한 연구는 각 과제의 복잡성을 결정하는 두 가지 특성이 있다고 제안한다. (1) 자극 재료의 표준화, (2) 피평가자가 해야 하는 응답의 구조화. 표준화는 평가절차의 형식과 일관성을 뜻한다. 표준화가 매우 잘 된 검사에서 모든 피평가자는 정확히 동일한 지시 및 질문을 받고, 같은 조건에 놓인다. 예를 들면, 서면 다중선택지검사는 매우 표준화된 반면 현장에서의 행동관찰은 표준화 정도가 낮은 것이다. 구조화는 피평가자가 독특하고 개인적인 방식으로 응답할 수 있는지의 정도를 말한다. 비구조화된 검사에서는 피평가자가 어떻게 응답할 것인지를 결정할 수 있다. 예를 들어, 리더 없는 집단토론은 비구조화된 것이다. 반면, 피평가자가 세 페이지의 보고서를 작성하고, 세 개의 대안을 마련하고, 각각의 장점과 비용을 명시하도록 구체적으로 지시한 서면 사례연구는 높은 수준으로 구조화된 것이라 할 수 있다.

표준화와 구조화는 병행하는 경우가 많다. 즉, 표준화된 검사(예, 정책절차에 대한 다중선택 검사)는 명확하고 구조화된 응답을 요구하며, 비표준화된 검사(비즈니스 게임)에서는 구조화된 응답을 요구하지 않는다. 그러나, 검사 자극의 복잡성과 요구되는 응답의 복잡성이 직접 연계된 것은 아니다. 예를 들어, 단순하고 표준화된 한 문장으로 표현된 질문이 복잡하고 비구조화된 의사결정과 서면 응답을 요구할 수 있지만, 복잡한 서류함 과제가 상대적으로 단순한 선택이나 행동을 요구할 수도 있다.

표 6.5는 현존하는 다양한 평가기법을 표준화와 구조화에 따라 표현한 것이다. 이 표는 평가 프로그램에서 일반적으로 사용되지 않았던 새로운 평가기법을 제안한다. 표의 빈칸들이 새로 구성해서 적용해볼 수 있는 평가기법을 나타낸다. 예를 들어, 표 오른쪽 위 부분(즉 구조화된 응답, 비표준화된 자극)은 피평가자 자신이 참여했던 복잡한 사회적 상호작용에 대한 질문에 응하도록 하는 과제를 제안한다. 반면, 표 왼쪽 아래 부분(비구조화된 응답, 표준화된 자극)은 비디오에 제시된 사회적 자극에 구두

표 6.5 평가센터 과제 모형

반응유도 요소들의 표준화 수준 (표준화 ↔ 비표준화)

| 응답방식의 구조 | 서 면 | 비디오테잎 | 운영자 | 평가자 | 역할수행자들 (부하 직원, 동료, 상사, 고객) | | 다른 피평가자들과 함께 과제수행 | | |
|---|---|---|---|---|---|---|---|---|---|
| | | | | | 한명의 역할수행자 | 둘 혹은 그 이상 | 역할 지명 | 역할 非지명 | 기타 팀 |
| 구조화 ↑ | | | | | | | | | |
| 제시된 양식 완성 | 능력검사<br>성격검사<br>배경정보 응답지 | | | | | | | | |
| 서면작성 | 사례연구<br>서류함 | | 서류함 | | | | | | |
| 구두 발표 | 사례연구 | | | 사실 찾기 | 문제종업원 | | 분석/토론 | | |
| 질문에 대한 구두응답 | | | | 배경 면접<br>서류함<br>혹은 분석 후 면접 | 불만 있는 고객 | | | | |
| 피평가자가 통제된 면접 | | 면접<br>모의상황 | | 사실 찾기 | 면접<br>모의상황 | | | | |
| 집단토론 | | 사례연구<br>LGD | | | | Staff 회의 | LGD | LGD | 게임 |
| 다중 집단토론 | | | | | | | | | 게임 |
| 구두, 서면, 신체행동의 조합 | | | | | | | | | 게임 |
| ↓ 비구조화 | | | | | | | | | |

응답하도록 하는 과제를 제안한다. 부하 직원 및 고객과의 상호작용에 대한 컴퓨터 모의상황을 개발한 Frank(1990)가 이러한 맥락에서 초기에 시도된 예를 기술하였다. Cascio(1989)는 소방관의 직무학습을 위해 비디오 기법을 사용한 혁신적인 모의과제를 개발하였으며, 이는 표 왼쪽 위(구조화된 응답, 표준화된 자극)에 해당한다. 숙련된 소방관이 장비의 부품을 다루는 훈련 장면을 보여준 후 테이프는 정지하며, 피평가자는 훈련을 받은 사람이 옳은 행동을 취했는지 아닌지에 대한 질문에 답하게 된다. 더욱 진보된 컴퓨터 적용/활용 기법은 상호작용 모의상황과 역할수행 과제 부분에서 설명하도록 하겠다.

## 5 모의과제 선택 및 구성에서의 주요 고려사항

평가센터에서 사용하는 과제의 유형은(예, 개인/집단, 구두/서면) 조직이 대표하고자 하는 직무 상황에 대한 심도 있는 분석을 기반으로 선택 및 구성해야 한다. 또한, 과제의 유형뿐 아니라 과제를 개발하는 데 고려해야 할 기타 요인도 상당히 많다.

### 과제의 수

평가센터에서 사용하는 적절한 과제 수에 대한 지침을 이전 연구에서 찾아볼 수 있다. 많은 수, 다양한 과제를 사용하는 평가센터가 적은 수의 과제를 사용하는 평가센터보다 더 정확하다(Gaugler 등, 1987). 200개 이상의 평가센터를 대상으로 한 최근 연구에서는 대부분 일반적인 평가센터는 대략 5개의 과제를 사용하지만, 일부 센터에서는 10개나 11개의 과제를 사용한다는 것을 보여주었다(Spychalski 등, 1990). 그러나 평가센터의 시간이 예측 정확성에 영향을 미치지 않는다는 대조되는 결과도 함께 고려해야 한다(Gaugler 등, 1987). 이 두 개의 결과는 다음과 같이 조합할 수 있다. 다양한 유형의 과제는 필요하지만, 동일한 유형의 과제를 두 개 이상 시행할 필요는 없다는 것이다. 예를 들어, 집단토론 네 개를 시행하는 것보다 두 개의 집단토론 과제와 서류함 과제, 그리고 인터뷰 모의상황을 사용하는 것이 더 바람직하다.

그동안 최적의 과제 유형과 과제 수에 대한 조사연구는 없었다. 그러나 다양한 유형의 과제를 사용하는 것을 지지하는 이론은 일관성 추론 이론에서 찾을 수 있다(Jones & Davis, 1965). 이 이론에서는, 사람들이 다른 사람의 행동을 설명할 때 다양한 상황에서도 일관성 있게 나타나는 행동 특성을 통해 설명하고자 한다고 주장한다.

어떤 사람이 서로 다른 상황에서도 같은 방식으로 행동하는 것을 보면, 그 행동은 그 개인의 일관성이 기능하는 것이며 외부 환경에 의한 것이 아니라고 추론한다. 예를 들어, 소규모 집단에서든 대규모 집단에서든 관찰대상자가 다른 사람과 이야기할 때 자신의 의사결정에 관해 설명하지 못하고 혼란스러워하는 것을 관찰한다면, 관찰대상자의 구두 의사소통 능력이 부족하다고 결론지을 수 있다.

즉, 같은 유형의 과제를 여러 개 사용하기보다는 구두, 서면 과제, 개인, 집단 상황 등의 다양한 과제 유형을 사용하는 것이 효과적이다. 또한, 복잡한 과제의 조합을 통해 사람들의 특성에 대해 추론하였을 때, 그들의 미래 행동을 이해하고 예측할 수 있을 것이다. 다수의 과제는 평가자가 평가역량에 관해 해석하고, 강점 및 개발 필요성을 평가하고, 미래 관리직에서의 성공을 예측할 기회를 제공한다.

## 과제의 현실적합성

평가센터의 '과제가 실제 직무 상황과 얼마나 유사해야 하는가'라는 것은 복잡한 문제이다. 이것이 복잡한 문제인 이유 중 하나는 현실적합성이 모의상황의 다양한 특징을 포함하고 있기 때문이다.

- 모의과제에서 나타내는 산업의 유형
- 사례자료에서 제시된 문제의 내용
- 과업의 중요도
- 자극재료를 제시하는 수단
- 피평가자에게 요구되는 응답 양식

현실적합성 문제에 대한 첫 번째 답은, 과제는 직무를 매우 상세하고 충실하게 표현해야 한다는 것이다. 극단적으로 이것은 과제가 직무 일부와 정확히 일치해야 한다는 것을 의미한다. 그러한 과제는 작업표본(work sample; Anastasi & Urbina, 1997)이나 직무모사(job replicas; Cronbach, 1970)로 알려져 있다. 작업표본 검사는 실제 직무에서 수행되는 일부를 복제하는 것이다. 예를 들어, 용접공에게 실제 기구와 장비를 주고, 두 금속조각을 용접하도록 할 수 있으며 비서에게 자료를 주고 직무에서 사용하는 것과 동일한 컴퓨터로 작업하도록 할 수 있으며 관리직 지원자에게 사업과 관련된 재무정보를 주고 투자회수를 위한 계산을 하도록 할 수 있다.

평가센터의 목적이 특정 직무를 수행할 능력 또는 현재의 기술 수준을 평가하고자 하는 것일 때는 작업표본이 적합하다. 예를 들어, 작업표본은 자동차 브레이크를 수리하는 기계기술자의 능력을 검증하는 데 적합할 것이다. 일정한 범위 내의 직무나 여러 직무를 대상으로 할 때보다 하나의 특정한 직무를 대상으로 평가해야 할 때 작업표본이 더 적합하다.

특정한 목적의 평가센터에서는 과제가 높은 수준의 현실적합성을 지니는 것이 단점이 될 수 있다. 만약 평가센터의 목적이 현재 능력보다는 잠재성을 파악하려는 것일 때, 과제는 직무기술 자체가 아니라 그것을 획득하는 데 필요한 기본 적성을 평가해야 한다. 이 경우, 직무모사는 부적절할 수 있으며 특정 직무 경험이 있는 개인에게 불공정한 혜택을 주게 된다. 조직의 특정 실무에 대해 아는 사람은 그렇지 못한 외부 사람보다 자신의 사무 환경을 모사한 서류함 과제에서 일반적으로 더 잘 수행할 것이다. 그러나 외부 사람이 실제로는 의사 결정력과 리더십 측면에서 더 뛰어날 수 있다. 이 문제의 해법이자 본 연구자가 더욱 선호하는 방법은 동일한 유형의 산업이나 사업을 모사하되, 정확히 그 조직과 같지는 않도록 과제를 설계하는 것이다. 예를 들어, 정부기관에서 승진 평가를 받기 위해 모인 승진후보자의 평가를 위해 가상의 정부기관을 묘사할 수 있다. 식료품 가게와 같은 소매상 지원자를 평가하기 위해 일반적인 슈퍼마켓 상황을 서류함 과제와 리더 없는 집단 과제에서 사용할 수 있다(Fogli, 1985).

여기에서는 현실적합성이 낮아서 직무와 관련이 적어 보이는 일반화된 과제와 새로운 평가센터에서 대상으로 하는 직무와 조직을 그대로 모사한 과제를 절충할 것을 추천한다. 현실적합성(혹은 안면 타당도)은 중요한 문제이며 과제에 대한 사람들의 반응과 응답의 정확성에도 영향을 미치지만(Nevo, 1989; Nevo & Jager, 1986), 특정 조직에서 근무한 경험이 없는 사람들에게 불리할 수 있는 작업표본을 사용하는 것에 대해서는 강하게 문제를 제기하기 때문이다.

## 6 기술의 진보가 평가과제에 미치는 영향

평가센터 과제는 역사적으로 서면검사 형식으로 제시되었다. 지시문, 사례자료, 서류함 문항, 그 밖의 자료가 종이로 제시되었으며, 구두 설명을 통해 이러한 서면으로 제시된 자료를 보충하곤 한다. 또한, 서면 응답을 해야 할 경우 피평가자는 일반적으로 손으로 적어서 작성하였다. 이러한 형식은 여전히 적절하며 널리 사용되고 있다. 게다가 이렇게 하는 것에는 합당한 이유가 있는데, 이는 뒤에 설명하기로 하겠다. 반면, 기술의 진보가 일부 평가센터 과제에 반영되었다. 자극 자료(예를 들어, 지시문, 사례 자료)를 제시하고 응답(언어적, 비언어적 행동과 작업 결과물)을 기록하는 데 첨단기술의 사용이 증가하고 있다.

컴퓨터의 출현으로, 평가센터 과제에서 창조적인 혁신이 일어났다. 일반적인 컴퓨터 기반과제에서는 직무 상황에 관해 이야기하는 조직구성원을 비디오로 재생하여 컴퓨터로 제시한다. 비디오가 멈추고, 내레이터는 조직구성원에게 무슨 말을 할 것인지를 묻는다. 네 개의 대안이 화면에 제시되고, 피평가자는 키보드의 키를 눌러서 응답을 선택한다. 어떤 경우에는, 이를 다르게 활용하여 대안 중 A를 선택하였을 경우와 B를 선택하였을 경우, 화면의 조직구성원이 서로 다르게 반응하도록 할 수 있다. 화면상의 조직구성원의 후속 반응에 따라 피평가자는 행동을 선택하게 된다. 피평가자가 선택한 응답이 관리직 수행과 관련된 평가역량에서 더 효과적이거나 덜 효과적인 행동을 반영한다. 그리고 컴퓨터는 피평가자 수행에 대해 점수를 매긴다.

이러한 제시 방식은 표준화, 구조화 측면에서 모두 높은 수준이라 할 수 있다. 조직구성원의 응답을 비디오로 녹화하여 표준화한 것은 역할수행자가 개별 피평가자를 동일하게 다루지 않을 경우에 야기될 문제를 제거할 수 있게 해준다. 그러나 피평가자가 컴퓨터 적용 과제에 응답하는 방식은 일반적인 평가센터 과제와 매우 다르다. 평가센터의 한가지 핵심적인 특징은 피평가자가 복합적이고 실제적인 행동을 보인다는 것이다. 반면, 컴퓨터 적용 과제에서는 실제 행동을 하는 것이 아니라 단지 키를 누르기만 하면 응답을 하게 되는 경우가 많다. 컴퓨터화된 과제는 매우 높은 예측 정확성을 지닐 수 있으며, 인사관리자에게 가용한 평가기법 전부를 이것으로 대체할 수 있을 것이다.

컴퓨터 적용 과제에는 세 가지 명확한 한계가 있다. 첫째, 피평가자는 주어진 다중 선택안에서 선택하게 되고, 그들 자신이 응답을 만들어내지 않는다. 둘째, 피평가자는 행동을 실제로 보일 필요가 없으므로 과제가 기술보다는 지식이나 의견을 측정할 것이다. 셋째, 면접과제나 집단토론에서와 같은 피평가자들 상호 간이나 역할수행자와의 진정한 상호작용이 컴퓨터화된 과제에서는 일어나지 않는다.

컴퓨터화된 평가기법은 흥미롭고, 많은 지원자를 평가하는 경우와 육성/개발 목적의 사용에도 효과적일 수 있다. 그 적용 가능성을 다양하게 그려볼 수 있으며, 적용/활용되고 있는 초기의 컴퓨터화된 평가기법에 대한 검증도 진행되고 있다. FBI에서 사용하는 새로운 프로그램은 자극의 제시와 개별화된 피드백 제공, 그리고 실시간 코칭에 컴퓨터를 사용하는 것이 잠재력 있는 기법이라는 것을 보였다. 그러나 더 많은 연구가 이루어져야 하며, 이러한 기법이 특성의 정확한 측정, 미래 수행의 예측, 효과적인 개발 성과를 제공한다는 확신을 인사관리자가 가질 수 있도록 전문적인 연구가 이루어져야 한다.

## 7 행동표집 vs. 행동의도

평가센터 과제는 피평가자가 실제 업무현장에서 보일 행동과 유사한 실제 행동의 표본을 끌어낸다. 피평가자의 의도가 무엇인지 묻는 것과 행동표집은 매우 다르다. 이러한 관점에서, 평가센터 방법은 상황면접 방법과 다르다(Maurer, Sue-Chan, & Latham, 1999). 상황면접은 의도가 행동을 예측한다는 이론에 기반하여, 사람들에게 그들이 특정 상황에 직면했을 때 어떻게 할지를 묻고, 응답을 평가하기 위해 행동지표 BARS 가이드를 사용한다(Maurer 등, 1999). 여기서 평가센터 기법과 유사한 두 가지 특징은 상황의 제시와 채점 지침의 사용이다. 그러나 평가센터와 매우 다른 특징도 두 가지 있다. 평가센터 과제는 상황면접에서 제시되는 것보다 더 광범위한 자극 자료를 제시한다(예를 들어, 서류함에서의 다양한 자료, 사례 연구에서의 재무 및 생산 데이터, 경영 간부에 도전적으로 질문하는 뉴스 리포터의 역할 연기 등). 또한, 평가센터 기법은 행동하고자 하는 의도가 아니라 실제 행동이 향후 행동을 예측한다는 이론에 기반을 두고 있다. 상황면접에서는 승진후보자에게 업무수행이 저하된 조직구성원과 어떻게 의사소통할 것인지에 관해 묻지만, 평가센터는 승진후보자에게 그 조직구성원과 조직장면에 대한 다양한 배경정보를 제시하고 문제의 조직구성원을 연기하는 역할수행자와 후보자가 실제로 면대면으로 상호작용하도록 한다. 승진후보자는 모의상황에서 질문에 응답하고, 조직구성원과 실제로 이야기해야 하며, 조직구성원의 문제를 진단하고, 행동 변화를 야기하도록 동기부여하고, 몰입을 얻을 수 있도록 하는 능력을 실제로 보여주어야 한다.

## 8 능력이나 동기를 측정하기 위한 과제 구조화

평가과제는 능력이나 동기를 측정하기 위해 구성될 수 있다. 피평가자의 동기나 선호하는 행동 양식을 측정하는 과제의 경우, 피평가자에게 본인이 취하고자 하는 행동이나, 하지 않을 행동에 대한 선택권이 주어져야 한다. Jones와 Davis(1965)는 타인의 행동을 어떻게 추론하는지에 대해 이론적으로 설명했다. 그들은 행동이 사회적 역할로써 필요한 부분이지만, 그 행동만으로 그 사람에 대해 추론하는 것은 어렵다고 말했다. 역할 관련 행동보다는 자발적인 행동이 그 사람의 동기에 대해 더 많은 정보를 제공한다는 것이다. 각 과제가 평가하고자 하는 역량을 정확히 측정할 수 있게 하려고, 이러한 원리를 다양한 평가센터 과제의 구성에 적용할 수 있을 것이다.

첫째, 리더 없는 집단토론을 살펴보자. 대부분 집단토론에서 피평가자는 제안을 하거나 침묵을 지키고, 그들의 입장을 옹호하거나 반박하고, 타인의 입장을 공격하거나 수동적으로 수용하는 등의 행동을 할 수 있다. 이러한 행동은 주도성의 수준을 드러내고, 주도성을 평가하는 수단을 제공한다. 반응하지 않을 수 있는 자유를 허용함으로써 주도성을 측정할 수 있지만, 피평가자가 반응하지 않을 것을 선택하면 의사소통 능력을 평가할 기회는 없어진다. 과제가 의사소통 능력을 측정하기 위해서는, 지시사항을 통해 피평가자가 취할 행동을 선택할 수 없도록 해야 한다. 예를 들어, 피평가자가 처음 2~3분 동안 각자가 제안한 해결안에 대한 의견 발표를 해야 한다는 지시사항을 구체화할 수 있으며, 이를 통해 구두 의사표현 능력을 평가할 기회가 생기도록 할 수 있다.

또 다른 예로, 서류함 과제에서도 피평가자에게 선택권을 부여하거나 행동을 강요할 수 있다. 예를 들어, 업무를 보좌관에게 위임할지를 묻는 말에 대해 아무런 지시사항을 주지 않으면 타인에게 책무를 부여하고자 하는 의향에 관한 평가를 할 수 있다. 이와는 대조적으로, 피평가자는 더 높은 직급의 관리자로부터 지시를 받아 본인이 없는 동안 그 과업이 조직에서 완수될 수 있도록 업무를 다른 이에게 할당하도록 하여 위임 역량을 평가할 수 있다.

세 번째 예는 서면 사례연구의 구조이다. 자료에는 피평가자가 해야 하는 일을 모호하게 기술할 수 있으며, 단지 '제안을 하라'고만 지시할 수 있다. 그 결과로 서면 보고서에는 피평가자가 어떻게 결론을 내렸는지 나타날 수도 있고, 나타나지 않을 수도 있다. 반면, 지시사항을 매우 구체적으로 다음과 같이 기술할 수도 있다. '이 기업이 직면한 가장 중요한 세 가지 이슈 목록을 제시하고, 제안에 대한 근거를 제시하라. 각 이슈에 대해서, 적어도 두 가지 이상의 대처 방식을 제시하고, 각각의 장단점을 밝혀라. 그중 취할 행동이 무엇인지 선택하고, 각 대안을 선택함으로써 일어나게 될 부정적 결과와 그를 방지하기 위한 전략을 기술하라.' 이러한 지시문은 사용될 의사결정 과정을 모두 말해주고 있으며, 따라서 그 과정을 수행하는 사람의 능력과 관련된 행동을 관찰할 기회를 제공한다. 따라서 평가자는 문제분석의 질과 의사결정 능력을 평가할 기회를 얻게 된다.

마지막 예로, 산업훈련 프로그램을 위한 강사를 선발하도록 설계한 평가센터 과제에서 역할수행자(훈련생 역할 수행)가 강사 후보에게 특정 피드백을 요구하는 각본에 따라 질문을 할 수 있다. 이때 목적은 피평가자가 자발적으로 피드백을 주는지에 대한 것이 아니라, 피드백을 제공할 능력을 갖추고 있는지를 밝히는 것이다.

요약하면, 모의과제를 표준화된 능력 측정치로 사용하고자 한다면, 피평가자에게 행동을 할 것인지 하지 않을 것인지에 대한 선택을 하도록 과제를 구성해서는 안 된다. 각 피평가자가 특정 행동을 취할 수 있도록 명확한 지시를 함으로써, 행동을 유발하는 동기의 영향력을 제거할 수 있으며 그럴 때 능력에 대한 추론이 가능하다. 반면, 평가자가 동기, 흥미, 스타일을 평가하고자 한다면 피평가자가 많은 선택권을 가질 수 있도록 과제를 설계해야 한다.

## 9 평가센터 목적에 초점 맞추기

이 책 전반에 걸쳐 평가센터 설계는 평가 활동의 목적에 기반을 둬야 한다는 것을 강조했다. 평가센터 설계에 참여하는 모든 이들은 과제의 유형과 적절한 수준을 결정할 때, 이 원리에 집중해야 한다. 선발/승진 프로그램, 진단 프로그램, 개발 프로그램 각각에서 시행되는 과제의 목적은 매우 다르다. 평가센터의 다른 요소도 이 목적에 따라 설계해야 하며, 개별 과제도 그러해야 한다.

표 6.6은 다양한 평가 목적에 따른 과제를 선택할 때 고려해야 할 사항을 제시하였다. 장기적인 잠재력을 지닌 사람을 선택하기 위해 설계된 프로그램에서 과제의 목적은 시간이 지남에 따라 발전할 수 있는 기본적인 적성과 특성을 평가하는 것이다. 평가과제는 상위직급으로서 필요한 역량과 관련된 행동정보를 관찰할 기회를 제공해야 한다. 즉, 조직에서 제공하는 다양한 훈련이나 풍부한 경험을 통해 발전할 수 있는 기본적인 특질을 갖추고 있는지를 살펴볼 수 있도록 과제를 설계하여야 한다. 이러한 과제는 특정 직무나 조직에 한정된 모형이 아니라 일반적인 것일 수 있다. 따라서 이 경우에는 직무나 조직의 현실을 많이 반영하는 것이 그다지 중요하지 않은데, 이것은 다양한 직무에서의 성공을 예측하는 것이 목적이기 때문이다.

**표 6.6** 다양한 평가 목적에 따른 과제 비교

| 과제 특징 \ 평가센터 목적 | 잠재력 파악 | 선 발 | 진 단 | 훈 련 |
|---|---|---|---|---|
| 대상직무 | 일정 직무 범위 | 특정 직무 | 현재 직무 | 상위 직무/현재 직무 |
| 과제의 수 | 3-6 | 3-6 | 7-10 | 7-10 |
| 현실반영정도 | 낮음 | 중간 | 높음 | 높음 |
| 복잡성 | 단순 | 중간 | 복잡 | 피평가자의<br>기술(skill)에 따름 |

대부분 선발 프로그램에서, 피평가자는 특정 조직에 대한 사전 경험이 없으며 특정 조직의 전문지식이 필요한 과제에서 사용할 수 있는 지식이 거의 없으므로 과제가 높은 수준의 현실적합성으로 직무 상황을 모사해서는 안된다. 선발되어 직무를 수행할 때 훈련받을 수 없는 특정한 기술을 요구하는 직무가 아닌 이상, 작업표본은 이러한 유형의 프로그램에 적합하지 않다. 대신 경험 부족으로 인한 불이익이 없는, 일련의 기본 특성을 지닌 사람이라면 수행할 수 있는 과제가 일반적으로 적절하다. 그러나 동시에, 과제는 현실도 어느 정도 반영해 채용후보자가 그들이 지원하는 직무와의 관련성을 볼 수 있어야 한다. 일부 선발 프로그램에서는 필요한 기술을 갖추고 있는 숙련된 사람을 찾아내야 하는 경우도 있다. 그러한 경우, 작업표본 과제가 적절하다. 예를 들어, 그 직무에서의 실제 도구와 재료를 사용하는 용접업무는 숙련된 용접 기술자를 선별하는 데 적절할 수 있다.

진단 평가센터에서, 과제는 매우 다양한 기능을 한다. 이때 과제는 구분되는 여러 특성에 대해 정확한 평가를 할 수 있도록 설계되어야 한다. 대부분 선발 프로그램의 평가역량은 전반적 잠재력을 평가하는 과정의 중간단계로써 역할을 하지만, 진단 프로그램에서의 평가역량은 평가의 최종 결과물이다. 따라서 과제는 별개의 평가역량에 대해 상세한 평가를 제공할 수 있어야 한다. 이는 모든 평가역량에 걸쳐 평가가 철저히 이루어져야 한다는 것과 평가역량 간의 상관이 낮아야 한다는 것을 의미한다.

진단 센터는 상대적으로 과제의 수가 많아야 효과적이다. 예를 들어, 집단을 이끄는 피평가자의 능력을 평가하기 위해, 평가자는 집단 상호작용에 대한 관찰을 한 번 이상은 해야 할 필요가 있다. 선발 프로그램에서는 집단 리더십이 성공적인 수행에 필요한 특성 중 단지 하나일 뿐이지만, 진단 프로그램은 개인의 집단 리더십 능력의 다양한 측면에서 부족한 사항을 매우 세밀히 파악해야 한다. 예를 들어, 의사소통 기술에 있어 개인의 의사표현 능력이 부족한 것인지, 아니면 다른 사람의 이야기를 듣고 기여를 하는 데 있어 주도성이 부족한 것인지를 알아야 한다. 진단 프로그램의 과제는 선발 프로그램보다 현실반영 정도가 훨씬 커야 한다. 과제는 작업표본 검사와 같은 형식을 취하고, 현재의 능력 수준을 측정해야 한다.

개발 평가센터의 고려사항은 또 다르다. 평가센터에서 훈련받은 것을 직무 상황으로 전환하기 위해(이는 모든 훈련 프로그램에서 영구적인 문제이다) 과제는 특별한 특징을 지녀야 한다. 피평가자가 최선의 노력을 다할 수 있도록 하기 위해 과제는 직무(평가센터의 목적에 따라 현재의 직무 혹은 미래의 직무)와 더 많은 관련성을 가져야 한다. 과제는 안전한 환경에서 성공적인 수행을 할 기회를 제공해야 하며, 평가자나 촉진자가 관찰할 수 있는 상황을 제공해 역량 향상이 지속되도록 하기 위한 피드백이나 지침을 제공할 수 있어야 한다. 피평가자가 직무에서 그 기술을 사용하기에 앞서 프로그램에서 충분한 수의 과제를 통해 그들의 새로운 기술을 확고히 할 수 있어야 한다.

## 10 판매용 과제와 맞춤제작 과제

조직은 평가과제를 '개발할 것인지 구입할 것인지' 결정해야 한다. 어떤 것을 선택하든지 각기 장단점이 있다(표 6.7 참조). 두 가지 모두 '좋은' 혹은 '나쁜' 과제라는 결과를 가져올 수 있다. 이미 제작된 과제를 구입하기 위해 선택할 수 있는 종류는 많지 않으며 과제는 컨설팅 회사에서 제공한다. 특정 환경에서 전문적인 기업이 판매하는 '판매용' 과제를 구입하는 것은 명확한 장점을 지닌다. 그러한 조직은 모의과제를 개발하고 시행하는 데 충분한 배경을 지닌 숙련된 직원을 보유하고 있다. 그들이 제공하는 과제는 대개 다른 곳에서 시험해보고 수정한 것이다. 그러한 사전검증은 *Guidelines* (International Task Force, 2000)에서 제안한 것 중 하나이다. 평가해야 할 사람이 적다면 과제를 구입하는 것이 비용 측면에서 효과적이지만, 판매용 과제는 안면 타당도가 떨어질 수 있음을 인지해야 한다.

반면 다른 경우에는 맞춤 제작 과제를 조직에 맞춰 설계할 수 있으며 조직이 대규모로 시행하려고 할 경우에, 그 조직만의 새로운 과제를 개발하는 비용을 감수해야 할 것이다. 고품질의 모의과제를 개발하는 것은 쉬운 일이 아니다. 잘못된 모의상황은 피평가자에게 부정적인 반응을 일으킬 수 있으며, 평가자가 관련 행동을 관찰하는 데 어려움을 겪을 수 있다. 과제가 결점을 지니고 있으면, 선발에서 낮은 점수를 받은 지원자가 이의제기했을 경우 조직은 적절히 방어할 수 없다. 맞춤 제작 과제의 장점은, 한 번 사용할 목적으로 그 기업에 맞게 제작된 과제가 특히 승진 평가센터에 사용되는 것이라면, 지원자에게 철저히 보안 유지가 될 수 있다는 것이다. 잠재적인 단

**표 6.7** 판매용 과제와 맞춤제작 과제의 장단점

| | 장 점 | 단 점 |
|---|---|---|
| **판매용** | 소규모 AC에서는 비용 지출 적음<br>높은 품질<br>가용한 규준이 제공될 수 있는 경우가 있음 | 대규모 AC에서는 많은 비용 소요<br>안면 타당도 적음 |
| **맞춤제작** | 특정 직무와 조직에 대한 현실 반영도 높음<br>피평가자에게 보안 유지 가능 | 완전한 사전검증 어려울 수 있음 |

점은 과제를 다수의 응답자 표본을 대상으로 철저하게 사전 검증하기 힘들다는 것이며, 따라서 사소한 결점을 발견하지 못하거나, 제거하지 못할 수 있다는 것이다. 각 기업 고유의 과제를 개발하겠다고 의사결정 하는 것은 과제가 상대적으로 단순하거나(예, 역할을 지명하지 않는 리더 없는 집단토론), 조직이 충분한 시간을 들일 수 있고, 전문 지식을 보유하고 있을 때 적절할 것이다. Thornton과 Mueller-Hansen(2004)은 모의과제를 구성하는 방법에 대한 지침을 제공했다. 보다 복잡한 과제(예, 복잡한 사례연구, 서류함, 비즈니스 게임)는 구성하기 훨씬 더 어려우며, 이러한 유형의 과제를 제작하기 위해서는 외부 컨설팅회사에 의뢰하는 것이 더 바람직하다.

## 11 전문적 기준 이행

높은 직무 관련성을 가지고, 공정하고 타당하면서 법적으로도 방어가 가능한 과제임을 확신하기 위해 평가센터 개발자가 수행할 방법은 여러 가지가 있다. 이러한 활동을 통해 과제가 일반적인 검사의 기준과 지침, 특히 평가센터에 적용되는 전문적인 기준과 지침을 이행했다는 것을 확신할 수 있을 것이다.

다음은 인사평가 기법을 개발하고 사용하는 데 지침을 제공하는 문헌들이다.

- American Educational Research Association, American Psychological Association, American Council on Measurement in Education. (1999). *Standards for educational and psychological tests.* Washington,DC:AmericanPsychologicalAssociation.
- Society for Industrial and Organizational Psychology. (2003). *Principles for the validation and use of personnel selection procedures* ($4^{th}$ed.). Bowling Green, OH: Author.
- Equal Employment Opportunity Commission, CivilRights Commission, Department of Labor, & Department of Justice. (1978). Uni form Guidelineson Employee Selection Procedures. *Federal Register, 43* (166), 38290-38390.
- International Task Force on Assessment Center Guidelines. (2000). Guidelines and Ethical Considerations for Assessment Center Operations. *Public Personnel Management, 29,* 315-331.

인사평가 기법의 설계, 개발, 평가, 시행에 관한 이러한 문헌의 지침은 표준화, 신되도, 타당도 세 범주로 요약할 수 있다.

- 표준화는 평가센터 기법을 일관성 있게 시행하여 모든 피평가자가 같은 지침, 환경, 자극 조건으로 일관된 채점을 받게 된다는 것을 나타낸다.
- 신뢰도는 평가점수가 일관성 있고 반복 가능함을 의미한다.
- 타당도는 평가기법이 의도한 특성을 측정하고 있으며, 측정된 점수로부터 추론할 수 있음을 의미한다.

이러한 세 가지 기준을 어떻게 수립하고 입증하는지를 완벽히 기술하는 것은 이번 장의 범위를 벗어나지만, 일반적으로 취할 수 있는 몇 단계를 요약하고자 한다. Thornton과 Muller-Hanson(2004)은 일반적인 모형과 모의과제를 구성하는 구체적인 일련의 단계를 제시했다. 또한, 모의과제를 구성하고 사용할 때 전문적/법적인 요건을 어떻게 만족시킬 수 있을지를 다음과 같이 제시했다. (a) 모의과제를 수립할 때, (b) 실행 전 과제를 사전 검증할 때, (c) 모의과제를 실행하고 평정할 때, (d) 과제 운영 후 모의과제를 평가할 때 각기 취할 수 있는 활동이 있다.

관련 과업에서의 직무분석이나 역량모델링을 통해 평가센터 목적을 명확히 구체화하고, 관련 있는 과업만을 포함하고, 관련 없는 내용은 배제하며, 지시사항과 관련 자료가 명확하고 목적성이 있도록 자료를 편집하는 것을 통해 전문적 기준 이행을 시작할 수 있다. 이번 장에서 논의한 각 과제 유형을 어떻게 수립할 수 있는지에 대한 일반적이고 구체적인 지침은 Thornton과 Muller-Hanson(2004)이 상세히 제시하였다.

대상집단과 유사한 사람을 대상으로 한 사전 검증을 통해 지시문과 과제 자료에 대한 피드백을 얻을 수 있다. 이 단계에서 피평가자는 지시문의 명확성과 그들이 문제를 해결할 때 사용한 과정에 대해 언급할 수 있다. 과제를 시간 안에 완수할 수 있는지를 확인할 수 있도록 걸리는 시간도 점검할 수 있다. 또한, 사전 검증 피험자가 제안한 해법은 평정 척도의 행동지표로 사용할 수 있다. 평가자를 돕기 위한 자료의 적절성도 평가할 수 있다. 피평가자의 수행수준은 뒤이은 훈련 프로그램에서 평가자에게 기대치를 토론하는 틀을 제공한다.

과제가 적절히 수행되었다는 것을 확인함으로써 모의과제의 타당성이 일부 확립된다. 지시문과 주어진 시간의 일관성, 운영에서의 혼란이 없었던 것 등과 같이 수행에서의 일관성은 기본적인 것이다. 평가 프로그램을 운영할 때 운영자는 운영에 대한 상세한 계획을 수립하고, 일정에 충실해야 하며, 평가활동이 진행되는 방식을 주의 깊게 기록해야 한다. 발생하는 모든 '사건'의 목록을 기록해야 하며, 이때 그 상황을 어떻게 처리했는지, 그 상황이 피평가자에게 어떤 영향을 주었는지 등을 기술해야 한다.

과제 수행 후, 후속 평가는 반드시 실시해야 한다. 피평가자와 평가자에게 간단한 피드백 질문지를 시행하는 것으로 후속평가를 시작할 수 있다. 과제 평정을 하기 위한 원 기술자료와 평가역량 평정이 일치해야 하며 설명할 수 없게 높거나 낮은 점수가 나타나는 것, 집단 차이, 기타 평정 오류에 대해서도 검토해야 한다. 충분한 자료가 있다면, 신뢰도와 타당도에 관한 보다 공식적이고 심리측정적인 평가를 시행해야 한다. 다중선택 검사 문항처럼 각각 구별되는 검사 문항이 있는 것이 아니므로 모의과제에서의 문항 통계치와 신뢰도(예, alpha 계수)의 전통적인 지표는 계산하기 어렵다. 그러나 평가역량 평정치와 과제 평정치가 기타 수행 측정치와 갖는 관계를 연구하기 위한 자료는 보유할 수 있다.

## 12 요약

모의과제에 관해 지금까지 살펴본 것은 지속성과 변화라는 주제의 연장선에 있다. 몇 가지 예외가 있지만 현재 평가센터는 지난 50년간 사용된 사례연구, 발표, 집단토론, 게임, 일대일 상호작용 모의상황 등과 동일한 과제유형을 계속해서 사용하고 있다. 모의상황이 시행되는 방식에서는 변화가 일어나고 있다. 자극 자료를 비디오로 제시하고, 컴퓨터를 보조적으로 활용하여 운영과 채점을 하는 것과 같은 첨단기술 덕분이다. 모의과제는 지원자의 장기간에 걸친 성공잠재력을 평가하기 위해, 현재 능력 수준을 진단하기 위해, 그리고 관리능력을 개발하는 도구로써 풍부한 자료를 제공하며, 훌륭하게 사용되고 있다. 대부분 평가센터는 단순한 일대일 모의상황에서 서면 사례분석, 그리고 복잡한 조직게임에 이르기까지 여전히 다양한 유형의 과제를 포함하고 있다. 진단과 개발 프로그램에 관해서는 복잡한 과제를 몇 개 사용하기보다는 단순한 과제를 많이 사용하는 경향을 보인다. 초기 평가센터의 공통적인 부분이었던 면접과 지필 검사 정보는 여전히 가치 있는 정보를 제공하지만, 그러한 정보는 과제에서 관찰한 행동에 대한 평가와는 별개로 보유하고, 평가센터 시행 이후에 다양한 방식으로 평가센터의 평정치와 통합된다. 여기서 살펴본 모든 과제가 다양한 목적에 부합하도록 여러 방식으로 시행되고 있음을 살펴볼 수 있다.

제 7 장

# 평가자의 역할: 관찰, 기록, 분류, 행동 척도화

5장과 6장에서는 평가센터 방법의 두 가지 주요한 요소(다양한 평가센터에 적합한 평가역량의 유형 및 평가역량과 관련된 행동을 끌어낼 수 있는 과제의 유형)에 대해 논의하였다. 이번 장과 다음 장에서는 행동을 평가하는 과정을 논의하고자 한다. 이번 장은 각 과제에서 평가자가 행동을 관찰, 분류, 평가하는 단계에 대해 소개하고, 8장에서는 평가자 집단이 개별적인 수행 과정을 넘어서 평가에 대해 공유하고, 최종 평정치를 결정하며, 종합 평정치를 산출하기 위해 집단 작업을 하는 방법에 대해 논의할 것이다(또한, 평정치를 합산하는 데 사용할 수 있는 통계적 절차에 대해서도 논의할 것이다).

평가자가 취하는 일반적인 평가단계와 평가자의 임무 수행과 관련된 인지처리과정에 대한 이론과 연구들도 소개한다. 그리고 평가자의 정보처리 능력과 한계에 대해 이해한 후, 평가자 훈련에 대한 연구들을 살펴보려 한다. 그리고 일반적으로 시행하고 있는 방식과 과거 연구결과에 대해 논의하고, 평가 정확성을 최대화하기 위해서 평가센터와 평가자 훈련 프로그램을 어떻게 설계해야 할지를 제안할 것이다.

## 1 평가자의 수행 절차

이 단원에서는 평가센터에서 평가자가 수행하는 일련의 과정을 살펴보기로 하겠다. 평가센터에서 평가자가 수행하는 구체적인 단계는 다양할 수 있다. 즉, 평가자는 피평가자의 평가역량에 대해 평정을 할 수도 있고, 하지 않을 수도 있다. 만약 평가자가 피평가자를 평가역량별로 평정한다면, 이 평정은 평가 과정의 다양한 시기에 일어날 수 있다.

이 주제에 대한 추가 논의는 이번 장의 뒷부분과 8장에서 다룰 것이다. 여기서 중요하게 다루고자 하는 것은 이러한 설계의 차이에도 불구하고, 모든 평가센터에 걸쳐 공통적인 과정이 있다는 것이다. 이러한 과정을 그림 7.1에 제시하였다.

그림에서 볼 수 있듯이, 훈련받은 평가자가 수행하는 첫 번째 임무는 모의과제에 참가하고 있는 피평가자를 관찰하는 것이다. 평가자는 관찰하는 동안 피평가자의 행동에 관해 있는 그대로 상세히 기록한다. 모의과제가 끝나면 평가자는 특정 과제에서 평가되는 평가역량에 따라 기록한 행동을 분류한다. 그리고 평가자는 평가자 회의에서 사용할 요약 시트를 작성하거나, 평가자가 그 과제에서 평가한 각 평가역량에 대해 평정을 할 수도 있다. 그림 7.1의 왼쪽 부분은 '행동 보고 기법'이라 알려진 것이며, AT&T(Bray & Grant, 1966)에 의해 고안된 것이다. 그림의 오른쪽 부분은 '과제 내 평가영역 평정기법' 혹은 '과제 후 평가역량 평정' 방법(Sackett & Tuzinski, 2001)이라고 부른다. 이것은 어떤 과정을 사용하든지, 평가자가 각 모의과제에서 관찰할 때마다 반복된다.

피평가자 모두가 과제를 완료한 후, 평가자는 최종 평정치를 결정하기 위해 모여서 논의하거나 평정치를 통계적으로 결합한다. 이러한 평가센터 과정은 8장에서 다시 설명하기로 하겠다. 평가센터의 목적에 따라 평가자는 피평가자의 수행에 대해 구두 혹은 서면 피드백을 제공할 수 있다(이 과정은 평가센터 운영자가 수행할 수도 있음). 피드백에 대해서는 9장에서 살펴보기로 하고 이번 장에서는 각 평가자의 평가 과정에 대해서 논의하기로 한다.

### 행동의 관찰과 기록

대부분의 평가센터에서 과제가 진행되는 동안 평가자는 관찰된 행동을 기록한다(Spychalski et al., 1997). 이러한 행동 관찰 기록은 다른 곳의 평가센터에서 시행된 피평가자의 행동을 녹화한 비디오를 보고 할 수도 있다. 평가자는 피평가자가 집단토

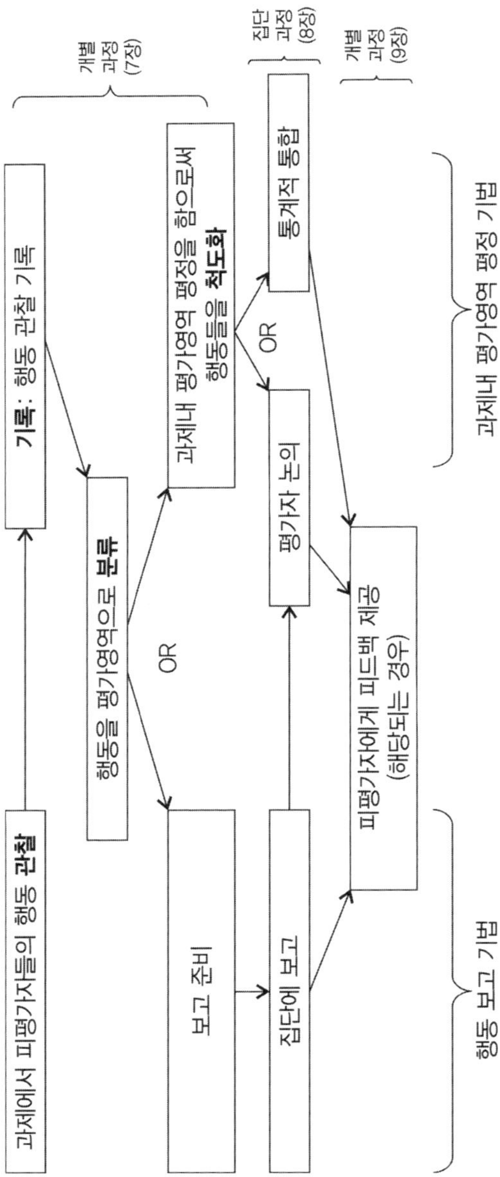
과제에서 피평가자들의 행동 관찰
기록: 행동 관찰 기록
행동을 평가영역으로 분류
OR
과제내 평가영역 평정을 함으로써 행동들을 척도화
보고 준비
집단에 보고
평가자 논의
OR
통계적 통합
피평가자에게 피드백 제공 (해당되는 경우)
개별 과정 (7장)
집단 과정 (8장)
개별 과정 (9장)
과제내 평가영역 평정 기법
행동 보고 기법

**그림 7.1** 평가자 경험

**발표 과제**
**평가자 보고서 양식**

평가자 이름 I. Sharpe Date: 10-20-87
피평가자 이름 Bob .

**+ 민감성** Bob을 따뜻하게 맞이하고 악수를 함
주택 배정에 대해 만족하는지 물어봄
훈련과정 중, 가족을 잃은 Bob의 마음을 이해한다고 이야기함
**+ 리더십** "혼자 있는 것이 훈련의 높은 성과에 집중하는 데 도움이 될 것이다"라고 이야기함
이 발표 세션의 목적에 대해 명확히 이야기함
Bob에게 질문이 있느냐고 물어봄
**− 민감성** 두번째 목적에 대한 질문을 대답하지 않음
"연습이 완벽을 만든다"고 진술함
**+ 리더십** 좋은 기술을 강화하고, 약점을 개선할 것이라고 이야기함
**− 구두소통** 첫번째 목표에 대한 세부적인 설명을 할 때 말을 더듬거림
아이 컨택이 불안함 - 방 너머를 봄
밥에게 긴급상황을 해결하려면 숙달된 후에도 계속 연습해야 한다고 이야기 한 후 질문이 있냐고 물어 봄
두번째 목적에 대한 자세한 설명을 한 후 질문이 있느냐고 물어봄
**+ 리더십** Bob에게 정확한 절차를 배우길 바란다고 진술함
**− 구두소통** 때때로 테이블 아래를 쳐다봄
Bob에 대한 신뢰가 있다고 이야기함
"어서하자"고 이야기함
Bob의 협조를 요청하지 않음

**그림 7.2** 행동관찰노트 예시

론, 면접 모의상황 등의 과제를 수행하는 동안 그들의 행동을 기록한다. 평가자는 그들이 관찰한 것에 대한 상세한 사항을 그림 7.2와 같이 특정한 형식이 없는 서식을 사용하여 기록하기도 한다. 피평가자가 보인 뚜렷한 행동뿐 아니라 모호한 행동도 관찰하여 기록한다.

평가자가 과제에서 피평가자의 행동을 관찰할 기회는 일반적으로 단 한 번뿐이다. 일부 평가센터에서는 피평가자가 과제를 수행하는 것을 비디오로 녹화하기도 한다 (Ryan et al., 1995). 이 경우, 평가자는 원하는 시간에 비디오를 보며 평가를 할 수 있고, 더욱 상세히 살펴보기 원한다면 비디오를 반복 재생하여 볼 수도 있다. 또한, 비디오 녹화를 할 경우, 평가자 스스로가 역할수행자나 정보 제공자로 과제에 참여하면서 평가를 할 수도 있다. 일반적으로 비디오 녹화를 추천하지 않는데, 이는 일부

피평가자의 스트레스 수준이 높아질 수 있으며, 심지어 실제 행동을 보이지 않고 카메라 앞에서 '연기'를 할 가능성이 있기 때문이다. 또한, 평가자가 테이프를 다시 살펴보는데 상당한 시간이 소요되며, 녹화하는 것이 평가자의 평가 정확성에 긍정적인 영향을 미치는 부분은 미미하다는 연구결과가 있기 때문이다(Ryan et al., 1995). 그러나 실시간으로 피평가자의 수행을 관찰하지 못하는 '원격 평가센터'에서는 비디오 녹화가 필수적이다(Bobrow & Schultz, 2002; Kudisch et al., 2001; Lovler &Goldsmith, 2002; Reynolds, 2003; Richards, 2002; Smith & Reynolds, 2002).

서류함 과제나 사례분석과 같은 서면 과제의 경우, 피평가자가 지필로 응답한 기록자료가 영구적으로 남기 때문에 평가역량과 관련된 행동을 자세히 살펴볼 수 있다. 이러한 과제에서는 피평가자가 제출한 지필 자료를 평가자가 다시 살펴볼 수 있으며, 이를 통해 피평가자가 어떤 행동을 취했는지 확인할 수 있다. 지필 응답평가와 실제 행동 간 신뢰도에서의 차이점은 아직 입증되지 않았다.

기존 연구에서 평가자의 관찰과정을 자세히 살펴본 바가 있다. McIntyre & Vanetti (1988)와 Lievens(2001)의 연구에서는 행동관찰 훈련을 받았을 때(행동관찰 훈련을 받지 않았을 때와 비교하여) 더 정확한 평정을 할 수 있다는 것을 발견했다. 게다가 평가자에게 후보자가 '좋다' 혹은 '나쁘다'라고 사전에 알려주는 것이 관찰의 정확성을 저해하지는 않았다. Gaugler & Thornton(1989)은 평가자가 비디오로 녹화된 과제를 관찰할 때의 정확성에 대해 심층연구를 했다. 관찰 정확성은 (a) 피평가자가 실제로 보인 평가역량-관련행동(전문가들이 녹화 파일을 신중히 검토하여 결정된)의 총수 대비 유효한 관찰비율(즉, 구체적인 행동 기록)과 (b) 관찰 행동의 총수 대비 유효한 관찰의 비율로 계산했다. 평가자는 전문가가 관찰/기록한 수의 약 50%를 관찰/기록했으며, 평가자가 관찰한 내용의 75%가 인상이나 추론이 아닌 실제 행동이었다. 평가자에게 3개나 6개의 평가역량을 관찰하라고 했을 때보다, 9개의 평가역량을 관찰하라고 했을 때 관찰한 행동 비율이 더 낮았다. 평가자가 올바른 관찰을 할 수 있으며 실제로도 정확히 관찰한다는 것을 연구결과에서 제시하고 있지만, 피평가자가 보이는 모든 평가역량-관련 행동을 평가자가 전부 기록할 수 있는 것은 아니다. 그러나 평가자가 제한된 시간 동안 훈련을 받았다는 것을 고려해본다면 경험이 있는 평가자는 행동사건을 더 많이 관찰할 수 있을 것이라 예상할 수 있다. 또한, 기존의 연구결과를 보면, 평가자는 많은 수의 평가역량을 관찰해야 할 때 어려움을 겪는다고 보고하였다.

## 행동분류와 보고서 준비

평가자는 피평가자의 평가역량과 관련된 행동을 관찰하고 기록할 뿐 아니라, 평가역량별로 분류해야 한다. 평가자는 피평가자의 평가역량과 관련된 행동을 기록하면서 동시에 분류 작업을 시작할 수도 있다. 그림 7.2는 몇 가지 예를 제시한 것이다. 이러한 분류과정은 과제수행이 완료된 직후 이루어진다. 평가자는 관찰한 행동기록을 다시 살펴보면서 각기 관련된 평가역량과 연관시킨다. 그리고 모든 과제가 완료된 후 시행하는 통합회의에서 다른 평가자에게 원활히 보고할 수 있도록 그림 7.3에 제시한 것과 같이 평가역량별로 각각의 양식에 행동을 기록한다.

평가자의 분류 과정에 대해서는 아직 연구가 미흡하다. Gaugler & Thornton(1989)은 전문가가 분류한 유효관찰 행동 중에서 평가자가 정확하게 분류해낸 행동의 비율을 계산했으며(28%), 평가자가 정확하게 관찰한 행동의 총수 대비 평가자가 옳게 분류한 관찰 행동의 총 수의 비율을 계산했다(40%). 평가자는 6개나 9개 평가역량으로 행동을 분류할 때보다, 3개의 평가역량으로 행동을 분류할 때 더 많은 행동을 정확하게 분류했다. 이 연구를 통해 볼 때, 상대적으로 낮은 분류 정확도는 역량 간의 차이가 명확하지 않다는 것을 드러내고, 평가자는 적은 수의 평가역량이 주어졌을 때 역량 간 구별을 훨씬 더 명확하게 수행해낸다. 또한, 잘 훈련되고 숙련된 평가자는 이 과정을 더 효과적으로 해낼 수 있을 것이다.

**발표 과제**

**구두 의사소통**

개인과 그룹 상황에 대한 효과적인 표현

*+ 목표에 대해 정확히 이야기함*
*+ 공감적으로 그의 주장을 밝히며, 연습이 노력을 만든다고 이야기함*
*− 첫번째 목표에 대해 설명할 때 말을 더듬거림*
*− 아이 컨택이 부족함*
*− 테이블을 내려다 봄*

**리더십**

목표를 달성하기 위해 명령과 개인적인 지도를 통해 다른 사람들에게 영향을 주는 능력

*+ "Bob에게 혼자 있는 것이 훈련의 높은 성과에 집중하는 데 도움이 될 것이다"라고 이야기함*
*+ "좋은 기술을 강화했으면 좋겠다"라고 이야기함*
*+ Bob에게 정확한 절차를 배우길 바란다고 이야기함*
*− Bob의 협조를 요청하는 데 실패함*

**그림 7.3** 행동분류 예시

평가자는 이러한 관찰 및 분류 과정의 마지막 단계에서 평가역량으로 분류한 각 행동에 관해 서술식으로 자세하게 보고서를 작성한다. 일반적으로 평가자는 피평가자가 과제에 참가하는 것을 본 직후에 보고서를 작성한다. 평가자가 이러한 보고서를 작성하도록 시간을 따로 계획하여 마련하는 것은 어려울 수 있으나, 그들이 기록한 것과 관찰한 것이 평가자의 기억에서 생생할 때 보고서를 작성할 수 있도록 해야 한다. 사회인지분야의 연구에 따르면, 특정 행동에 대한 정보는 그 사건이 일어난 직후에 즉시 기록하지 않으면 기억 속에서 매우 빨리 희미해진다고 한다(Fiske & Taylor, 1984; Wyler & Srull, 1986).

보고서 작성이 끝나면, 평가자는 다음과 같은 다양한 활동 중 하나를 선택하게 된다. 행동 보고를 따를 경우, 회의에 참석하여 각 과제에 대한 보고서를 구두로 발표하게 된다. 과제 내 평가역량 평정방법을 따를 경우, 각 과제 완수 후에 그 과제에서 측정하는 평가역량에 대해 평정하게 된다.

## 보고서 발표

평가자가 관찰치를 통합하기 위해 모이면, 그들은 한 번에 한 피평가자의 수행에 대해 논의한다. 각 평가자는 관찰된 행동에 대한 서술 형식의 보고서를 읽는다. 평가자 A가 집단토론에 대해 보고하고, 평가자 B는 일대일 모의상황에 대해 보고하며, 평가자 C는 서류함 과제에 대해 보고한 뒤, 다시 평가자 A가 네 번째 과제에 대해 보고하는 등의 순서로 진행되기도 한다. 그림 7.3에서와 같이, 각 서술형식의 보고서에서 평가자는 다양한 평가역량과 관련하여 관찰된 행동을 기술한다. 또한 피평가자가 수행평가 모의상황에서 수행증진의 논의를 위한 추후일정을 계획하였는지와 같은 사항을 고려한다. 보고서를 읽는 동안 다른 평가자는 발표되는 내용을 듣고 그림 7.4에서와 같은 형식으로 각 평가역량에 대해 한 페이지 정도의 분량으로 요약하게 된다. 이러한 양식을 작성함으로써 모든 과제에 걸친 평가역량과 관련된 행동증거를 축적할 수 있다.

## 행동 척도: (각각의 과제종료 후) 과제 내 평가역량 평정방법

과제 내 평가역량 평정방법에서 평가자는 각 과제로부터 관찰된 평가역량에 대한 평정치를 제공해야 한다. 행동을 관찰하고 분류한 후, 각 평가역량에 대한 피평가자의 수행을 평정하기 위해 일반적으로 1~5점의 평정척도를 사용한다. 평정치를 기록하는 이 과업은 평가자 토론에서 개인 판단이나 집단 역동에 영향을 미칠 수 있는데, 이는 다음 장에서 더욱 자세히 논의할 것이다.

**구두 의사소통**: 집단 상황이나 일대일 상황에서 몸짓과 같은 비언어적 수단을 사용하는 등 효과적으로 의사전달을 할 수 있는 능력

| | 종합점수 |
|---|---|
| **1. 상황설명** | 4 |
| **2. 훈련** | |
| **3. 결과보고** | |

**기록**

| | | |
|---|---|---|
| **1. 상황설명** | + | John 을 웃으며 맞이하고 악수를 청함 |
| | + | "함께 일하게 되어 기쁘다."는 등 따뜻하고 지지적인 태도 |
| | + | 조용하지만 확신을 가지고 이야기를 함 |
| | − | 적절한 어휘를 찾기 위해 더듬거림 |
| | + | 적절한 시선 맞춤 |
| | + | 주제에 따라 말하는 속도를 조정함 |
| **2. 훈련** | + | 대상에 대해 명확하고 간략히 기술 |
| | + | 브리핑에 대한 이야기를 잠시 교환함 |
| | + | 절차에 대해 개관해 줌 |
| | − | 2단계의 기술문을 더듬거려서 John이 이해하지 못함 |
| | + | 열정과 활기를 보임 |
| | + | John이 관여하도록 손짓을 사용 |
| | − | John의 질문에 바로 답하지 않음 |
| **3. 결과보고** | + | John의 훈련 수행에서의 강점과 약점을 말해줌 |
| | − | 좋지 않은 수행에 대한 명확한 예를 제시하지 않음 |
| | + | 수행에서의 긍정적 진보에 대해 개관함 |
| | + | 열정을 보임 |
| | + | 목표, 수행, 지속하는 강/약점에 대해 요약 |
| | + | 미래에 대한 확신을 심어주고 마무리 |

**그림 7.4** 평가역량 요약 형식의 예시

이 단원에서의 핵심은 이러한 과제 내 평가역량 평정치의 품질에 대한 것이다. 이 평정치가 원래 측정하고자 했던 특성에 대한 적절한 측정치라는 증거는 무엇인가? 이 물음에 대한 대답은 두 명 이상의 평가자의 독립적인 평정치를 비교하는 것이다. 이러한 비교는 평가자 간 일치도 추정치라 부르며, .00에서 1.00 사이의 범위를 가질 수 있다. Ladd, Atchly, Gniatczyk & Baumann(2002)은 동일한 평가역량에 대한 행동을 관찰하고 수행을 평정한 두 평가자의 평가자 간 일치도 평균이 .83이었다고 보고했다. 이들은 이 결과가 의미하는 것은 독립적인 평가자(또는 평정자)가 어떤 피평가

자가 보여주는 역량의 수준에 대해서 동의하는 것이라고 결론지었다.

과제 내 평가역량 평정치에 대한 연구는 10장에서 자세히 소개할 것이다. 우리는 과제 내 평가역량 평정치의 신뢰도와 타당도에 대한 의문이 과제 수준에서 평가되어서는 안 된다고 주장한다. 왜냐하면, 의사결정을 할 때는 과제 중심의 평정치가 아니라 종합 역량 평정치나 종합 평가센터 평정치를 사용해야 하기 때문이다. 이렇게 상위 수준의 평정치를 구성하는 과정은 각 평가센터 프로그램에서 사용되는 통합방법에 따라 다를 것이며, 다양한 통합방법에 대해서는 8장에서 논의할 것이다.

## 행동 척도: (모든 과제종료 후) 행동 보고 방법

행동 보고 방법에서 각 평가자는 평가자 통합회의가 이루어지는 동안, 모든 과제의 보고서를 검토한 뒤 축적된 행동증거를 살펴보고, 그 평가역량 수행에 대한 종합 평정치 최종결정을 위한 시간을 갖는다. 표 7.1은 한 명의 피평가자를 세 명의 평가자가 다섯 개의 평가역량에 근거하여 평정한 것이다.

과연 평가자는 다른 평가자의 사전 보고를 듣고 토론을 하기 전에 각 피평가자의 역량별 종합 평정치에 관해 동의할 수 있을까? 다시 한 번 말하지만, 평가자 간 일치도는 전반적인 역량평정의 정확도에 유용한 정보를 제공한다. 표 7.2는 과거 평가센터 연구의 평가역량별 종합평정치에 대한 사전평정에서 평가자 간 일치의 수준이 상대적으로 낮은(.50) 수준에서부터 중간 정도(.67), 그리고 매우 높은 수준(.94)까지의 범위를 갖는다는 것을 보여준다. Thomson(1970)은 심리학자인 평가자와 관리자인 평가자 모두에서 높은 수준의 일치도를 발견했다. 8장에서 살펴보겠지만, 일치도는 보통 통합회의 후에 더 높아지지만, 처음부터 일치하는 수준이 높을 수도 있다.

**표 7.1** 평가역량별 종합 평정치: 사전 평정치와 최종 평정치

| 평가역량 | 사전 종합 평가역량 평정치 | | | 최종 종합 평가역량 평정치 |
|---|---|---|---|---|
| | 평가자A | 평가자B | 평가자C | |
| 리더십 | 4 | 4 | 4 | 4 |
| 의사결정 | 2 | 2 | 3 | 2 |
| 주도성 | 2 | 3 | 3 | 3 |
| 구두 의사소통 | 3 | 4 | 4 | 3 |
| 계획 및 조직화 | 2 | 2 | 4 | 4 |

**표 7.2** 평가역량별 종합평정치에 대한 사전평정에서의 평가자 간 일치도 연구

| 저 자 | 평가자 간 일치도 추정치(평균 신뢰도) |
|---|---|
| Lievens, 2001 | .62-.91 |
| Konz, 1988 | .81 |
| Tziner & Dolan, 1982 | .50 |
| Schmitt, 1977 | .67 |
| Borman, 1982 | .76 |
| Kehoe et al, 1985 | .82 |
| McConnel & Parker, 1972 | .83 |
| Neidig & Martin, 1979 | .94 |
| Sackett & Hakel, 1979 | .69 |

## 2 관찰, 분류, 보고, 평정을 위해 사용되는 도구들

이 단원에서는 평가 과정의 다양한 단계에서 평가자가 원활한 평가를 할 수 있도록 사용할 수 있는 도구들, 즉 행동 체크리스트와 행동기준척도(BARS, Behavioral Anchored Rating Scales)를 살펴볼 것이다.

### 행동 체크리스트

행동 체크리스트는 피평가자가 모의과제를 수행하면서 보여준 행동을 표시할 수 있도록 해준다. 그림 7.5는 리더 없는 집단토론의 행동 체크리스트 문항 일부를 예로 제시한 것이다. 피평가자가 토론을 시작하고 진행을 이끄는 것을 보았다면, 평가자는 '효과적으로 토론을 이끌었다.' 문항에 표시만 하면 된다. 만약 행동기록 과정을 돕기 위해 체크리스트가 제시되었다면 평가자는 피평가자가 과제를 수행하는 동안 행동관찰 노트를 작성하는 대신 체크리스트에 표시를 함으로써 평가를 완성해야 한다(추가로 행동관찰 노트를 작성할 수도 있음). 또한, 행동 체크리스트는 평가역량에 따라 행동을 나열하고 숙련도에 따라 행동을 척도화하여 척도화 도구 혹은 평정 도구로 사용될 수도 있는데, 그렇게 함으로써 각 평가역량에 대한 점수를 계산할 수 있다.

### 리더 없는 집단토론 과제

주도성

_______ 회의를 조직하는 실행 가능한 방법을 제안.
_______ 모두가 동의하는 의견은 배제하자고 구성원들에게 제안.
_______ 초기에 선택한 옵션을 후에 다시 한번 논의해볼 수 있도록 하자고 제안.
_______ 토론을 체계화할 다양한 방법을 제안.
_______ 옵션들을 차례로 제거해가면서 시작하자고 구성원들에게 제안.
_______ 각 구성원들의 순서를 정하자고 제안.
_______ 각 구성원들이 각자 가장 선호하는 옵션 하나를 선택하라고 제안.
_______ 다른 옵션에 대한 논의로 넘어가며 토론을 활발하게 유지.
_______ 옵션의 개선안 제안.
_______ 토론이 끝나기 전에 투표를 하자고 시도.
_______ 구성원들이 두 가지 옵션들 중 선택을 하지 못할 경우, 세 번째 옵션을 선택할 수 있다고 제안.
_______ 이미 언급된 포인트에 대한 이야기를 꺼냄.
_______ 투표 절차에 대해 제안.
_______ 효과적으로 토론을 이끎.
_______ 유창하게 이야기하며 토론을 통제함.

**그림 7.5** 행동 체크리스트의 예

이것은 일반적으로 각 과제가 완료된 후에 시행되지만, 평가자 통합 회의에서 토론을 원활히 하기 위해 사용되거나 평가자가 모든 보고서를 받은 후 각 평가역량에 관해 평정하는 것을 돕기 위해 사용될 수도 있다.

행동 체크리스트의 장점은 평가자의 작성시간을 줄여주고 더욱 주의 깊게 관찰할 수 있는 자유를 허용하며, 평가자가 해야 하는 판단의 수를 줄여줄 수 있다는 것이다 (Reily, Henry, & Smither, 1990). 체크리스트의 잠재적 단점은 평가자가 앞서 관찰한 행동에 해당하는 항목을 찾느라 뒤이은 행동을 놓칠 수 있다는 것이다. 평가자가 행하는 판단의 수가 줄어들기는 했어도, 여전히 평가자는 목록으로 제시된 행동이 실제로 보이는 행동과 일치하는지를 판단해야 한다. 더욱이 체크리스트의 항목은 그 사람이 실제로 행한 것이라기보다는 행동의 추상적 개념일 것이다. 또한, 나타날 수 있는 모든 행동을 포함할 수 있을 정도로 목록을 길게 만드는 것은 현실성이 없으므로, 평가자는 추가적인 서술형식의 기록을 해야 한다. 마지막으로 행동 체크리스트를 각 과제 후에 사용할 때, 동일한 평가역량에서의 행동이라도 각 과제에 따라 조금씩 다를 것이다. 본질적으로 이러한 차이가 매번 평가역량을 재정립 시킨다(Joyce, Thayer, & Pond, 1994).

실제로 행동 체크리스트를 실무에서 매우 많이 사용하고 있긴 하지만(Boyle, Fullerton, Wood, 1995; Spychalki 등, 1997), 과제 내 평가역량 평정치의 수렴/변별 관계에 미치는 효과를 살펴본 연구는 다양한 결과를 보여준다. 우선 일부 연구에서는 행동 체크리스트가 평가센터 평정치를 개선시킨다는 증거를 보였다(Hennessy, Mabey, & Warr, 1998). Reily et al.(1990)은 행동 체크리스트(일반적인 1~5점 평정 척도와 비교했을 때)가 과제 내 평가역량 간의 상관을 감소시키지는 못했지만, 과제 간 동일 평가역량에 대한 평정 일치도를 높인다는 것을 발견했다. Donahue, Truxillo, Cornwell & Gerrity(1997)는 행동 체크리스트를 사용하는 것이 변별 타당도만을 증가시킨다는 것을 발견했지만, Fritzsche, Brannick, & Fisher-Hazucha(1994)는 매우 적은 정도이지만 행동 체크리스트를 사용하는 것이 구성 타당도를 향상시킨다는 것을 발견했다. 또한, 체크리스트상의 행동의 수가 6개~12개로 제한될 때(Reilly et al., 1990; Lebreton, Gniztczky, & Migetz, 1999), 핵심 행동만 제시했을 때(Hauenstein, 1994), 그리고 행동이 무작위가 아닌 자연스럽게 분류되었을 때(Binning, Adorno, & Kroeck, 1997), 행동 체크리스트의 효과성이 증가된다는 것을 발견한 연구들이 있다.

과제에서 주어질 수 있는 행동 목록에서, 그 행동이 어떤 역량을 내포하는지 지정하는 과정은 생각보다 매우 논리적이다. 예상되는 가상(혹은 이전 평가센터에서 관찰되었던) 행동을 적절한 평가역량으로 '사전 분류'할 수 있다. 사전 분류를 해 놓은 경우, 어떤 행동이 나타났는지를 평가자가 체크하면 컴퓨터 프로그램이 자동으로 평가역량 점수를 산출한다. 이러한 과정은 평가자의 과업이 매우 단순화될 수 있고, 평가자가 행동을 체크하면 자동으로 분류되어 즉시 평가역량 점수로 생성된다는 장점이 있다. 그러나 이 과정은 관찰단계를 복잡하게 할 수 있으므로 주의가 필요하다. 평가자는 관찰한 행동과 목록에 제시된 항목 간의 유사성에 대해 생각해야 한다. 목록에 가능한 모든 행동을 포함하지 못하고 부족한 부분이 있다면 분류과정에서 혼돈이 생길 수 있고 오히려 평가자의 과업이 복잡해질 수 있다.

## 행동기준척도(Behaviorally Anchored Rating Scales, BARS)

BARS(Smith & Kendall, 1963)는 각 평가역량에서 피평가자의 수행에 관한 평가자의 평정치를 수집하는 도구로 사용된다. '전혀 숙련되지 않음'에서 '매우 숙련됨'까지의 평정척도가 있으며, 그 역량에서 다양한 수준의 수행을 나타내는 행동의 예를 척도상에 제시한 것이다. 센터의 설계에 따라, BARS를 각 과제 후에 평가자가 완성할 수도 있고(과제 내 평가역량 평정방법에서 이루어짐), 통합회의에서 모든 평가자 보고서를 받은 후 예비 평가역량 평정을 하기 위해 평가자가 사용할 수도 있다(행동보고 방법에서 이루어짐).

그림 7.6은 하나의 역량에 관한 과제를 마친 후에 그 역량의 평정치를 통합하는 데 사용되는 BARS의 예이다. 이렇게 특정한 평가센터(개발 평가센터)에서 컴퓨터화된 BARS를 사용하며, 각 평가역량은 '복수문항'으로 측정될 수 있도록 하위평가역량들로 구성된다. 또한, 평가자는 그들의 노트에 기록된 행동을 각 BARS에 관련된 행동으로 입력함으로써 하위 평가역량으로 분류하는 데 이 같은 형식을 사용한다. 그리고 이것은 피드백 세션에서 행동의 한 예로 사용된다. 많은 평가센터에서 평가자는 각 평가역량에 대해 한 개의 BARS를 완성하면 된다.

이 같은 예에서 볼 수 있듯이, 숙련된 수준에 따라 기준이 되는 행동들이 존재한다. 행동 체크리스트와 달리 BARS에서 기준이 되는 행동은 과제수행에 꼭 필요한 행동 또는 필요 없는 행동이라는 것을 염두에 두어야 한다. 대신 이러한 행동은 역량평가 과제에서 행동을 관찰하고, 그 관찰된 행동들을 척도화하는 평가자를 돕기 위한 지침으로써만 사용된다.

행동 체크리스트에 대한 연구와 마찬가지로, BARS에 대한 연구결과 또한 의견이 엇갈린다. Baker(1986)와 Campbell(1986)은 각기 행동 체크리스트를 사용하여 얻은 과제 내 평가역량 평정치와 BARS를 사용하여 얻은 평정치 간의 구성 타당도를 비교했다. Baker(1986)는 행동 체크리스트로 얻은 과제 내 평가역량 평정치가 역할이 부여되지 않은 리더 없는 집단토론에 대한 변별 타당도를 더 크게 하지만, BARS 형식을 사용하여 얻은 과제 내 평가역량 평정치는 역할이 부여된 역할의 리더 없는 집단토론의 변별 타당도를 더 크게 한다는 것을 발견했다. 또한, 두 유형의 리더 없는 집단토론에서 과제 내 평가역량 간의 상관은 BARS보다 체크리스트에서 더 낮았다. Campbell (1986)은 BARS 형식이 더욱 우월한 변별 타당도를 보이지만, 두 형식 모두 우수한 수렴 타당도를 보인다는 것을 발견했다.

## 요약

종합해 보면 여러 연구는 다양한 평정 형식이 추후 판단에 차별적인 영향을 미칠 수 있다는 것을 지적하고 있다. 그러나 안타깝게도 연구 결과는 일관성이 부족하며, 만약 한 가지의 '우월한' 평정 방식이 존재한다면 제한적인 결정을 내리게 된다. 이는 단일한 평정 형식이 다른 평정 형식보다 우월하지 않다는 수행평정 연구의 결과와도 동일하다(Bernardin & Beatty, 1984; Murphy, & Cleveland, 1991).

## 블록 1: 국제통상 - 리더없는 집단토론

| 평가영역 | 정의 | 다른 평가영역 |
|---|---|---|
| 구두 의사소통 | • 언어적/비언어적 표현: 분명한 메시지와 어조, 성량 및 제스처를 사용해서 언어적, 비언어적으로 이야기한다.<br>• 메시지의 명확성: 명확하고 간결한 메시지를 전달한다.<br>• 적절한 의사소통 방식: 듣는 사람의 특성에 따라 적절한 의사소통 방식을 선택한다. | • 문제해결<br>• 리더십<br>• 갈등관리<br>• 문화적응 |

**언어적/비언어적 표현**

| 개발 필요 | | 능숙함 | | | 매우 능숙함 | |
|---|---|---|---|---|---|---|
| 1 | 2 | 3 | 4 | 5 | 6 | 7 |
| 산만한 이야기 습관(너무 조용히 말해서 거의 들을 수 없음) | 논리가 맞지 않거나 비전문적인 언어 사용(단어의 오용 및 속어의 부적절한 사용) | | 적절히 시선을 마주침 | 적절한 목소리 크기와 어조 사용 | 효과적인 비언어적 의사소통(시선 마주치기, 적절한 손동작 등) | |

**근거 행동 기록**

**메시지의 명확성**

| 개발 필요 | | 능숙함 | | | 매우 능숙함 | |
|---|---|---|---|---|---|---|
| 1 | 2 | 3 | 4 | 5 | 6 | 7 |
| 다른 사람과 대화할 때 지나치게 말이 많음. | | 다른 집단 구성원과 대화할 때 지나치게 간략한 반응만을 보임. | | | | 관점을 이해하기 쉽도록 적절한 비유 사용. |

**근거 행동 기록**

**적절한 의사소통 방식**

| 개발 필요 | | 능숙함 | | | 매우 능숙함 | |
|---|---|---|---|---|---|---|
| 1 | 2 | 3 | 4 | 5 | 6 | 7 |
| 다른 사람을 무시하듯 말함. | 집단이나 상황에 어울리지 않는 대화 | | 토론내용에 따라 어조를 적절히 변경(토론형식의 변화에 따른 어조의 변화) | 다른 사람에게 편안한 의사소통 방식 | | 자신의 관점에 대해 이야기할 때 다른 사람의 관점에 대해서도 논의 |

**근거 행동 기록**

**구두 의사소통 전체점수 (동그라미 하시오) : 1 2 3 4 5 6 7**

그림 7.6 행동지표(BARS) 가이드 예시

## 3 사회 인지와 평가자 정보처리

지금까지 평가자가 개별적으로 수행하는 절차를 기술하였으며, 이제 피평가자 행동을 관찰, 기록, 분류, 그리고 척도화하는 데 필요한 평가자의 내부 인지정보처리에 대해 설명하고자 한다. 인지정보처리에 관한 문헌은 평가자가 '초능력자'가 아니라는 것을 환기시키고 있다. 평가자의 인지 자원과 주의집중 자원에는 한계가 있으며 평가 오류 또한 범할 수 있다. 여기서 우리는 사회인지에 대한 두 가지 주요 접근법인 개념-주도 이론과 행동-주도 이론(그림 7.7 참조)을 살펴보고 이를 통해 평가자 인지정보처리에 관해 이해해보고자 한다. 이어서 평가자 훈련과 평가센터 방법 절차를 어떻게 하는 것이 평가자 정확성을 최대화할 수 있는지에 대해 알아보겠다.

### 개념-주도 이론(Schema-Driven)

개념-주도 이론에서는 사람들이 노출된 수많은 환경 자극에 주의를 기울일 수 있는 용량이 한정되어 있다는 사실에 초점을 맞춘다(Fiske & Taylor, 1984). 사람들은 일부 사건에만 선택적으로 주의를 기울일 수밖에 없다(Alba & Hasher, 1983). 이러한 선택의 경향은 우리가 마음속에 지니고 있는 개념에 의해 결정된다. 개념은 사람들이 관찰하고 있는 어떤 특정한 주제에 대한 심상, 사고모형, 혹은 신념이다. 하향 접근, 인지범주화 모형(cognitive categorization model; Nisbett & Ross, 1980) 또는 한정적용량 모형(limited capacity model; Lievens & Klimoski, 2001)이라고도 불리는 이 개념이론에 따르면 이러한 선택적인 지각은 예측 가능한 방식으로 작동된다고 한다. 사람들은 연관성 있는 관찰에서 표본을 추출할 때 충분히 하지 않는 경향이 있다(Cooper, 1981; Major, 1980). 즉, 사람들은 판단을 목적으로 관찰할 때 상대적으로 충분히 관찰하지 못한다. 더욱 구체적으로 사회적 시각에서 보면, 한 개인에 대한 사전 지식이

| | 행동-주도 접근 | 개념-주도 접근 |
|---|---|---|
| **다른 명칭** | 상향접근<br>행동 모형<br>자료-주도 접근 | 하향접근<br>인지 범주화 모형 |
| **평가의 기반** | 사람이 보인 행동 | 그 사람의 행동에 대한 신념과 고정관념 |
| **기억 저장** | 구체적 행동 | 일반적 인상 |
| **판단의 질** | 객관적 | 주관적 |

**그림 7.7** 사회판단의 두 이론 비교

타인의 그 사람의 행동에 대한 관찰에 영향을 미친다는 것이다. 사전 지식은 그 사람의 학벌이 부족하다든지, 직무수행이 낮다는 등에 대한 정보일 수 있으며, 또는 그 사람과의 상호작용에서 처음 몇 분 만에 형성된 첫인상일 수도 있다. 이러한 관점에 따르면, 모든 정보가 들어오기까지 관찰자가 판단을 보류하기는 힘들다. 따라서 현존하는 지식과 일치하지 않는 상세한 사항을 걸러내는 선택적 지각 과정이 존재한다(Cooper, 1981). 개념 이론에서 제안하는 이러한 과정은 평가자가 수행하는 각 단계에서 함축적인 의미를 갖는다(Burrus, 2004).

우선 행동을 관찰하고 분류하는 과정이 개념에 의해 영향을 받을 수 있다. 이 과정에서 평가자의 관찰은 잘못된 분류 개념으로 인해 편파적일 수 있다. 개념 이론에서는 사람들이 사용하는 분류 개념이 각자 자신의 관찰을 단순화하도록 돕는 수단으로써 반드시 의미 있는 범주가 아닐 수 있다는 사실을 강조한다. 사람들이 사용하는 범주와 범주 내의 구체적 행동 간의 연관성, 그리고 범주 간의 연관성은 사람들이 다른 사람에게 갖고 있는 암묵적 성격이론에 의해 인위적으로 만들어진 것일 수 있다(Cooper, 1981). 암묵적 성격이론은 어떤 특성이 서로 연관성을 가졌는지에 관해 사람들이 가지고 있는 믿음과 추측이 통합된 이론이다. 예를 들어, 유창하게 이야기하는 사람이 지적이라고 믿는 사람이 있을 수 있다. 개념 이론에 따르면, 이러한 믿음체계는 인위적으로 만들어진 것일 수 있으며, 실제 행동에 근거한 것이 아닐 수 있다. 평가자가 피평가자를 관찰할 때 그러한 분류 개념과 암시적 성격 이론을 사용한다면, 평가자들이 행동을 관찰, 기록, 보고하는 데 있어서 편파적이고 부정확한 방식으로 평가할 위험이 있다.

평가자가 관찰할 때 과제가 상당히 빠르게 진행된다는 것 또한 염두에 두어야 한다. 즉, 평가자는 매우 빠른 속도로 행동을 관찰하고 기록해야 한다(Lievens & Klimoski, 2001). 그러한 상황에서 그들은 과제에서 나타난 모든 개별 행동보다도 그들의 개념에 더 의존할 위험이 있다. 또한, 평가자가 행동을 범주화할 때 나타나는 Lievens & Klimoski의 추론적 비약에 대해서도 염두에 두어야 한다. 개념기반의 인지처리는 평가자가 종종 경험하는 인지정보처리를 감소시키는 방법으로써 사용될 것이다.

통합 단계에서 피평가자의 행동을 다른 평가자에게 보고하는 과정 또한 개념에 의해 영향받을 수 있다. 보고서를 발표할 때, 평가자는 그들이 과제를 관찰하는 동안 기록한 것에 많이 의존하게 된다. 그러나 그들이 모든 사항을 자세히 다 적을 수 없으므로 평가자는 종종 본인의 기억에 의존한다. 그렇다면 평가자는 실제 사건을 어느 정도나 기억할 수 있을까? 개념 이론에 따르면, 기억은 추상적인 표상들 혹은 우리가 목격한 사건에 대한 해석으로 구성되어 있다(Cooper, 1981; Fiske & Taylor, 1984). 이러한 관점에 따르면, 단기기억은 정밀하고 상세한 것들로 구성되어 있지만, 장기기억은 대개 상세함이 결여된 일반적인 범주로 구성되어 있다(Wyer & Srull, 1986). 또한, 장기기억으로 전환된 모든 상세한 기억은 한정된 시간 동안에만 남아 있다. 소멸이 일어나며 이는 선택적이다. 이 이론에 따르면 사람은 특정 사람에 대해 본인이 지니고 있는 일반적인 인상과 일치하는 일련의 정보만을 보유하는 경향이 있다.

더욱 극단적인 재구성 과정은 다른 학자들이 제안하였다(Cooper, 1981). 이 과정에서 관찰자는 실제로 일어나지 않은 사건을 복원한다. 즉, 관찰자는 그들의 초기 인상과 일치하는 실제 일어나지도 않은 특정 사건이 일어났다고 믿는다. 만약 평가센터에서 어떤 피평가자가 그룹발표를 요약정리하였는데, 평가자가 막상 자신이 선호하는 어떤 특정 피평가자가 그 일을 했다고 잘못 회상한다면 이는 큰 문제가 될 수 있다.

마지막으로, 행동을 척도화하는 과정도 개념에 의해 영향받을 수 있다. 개념-주도 이론은 사람들이 타인을 판단할 때, 단순한 지침을 발전시켜 사용한다고 제안한다. 이 이론에 따르면 사람들이 일반적으로 이용 가능한 상당수의 정보 대신, 매우 적은 정보에 근거해 판단한다고 한다. 선택적 기억 소멸 때문에 피평가자에 대한 일반적인 인상과 일치하는 정보에 더 의존하여 통합과 판단을 한다는 것이다. Fiske & Taylor(1984)는 많은 연구를 요약한 후, 상세한 에피소드보다는 내적인 인상을 기억에서 회상하기 더 쉬우므로 그것이 우리의 평가를 지배한다고 제안했다. 또한, 더 나아가, Feldman(1981)은 사람들이 자신의 판단을 입증하고 지지하기 위해 기억에서의 빈 공간을 채울 수 있는 사건을 '복원' 혹은 만들어낼 것이라고 말했다. Lievens & Klimoski (2001)는 평가역량에 의해 분류된 행동의 평정치를 할당하는 것 또한 평가자가 개념 중심의 정보처리에 의존하도록 이끌 수 있는 추론적 비약을 요구한다고 주장했다.

평가자가 사용할 수 있는 단순한 개념 중 하나는 피평가자에 대한 일반적인 첫인상이다. Lance, Foster et al.(2004)은 평가자가 피평가자의 수행에 대한 일반적인 인상을 처음에 형성하고, 그것이 특정 역량에 대한 평정에 영향을 미친다는 주장을 지지하는 증거를 제시했다. 이러한 효과는 평가자가 평가역량 평정치를 부여하기 전에 지원자의 전반적 수행을 평가하도록 했기 때문일 수도 있다(Lance와 Foster는 이러한 설명에 대해 반론을 제기했다).

Nisbett & Ross(1980)는 인간의 추론 과정에 관해 가장 신랄하게 비판했다. 그들은 인간은 여러 휴리스틱에 의한 절차, 즉 '경험법칙'을 사용하며, 이는 의사결정 과정에서 오류를 범하게 할 수 있다고 주장했다. 과업 완수에 대한 시간 압박이 있는 상황에서 경험에 기반한 정보처리가 흔하게 나타나며, 그러한 정보처리 과정의 사용은 종종 판단에서 오류를 이끈다는 것을 보인 연구 결과가 있다(Goodie & Crooks, 2004). 평가자가 시간 압박 하에서 판단해야만 하는 평가센터 상황에서, 이러한 경험중심의 판단이 인지능력에 영향을 줄 수도 있다.

기준점 및 조정 발견법은 종종 타인을 판단하는 개인이 사용한다. 이는 기준 평가를 하기 위해 빠른 참고사항을 찾게 하며, 그 기준에 맞춰 개인의 평정을 수정하게 한다(Fiske & Taylor, 1984). 연구에 따르면 사람들은 간단한 과업에 있어 자신의 능력을 다른 사람의 것에 비해 과대평가하는 경향이 있지만, 복잡한 과업에서는 자신의 능력을 다른 사람의 것에 비해 과소평가하는 경향이 있다고 한다(Kruger, 1999). 평가자가 이런 현상의 희생양이 될 경우 자신의 기준치를 잘못 판단하여 평가 자체를 부정확하게 평정할 수도 있으며, 많은 피평가자 가운데 처음 한 사람을 잘못 판단하여 기준에 오해가 생기면 나머지 전체의 평가가 정확하게 이루어지지 않을 수 있다(Burrus, 2004).

다른 비슷한 발견법 또한 사용될 수 있다. 대표성 휴리스틱(Nisbett & Ross, 1980)은 어떤 한 행동의 관찰이 이루어진 후 그 범주에 속해질 때와 이미 평가된 범주를 기준으로 새로운 행동을 판단할 때 나타난다. 이 상황에서의 문제점은 미리 정해진 범주의 분류가 부정확할 수 있으며, 추후에 이루어질 다른 평가나 판단에 편견을 가져올 수 있다는 것이다. 평가센터의 내용에서 살펴보면 이는 평가자가 관찰된 행동을 잘못된 평가역량으로 분류하였을 때 문제가 될 수 있으며, 이후 어떤 추가적인 근거로써 이 분류 자체가 다시 영향을 받는다고 해도, 다음에 이루어질 평가는 미리 자신이 세운 그 요점을 중심으로 부정확한 평정이 이루어질 수 있다는 것이다.

가용성 휴리스틱은 개인이 기억 속에서 즉시 추출할 수 있는 정보로 빈도수, 가능성, 그리고 인과관계에 관해 판단을 내리는 것을 말한다. 이 발견법을 사용함으로써 생기는 문제점은 만약 즉시 추출 가능한 정보가 유효하지 않거나 평소와 다른 정보를 담고 있다면, 잘못된 판단을 내릴 수 있다는 것이다. 모의과제 과정에서 어떤 한 행동이 평가자의 기억에 중요한 무언가로 기억될 수 있다. 이 조그마한 기억 하나가 다른 많은 양의 행동정보 대신 피평가자의 역량을 평가할 수 있다. 이와 관련하여, 현저성 및 생동감 휴리스틱은 더 즉각적인 기억, 더 뚜렷한 기억, 그리고 더 특별한 기억에 가중치를 두는 경향을 말한다. 이 휴리스틱을 사용하면 문제가 생기는데 그 이유는 생동감이 보통 평가자가 가치를 두어야 하는 정보에 큰 역할을 하지 않기 때문이다.

이러한 이유와 인간의 판단 과정 오류에서 보이듯 사람들이 미래의 일을 정확하게 예측하는 것은 굉장히 어려운 일이다. 그러나 나중에 소개하겠지만, 모든 희망이 사라진 것은 아니다. Nisbett & Ross(1980)는 인간이 어떤 상황에 충분한 사고와 판단을 하고 목적을 성취하는지를 묘사하였다. 이러한 상황은 평가센터 과정을 통해 수립된다.

## 행동-주도 이론(Behavior-Driven)

행동-주도 이론은 관찰자가 구체적인 행동을 관찰하고 기억할 수 있다는 것을 강조하는(Hintzman, 1986, 1988) 매우 다른 관점을 제시했다. 행동-주도 접근은 자료-기반

접근(data-driven approach; Abelson, 1981), 상향 접근(bottom-up approach; Fistke & Taylor, 1984), 인간판단의 행동모델(a behavioral model of human judgment; Borman, 1977, 1978), 그리고 이성적 모델(rational model; Lievens & Klimoski, 2001)이라고도 부른다. 이러한 용어는 사람들이 다른 사람의 상세한 행동에 주의를 기울이고, 구체적인 사건을 기억에 저장하며, 실제로 일어난 사건에 근거하여 객관적인 판단을 할 수 있다는 의미를 전달하고 있다(Wegner & Bargh, 1998). 여러 연구에 따르면, 사람은 타인을 관찰할 때 일어난 사회적 상호작용 대부분을 인식하고 기억한다고 한다(Hastie & Kumar, 1979; Locksley, Borgida, Brekke, & Hepburn, 1980). 사람들이 관찰한 것은 여러 특징의 대표적인 상징으로 기억 속에 남는다 (Kintsch & vanDijk, 1978; Linville, Fischer, & Salovey, 1989). 예를 들어 누가 이야기했으며, 무엇을 이야기했고, 비언어적 의사소통은 어떻게 이루어졌고, 청중은 어떻게 반응했는지를 통해, 리더 없는 집단토론의 한 부분이 기억에 저장된다. Higgins & Bargh(1987)는 사회인지 문헌의 상당수를 요약하여 '사람들은 사전 지식으로 최초의 정보를 보완하지 않아도 주위 환경정보를 매우 정확하게 부호화한다.'라고 결론지었다.

관찰자가 과제에서 나타나는 복잡한 행동을 주의 깊게 관찰하고 동시에 기억할 수 있다는 가정을 지지하는 이론은 상당히 많다. 또한, 구체적인 행동을 관찰할 수 있고 그러한 구체적 행동에 대한 기억을 보유할 수 있다는 것을 증명하는 심리학의 수많은 분야 연구로부터 직/간접적이고 실질적인 증거들이 있다. 행동을 직접 관찰하는 것은 행동평가(behavioral assessment; Foster & Cone, 1986), 행동수정과 행동치료(behavioral modification, and behavioral therapy; Kazdin, 1984)에서 널리 사용되어왔다. 이러한 절차(특정 행동에 대해 관찰을 하고 피드백을 주는 능력에 기반한 모든 절차)는 알코올중독, 섭식장애, 우울 및 지적장애를 다루는 데 오랫동안 사용되어 왔다(Leitenberg, 1976). 이러한 모든 예는 사람들이 구체적인 행동에 대한 객관적인 관찰을 할 수 있으며 실제로도 그렇다는 것을 보여준다.

Hintzman(1986, 1988)은 모든 경험이 인간의 지각 처리 과정에 기록된다고 주장했다. 마찬가지로 Johnson & Raye(1981) 역시 모든 지각 사건은 지속적인 기억의 자취를 남긴다고 주장했다. 그러한 주장은 과장된 것처럼 보일 수 있으며, 자신의 감각에서 작용하는 모든 자극을 지각하고 장기기억에 저장할 수 있다고 주장하는 사람들은 많지 않다. 그러나, 주요 이슈는 그렇게 하라는 요구를 받았을 때, 사람들이 과연 관찰했던 상세한 부분들을 기록할 수 있는 지이다. 이론과 연구에 따르면 사람들은 그렇게 할 수 있다고 한다. 이와 같은 시각은 평가 과정 속 여러 단계에 함축적인 의미를 부여하며, 이에 관해서는 앞으로 다룰 것이다.

행동관찰과 사회지각에 대한 두 가지 서로 다른 관점(개념-주도, 행동-주도)은 특정한 환경하에서는 모두 유효할 수 있다. 그러면 언제, 어떤 조건에서 어떤 것이 작용할 것인지에 관한 것이 논점이다. Fiske & Taylor(1984)는 관찰자가 과업을 심각하게 받아들일 때, 경험한 것보다 상세한 사항들을 기억에 저장하고 회상할 수 있을 것이라 주장했다. 또한, Nathan & Lord(1983)의 연구에 따르면, 관찰자의 관찰행동이 의미 있는 패턴을 나타낼 때, 더욱 자세한 관찰기록이 가능하다고 하였다. 또 다른 연구에서는 무엇이 관찰되고 선택되는지를 결정짓는 것이 관찰의 목적이라고 했다(Higgins & Bargh, 1987). 대부분 매일매일의 사회적 상호작용에서, 사람은 다른 사람에 대한 일반적인 인상만 형성하면 된다. 따라서 사람들은 전반적인 인상만을 추출하여 유지하려는 경향이 있으며, 이 사실은 곧 개념-주도 접근을 지지하는 근거가 된다. 반면, 사람들에게 관찰의 목적이 상세사항을 기록하는 것이라고 말해주면, 그들은 실제로 그렇게 할 수 있다. 뿐만 아니라, 평가자가 자신의 판단에 대한 책임을 져야 하고 그 정확성 또한 강조된다면, 세부사항은 매우 완벽하게 기록되고, 선택되고, 또 유지될 것이다(Alba & Hasher, 1983; Mero & Motowidlo, 1995). 이와 같은 상황은 바로 평가센터에서 일어나는 상황들이다. 평가자는 과업을 진지하게 받아들이고, 역량은 의미 있는 범주들을 제공하며, 평가자는 관찰행동을 보고할 의무가 있고, 그 정확성은 매우 중요하게 여겨진다.

다음으로 행동-주도 이론과 행동의 분류 및 척도과정의 상관관계에 대해서 살펴보겠다. 부수적인 평가역량을 인위적인 범주들로 보려는 관념과는 반대로, 다른 이론 및 연구들은 이 역량이 의미 있는 실제 범주들이라고 정의한다. 평가역량이 의미 있는 범주라는 의견을 지지하는 것은 Rosch, Mervis, Gray, Johnson, & Boyes-Braem(1976)의 물질적 대상에 대한 연구와, Hampson, John, & Goldberg(1986)의 사회적 활동에 대한 연구에서 비롯되었다. 이 연구자들에 따르면, 자연적 범주는 인간사고의 다양한 영역에 존재하며, 이러한 범주들은 다양한 사람에게서 일반적으로 인식된다고 한다. 또한, 사람들은 어떤 물체의 정보를 인식할 수 있으며 이 같은 정보는 그 물체나 행동을 자연적 범주로 구분하게 한다. 평가센터의 내용에서 보면, 이 같은 아이디어는 '리더십' 행동과 '의사결정' 행동 같은 의미 있는 범주가 존재한다는 개념을 지지하는 것이다. 또한, 이는 평가자가 '피평가자가 네 가지 문제에 대해 15분씩 할애하는 것을 제안했고, 집단은 그 제안을 따랐다'와 같은 행동을 관찰할 수 있고, 이 행동을 '피평가자는 영업 대행인을 위원회에 포함할 수 없는 세 가지 이유를 말했다'와 같은 행동과 구분할 수 있음을 내포하고 있다. 첫 번째 행동은 리더십의 예이고, 두 번째 행동은 의사결정의 예이다.

BARS(Smith & Kendall, 1963)의 개발에 근본이 된 이론은 또 다른 측면에서 관찰자가 관찰한 행동들을 의미 있게 범주화할 수 있다고 지지한다. 이 방법은 업무에 관련된 행동들이 의미 있는 범주로 일관되게 분류될 수 있다는 것을 가정한다. 이 방법을 사용하여 관리자는 업무 행동을 관찰하고, 이러한 행동을 범주로 구분하고, 업무 수행의 의미 있는 역량에 대한 평정을 지지하는 증거를 수집한다.

수행평가 연구와 관련하여 Nathan & Lord(1983)는 관찰자가 행동을 범주화하고, 실제 보이는 행동에 기반하여 평정을 할 수 있다는 증거를 제공했다. 그들은 실험을 통해 우수한 수행자의 열등한 행동들과 열등한 수행자의 우수한 행동들이 평정에 명확한 영향을 미친다는 것을 발견했다. 일반적인 인상의 전반적인 효과가 평가역량의 평정에 영향을 다소 미쳤지만, 평가자는 그들이 평정하는 평가역량과 행동 간의 구분을 명확하게 할 수 있었다.

## 평가자 인지처리 과정에 대한 결론

우리는 대인 간 지각과 판단이 어떻게 발전하는지에 대한 명확하고 발달된 두 가지 관점인 개념-주도와 행동-주도 이론을 살펴보고, 각 관점을 지지하는 이론적 연구와 실증적 연구를 살펴보았다. 여기에서 나올 수 있는 질문은 '그렇다면 평가센터 상황에서는 어떤 관점이 가장 정확한가'이다. 이 질문에 대한 정확한 답을 찾는 것은 그 자체가 부적절할 수 있다. 이들 접근 모두 모든 평가센터에서 일어나는 대인 간의 판단을 다 설명하지는 못한다. 더욱 나은 접근은 언제 각각의 과정이 나타나며 어떤 조건이 행동-중심 혹은 개념-중심의 평가를 촉진하는지, 그리고 각 이론적 접근을 통해 평가를 향상시킬 수 있는 어떤 방법을 배울 수 있는가를 이해하는 것이다.

대비되는 두 개의 접근 방식을 적절하게 운영하는 조건에 관해 힌트를 주는 연구는 다음과 같다. 만약 사람들이 단순히 타인에 관한 일반적인 인상만을 형성한다면 도식이 관찰, 기억, 판단에 더 영향을 미칠 수 있지만(Fiske & Taylor, 1984), 사람들이 상세한 사항을 관찰하라고 이야기를 듣는다면 그들은 구체적인 정보를 상당 부분 인지하고 보유할 수 있으며 실제로 그렇게 한다는 것이다(Sherman, Judd, & Park, 1989). 만약 관찰자가 기억에 의존해야 한다면 암묵적 성격 이론이 심상에 작용하고, 평가역량 간에 인위적으로 높은 상관관계가 야기될 수 있다(Cooper, 1981). 그러나, 만약 일지와 같은 도구를 관찰 및 기록하는 도구로 사용한다면 평가된 평가역량 간 인위적으로 높은 상관관계에서 후광효과 오류는 감소한다(Bernardin & Walter, 1977). Nathan & Lord(1983)는 만약 행동이 명확한 인지 평가역량에 적합하다면 관찰자는 관찰치를 장기기억에 직접 넣을 수 있으나, 범주에 관한 명확한 이해가 없다면 그들은 실제 행동을 회상하지 못할 것이며, 그들이 지니고 있는 일반적 개념에 적합하도록 사건을 재구조화할 수 있다(Alba & Hasher, 1983). Nisbett & Ross(1980)는 문제 해결에 더욱 주의 깊게 몰두하라는 지시를 받았을 때 사람들은 더욱 체계적이고 과학적인 추론 전략을 사용한다고 주장했다. Swann(1984)은 일반적이거나 상황을 초월한 예측보다, 상황 중심의 예측을 해야 할 때 인간 인지능력에서의 정확성이 더 커진다는 점을 시사했다. 이 경우 관찰자가 단지 한정된 행동들만을 조사하고 구체적 상황과 추론이 일어나는 주변 상황에 더욱 친숙할 수 있기 때문에 정확성이 더 커진다.

개념-주도와 행동-주도의 구분은 사회 정보처리 영역에서의 통제된 처리와 자동적 처리의 구분과 유사하며 중복되기도 한다(Fiske, 1993; Wegner & Bargh, 1998 참조). 통제된 처리는 의식적이고 체계적이지만 자동적 처리는 무의식적으로 일어나며 앞서 논의한 바와 같은 발견법의 사용을 포함한다. 여기서 우리가 중요하게 살펴볼 것은 사회판단이 빠르게 오프라인으로 일어나며 상당한 고정관념과 귀인 및 인지적 발견법의 사용을 포함하고 있을지라도 많은 상황에서 사회적 판단은 훨씬 더 통제된 방식으로 나타난다는 것을 여러 연구에서 발견할 수 있다는 것이다. Wegner & Bargh (1998)는 다음과 같이 표현했다.

> 만약 어떤 사람이 한 개인에 대한 정확하고 구체적인 인상을 형성하고자 한다면, 통제처리기능이 작동되고 그 개인에 관한 개별화된 세부사항을 수집할 것이다. 이로 인해 한 개인에 대한 인상은 자동으로 제공되는 정보(대개 쉽게 관찰 가능한 특징에 기반한 고정관념적 가정)에만 의존하지 않게 될 것이다. (p.478)

판단 결정자가 동기 부여될 때 인지적 편향이 감소한다면(Kunda & Sinclair, 1999) 다음과 같은 질문을 할 수 있다. 평가자가 동기부여 되었는가? 답은 '그렇다'이다! 평가자가 평가센터를 설계, 운영하는 조직의 구성원일 때 그들은 그 직책에 자원했을 수도 있으며, 혹은 사람들에 대한 판단을 정확하게 하는 그들의 관리역량과 평판을 인정받아 평가자로 추천되었을 수 있다. 또한, 평가자의 판단 과정을 돕기 위해 평가센터 프로그램 내 많은 구조를 이용할 수도 있다. 평가자는 피평가자의 행동을 관찰할 기회를 제공받으며, 판단 과정을 도울 수 있는 다양한 도구를 이용하게 된다. 여기에는 행동 기록 노트, 행동 체크리스트, BARS 및 기타 도구들이 포함된다. 또한, 평가자는 통합 회의와 피드백 세션과 같은 과정을 통해 그들의 판단에 책임을 지게 된다 (Lievens & Klimoski, 2001; Mero & Motowidlo, 1995). 그리고 마지막으로, 평가자는 그들의 역할에 대해 훈련을 받게 된다. 이러한 상황들은 많은 사회인지 연구가 시행되었던 전형적인 실험실 조건보다 더 높은 동기를 불러일으킨다.

일련의 논리는 Lievens & Klimoski(2001)의 평가자 판단에 대한 전문가 모형과 유사하다. 이 모형은 평가자의 역할을 전문가라 가정한다. 그들은 훈련을 받았고, 경험이 있다. 따라서 그들은 피평가자를 평정할 때, 잘 수립된 인지구조를 발전시키고 활용한다. 이 모형은 평가자가 지난 경험에 의존하지 않고 정확하게 행동을 관찰하고, 회상하고, 기록하고, 분류하고 척도화할 수 있도록 훈련받는다는 것을 주장한다(Sagie & Magnezy, 1997). 이 책의 10장에서는 평가센터의 타당도를 다루면서 평가자 정확성에 대한 경험적 증거들을 더욱 자세히 논의할 것이다.

이러한 모든 증거는 조건이 갖춰졌을 때 평가자가 관리 역량에 관해 효과적인 판단을 한다고 확신할 수 있도록 도와준다. 평가센터 방법으로 이러한 조건들이 얼마나 수립될 수 있는지를 살펴보면 다음과 같다.

- 평가자는 구체적인 관찰을 하고 이를 기록할 수 있는 적절한 시간이 있다.
- 평가자는 관찰한 직후에 평정하여, 장기기억에 의존할 필요가 없다.
- 효과적인 관리수행을 위한 평가역량이 명확히 정의되어 있다.
- 평가자는 결과에 대한 이해관계가 없는 경우가 대부분이며, 객관적으로 행동 증거를 살펴볼 수 있다.
- 평가자는 그들에게 친숙한 특정 직무의 성공 가능성을 예측한다

이제 평가자가 '정확한 판단을 하기 위해 얼마나 훈련을 받아야 하는가?'라는 질문에 답할 차례이다.

## 4 행동을 관찰, 기록, 분류, 그리고 척도화하기 위한 평가자 훈련

평가자 훈련은 전형적으로 지식, 기술, 능력, 그리고 일반적 정보가 결합된 부분을 포괄하여 이루어진다(International Task Force, 2000).

- 조직과 상황에 대한 지식
- 평가센터 목적에 대한 지식
- 피평가자가 평가센터에 대해 어떻게 알고 있는지에 대한 정보
- 관찰과 평정에서 흔히 발생할 수 있는 오류를 피하는 것에 대한 논의와 훈련
- 관찰하고 평가할 역량에 대한 설명과 논의
- 과제에서 거짓 피평가자(역할수행이자)에 대한 서술, 참여, 관찰
- 체크리스트, 평정 척도와 같은 평가자 지원 도구에 대한 연구 및 훈련
- 수행과 평정척도 각 수준의 의미를 공유하기 위한 참조의 틀 훈련

## 행동-주도 과정의 장점을 취한 과정 훈련

평가자 훈련의 가장 일반적인 형태는 행동-주도 접근법을 취한 것이다. 행동-주도 평가자 훈련이라고도 알려진(Lievens & Thornton, in press) 이 방법은 조직에서 사용되는 가장 흔한 훈련 방법이다. 이 방법의 옹호자들은, 사람들이 판단 과정을 체계적으로 수행할 수 있는 능력을 증명한 여러 연구에 따라, 평가자 훈련은 평가자가 미리 정해진 평가센터 절차를 시행할 수 있도록 설계되어야 한다고 주장한다. 즉, 평가자는 평가 과정의 각 단계들(관찰, 기록, 분류, 평정) 내에서 훈련을 받는다. 일련의 단계를 순차적으로 엄격하게 시행하여 평가자가 각각의 평가단계를 구별하고, 일련의 순서에 따라 정해진 각 단계를 차례대로 시행하도록 학습시킨다.

과정 훈련은 강의를 통해서도 이루어지고, 평가 과정의 각 단계 수행을 쉽게 하는데 초점을 둔 과제 수행을 통해서도 이루어진다. 또한, 훈련의 마지막 단계에서는 완전한 사례 연습, 즉 평가자가 비디오로 녹화된 모의과제를 보고 개별 평가 과정을 처음부터 끝까지 수행한다. 이러한 훈련과정은 이후에 이루어질 성공적인 평가를 위한 핵심적인 요소가 된다. 편파적인 관찰과 평정, 고정관념, 잘못된 귀인, 잘못된 인지적 발견법으로부터 자유로운 체계적인 판단과정의 활용법을 평가자가 학습할 수 있도록 각 평가 과정에서 평가자에게 충분한 경험을 제공하는 것에 초점을 두고 훈련이 이루어져야 한다. 그러한 연습이 실제로 도움이 될 수 있다는 것을 보인 연구들이 있는데, 한 연구에서는 경험이 있는 평가자가 경험이 없는 평가자보다 월등히 우수한 결과를 보였다(Kolk, Born, Van der Flier, & Olsman, 2002). 과정 훈련은 평가자에게 이와 같은 경험을 제공해 줄 수 있다. 또한, 여성과 소수 인종이 관리직을 수행하는 비율이 증가하고 있다는 것과(Traiandis et al, 1993) 수행평가 상황에서 집단 구성원들이 직면하는 잠재적 편파성을 고려할 때(Burke & McKeen, 1996; Cheng, 1997; Dipboye, 1985; Eagly, Makhijani, & Klonsky, 1992; Heilman, 1995; Heilman et al, 2004; Perry, 1997; Swim, Borgida, Maruyama, & Myers, 1989; Tomkiewicz et al, 1998), 개인 및 직무과업에 대한 인구 통계학적 고정관념에 속박되어 행동을 관찰하고 평가하는 일을 방지할 수 있도록 평가자를 훈련할 필요성이 대두되고 있다.

## 개념-주도 과정의 이점을 취한 참조의 틀 훈련

어떤 과정 훈련도 평가자의 자동적인 인지처리를 완전히 막을 수는 없다. 결국, 사람들은 '인지의 구두쇠'인 것이다(Fiske & Taylor, 1984). 우리의 삶을 단순화하기 위해 사람들은 타인을 관찰하고 판단할 때 개념에 의존한다. 특히, 평가자 역할을 수행하는 것은 인지적으로 매우 고된 과업이다. 평가자는 한 번에 다수의 과업을 완수해야 하며 엄격한 시간적 압박 하에 일을 수행한다. 따라서 평가 과정에서 개념-주도 과정을 완전히 제거하는 것은 불가능한 일이다. 그러나 개념-주도 과정의 장점으로부터 이점을 취할 수는 있다.

개념-주도 훈련은 바로 이 이점을 취하는 것이다. 비록 항상 동일하게 명명되지는 않았지만, 개념-주도 훈련의 여러 요소는 오랫동안 평가자 훈련의 일부였다(Thornton & Byham, 1982). 평가자는 대상 직무와 조직에 대한 정보를 받고, 평가할 역량에 대한 설명을 듣고, 효과적/비효과적 수준을 나타내는 행동을 인식하도록 훈련받는다. 최근에 일반적으로 참조의 틀 훈련이라 부르는 방법이 수행평정 문헌들에서 나타났으며(Arvey & Murphy, 1998; Bernardin & Buckley, 1981; Woehr, 1994; Woehr & Huffcutt, 1994), 평가센터 연구자와 실무자에게서 인기를 얻었다(Lievens, 2001; Scheichler & Day, 1998; Scheichler, Day, Mayers, & Riggio, 2002; Thornton & Rupp, 2003). 이 방법의 핵심은 평가자에게 정확성이 내포된 수행이론을 도입시키는 것이다. 이를 위해 대상 직무의 특성과 평가되는 수행평가역량에 관해 평가자를 훈련하는데 매우 많은 노력을 들인다. 그러한 훈련을 통해 평가자가 공통된 참조의 틀 혹은 각 평가역량의 고/저 숙련도가 실제로 어떻게 나타날 것인가에 대한 공유된 개념을 지닐 수 있도록 하는 것이다. 즉, 피평가자들이 각 평가역량에서 다양한 숙련 정도로 보이는 행동에 초점을 둔다. 그렇게 함으로써, 운영자는 평가자가 한마음을 가진 것처럼 행동할 것이라 확신할 수 있다. 이는 즉, 모든 평가자가 동일한 방식으로 행동을 관찰하고, 기록하고 평가한다는 것이다. 수행 개념을 평가자에게 부여함으로써, 인지과부하 상태에서 자동적 처리를 할 수 있도록 하는 것이며, 이는 평가자가 자동으로 정확히 처리할 수 있게 훈련하는 것이다.

이 방법에서는 직무의 특성과 평가역량의 의미에 관해 상당 시간 논의하도록 하여 훈련을 진행하고 비디오로 녹화된 과제를 평가자가 개별적으로 평가한 후 평정한 평정치들 간의 차이에 관해 토론하는 실습을 통해서도 훈련을 진행한다. 이것은 평가자가 자신이 평정한 것을 다른 사람들과 '비교하여 그 수준을 정하고', 이 과정을 통해 공통된 참조의 틀을 강화할 수 있도록 하는 것이다.

평가자가 공통된 개념으로 수행할 때의 이점을 여러 연구에서 보여주고 있다. 이러한 방식으로 훈련된 평가자는 후보들에 대한 평정에서 평가자들 간 일치도가 더욱더 높고, 평가되는 평가역량을 더 잘 구별하고, 판단이 정확하며, 그들의 평정치는 향후 지원자의 수행에 대한 예측도 가능하게 하였다(Goodstone & Lopez, 2001; Lievens, 1999, 2001; Schleicher et al, 2002).

## 어떤 유형의 훈련이 가장 좋은가? (답은 둘 모두이다!)

평가센터 상황에서 행동-주도와 개념-주도 과정이 모두 나타난다는 것과 두 훈련 방법 모두 평가자의 정확성을 향상시키는 데 도움이 된다는 것을 앞서 살펴보았지만, 조직이 실제로 어떤 훈련방법을 사용해야 하는가에 대한 의문이 남아있다. 두 방법의 주요한 차이는 정보 처리 과정의 암묵적 접근과 관련 있다(Thornton & Rupp, 2003). 과정 훈련은 평가자가 구별되는 행동을 관찰하고 그 다음 순차적으로 그 행동을 분류하고 평가하는 상향 접근을 취한다. 반면 참조의 틀 훈련은 수행개념에서 출발하여 피평가자가 개념에 맞는 행동을 보이는지 피평가자의 일련의 행동을 살펴보는 하향적 접근을 취한다. 평가자가 개발하는 데 가장 어려운 능력 중 하나는 피평가자가 해당 평가역량에서 보여야 할 행동을 보이지 못한 것이 과제 수행의 열등함을 증명하는 행동이라는 것을 인지하는 것이다. 예를 들어 서류함 과제에서 피평가자가 참석하지 못한 회의의 결과를 보고하라고 부하 직원에게 요청하는 것을 하지 못했다면, 이것은 관리와 감독에서의 실패를 보여주는 증거이다. 또 다른 예로, 집단토론 과제에서 피평가자가 다른 토론자로부터 제시된 정보의 명확한 오류를 수정하지 못했다면, 이것은 의사결정과 판단 실패의 증거가 되는 것이다.

Lievens(2001)는 과정 훈련과 참조의 틀 훈련, 그리고 최소훈련(minimal training: 조직, 직무, 평가센터, 평가역량, 평정척도에 대한 정보와 과제에 대한 정보만을 주는)의 효과를 비교하는 실험을 시행했다. 그 결과, 과정 훈련과 참조의 틀 훈련이 평정자 간 신뢰도, 평정정확성, 평가역량 구별에 있어서 최소훈련보다 월등히 우월한 것으로 나타났다. 즉, 평가자 훈련을 보다 신중하게 하는 것이 더 이익이 된다는 것이다. 또한, 참조의 틀 훈련은 이러한 요인에서 과정 훈련보다 뛰어난 것으로 나타났다. 그러나 평가역량 수행수준에 대한 평가보다 상세한 행동 피드백이 더 중요하다고 할 수 있는 개발 평가센터에서 매우 중요한 구체적 행동에 관한 서술을 얼마나 많이 했는지 측면에서는, 참조의 틀 훈련을 받은 평가자가, 과정 훈련을 받은 평가자보다 구체적 행동에 대한 서술에 있어서 더 부족함을 나타냈다.

그렇다면 어떤 결론을 내려야 하는가? 이 두 훈련 전략의 접근법, 지향성, 이론적 기반, 영향력의 차이를 고려하면, 참조의 틀 훈련은 선발/승진 센터와 진단센터에서 사용되어야 하며, 과정 훈련은 개발센터에서 사용되어야 한다고 결론을 내릴 수도 있다. 그러나 이미 살펴보았던 바와 같이(Thornton & Rupp, 2003), 본 연구자들은 평가센터 기획자가 이 모두를 취합한 관찰에 대한 혼합이론(Ebbesen, 1981)에 기반하여 평가센터를 수립해야 한다고 생각한다. 즉, 평가자는 두 접근 모두에 따라 과정을 순차적으로 수행할 수 있도록 훈련받아야 하며, 동시에 평가 프로그램에 의해 채택된 평가역량의 정의와 수행모형에 대해 인식을 하고 있어야 한다. 또한, 평가자 훈련 프로그램은 평정오류(예, 후광효과, 관대화, 엄격화, 고정관념에 대한 훈련), 평가센터 지침서, 그리고 평가자 윤리에 대해서도 다루어야 한다.

## 5 요약

이번 장은 평가센터에서 평가자가 행동을 관찰, 분류, 평가하는 과정과 관련된 이론, 실무, 연구에 대해 살펴보았다. 평가 과정의 각 단계에 대한 연구 결과는 혼재되어 있다. 일부 이론과 연구는 이러한 과정의 정확성을 지지하고 있지만, 다른 이론과 연구는 그렇지 않다. 비지지적인 증거는 평가센터 방법의 개선이 필요함을 제안하고, 많은 혁신이 이루어져야 함을 제안하였다.

이번 장에서 소개한 이론과 연구는 평가자가 평가하는 동안 개념-주도와 행동-주도 과정 모두를 사용하는 경향성을 평가자 훈련 프로그램에서 이용하고 결합할 수 있다는 결론을 끌어낼 수 있다. 평가자들은 행동을 관찰, 기록, 분류, 척도화하는 데 매우 체계적인 과정을 따르도록 훈련받을 수 있다. 또한, 해당 직무에서 유능한 사람은 다양한 상황에서 어떻게 행동해야 하는지에 대한 공유된 개념을 형성하도록 훈련받을 수 있다. 이러한 정보에 기반하여 본 연구자들은 철저한 훈련 프로그램(과정 훈련과 개념-주도 훈련 포함)과 더불어 평가센터에 내재된 특성 자체가 평가자의 판단을 신뢰성 있고 타당하게 이끌 수 있다고 주장하는 것이다.

## 6 다음 단계: 통합, 보고서 작성, 피드백

지금까지 개별 평가자에 의해 수행되는 행동적/인지적 과정에 대해 논의하였으며, 이제 평가자 집단이 수행하는 집단과정으로 관심을 돌리려고 한다. 그림 7.1로 돌아가 보면 개별 평가자는 행동을 관찰, 기록, 분류, 척도화함을 확인할 수 있다. 그림의 중간을 보면 평가자가 이러한 기능을 수행한 이후 함께 모여 그들의 개별 경험에 관해 토론하고, 각 행동역량 및 전체 평가 과정에 걸친 피평가자 개개인의 수행에 관해 합의할 시간을 가질 수 있다. 8장은 이러한 과정을 다룰 것이며 이러한 행동과 관련된 집단과정에 대해 알아볼 것이다. 그리고 9장에서는 평가센터 상황에서 더욱 구체적으로 피드백을 주는 과정에 관해 설명할 것이다.

제8장

# 평가자 집단의 역할: 평가 정보의 통합

7장에서는 개별 평가자가 각 과제에서 어떤 과정을 통해 행동을 관찰하고 평가역량으로 행동을 분류하는지 살펴보았다. 지금까지는 이러한 과정이 본질적으로 개별적인 판단을 통해 이루어졌다. 즉, 평가자가 과제를 수행하는 피평가자를 관찰하고 그 행동을 각자 기록하고 평가하였다. 그러나 이제부터는 여러 명의 평가자로 구성된 평가자 집단의 관찰 및 평가 결과가 어떤 과정을 거쳐서 통합되고 평가 점수와 피드백이 결정되는지 살펴보고자 한다. 이때, 통합하는 절차가 판단적, 전체론적 접근법에서부터 통계적, 요소론적 접근법까지 어떤 흐름을 통해 변해 왔는지 살펴볼 것이다. 그리고 일부 개발 평가센터에서는 순수한 행동중심 피드백으로 회귀하고 있다는 증거를 제시하고자 한다.

8장에서는 1960년대 이후 평가센터 실무자가 점차 발전시켜 온 많은 새로운 접근법을 다룰 것이다. 다수의 평가자가 제시한 관찰결과 통합방법은 평가센터 기법의 다른 어떤 방법보다 더 다양하다. 통합과정에서 발생하는 이 같은 많은 변화에 관해 큰 그림을 제시하기 위해서는 길고, 자세한 설명이 필요하다. 이 장을 통해 다양한 목표를 가진 조직의 고유한 요구를 충족시킬 수 있는, 평가센터를 변용하는 많은 방법을 충분히 이해할 수 있을 것이다.

## 1 평가자 집단의 결과 통합 절차

개별 평가자가 산출한 관찰 및 평가 결과를 통합하는 데에는 다양한 방법이 쓰인다. 이러한 통합 방식을 하나의 연속선 상에 위치시킨다면 한쪽 극단에는 순수하게 판단적인 방식이, 그리고 반대편 극단에는 순수하게 통계적인 방식이 존재한다.

- 판단적 통합 기법: 평가자가 행동에 관한 관찰 결과를 회의함으로써 어떤 행동에 피드백을 줄 것이며 어떤 평정을 주어야 할지 합의점을 도출한다.
- 통계적 통합 기법: 각 과제가 끝난 후 개별 평가자가 산출한 평정을 모아 통계적 공식을 통해 정량적으로 통합한다.

평가센터는 각자 다양한 방식으로 결과를 통합하는데 이에 대한 대표적인 사례들이 표 8.1에 제시되어 있다. 표의 가장 왼쪽 열에는 순수한 판단적 방식이라고 할 수 있는 기법이 제시되어 있다. 이러한 방법은 개발 평가센터에서 자주 활용된다. 이때는 평가자들이 행동을 관찰하고 그 결과를 통합하지만, 숫자로 된 점수는 제시하지 않는다. 왜냐하면, 개발 평가센터는 행동 수행에 대해 개발을 위한 피드백을 주는 것이 유일한 목적이기 때문이다. 4장에서 개발 평가센터의 예를 들면서 판단적 기법으로 여러 평가자의 정보를 통합하는 프로그램의 운영 방식을 설명한 바 있다(이러한 프로그램에서도 평가자들이 평정을 해야 하긴 하지만, 수치화된 정보는 오직 연구 목적으로만 사용되며 실제 피드백에서는 피평가자에게 제시되지 않는다).

표 8.1의 왼쪽에서 두 번째 열에는 AT&T, 오하이오 스탠다드 오일, IBM, Sears와 같이 평가센터 기법을 초기에 도입한 회사가 사용했던 통합 기법이 제시되어 있다 (Thornton & Byham, 1982). 이를 행동 보고 방법이라 한다. 행동 보고 방법에서는 한 명의 평가자가 행동을 관찰한 후 다른 평가자에게 보고한다. 그러면 그들은 보고를 듣고 그림 7.4에 나타나 있는 것과 같은 평가역량 요약문서에 필기한다. 각 평가역량과 관련된 모든 행동에 대하여 보고를 받은 뒤 평가자는 독립적으로 역량에 대한 평정을 산출한다. 그리고 회의와 합의 도출을 통해 최종 평가역량 평정을 낸다. 그런 다음 선택적으로 종합평가평정을 도출할 수도 있다.

표 8.1의 가운데 열에 제시된 하이브리드 기법은 과제 내 역량평정 방식이라고 불리며 최근에 널리 쓰이게 된 방법이다. 이 기법에서는 개별 평가자가 오직 하나의 과제에서만 행동을 관찰한 뒤 각 평가역량에 대한 평정을 산출한다. 이 평정은 과제 후 역량평정이라고 불리며(Sackett & Tuzinski, 2001) 많은 연구의 대상이 되어 왔다.

표 8.1 평가센터 관찰치와 평정을 통합하는 다양한 방법

| 순수하게 판단적인 기법: 개발 센터 기법 | 수정된 판단적 기법: 행동 보고법 | 하이브리드 기법: 과제 내 평가 기법 | 수정된 통계적 기법: 공공관할 기법 | 순수하게 통계적인 기법 |
|---|---|---|---|---|
| • 한 명 이상의 평가자가 각 과제에서 행동을 관찰, 기록, 분류한다.<br>• 평가자들이 만나서 각 과제 간 관찰 결과를 공유한다.<br>• 각 피평가자의 행동이 얼마나 효과적 혹은 비효과적인 특성을 보였는지 피드백을 준다. | • 한 명의 평가자가 각 과제에서 행동을 관찰, 기록, 분류한다.<br>• 평가자들이 만나서 각 과제 간 관찰 결과를 공유한다.<br>• 전체적인 역량수행에 대해 평가자들이 개별적으로 평정을 매긴다.<br>• 평가자들이 평가역량 평정에 대해 토의하고, 최종 평가역량 평정에 대한 합의를 도출한다.<br>• 선택사항: 평가자들이 독립적으로 종합 평가 평정을 한 후 회의를 통해 합의에 도달한다. | • 한 명의 평가자가 각 과제에서 행동을 관찰, 기록, 분류, 평정한다.<br>• 그 평가자가 과제 내 평가역량 평정을 산출한다.<br>• 평가자들이 만나서 여러 과제에 대한 관찰 결과 및 평가역량 평정을 공유한다.<br>• 평가자들이 종합 평가역량 수행에 대해 독립적으로 평정을 산출한다.<br>• 평가자들이 평가역량 평정결과를 회의하여 최종적인 평가역량 평정에 대한 합의에 도달한다.<br>• 선택사항: 평가자들이 독립적으로 종합평가 평정을 한 후 회의를 통해 합의에 도달한다. | • 둘 이상의 평가자가 하나의 평가역량에 대해 행동을 관찰, 기록, 분류, 평가하고 독립적으로 최초 과제 내 평가역량 평정을 산출한다.<br>• 결과 값이 5점 척도상에서 1점 이상 차이가 나지 않으면 위의 최초 평정을 최종적인 것으로 기록한다. 만약 1점 이상 차이가 나면 평가자들이 충분한 토의를 통해 합의를 도출한다.<br>• 종합평가평정을 매길 때는 어떠한 모임도 열리지 않는다. 둘 이상의 평가자가 제시한 평정을 평균하여 과제별 점수를 내고 그것들을 합산하여 종합 평가역량 평정을 도출한다. 마지막으로 각 평가역량을 모두 포함하는 종합평가평정을 산출한다. | • 둘 이상의 평가자가 한 과제에서 행동을 관찰, 기록, 분류, 평정한다. 회의는 하지 않는다.<br>• 평가자들의 평정을 평균하고 다시 각 과제의 평정을 평균하여 종합 평가역량 평정을 산출한다. 마지막으로 각 평가역량의 평정을 평균하여 종합 평가평정을 계산한다. |

이러한 평정은 원래 평가자가 이미 보고된 행동관찰결과를 임시로 보충하고 요약하기 위한 목적이었으며 어떠한 의사결정을 위해 사용될 목적이 아니었다. 평가센터 설계자나 사용자는 모든 과제 내 평가역량 평정이 한 명의 관찰자가, 하나의 과제에서, 한 가지 평가역량에 대한 행동의 평가결과로 산출되었다는 사실을 알고 있었다. 그런데 과제 내 평가역량 평정을 통계적으로 분석한 결과, 평가센터의 구성 타당도가 의심되어 논란이 일어났다. 이는 10장에서 살펴볼 것이다. 평가역량 평정에 대한 의견 일치를 이루고 난 다음에는 대개 종합평가평정이 제시되고 합의점에 도달하게 된다.

평정을 종합하는 통계학적 접근에 조금 더 다가간 방법을 수정된 통계학적 기법이라고 한다. 이 기법은 높은 수준의 형식적 절차를 요구하는 소방서나 경찰서의 승진심사에서 주로 사용된다. 여기서는 두 명 이상의 평가자가 각 과제를 관찰하고 독립적으로 과제 내 평가역량 평정을 산출한다. 예컨대 평정들이 5점 척도에서 서로 1점 이내의 차이를 보인다면 평가자들은 이에 대해 추가로 논의할 필요가 없다. 만약 1점 이상 차이가 난다면 관찰 결과에 대해 회의를 하여 실제 행동이 어떠했는지 명확히 규명하고 차이가 좁혀질 때까지 다시 평정한다. 그 결과 여러 평가자, 과제, 평가역량 간의 평정이 통합되어 하나의 전체적인 평가센터 평정을 산출하게 된다. 그리고 각 평가역량에는 직무 중요도를 반영하도록 서로 다른 가중치가 매겨진다.

순수하게 통계적인 통합 기법에서는 평가자 간의 회의가 전혀 존재하지 않는다. 평가자는 각기 관찰을 한 후 과제 내 평가역량 평정을 기록하고, 그것을 과제나 평가역량 간에 총합한다. 이때에도 직무 중요도에 따라 평가역량마다 서로 다른 가중치를 매긴다.

## 판단적 통합 기법과 통계적 통합 기법의 장단점

이 장에서는 여러 가지 통합 기법에 관해 논하고 있다. 판단적 통합 기법과 통계적

**표 8.2** 통계적 통합 방식과 판단적 통합 방식의 비교

| 통합 방식 | 장 점 | 단 점 |
|---|---|---|
| 통계적 기법 | • 객관성이 확보된다.<br>• 시간이 절약된다.<br>• 이 기법을 지지하는 실질적 증거가 있다. | • 정보 간의 의미 있는 패턴을 설명하지 못한다.<br>• 안정적인 가중치 도출을 위해 큰 본이 필요하다. |
| 판단적 기법 | • 각 피평가자의 장단점에 대한 고유한 통찰을 제시한다.<br>• 특이한 정보를 고려할 수 있다.<br>• 이 기법을 지지하는 실질적 증거가 있다. | • 시간이 더 오래 걸린다.<br>• 평가자가 판단의 오류를 범할 가능성이 있다.<br>• 시간 경과에 따라 평가결과가 일관성 없이 바뀔 수 있다. |

통합 기법의 대표적인 장단점이 표 8.2에 요약되어 있다. 판단적 방식은 구체적인 행동 수준에서 개인의 행동 패턴이라든가 강·약점에 대하여 심층적으로 통찰한 관찰 결과를 제시할 수 있다는 장점이 있다. 이는 전략사무국(Office of Strategic Services/OSS, 1948)이나 평가센터 기법을 초기에 채택한 기업에서 초기에 사용되었던 전체론적 평가센터 기법의 원래 목적과도 부합되는 방식이다(Thornton & Byham, 1982). 반대로 통계적 방식은 개인 간 비교가 필요할 때(예를 들어, 경찰서나 소방서의 승진 심사)보다 정밀하고 정량적인 개인 간 차이를 산출해낼 수 있다는 장점이 있다.

## 2 판단 관련 이론

지금까지 다양한 통합 기법이 어떤 과정과 단계를 거쳐 수행되는지 살펴보았다. 이제 평가센터 기법의 통합 과정을 이해하기 위해 판단과 집단 의사결정에 대한 이론을 요약하고자 한다. 평가센터에서 사용되는 다양한 통합 기법에 관해 많은 연구가 이루어지고 있지만, 각 기법이 상대적으로 얼마나 효과적인지 결론 내리는 것은 사실상 불가능하다. 각 연구에서 살펴본 기법이 실제로는 조금씩 차이가 나며, 서로 다른 시점에서 상이한 기준 측정치를 적용하여 연구되었을 뿐 아니라, 평가역량이나 과제, 평가자의 조합도 서로 다르기 때문이다. 또 Lievens & Klimoski(2001)는 평가센터의 집단 과정에 대한 연구가 부족하다고 지적하였다. 그러나 실제 조직에서 평가센터를 운영하면서 다양한 기법을 시도해 보는 것은 어떻게 보면 당연한 일이다.

다음 단원에서는 통합 과정과 관련된 두 가지 이론을 살펴볼 것이다. 먼저, 개별 평가자가 제시하는 정보를 입수한 후의 평가자 집단이 결정한 판단과 관련된 이론을 다루게 된다. 그리고 평가와 판단을 내리기 위해 공동으로 작업하는 집단에서 일어나는 과정과 관련된 이론을 요약할 것이다. 이때, 이 이론들이 평가센터의 통합 회의단계에 적용될 때 어떤 특징이 나타나는지 논하고자 한다.

## 3 행동의 회상, 공유, 판단

통합 과정에서 정보를 공유하는 것과 관련하여 개념 주도 이론과 행동 주도 이론을 살펴보자.

## 개념 주도 이론

평가자가 보고서를 작성할 때 과제를 관찰하여 기록한 내용을 많이 참조하게 된다. 그러나 모든 세부 사항을 기록하는 것은 불가능하므로 평가자는 자주 자신의 기억에 의존해야 한다. 또 통합 회의를 하는 동안에도 평가자는 서로에게 피평가자의 행동에 대해 질문하게 된다. 그렇다면 평가자는 실제로 일어난 사건을 얼마나 정확하게 회상할 수 있는가? 7장에서 논의했듯이, 개념 이론에 따르면 외적 도구의 도움을 받지 않은 기억은 주로 우리가 목격한 사건에 대한 추상적 표상이나 해석으로 구성된다(Cooper, 1981; Fiske & Taylor, 1984). 이러한 관점에 따르면 단기기억에는 정확한 세부 사항이 포함되어 있을 수 있지만, 장기기억은 대개 세부 사항이 결여된 포괄적인 범주로 구성된다(Wyer & Srull, 1986). 나아가, 장기기억으로 이전된 세부 사항은 정해진 기간에만 장기 기억 속에 보관된다. 즉 망각이 일어나며, 이때 망각은 선별적으로 적용된다. 이 이론에 따르면 우리는 기존에 가지고 있던 일반적인 인상과 일치하는 정보만을 일부 보유하는 경향이 있다. 기억의 재구성 과정이 한 방향으로 치우칠수록(Cooper, 1981), 평가자는 실제로 전혀 일어나지 않은 사건이 일어났다고 잘못 보고할 수도 있다.

## 행동 주도 이론

행동 주도 이론은 통합 회의 과정에서 일어나는 기억의 작용을 전혀 다른 관점에서 본다. 7장에서 설명했듯이, 대인지각에 대한 이론 및 연구를 통해 도출된 증거에 따르면 우리는 관찰한 대상에 관해 매우 많은 세부 정보를 기억할 수 있는 능력을 가지고 있다. 일부 기억 이론에서는(Hintzman, 1986, 1988; Smith & Medin, 1981) 기억이 우리가 경험한 모든 지각에 대한 흔적으로 이루어져 있다고 보고 있다. 이러한 기억의 흔적에는 우리가 관찰한 자세한 에피소드가 기록되어 있다. Johnson & Raye(1981)는 실제로 발생한 외부 사건(예: '오늘 만난 A는 자기 아내에 대해 험담을 하고 식당 음식이 맛이 없다고 투덜거렸으며 대통령을 욕했다.')에 의해 생겨난 기억 속의 흔적과 우리가 내적으로 창조해 낸 추론(예: 'A는 부정적인 사람인가 보다.')을 기억하는 사람이 스스로 구분할 수 있다고 주장한다. Johnson & Raye는 외적으로 생겨난 기억 흔적(그 모든 불평)이 내적으로 생겨난 추론('부정적인 사람')보다 더 구체적이고 고정적이라고 본다.

그러나 기억이 광범위하고 자세한 정보로 구성되어 있다 하더라도 통합 회의를 할 때, 정보를 정확히 회상하고 적절히 표출하는 데에는 여전히 어려움이 있음을 인식해야 한다. 관찰 결과의 표출을 돕기 위해서는 피평가자가 각 과제에서 보이는 전형적인 행동에 관해 평가자를 철저히 교육하고 행동을 적절히 기록하도록 훈련하며 그것을 지원하는 도구를 제공해야 한다. 가장 중요한 것은 평가자 회의에서 서로에게 의문과 의견을 제시할 수 있도록 훈련시키는 것이다. 그러면 평가자는 실제로 기대했던 행동들이 나타났는지 함께 확인작업을 거치면서 기억 속 세부 사항의 정확도를 높일 수 있게 된다. 그리고 두세 명의 평가자가 팀을 이루어 함께 과제를 관찰한다면, 팀 구성원이 실제 사건을 회상하는 데 서로 도움을 줄 수 있다.

## 4 평가역량에 대한 평정

과제 내 평가역량 평정 기법에서는 평가자가 모든 과제 보고서를 읽고 나서 몇 분간 축적된 행동 증거를 훑어보고 일차적으로 각 평가역량에 대한 종합 평가역량 평정을 하게 된다. 이러한 예비 평정은 개별적으로 이루어지며 그 결과는 평가역량 요약 서식에 기재하게 되어 있다. 그리고 이 예비 평정을 모두가 볼 수 있도록 전광판이나 큰 표지판 등을 이용하여 게시한다. 세 명의 평가자 집단이 한 명의 피평가자를 관찰하고 다섯 개 평가역량에 대하여 산출한 평정의 사례가 표 8.3에 제시되어 있다. 그런 다음 평가자는 의견 차이를 좁히기 위해 평정에 관해 논의한다. 이때 여러 가지 패턴의 평정이 산출될 수 있다. 예를 들면, 만장일치로 세 명의 평가자가 모두 4점을 줄 수도 있다. 그러면 곧바로 통합이 이루어져서 피평가자는 4점을 받게 된다.

반면 평정 간에 차이가 있으면 회의를 하게 된다. 이 통합 과정 단계에서 의견이 일치되는 것이 바람직하다고 생각할 수도 있다. 그것이 일관성의 증거가 되기 때문이다. 그러나 집단 판단 과정에 대한 일부 연구에 따르면 이 단계는 어느 정도 이의 제기가 있는 것이 오히려 유용하다. 그로 인해 최종 집단 결정이 더 정확하게 이루어질 수 있다고 간주되는 것이다(Libby, Trotman, & Zimmer, 1987; Rohrbaugh, 1979; Sniezek & Henry, 1989). 의견이 일치하지 않는 것은 그만큼 가치 있는 의견이 여러 가지 존재한다는 의미일 수 있으며, 이를 통해 개인 의사결정보다 집단 의사결정으로 더 나은 결론을 내릴 수 있다(Wanous & Youtz, 1986). 이 장의 후반부에서 집단 의사결정 과정을 더욱 자세하게 살펴보도록 하겠다. 전통적인 평가센터 기법에서는 집단의 합의가 필요하다. 이러한 맥락에서 합의란 집단의 동의를 거쳐 산출된 평정이 피평가자 수행의 적절한 반영이라는 것을 모든 평가자가 수긍한다는 의미이다. 그러나 평정이 정확하다는 것에 모든 평가자가 동의한다는 뜻은 아니다.

### 개념 중심 이론

이 이론에 따르면 사람들은 다른 사람을 판단하기 위해 단순한 판단 원칙을 만들어 사용한다. 7장에서 우리는 이러한 원칙이 평가자가 개별 과제를 관찰하는 데 어떤 영향을 주는지 살펴보았다. 이제 이러한 원칙이 통합 회의에서 어떻게 작용하는지 살펴보도록 하자. 이론에 따르면 우리는 주어진 풍부한 정보를 모두 활용하지 않고 매우 제한적인 정보에 근거하여 판단한다. 이러한 단순화 과정을 통한 설명은 평가 단계에서 발생하는 통합 및 판단 과정을 설명하는 두 가지 대안적 이론 가운데 하나이다.

표 8.3 예비 및 최종 종합 평가역량 평정

| 평가역량 | 예비 종합 평가역량 평정 | | | 최종 종합 평가역량 평정 |
|---|---|---|---|---|
| | 평가자 A | 평가자 B | 평가자 C | |
| 리더십 | 4 | 4 | 4 | 4 |
| 의사결정 | 2 | 2 | 3 | 2 |
| 적극성 | 2 | 3 | 3 | 3 |
| 구두 의사소통 | 3 | 4 | 4 | 3 |
| 계획 및 조직화 | 2 | 2 | 4 | 4 |

통합 회의과정은 과제가 완료되고 어느 정도 시간이 지난 다음에 시행된다. 각 평가자는 통합 회의 이전에 피평가자를 관찰했지만 특정한 과제에서 피평가자가 구체적으로 어떤 행동을 보였는지, 또 정확하게 어떻게 행동했는지 자세히 기억하기 어려울 수 있다. 평가자의 판단 자체가 오류 가능성이 있는 선별적 기억에 의존하는 것 또한 사실이다. 다시 말하면 기억이 선별적으로 망각됨에 따라 통합과 판단이 피평가자에 대한 보편적인 인상과 일치하는 정보에 더 많이 의존하게 된다는 것이다. 평가자 A는 과제 1에서 관찰한 행동을 토대로 피평가자에 대한 일반적인 인상을 형성한다. 평가자 B가 과제 2에서 피평가자를 관찰한 결과를 보고할 때, 평가자 A는 그러한 초기의 보편적 인상에 근거하여 그 보고를 이해하게 된다. 나아가 초기의 인상은 토론 단계에서의 평정에 후광 효과를 줄 수도 있다. Cooper(1981)는 평정 시에 상당한 정도의 '후광 효과'가 발생한다고 강조하였다. 다시 말해 여러 특징을 평가할 때 하나의 강한 정보가 다른 정보에 광범위한 영향을 미치게 됨에 따라 특성 평정들 간에 높은 관계가 인위적으로 도출된다는 것이다. 평가역량 평정들 간의 관찰된 관계는 유사한 특성들이 실제로 어떠한 관계를 갖고 있기 때문에 발생한다는 대안적 해석도 가능하다(Murphy, Jako, & Anhalt, 1993). Fiske & Taylor(1984)는 여러 연구 결과를

종합하여 기억 속의 상세한 에피소드보다는 보편적인 인상을 회상하기가 더 쉬우므로 주로 인상에 의존해서 평가하게 된다는 결론을 내린 바 있다. 7장에서 소개하였던 대략적인, '경험법칙에 의한 판단'(Nisbett & Ross, 1980)은 통합 토론 단계에 오류를 일으킬 수 있다. 이러한 주먹구구식 판단에는 다음과 같은 것들이 포함된다.

- 대표성: 한 번의 관찰을 통해 대상 인물을 특정 범주에 할당한다. 그리고 그 범주의 사람들이 가지고 있으리라고 가정되는 특징에 근거하여 그 사람을 판단한다. 여기에서의 문제점은 범주에 대한 정보가 항상 정확한 것은 아니며 지나치게 많이 사용된다는 것이다. 예를 들어 집단토론 과정에서 한 피평가자가 리더 역을 했다는 것을 평가자들이 관찰하고 다른 평가자에게 보고한다. 그러면 그다음 평가자는 그 피평가자가 보인 리더 행동에 대하여 더 많이 관찰하거나 더 후하게 평가한다.
- 가용성: 빈도나 확률, 인과 관계를 판단할 때 기억에서 쉽게 가져다 쓸 수 있는 정보를 주로 사용한다. 여기에서의 문제점은 가용한 정보가 항상 타당한 것은 아니라는 것이다. 가용성의 예로, 피평가자가 어떤 대표적인 상황에서 어떻게 대처했는지에 대한 관찰 결과를 오랫동안 논의한 뒤 그것을 다른 상황에 일반화하여 적용하는 것을 들 수 있다.
- 현저성과 생동감: 우리는 가시적이고 눈에 잘 띄는 정보를 더 중요시하는 경향이 있다. 여기에서의 문제점은 생생함이 의사결정에 대한 정보의 가치와 항상 비례하는 것은 아니라는 것이다. 예를 들어 피평가자가 하나의 과제에서 단 한 번 뛰어난 창조성을 보였을 뿐인데 이 하나의 사례가 그 사람이 한 수많은 생각 없는 말들에 대한 판단과 기억을 압도해 버릴 수 있다.

판단 과정에서는 위에서 제시한 것 외에도 수많은 오류가 발생할 수 있으므로 평가자 집단으로부터 관찰 결과에 대해 듣고 나면 정확한 판단을 내리기가 특히 더 힘들어질 수 있다. 그러나 또 다른 견해에서는 집단 토론이 더욱 긍정적인 가치가 있다고 주장한다.

## 행동 중심 이론

행동 중심 이론에 따르면 사람들은 자신에게 가용한 객관적이고 상세한 정보를 사용하며, 이러한 정보를 논리적으로 조합하여 결론을 내린다고 한다. Hintzman(1986, 1988)에 의하면 판단을 하는 사람은 실제 일어난 행동을 회상하고 그것을 통해 평가를 한다. 또, Anderson(1974, 1981)은 사람들이 정보를 조합할 때 마음속으로 단순한 계산을 한다고 주장하였다. 다시 말해 최종 평가를 하기 위해 여러 정보를 더하거나 평균을 낸다는 것이다. 이러한 맥락에서 Nathan & Lord(1983)는 구체적인 평가역량을 평가할 때에는 관찰자가 자신이 가지고 있던 보편적 인상에 따라 평가하기보다는 실제 수행에 근거하여 평가하게 된다는 것을 입증하였다. Alba & Hasher(1983)는 인간의 지각에 대한 방대한 연구를 검토한 끝에, 개념 중심 이론에서 강조해온 판단상의 왜곡문제는 실제로 매우 드물게 발생한다는 결론을 내렸다. Hastie & Dawes(2001)는 사람들이 불확실한 세계에서 어떻게 합리적인 선택을 할 수 있는가를 설명하였다. 마지막으로 Murphy et al.(1993)은 후광 효과가 광범위하게 발생하는 것으로 가정되어 왔지만 사실은 그렇지 않으며, 발생한다 하더라도 그것은 수행되는 평가역량 간에 실제로 존재하는 관계를 반영하는 것일 뿐이라고 주장하였다.

## 요약

개념 이론이 사회 지각과 인간의 판단 과정에 대해 가지고 있는 견해를 고려한다면, 조직구성원의 수행을 정확하게 평가하는 것이 과연 가능한 일인가 하는 의구심을 가지게 된다. 그러나 답은 분명히 '가능하다'라는 것이다. 평가센터 기법에서 사용되는 통합토론은 사회적 판단을 연구하는 사람들의 연구 과정과 매우 다르기 때문이다. 사회적 판단 분야의 연구자들은 주로 인간 상호작용의 일상적 경험을 다룬다. 그리고 제한된 정보만이 주어지는 실험 상황에서 피험자들로 구성된 일시적 집단을 대상으로 이러한 현상을 연구한다. Bernardin & Beatty(1984)가 수행 평가와 관련된 연구나 실무 자료를 검토하면서 결론을 내렸듯이, 수행 평가는 개인 평가와 다르다. 일상적인 상황에서는 정확한 대인판단을 방해하는 장애물이 많지만, 장애물 대부분은 수행 평가 상황에서 통제될 수 있다고 Bernardin & Beatty는 낙관한다. 관리자가 판단할 때 명확한 기준을 사용하여 수행을 평가하도록 체계적으로 훈련을 받고, 행동기준 평정척도가 원래 의도된 대로 정확히 사용되며, 평가 시의 기록들을 보관하고, 관리자가 정확한 평가를 하도록 적절히 동기가 부여된다면 직무 수행에 대한 판단은 충분히 개선될 수 있다. 물론 이것이 지나치게 낙관적인 견해이냐 아니냐는 논쟁의 여지가 있을 것이다. 그러나 평가센터의 경우에는 일상생활에서 왜곡된 평가를 일으킬 수 있는 대부분의 외부 영향력이 제한되기 때문에(Murphy & Cleveland, 1991) 이처럼 낙관적 시각을 가져볼 만하다. 게다가 이러한 낙관주의를 지지하는 많은 자료가 아래와 같이 확보되어 있다.

### 평가센터 연구

앞서 언급된 일부 문제점들이 평가센터 프로그램에 대한 장애 요소로 작용하는지 알아보는 하나의 방법은 과제 내 평정에서 다른 평가자의 사전 보고를 듣고 난 후 통합 토론을 하기 전에 평가자가 종합 평가역량 평정에 동의하는지를 물어보는 것이다. 표 7.1에 보고된 결과에 의하면 평가자 간의 일치 정도는 상당히 높았다. 물론 통합 토론을 하고 난 후의 동의 수준이 더 높았지만, 모든 평가자가 가용한 정보를 보고한 다음에도 일정 수준 이상의 합의가 형성될 수 있음을 분명히 보여주고 있다.

Smith(1989)는 약간 다른 접근법을 통해 각 팀 간 평가역량 평정의 합의 정도를 조사했다. 그리고 이를 사용하여 두 가지 평가센터 기법(행동 보고법, 과제 내 기법)의 평가역량 평정에 대한 평가자 간의 일치 정도를 조사하였다. 그 결과 최종 평정이 토론을 통한 여론 형성으로 도출되느냐 개인의 예비 평가를 평균하여 도출되느냐에 상관없이 합의 수준은 과제 내 기법을 사용한 팀에서 더 높은 것으로 나타났다.

이러한 연구를 통해 평가자가 여러 과제에 걸쳐 일관성 있게 평가역량 평정을 도출한다는 사실을 알 수 있다. 또한, 평가자가 과제 내 평가역량 평정을 한 후 보고하게 되어 있는 일부 평가센터의 기법이, 개별적으로 과제 간 평가역량 평정을 하기 이전에 행동만 보고한 기법보다 평가자 신뢰도 및 합의 정도가 더 높다는 연구 결과도 있다.

## 5 종합 평가 평정

최종 종합 평가역량 평정을 한 다음에 각 피평가자에 대해 종합 평가 평정을 산출할 수 있다. 만약 선발이나 승진 결정에 필요한 기초 자료를 얻기 위해 평가센터를 사용하는 것이라면 조직 내 의사결정자들이 평가의 최종 결론(새로운 직무에 성공할 것인지 실패할 것인지를 예측하는 것)을 명확히 제시해 주기를 원하기 때문에 종합 평가 평정을 도출하는 것이 바람직하다. 다시 말해, 개발의 필요성을 진단하기 위한 평가센터나 개인 및 조직의 개발을 위한 평가센터에서는 대개 종합 평가 평정이 제공되지 않는다. 대신 평가역량 평정이나 어떤 역량에서 개선이 필요한지에 대한 피드백만이 최종 결과로써 제시된다. 따라서, 다음 단원의 내용은 종합 평가 평정이 제공되는 프로그램에만 해당한다는 것을 미리 일러둔다.

모든 판단적 통합 기법에서 종합 평가 평정을 도출할 때, 각 평가자는 최종 평가역량 평정을 염두에 둔 상태에서 피평가자의 목표 직무에서의 성공 여부를 판단하게 된다. 이때, 그 시점까지 제시된 모든 정보를 통합하여 종합 평가 평정을 도출하게 된다. 평가자는 자신의 판단에 따라 평가역량 평정을 종합해야 하며, 각 평가역량에 가중치를 부여하는 공식적인 방정식은 제공되지 않는다. 그러나 평가자 훈련 시, 각 평가역량의 중요도를 파악할 수 있도록 직무분석 연구 결과가 제시되며, 평가역량 평정을 종합 평가 평정으로 종합하기 위한 공통의 참조의 틀을 개발하게 된다. 평가자는 직무 요구조건과 피평가자에 대한 정보의 정확성을 고려하고, 그러한 지식 및 평가센터 과정에서 받은 훈련에 근거하여 평가역량 평정을 종합하게 된다.

종합 평가 평정은 여러 가지 형태를 보일 수 있다. 선발 프로그램에서는 '성공할 확률'을 평정으로 매길 수 있다. 승진 프로그램에서는 '다음 직급에서 성공할 확률' 또는 '중간관리직에서의 성공 확률'의 형태를 보일 것이다. 1955년에 시작된 경영 진보 연구(Management Progress Study/ Bray & Gran, 1966)에서는 평가자가 '승진 확률'과 '해당 피평가자의 승진 가능성 유무'라는 두 가지 예측치를 내놓게 되어 있다. 이때 '승진 확률'은 그 조직에서 승진을 목적으로 현재 탐색하고 있는 특성들을 해당 피평가자가 가졌는지를 예측하는 것이다. 그리고 '승진 가능성 유무'는 해당 피평가자가 조직에서 인정 및 보상을 받을 만한 특징을 가졌는지에 대한 평가이다.

## 종합 평가 평정의 예측

다양한 평가역량 평정과 종합 평가 평정(Overall Assessment Rating, OAR) 간의 상관관계를 보면 평가자가 어떻게 OAR을 도출하는지 알 수 있으며 이러한 상관관계는 꽤 높은 편이다. Hinrichs & Haanpera(1976)는 8개국의 데이터를 조사하여 과제 간 평가역량 평정과 종합 평가 평정 간의 평균 상관계수가 .25에서 .82에 이르는 것을 발견하였다. Hinrichs(1978)와 Mitchel(1975) 역시 평가역량 평정과 종합 평가 평정 간에 높은 상관관계가 존재한다고 보고하였다. 마지막으로 Huck & Bray(1976)도 평가센터 피평가자가 흑인이든 백인이든 평가역량 평정과 종합 평가 평정 사이에는 상관관계가 존재함을 발견했다. 이러한 연구 결과를 통해 평가자들이 종합수행을 판단할 때 다양한 최종 평가역량 평정을 활용한다는 것을 짐작할 수 있다.

그런데 연구 결과에 따르면, 모든 평가역량 정보를 사용하라는 안내를 받았음에도 불구하고 평가자는 보통 일부 역량, 즉 3~7개의 평가역량만으로 종합 평가 평정을 도출하곤 한다(Bray & Grant, 1966; Hinrichs & Haanpera, 1976; Kehoe, Weinberg, & Lawrence, 1985; Konz, 1988; Neidig, Martin, & Yates, 1978; Russell, 1987; Schmitt, 1977). 그리고 일부 연구자는 종합 평가 평정의 큰 변동은 최종 역량평정을 통계적으로 취합한 것으로 간주할 수 있으므로 평가자 토론이 불필요하다고 제시하기도 하였다(Herriot, Chalmers, & Wingrove, 1985; Wingrove, Jones, & Herriot, 1985). 그러나 이러한 제안은 섣부른 결론이다. 왜냐하면 통합 토론을 하면 평가역량 평정을 통계적으로 통합하는 것보다 더 정확한 종합 평가 평정을 산출할 수도 있기 때문이다. 이 주제에 대해서는 10장에서 더욱 자세하게 다루도록 하겠다.

평가자가 독립적으로 종합 평가 평정을 산출한 뒤에는 모든 사람이 그 평정을 볼 수 있게 게재하고 서로 비교하게 된다. 만약 전체적으로 의견 일치가 되면 이 평정이 최종 수치가 된다. 의견 차이가 있다면 평가자는 차이점을 토론하고 합의를 도출하게 된다. 이 시점까지는 광범위하게 토론할 필요성이 별로 없다. 대개 의견 차이가 발생하는 경우는 극소수이기 때문에 통합 토론은 매우 빠르게 마무리 된다. 그래서 이 단계에서는 통합 토론 과정을 빼야 한다는 주장(Feltham, 1988b; Sackett & Wilson, 1982)이 제기되기도 하지만, 그렇게 한다고 해서 시간을 많이 절약할 수 있는 것도 아니다. 또한, 평가자들은 이를 과정의 최종단계로 마무리 짓고 싶어 하는데, 간약 통합 토론 과정이 없어진다면 평가자는 의미 있는 최종 단계를 잃게 되는 것이다. 현재 사용되고 있는 대부분 평가센터에서는 최종 평정을 도출하기 위하여 합의점을 끌어내는 토론 절차를 활용하고 있다. 미국 기업의 84%(Spychalski et al., 1991), 독어권 국가 기업의 92%(Krause & Gebert, 2003)가 토론 절차를 채택하고 있다. 그러나 이에 대한 대안적 기법들도 제시되어 있으므로, 데이터를 통합하는 여타의 기법을 통해 예측상의 정확도를 향상할 수 있을지 검토해볼 필요가 있다. 이 장의 뒷부분과 10장에서 이 주제를 심층적으로 다룰 것이다.

## 6 집단 의사결정 이론

문제를 해결하기 위해서든 과업을 완수하기 위해서든 집단 토론에 참여해 본 사람은 누구나 집단의 두 가지 측면을 볼 수 있었을 것이다. 집단은 가치 있는 아이디어의 원천과 진보의 수단이 될 수 있기도 하지만 창의성과 진보를 억제하여 잘못된 결론을 도출할 수도 있다. 집단 의사결정에 대한 연구 문헌이나 이론을 조금만 읽어보더라도 이 두 가지 견해가 대립하고 있음을 알 수 있다(Aronson, Wilson, & Akert, 2002; Levine & Moreland, 1998). 보다 비관적인 견해를 갖는 학자들은 집단 토론 과정이 올바른 의사결정을 저해하며, 결국 '과정 손실(process loss, Steiner, 1972)'로 이어지게 된다고 본다. Hinsz, Tindale, Vollrath(1997)은 집단 내의 정보처리에 대한 연구를 광범위하게 검토한 후, 다음과 같이 결론을 내리고 있다. "일반적으로 집단은 개인보다 정보를 처리하는 방식이 다양하지 못하다."(p.53) 이들의 주장에 따르면 집단은 주의의 초점이 지나치게 협소하고, 정보의 공유나 저장, 기억에 실패할 가능성이 높으며, 집단 의견에 대한 순응을 강요하고 제한된 정보를 강조하는 경향이 있다고 한다. 한편 더 긍정적인 견해를 갖는 학자들은 집단이 질서정연한 과정을 따라 의사결정을 하며(Laughlin, 1999) '과정 이득(process gains, Steiner, 1972)'을 끌어낼 잠재력이 있으며, 좋은 아이디어와 건전한 해결책을 만들어낸다고 본다(Argyris, & Schon, 1974; Hill, 1982).

## 7 집단 의사결정의 단점

집단 의사결정은 잠재적인 문제점을 많이 포함하고 있다(Laughlin, 1999; Moscovici, 1985). 그중 하나는 집단 내 가장 뛰어난 개인의 의사결정이 집단의 최종 결정보다 더 나을 수 있다는 점이다(Einhorn, Hogarth, & Klempner, 1977). 마찬가지로 집단 토론과정을 통해 가장 정확성이 뛰어난 개인이 제공한 양질의 정보가 무의미해질 수 있다. 이러한 문제가 생기는 이유는 어떤 개인, 예를 들어 판단의 질이 떨어지는 누군가가 과도하게 토론 과정을 지배하면서 다른 사람들이 불충분한 정보에 초점을 맞추도록 하기 때문이다. 수동적인 집단 구성원은 가치 있는 기여를 할 수 있는데도 불구하고 순응 과정으로 인하여 다른 구성원의 제안에 그저 따르기만 할 때도 있다. 이 같은 문제의 해결책으로써 가장 우수한 구성원을 찾아내고 다른 사람들을 제명할 수 있다(Libby et al., 1987). 그러나 이는 그다지 실질적인 해결책이 아니다. 연구자는 실험 후에 최고의 구성원을 가려낼 수 있을지 모르겠지만, 집단 자체는 토론하는 와중에 최고의 구성원을 가려낼 수가 없기 때문이다(Miner, 1984). 또한, 실제 상황에서는 나머지 집단 구성원을 제명시켰을 때 큰 반발에 부딪히게 된다.

집단 의사결정을 왜곡하는 또 다른 집단의 특성으로 집단 극화 과정이 있다(Kameda, Tindale, & Davis, 2003: Lamm & Myers, 1978; Myers & Lamm, 1976). 집단 극화란 집단 내 다수의 구성원이 갖고 있는 초기의 의견이 집단 토론을 거치면서 더욱 강해지는 현상을 말한다. 집단 구성원들은 여러 가지 이유에서 집단의 지배적인 입장에 따라 의견을 바꾸기도 한다. 이상적으로는 집단 내 다수의 의견이 본질적으로 건전할 경우에만 이러한 현상이 일어나야 하며, 실제로 대개 그러하다(Lamm & Myers, 1978; Myers & Lamm, 1976). 그러나 불행하게도 바람직하지 못한 과정이 일어날 때도 있다. 예를 들어 집단 구성원들은 인위적인 규범('다수결 원칙' 같은) 때문에, 혹은 다른 구성원들에게 호감을 주고 싶기 때문에 다수의 입장을 따른다. 집단 극화의 한 형태는 '모험적 이행' 현상이다(Kameda et al., 2003; Kogan & Wallach, 1967; Laughlin, 1999). 이는 집단의 최종 의견이 개별 구성원의 처음 입장보다 더 위험을 수반하는 입장이 되는 것을 말한다. 예를 들면, 어떠한 조건에서는 집단이 토론과정 이후에 특정 주제를 더 극단적으로 지지하게 되는 경우가 있는데, 이러한 역동의 발생 원인에 대한 한 가지 해석으로 개인은 책임을 혼자서 감수하게 되지만 집단은 집단 내의 책임이 모든 구성원에게 분산되기 때문이라는 것이다(Latane & Darley, 1970). 이러한 해석은 특히 집단의 결정이 제 3자에게 부정적 영향을 주게 되는 상황에서 발생하는 집단 극화 현상(Lamm & Myers, 1978)을 잘 설명해준다. 이는 집단 토론의 결과가 승진이나 채용 결정에 사용되는 평가센터에서도 종종 발생하는 상황이다. Herriot et al.(1985)은 장교 훈련학교에서 입학 지원자를 판단할 때 이와 관련된 부정적인 오류가 발생함을 발견하였다. 즉, 개인 평가자는 다수의 평가에 일치시키기 위해 자신의 초기 평가를 낮추는 경향이 있었다. 특히 다수가 이미 낮은 점수를 주었을 때 이러한 경향이 두드러졌다. 이 평가센터에서 받은 낮은 점수는 지원자의 낙방이라는 결과를 낳게 된다. 따라서, 이렇게 집단 내 다수의 의견에 따라 평가를 변경하는 것은 더욱 모험적인 결과를 초래하기도 한다.

'집단사고'(Aldag & Fuller, 1993; Janis, 1982)는 집단 의사결정의 질을 저하시킬 잠재적 위험성이 있는 집단 역동의 또 다른 예이다. 응집력이 높은 집단은 의견의 차이를 억제하며, 의견 일치라는 비공식적이고 암묵적인 규준에 순응할 것을 묵시적으로 강요한다. 그래서 응집적 집단의 구성원은 대안적인 행동이나 입장을 철회하고 만장일치를 추구한다. 집단사고는 '집단 내의 압력으로 인하여 발생하는 정신적 효율성, 현실 파악, 도덕적 판단 상의 장애'(Janis, 1982, p. 9)이다. 평가자 집단에서도 이러한 현상이 발생한다. 오랜 기간 함께 조직 내에서 일해 왔거나 평가센터에서 작업한 평가자는 '좋은' 사람으로 보이고 싶고, 서로의 의견에 동의하고자 하는 분위기를 느낄 수 있다.

Aldag & Fuller(1993)는 집단사고 모형을 비판하고, 정교화하고, 확장하여 더욱 포괄적이며 보편적인 집단 문제 해결 모형을 개발하였다. 이 모형에는 집단 의사결정 과정을 특징짓는 다른 변수들이 포함된다. 의사결정의 본질(중요성, 시간 압박 등), 집단의 특성(응집력, 집단 발달 단계), 의사결정의 내용(정치성, 스트레스의 수준) 등은 집단이 어떻게 그 취약성을 지각하며 결과적으로 의사결정 과정에 악영향을 미칠지를 결정하는 요소들이다. Aldag & Fuller(1993)는 집단이 '집단사고'의 희생양이 되느냐와 관련해 내재적으로 이렇게 복잡한 요소들이 개입한다는 것을 고려할 때 특수한 해결책이 크게 효과적이지 않을 것이라는 회의적 태도를 보였다. 대신 의사결정 과정과 관련된 조직 문화나 보상체계를 바꿈으로써 집단의 잠재적이고 부정적인 결과를 극복할 수 있다고 주장하였다. 평가센터에서 이루어지는 통합 토론의 맥락이나 과정은 Janis가 제시한 집단 역동을 완화하는 요소들을 다수 포함하고 있다. 따라서 Aldag & Fuller가 주장하는 환경을 만들어 낼 수 있다.

평가센터의 통합 기법에는 집단사고의 오류를 방지할 수 있는 많은 특성이 있다. 평가자는 다른 평가자의 평정에 의문을 제시하고 비판적으로 사고하도록 훈련받는다. 또 모든 사람이 '악마의 옹호자(일부러 반대 의견을 제시함으로써 안건에 관해 비판적으로 사고할 수 있도록 한다)' 역할을 하면서 평가에 의문을 제기할 것을 요구한다. 그리고 평가자에게는 모든 데이터를 검토하고 통합 토론을 하기 전에 의견을 바꿀 기회가 주어진다. 또한, 평가자 집단은 오랜 기간 함께 작업하는 안정적 집단이기보다는 일시적으로 구성된 집단일 때가 많다. 따라서 응집적 집단이 갖는 부정적 역동이 평가자 통합 토론에서는 발생하지 않을 가능성이 높다. 그리고 평가자 집단은 순응을 촉진하는 조직적인 성향의 정치적 압력을 받지 않으며, 구체적인 평가 결과와 관계없이 평가자에게 보상이 주어진다.

집단 의사결정의 또 다른 잠재적 문제점은 집단에서의 토론을 위한 다양한 정보가 공유되어야 한다는 점이다. '감춰진 정보'란 토론 시작 시에 다양한 집단 구성원이 다른 사람에게 알려지지 않은 중요한 정보를 가지고 있는 상황을 말한다(Laughlin, 1999; Stasser, 1992; Stasser & Stewart, 1992). 그들이 공유하고 있는 정보에 초점을 맞추지 못하면 모든 중요한 정보를 충분히 검토할 수 없게 된다. 만약 집단이 의사결정 결과에 대해 책임을 지도록 한다면 이러한 경향은 최소화될 수 있다. 이는 이 장의 뒷부분에서 다시 다룰 것이다.

## 8 집단 의사결정의 장점

집단 의사결정을 보다 낙관적으로 보는 학자들은 집단 구성원의 공동 작업이 훨씬 효과적일 수 있으며 어떠한 개인보다도 더 우수한 의사결정을 할 수 있다는 증거를 강조한다(Argyris & Schon, 1974; Hill, 1982). Moscovici(1985)는 지금까지 집단 내의 다수의견에 대한 순응이 중요시됐지만, 최근에는 오히려 개인이 집단에 영향을 준다는 인식이 생겨나고 있음을 발견하였다. 실제로 Nisbett & Ross(1980)는 '집단 작업이 주는 보너스'가 있다고 주장했다. 즉, 집단 작업을 하는 개인에게서 얻을 수 있는 이점이야말로 개인의 판단에 내재한 많은 단점을 해결할 수 있는 최대의 장점이라는 것이다.

여러 학자는 정보를 조합하는 데 집단 판단 과정의 장점을 지지하는 증거들을 발견하였다. McGrath & Kravitz(1982)는 여러 문헌을 검토한 끝에 집단이 결국은 '지지받은 진실이 승리하는' 패턴을 따르는 경향이 일관성 있게 도출되었다는 결론을 내렸다. 다시 말해, 집단 토론과정 상의 손실이 일부 존재하기는 하지만(예를 들어, 집단 의사결정은 가장 우수한 개인의 결정에 비해 효과가 떨어진다.) 만약 좋은 해결책이 지지된다면 집단은 그것을 받아들인다는 것이다. Laughlin과 그 동료들(Laughlin, 1980; Laughlin & Ellis, 1986; Laughlin & McGlynn, 1986)은 귀납적인 추론 문제를 해결하는 집단의 문제 해결 과정이 '지지받은 진실이 승리하는' 패턴을 정확히 따른다는 사실을 증명하였다. 이에 Laughlin, Bonner, & Milner(2002)는 수십 년간의 연구 결과를 요약하면서 '문제 해결 과제의 범위에서는 집단이 평균적인 개인보다 더 좋은 수행을 보인다.'(p. 605)라는 결론을 내렸다. 더 나아가 Laughlin(1999)은 충분한 정보와 시간이 주어진다면 집단의 결정이 가장 우수한 개인의 결정과 필적할 만하다고 결론지었다.

집단 구성원들이 의사결정에 도움이 되는 서로 다른 기술과 경험을 가지고 있다면 집단 의사결정은 도움이 될 수 있다. 물론 평가자는 피평가자의 평가에 도움이 되는 독특한 정보를 제시해야 한다. 여기서 다시 한번, 평가자 집단은 서로 다른 조직 내의 경험을 가진 관리자로 구성되고, 각각 서로 다른 과제를 관찰할 기회를 얻는다. 그러므로 과제 간 평가역량 평정에 관한 의견도출이 쉽지 않더라도 그리 놀랄 일은 아니다. 이러한 다양성은 개인이 각자의 전문지식을 합쳐서 더 광범위하고 다양한 정보를 공유할 수 있다는 장점을 가져다준다. 덧붙여서, 일반적인 평가자 회의 절차를 통해 서로의 정보를 확인하고 의견을 교환하게 됨으로써 각 개인이 범할 수 있는 잘못된 정보의 오류나 부정확한 판단을 방지할 수 있다.

한편 집단이 정보를 충분히 활용하지 않는다는 주장은 대개 다음 두 가지 이유 중 하나에 근거한다. 첫 번째 근거는 집단이 적절한 동기부여가 되지 않는다는 것이다. 즉, 구성원들이 정보 활용에 충분히 노력을 기울이도록 고무되지 않음을 의미한다. 두 번째 근거는 집단 구성원이 제한된 정보처리 능력을 가지고 있다는 것이다(McGrath & Kravitz, 1982). 그러나 평가센터의 경우에는 이 두 조건이 모두 해당하지 않는다. 평가센터의 평가자는 일반적으로 대인관계 능력이나 인사관리와 관련된 이슈에 대한 관심을 토대로 선발되며, 평가센터에서 필요한 평가 기술을 갖추도록 훈련되고 검증을 받는다.

Sniezek & Henry(1990)는 평가센터에서 통합 회의가 일어난 다음 이루어지게 되는 의사결정 절차와 유사한 절차를 제시하고 검증하였다. 이 절차에서는 개인이 판단을 내린 다음 집단과의 상호작용 과정을 통해 그것을 수정하였다. 이렇게 수정된 개인의 판단은 집단 내 의견통일이 요구되는 집단 회의를 통해 평가되고 조합된다. 두 건의 연구에서(Sniezek & Henry, 1989, 1990) 이러한 절차가 효과적이라는 증거가 발견되었다. 집단의 판단은 전문가들의 판단과 비교했을 때 개인의 판단을 수량적으로 평균낸 것보다 우수하였다. 더 나아가, 집단 회의과정을 통해 결정한 집단의 판단이나 대다수의 개인이 결정한 판단이 더욱 정확한 쪽으로 수정되었다. 실제로 최초의 판단에서 상당히 많은 양의 수정이 이루어졌다. 실험결과, Sniezek의 의사결정 접근법을 사용한 경우에 32% 이상이 개선된 것으로 나타났다. 이러한 개선은 Hastie(1986)가 초기의 집단 의사결정 모형을 검토하면서 발견했던 평균 12%의 개선을 훨씬 뛰어넘는 것이다.

Miner(1984)는 집단이 우수한 의사결정을 내리는지를 결정하는 그 도출 과정을 명확히 정의하는 연구를 진행했다. 그는 만약 개별 구성원이 집단 회의 이전에 독립적으로 판단을 내린다면 그러한 초기의 독립적인 개별 판단이 없었을 때보다 집단 의사결정이 더 우수해진다는 것을 발견했다. 이러한 결과는 통합 세션의 어떤 단계에서든 평가자가 행동을 보고하고 독립적으로 평정해야 하며 그다음에 회의를 시행해야 한다는 것을 나타낸다. 또한 Miner(1984)는 실험을 한 다음, 집단에서 가장 수행이 뛰어난 '최고의 구성원'을 가려낼 수 있었지만, 그 집단 자체는 최고의 개인을 우연 수준 이상으로 잘 가려내지 못한다는 것을 발견했다.

따라서 가장 우수한 개인과 비교할 때 어느 정도 과정에서의 손실이 존재하는 것은 사실이지만 의사결정 과정에서 집단이 '최고의' 혹은 가장 정확한 구성원을 가려낼 능력은 없었다. 실용적인 의미에서는 개인의 의사결정이 통계적 평균치로 계산된 의사결정과 비교할 때 과정에서의 이득이 존재하였다. Miner의 연구에서 가장 효과적인 과정으로 밝혀진 것은 평가센터 기법에서 사용하는 절차와 정확히 동일했다. 즉, 각 평가자가 독립적으로 예비 평정을 한 다음, 평가자 집단이 최종 평가 평정을 하는 것이다.

## 요약

그렇다면 과정에서의 손실과 이득이라는 두 가지 견해 중 어느 것이 더 정확한가? 양쪽 모두 진실을 담고 있다. 문제는 어떤 상황에서 집단 작업이 효과적인지를 이해하는 것이다. 집단 효과성의 결정적 변수를 아직 연구들이 규명 하지는 못했지만 어떠한 조건에서 차이가 생기는지를 보여주는 단서는 많이 존재한다. 이 문헌이 검토되고 나면 평가센터 기법이 효과적인 집단 의사결정 과정을 이끄는 것으로 밝혀진 많은 조건을 만들어내고 있음이 분명해질 것이다. 실제로 평가센터의 통합 회의는 인간 행동이 어떻게 평가되고 예측되는지에 대한 정교한 사례연구이다. 또한, 과거 수십 년 동안 집단 의사결정에 관해 이루어진 실험 및 현장 연구에서 도출된 많은 이론이 가치 있음을 보여주고 있다.

## 9 집단 효과성에 영향을 주는 요소들

단편적인 실증 연구와 이론을 종합해 보면 집단 과정이 의사결정의 질을 개선하는지 저해하는지를 결정하는 요인들을 추론해 볼 수가 있다. 이러한 요인에는 다음과 같은 것들이 포함된다. 집단 구성원의 지식과 기술, 의사결정 과제에 투자되는 노력, 의사결정 결과에 대해 집단이 지게 되는 책임, 효과적인 의사결정 전략의 일관성 있는 사용, 긍정적인 집단 역동을 촉진하고 순응에 대한 압력을 최소화하는 기법의 사용, 메시지 관련 사고를 불러일으키는 조심스러운 정보처리 등의 요소를 하나하나 살펴보도록 하겠다.

### 집단 내의 기술과 지식

집단 구성원이 주어진 과제와 관련하여 높은 수준의 지식과 기술을 가지고 있을 때(이러한 요소가 모자랐을 때보다) 수행이 더 향상된다(Chaiken & Stangor, 1987; Kameda et al., 2003). 유능한 구성원을 선발하고 적절히 훈련한다면 지식과 기술 면에서 바람직한 수준을 달성할 수 있다. 이러한 조건이 평가센터의 개발에서는 기초적인 제도이다. 주로 고위 관리자를 평가자로 선발하는 경우가 많은데, 그 이유는 해당 직무에 더 친숙하기 때문이다. 또 이들이 수행해야 하는 평가 업무와 관련해 판단 기술이나 대인관계 기술을 갖춘 관리자를 선발해야 하므로 추가 선별을 하게 된다. 그러나 이것은 시작일 뿐이다. 그다음 그들이 속해 있는 평가센터에 필요한 구체적인 기술을 향상시키기 위해 평가자 훈련을 한다. 나아가 가이드라인(*Guidelines*, International Task Force, 2000)은 평가자가 평가라는 과업을 수행하기에 충분한 자질을 갖추었는지를 검사하고 인증해야 한다고 명시하고 있다.

### 노력

집단 정보처리가 효과적이기 위해서는 기본적으로 집단 구성원이 정보에 충분히 주의를 기울여야 한다. Hinsz et al.(1997)은 (자신의 역할보다는) 과업에 주의를 기울이고, 공유되거나 공유되지 않은 정보를 조사하고, 적절한 시간적 압박이 있을 때 집단 구성원 간에 주의집중 수준이 높아진다고 제시하였다. 추가로, 집단이 효과적으로 기능하기 위해서는 구성원이 판단과 의사결정을 수행하는 것에 대해 동기부여 되어야 한다. 이상적으로는 집단의 노력이 높은 수준에 있어야 하며 잘 조정된 상태여야 한다. Barker, Wahlers, Cegala, & Kibler(1983)는 집단이 정상적인 판단과 신속한 반응의 측면에서 높은 수준의 수행을 달성해야 할 때 이 같은 압박적인 조건이 덜할 때보다 수행이 좋아진다고 결론 내렸다. Hackman & Morris(1978a, 1978b)는 구성원들로부터 다양한 기술의 활용, 구체적인 과업의 달성 기회, 중요한 과업의 부여, 자율성, 집단 효과성에 대한 피드백 등의 노력을 끌어낼 수 있도록 집단 과업을 재설계할 때 집단 구성원의 노력 수준이 향상될 수 있다고 제시하였다.

사실상 이러한 요인들이 모두 평가자 통합 회의에 포함되어 있다. 평가자는 분명히 많은 임무를 정확하게 수행하라는 압박을 받는다. 또한, 평가자로서 일하려면 다양한 기술이 필요하다. 과제를 진행하고 평가하는 것, 배치나 개발에 관해 평가하고 제안하는 것, 그리고 어떤 경우에는 피드백 보고서를 쓰고 피평가자 및 직속 상사에게 구두로 피드백을 주는 등의 기술이 요구된다. 평가에서는 고용, 승진, 개발에 대한 추천의 형태로 분명하고 구분 가능한 과제들이 수행되며, 이러한 과제는 피평가자의 직장 생활은 물론 조직 그 자체에도 중요하다. 자율성은 평가자 팀이 내린 판단에 대해 좌지우지하는 사람이 없으므로 충분히 보장된다고 할 수 있다. 그러나 평가센터의 효과성에 대한 피드백은 종종 부족할 때가 있다. 평가자가 자신의 추천이 조직에서 어떻게 반영되었는지 알지 못할 때가 있는 것이다. 만약 이 같은 종류의 피드백이 평가자에게 제공된다면, 평가자의 높은 동기 수준이 더욱더 향상될 것이다.

이 모든 조건은 사람들이 집단으로 일할 때 개인의 노력 수준을 줄이거나 게으름을 부리는 현상인 '사회적 태만'의 가능성을 최소화하는 것으로 보인다. 사회적 태만은 집단 내에서 개인의 노력이 쉽게 구분되지 않을 때, 그리고 개인이 기여도에 대해 책임질 필요가 없을 때 빈번하게 발생하는 경향이 있다(Weldon & Gargano, 1985; Weldon & Mustari, 1988). 의사결정에 대한 책임 소재의 중요성은 다음 단원에서 살펴볼 것이다.

## 책임감

Tetlock(1983, 1985)은 집단 내 구조화되고 균형 잡힌 논쟁이 규준으로 자리 잡고 있을 때 개인은 단순화된 사고보다는 복잡한 의사결정 전략을 구사하게 된다고 주장하였다. 만약 사회적 상황이 의사결정자로 하여금 사회적 위치가 미리 알려지지 않은 다른 사람을 책임지게 한다면, 개개인은 더 철두철미하고 빈틈없이 정보를 처리할 것이다. Tetlock에 의하면 복잡한 의사결정을 하기 위해서는 생각이 비일관적으로 전개되는 것도 감수해야 함은 물론(예컨대, 거부된 안건의 장점과 선택한 안건의 단점을 모두 인정하는 등), 자기 비판적 자세, 현재 사용하고 있는 의사결정 전략을 좀 더 통찰해 보려는 의지가 필요하다. 의사결정의 책임 소재를 분명히 하는 것이 갖는 효과는 복잡한 다수의 요소에 따라 달라질 수 있다. 그러나 이 분야에 대한 연구에서 지속해서 도출되고 있는 몇 가지 결론들이 있다(Learner & Tetlock, 1999). 예를 들어 청중의 견해가 알려지지 않을 때, 의사결정자들이 의견도출의 결과가 아닌 과정에 대해 책임을 져야 할 때, 적법한 권위에 의해 책임이 요구될 때, 그리고 정상적인 결정 과정에 대하여 별로 주의를 기울이지 않았을 때 책임 소재를 분명히 하는 것의 효과가 더 커진다.

결정에 대해 집단이 책임을 지게 하면 정보가 공유되지 않아서 충분히 논의되지 못하는 문제가 완화될 수 있다. 연구 결과에 따르면 집단이 내린 결정의 책임을 집단이 지면 회의에 더 많은 시간을 할애하고 중요한 정보에 초점을 맞추며 더 나은 해결책을 찾아낸다고 한다(Stewart, Billings, & Stasser, 1998).

평가자 회의에서는 전통적인 평가센터 기법의 여러 측면을 통해 책임 소재가 분명해진다. 행동을 기록하고 보고하는 구조화된 방법이 존재한다는 것, 모든 평가를 행동적 증거로 뒷받침한다는 것, 각 평가역량을 관찰하며 부정적 결과와 긍정적 결과를 모두 자세히 보고한다는 점, 평가자와 피평가자 사이에 개인적 친분이 없는 점, 서로 다른 과제에 대한 여러 평정이 분리되어 독립적으로 매겨진다는 점 등이 그것이다. 이 모든 집단 결정 과정의 특성으로 인해 평가자 회의는 책임 소재가 분명해진다.

## 의사결정 전략의 일관된 사용

집단은 개인이 이미 학습해 익힌 기존 전략을 활용할 때 가장 효과적인 수행을 보인다(Hackman & Morris, 1978a, 1978b). 많은 의사결정 전략 중 어느 것을 사용하더라도 주어진 상황에 잘 적용할 수 있다. 여기서 중요한 것은 집단 규준이 개인적으로 사용되는 전략을 뒷받침해 주어야 하며, 그렇지 않으면 전략은 폐기된다는 점이다. 평가센터 회의에서 적절한 전략을 유지하는 것은 회의를 이끄는 진행자의 몫이다. 경험이 많은 평가자는 손쉬운 지름길을 택하고자 할 가능성이 있으므로 누군가가 의사결정 전략을 상기시킬 필요가 있다. 또, 신규 평가자나 평가센터에 한두 번밖에 참여해보지 않은 평가자는 평가기법을 충분히 연습할 기회가 없었기 때문에 사려 깊게 끌어주어야 한다. 평가센터를 시행하는 조직이 당면하는 한 가지 문제점은 서로 다른 여러 부서에서 평가센터를 시행할 때 그 질을 일정하게 유지하기 힘들다는 점이다(Schmitt, Schneider, & Cohen, 1990). 평가센터가 '운영 타당도'(Byham & Temlock, 1972)를 유지하려면 의사결정 전략이 일관성 있게 적용되고 있는지를 주의 깊게 살펴야 한다. 평가센터 진행자는 이 장의 앞부분에서 설명한 프로그램대로 통합 절차가 진행되고 있는지 체크하면서 평가자 회의 샘플을 관찰하는 연습을 하게 된다.

## 집단 역동

집단은 이 장의 전반부에서 설명했던 부정적인 의사결정 과정을 주의해야 한다. Hoffman(1978a, 1978b)은 획일성과 순응에 대한 압력, 리더가 없는 비공식 구조와 같은 요소가 집단 내 효과적인 문제 해결을 방해하는 요인으로 작용할 수 있다고 지적하였다. 대부분의 경우 평가자 팀은 특정 평가센터가 지속되는 기간에만 만나는 일시적인 집단이다. 따라서 회의 과정에서 발생할 수 있는 부정적인 감정이 직무에 주는 영향에 대해서는 크게 염려할 필요가 없다. 더구나 평가자 회의 과정은 Hoffman이 제시한 효과적인 집단 문제 해결을 촉진하는 절차가 시행된 이후에 수행된다. 즉, 고려해야 할 모든 아이디어를 펼쳐 놓은 상태에서 평가하며, 갈등을 적절히 활용해야 한다. 다시 말해 집단 내 의견 차이를 피평가자를 더 잘 이해하는 수단으로 사용하는 것이다.

집단 의사결정에 대한 광범위한 연구에 따르면, 공유되지 않은 정보(집단 구성원 중 일부에게만 알려진 정보)가 논의되지 못하는 이유는 집단 구성원이 서로에게 집단의 초기 견해에 순응하라는 압력을 행사하기 때문이다(Kameda et al., 2003). 참신하고 색다른 정보는 유해한 것으로 간주되므로, 집단은 그러한 정보를 공개적으로 논의함으로써 얻을 수 있는 혜택을 누리지 못하거나 아예 그런 정보를 무시하는 경향이 있다. 소집단 연구에 따르면 피평가자의 익명성을 보장하고 비위협적인 환경을 조성하며, 모두가 동시에 정보를 공유할 수 있는 수단과 모든 구성원이 공개적으로 정보를 공유할 수 있는 수단을 조성함으로써 공유되지 않은 정보를 무시하려는 경향성을 줄일 수 있다.

평가자 회의 과정은 위에서 열거한 조건 중 상당수의 조건을 충족시킬 뿐 아니라, 다른 학자들이 의사결정 과정에서 효과적 집단 역동을 촉진하는 방법으로써 제시한 조건들도 충족시키고 있다. 예를 들면, 평가자들이 일부러 반대 의견을 제시하여 회의를 심화시키는 '악마의 옹호자(악역)' 역할을 하게 한다든가(Schweiger, Sandberg, & Rediner, 1989) 아이디어를 제시한 사람의 개인적인 자격보다는 정보 그 자체에 초점을 맞추게(Janis, 1982) 하는 등의 방법이다. 평가자가 다른 평가자에게 영향을 미칠 때 그 사람의 개인적 특징이 어떠한 힘도 행사하지 못한다는 연구 결과들이 도출되고 있는 것은 상당히 고무적이다. 예를 들어, 평가자 개인이 생산직인지 사무직인지(Neidig & Martin, 1979), 성별은 무엇인지, 집단의 리더인지 아닌지(Sackett & Wilson, 1982)등의 특성은 그 사람이 다른 평가자에게 주는 이와 같은 영향력을 변화시키지 못한다.

## 메시지 관련 사고

설득 이론은 우리가 집단에서 정보를 처리하는 과정을 더 잘 이해할 수 있게 도와주는 또 하나의 방법이다. Petty & Caccioppo(1986)에 의하면 우리가 입수한 메시지는 체계적으로(또한, 매우 신중하고 철저하게) 처리될 수도 있고 그냥 피상적으로(단순한 원칙을 통해 매우 빠르게) 처리될 수도 있다. 사람들이 적절히 동기부여 되어 있고 그 메시지가 주어진 문제와 얼마나 관련 있는지 주의 깊게 생각해볼 수 있을 때 정보는 체계적으로 처리된다. 지각자가 체계적 사고를 하도록 동기부여하고 그것을 가능하게 하는 요소에는 여러 가지가 있다. 자료의 적절성, 메시지에 대한 반복 노출, 주제와 관련된 충분한 사전 지식, 자료를 체계화하는 방식에 대한 사전 학습, 진리 탐색에 대한 관심, 즉, 다른 사람이 받아들인 해결책을 그대로 수용하기보다는 진실로 올바른 해결책을 찾고자 하는 의지 등이 그것이다(Chaiken & Stangor, 1987). 평가자 회의에는 바로 이러한 요소들이 포함되어 있다. 평가자는 숙련된 관리자이며, 그들의 머릿속엔 역량들이 명확하게 정의되어 있다. 또한, 평가자에게 검토할 행동과 관련된 데이터가 주어지며 평가자의 최종목표는 외부의 압력 없이 각 피평가자를 정확히 평가하는 것이 된다. 게다가 평가자에게는 평가에 최대한 주의를 기울일 수 있는 시간도 보장된다.

나아가, 체계적으로 사고하게 되면 평가자는 다른 사람의 지위나 외모 등에 의한 영향을 덜 받게 된다. 이 점은 앞서 언급한 평가센터 연구에서 입증되었다. 즉, 연구 결과 평가자의 성별이나 지위가 통합 회의에 영향을 주지 않음이 밝혀졌다.

## 요약

'여러 평가자, 과제, 역량 등의 정보를 통합하는 판단적 통합 과정과 전통적 평가자 통합 회의에서 집단 의사결정 방식이 합리적인 의사결정을 끌어낼 것이다'라는 주장을 지지하는 다수의 이론적, 실증적 증거가 도출되었다. 집단 의사결정에서 과정 이득을 끌어내는 것으로 알려진 요소 중 다수가 전통적인 평가센터 과정에 포함되어 있다. 그러나 그것들이 실제로 지켜진다는 보장은 없다. 만약 통합 회의가 제대로 운영되지 못하면 조악한 의사결정을 초래할 가능성이 있다. 판단적 과정의 대안은 데이터를 통계적으로 통합하는 것이다. 이에 관해서는 나중에 다룰 것이다.

## 10 집단의 구성과 다양성에 대한 고려

의사결정 관련 문헌과 더불어 관계적 인구통계(Relational Demography, Riordan, 2000; Jackson, Joshi, & Erhardt, 2003)나 직장 내 다양성과 관련된 문헌도 평가자 집단의 인구학적 구성이 피평가자에 대한 의사결정의 질에 영향을 줄 수 있음을 지적하고 있다. 예를 들어, 관계적 인구통계 연구에 따르면 인종이나 연령 측면에서 더 이질적인 작업집단은 조직시민행동을 더 많이 보이는 경향이 있다(Chattopadhyay, 1999). Fenwick& Neal(2001)은 컴퓨터 시뮬레이션 과제를 할 때 집단 내 여성의 숫자와 팀 수행 간에는 정적인 관계가 존재함을 확인하였다. 반면 인구학적으로 이질적인 집단은 의사결정 시 장애를 겪을 수 있으며(예: Jackson et al., 2003) 낮은 응집력을 경험하지만 이러한 경향은 시간이 지나면 감소한다(Carpenter, 2002; Chatman & Flynn, 2001; Earley & Mosakowski, 2000). 비록 일관성이 떨어지지만 이러한 결과는 평가센터 설계자가 평가자 팀의 인구학적 구성의 효과를 주의 깊게 고려해야 하며, 평가자 훈련이나 통합 회의 과정에서 인구학적 구성의 잠재적인 영향에 관해 논할 필요가 있음을 보여준다. 평가자 집단 내의 다양성이 피평가자에 대한 의사결정에 실제로 어떠한 영향을 갖든지, 평가자 집단의 다양성은 평가 과정의 지각된 공정성이나 정확성을 증가시킬 가능성이 높다.

## 11 데이터 통합의 통계적 기법

통계적 기법이란 평가역량 점수나 종합 점수를 끌어내기 위해 수학 공식을 사용하는 것을 의미한다. 평가센터에서는 다음과 같은 점수에 대하여 평정을 통계적으로 통합할 수 있다.

- 두 명 이상의 평가자가 같은 과제를 관찰하여 도출한 과제 내 평가역량 평정

- 여러 과제에 대한 평가자들의 과제 내 평가역량 평정
- 두 명 이상의 평가자가 통합회의를 통해 각 수행 역량에 대해 행동적 증거들을 듣고 난 후 도출한 평가역량 평정
- 평가자들이 평가역량 평정에 동의하고 난 후 지원자에 대한 최종 종합 평가 평정
- 각 평가자가 독립적으로 전체 평정을 한 후 지원자별로 계산하는 최종 종합 평가 평정

각 단계에서 각각의 정보에는 동일한 가중치가 부여될 수도, 서로 다른 가중치가 부여될 수도 있다. 동일한 가중치의 경우, 각 정보에 '1'의 가중치가 부여되므로 이를 '단위 가중치'라 부른다. 따라서, 이때 평정은 여러 평가자, 과제, 평가역량을 통틀어 단순 평균으로 계산된다. 조합되는 개별 정보의 상대적 중요성을 부각하고자 할 때는 서로 다른 가중치를 매긴다. 예를 들면 아래와 같다.

종합 평가 평정 = (4 × 의사결정) + (2 × 리더십) + 감수성 + 회사 지향성

이 예에서 각 평가역량에 부여된 가중치를 살펴보면 의사결정 능력이 감수성이나 회사 지향성보다 네 배 더 중요하게, 그리고 리더십은 두 배 더 중요하게 간주되고 있음을 알 수 있다. 이러한 가중치는 여러 가지 방식으로 결정된다.

- 평가역량의 상대적 중요성을 결정하는 조직 내 의사결정자들의 합리적 기준에 의해 결정
- 과제 및 평가역량의 중요도에 대해 주제별 전문가가 내린 판단에 근거한 직무분석 결과에 따라 결정
- 다중회귀분석과 같은 통계적 방식을 통해 결정

통계적 연구를 위해서는 적어도 100~150명으로 구성된 큰 표본에서 얻은 데이터가 필요하다. 그러한 조사를 통해 얻은 데이터에는 '예측변수'에 대한 점수들이 포함된다. 이 경우라면 그러한 예측변수는 여러 평가역량에 대한 평정들, 직급 체계상의 성취도, 특정 직무에 대한 성공적 수행의 증가와 같은 몇몇 '준거'에 대한 점수가 될 수 있다. 이때 준거 점수와 예측변수 점수 간의 관계를 통계적으로 분석하면 가중치를 어떻게 두어야 할지 파악할 수 있다. 일단 이렇게 가중치가 결정되고 나면 통계적 공식을 통해 평가역량 평정과 예측변수 상의 성공을 조합하게 된다.

심리학의 다른 영역에서도 통계적으로 정보를 통합하는 방식을 지지하는 이론적,

실증적 증거가 많이 확보되어 있다. 임상심리학(Meehl, 1954; Sawyer, 1966)이나 그 외 분야(Dawes, 1979)에서 통계적 방식과 판단적 방식을 비교한 초기 연구들을 요약해 보면 통계적 방식을 통해 더욱 일관성 있고 정확한 예측을 할 수 있음이 드러난다. 판단적 방식은 여러 개별 정보를 조합할 때 주관적 가중치를 일관성 있게 적용하지 않으면 문제가 될 수 있다. 또 평가자가 어떤 변수가 가장 중요한지 명확하게 이해하지 못하면 정확성이 떨어진다. 평가센터 관련 문헌 가운데 평가역량 평정을 통계적으로 조합하는 방식을 지지하는 증거들이 일부 도출되어 있다(10장 참조).

통합 과정의 여러 단계에서 정보를 조합하는데, 단계마다 통계적 조합법과 판단적 조합법이 각각 장단점을 가진다. 다음 단원에서는 단계별로 각 조합법의 주장에 대하여 살펴볼 것이다.

## 12 과제 후 평가역량 평정의 도출

어떤 평가센터에서는 각 과제에서 한 명의 지원자를 오직 한 명의 평가자가 관찰한다. 예를 들면, 인터뷰 모의상황은 평가자 A가 관찰하고 서류함 과제는 평가자 B가 관찰하는 식이다. 이러한 설정에서는 각 과제에 대한 평가역량마다 오직 하나의 평정만이 존재한다. 그런데 어떤 경우에는 한 명 이상의 평가자가 지원자를 관찰한다. 예컨대 사례연구 과제에서 세 명의 평가자로 구성된 집단이 지원자의 발표를 관찰하는 것이다. 이때 문제가 되는 것은 세 명 평가자의 평정을 어떻게 조합할 것인가 하는 점이다. 통계적 조합법을 사용하면 각 평가역량에 대한 세 개 평정으로 평균을 계산한다.

## 13 최종 평가역량 평정의 도출

이제 한 명 이상의 평가자가 여러 과제에서 행동을 관찰하였고 과제 내 평가역량 평정을 한 상태라고 가정해 보자. 이때 행동 관찰과 평가점수 정보를 종합 평가역량 평정으로 조합하는 최선의 방법은 무엇일까? 지금까지는 평가센터를 연구하면서 최종 평가역량 평정을 도출하는 최적의 과정을 조사한 적이 없었다. 우리가 아는 한 어떤 연구도 최종 평가역량 평정에서 합의에 이르는 방법으로 오로지 판단적인 기법과 순수하게 통계적인 기법을 비교한 적이 없었다. 과제 내 평가역량 평정이 주어졌다고 가정한다면 가장 단순한 접근법은 각 평정에 같은 가중치를 주어 평균을 내는 것이다. 물론 평가자나 과제에 따라 서로 다른 가중치를 부여하는 것이 실제로 더 정확할 수 있다. 그러나 평가센터가 시작되기 전에는 어느 평가자가 더 올바른 판단을 할지 알아내기가 힘들다. 회의 과정에서 더 우수한 평가자를 가려낼 수도 있겠지만, 그렇게 해서 평가자마다 다른 가중치를 부여하는 것은 피평가자나 평가자, 조직의 다른 구성원의 저항에 부딪힐 가능성이 높다. 따라서 최종 평가역량 평정을 도출할 때는 전통적인 기법 이외의 다른 기법에 대한 고려의 여지가 별로 없다.

반대로 다음 세 가지 연구 결과는 통계적 방식의 데이터 통합을 지지하였다(이때 이 연구들이 새로운 피험자로 구성된 표본으로 교차 타당성을 확보하는 절차를 거친 것은 아니라는 점을 주의해야 한다). Wollowick & McNamara(1969)는 판단적으로 도출된 전체 평정과 직무상의 성공에 대한 측정치 간의 상관관계가 통계적으로 도출된 평정과 성공에 대한 측정치 간의 상관관계보다 약하다는 것을 발견하였다. 또한, 판단적으로 도출된 전체 평정은 전체 과제 평정의 합, 과제 간 평가역량 평정의 합, 그리고 객관적인 검사 점수보다 정확도 면에서 떨어졌다. 세 개의 준거 측정치를 예측하는 데 두 가지 데이터 조합 방식의 능력을 비교해본 Borman(1982)의 연구에서도 통계적 방식의 상관관계가 더 높은 것으로 나타났다. 마지막으로, Tziner & Dolan (1982)의 연구에서도 평정을 통계적으로 조합한 결과가 훈련 수행을 예측하는 데 판단적 조합보다 우월하다는 것이 발견되었다. 그러나 이 과정에서도 결과 해석 시 이것들이 독립적 표본을 사용해 교차타당성을 검증한 결과가 아니라는 점에 주의해야 한다. 한편, Mitchel(1975)의 교차타당화에 대한 연구 결과는 매우 흥미로웠다. 처음에는 통계적 방식이 판단적 방식보다 더 정확하게 성공을 예측했다. 그러나 여러 시간대의 상이한 표본을 대상으로 적용했을 경우에는 통계적 방식의 정확도가 눈에 띄게 하락하였다.

Silzer & Louiselle(1990)은 평가역량 평정에 대한 회의의 필요성 자체에 의문을 제기했다. 의견결정 통합을 거치기 이전의 평정과 이후의 평정을 예측 타당도 면에서 비교했더니, 2년 후의 수행에 대한 예측력에서 복합적인 결과가 도출되었다. 즉, 두 개 평가역량에서는 회의 이전의 평정이 더 예측력이 높았고, 다른 두 개의 평가역량에서는 회의 이후의 평정이 더 정확하였다. 따라서, 관련되는 추가 연구가 필요한 상황이다.

이러한 연구 결과를 볼 때, 어느 하나의 데이터 통합 방식이 다른 것보다 우월하다는 결론을 섣불리 내리기는 힘들다. 더욱 결정적인 연구 결과가 나올 때까지는 시간이 허락하는 한 연구에서 보다 장기적으로 정확한 것으로 나타난 방식을 사용해 데이터를 조합하는 절차를 거칠 것을 권유한다. 통계적 방식은 평가센터의 궁극적인 목표가 각 지원자에 대해서 최종적으로 선발할 것이냐 탈락시킬 것이냐 하는 결정을 내리는 경우에 적합하다. 평가센터가 발달적 피드백을 준다거나 각 평가역량에서 개발 필요성을 규명하는 것일 때는 통계적 기법이 적절하지 않다.

## 14 전체 평정의 도출

평가자가 예비 종합평가 평정을 공개하는 단계에서 어떤 방식이 더 적합할까? 어떤 연구자는 이 시점에서 통합 과정을 거치는 것이 과연 유용한지 의문을 제시한다(예: Sackett & Wilson, 1982; Wingrove et al., 1985). 이 학자들은 특히 개별 평정을 통해서 통합된 평정을 예측할 수 있는 경우, 통합 과정을 거치는 대신 통계적 방식을 사용해 최종적인 전체 평정을 산출하면 된다고 주장한다. 이에 대한 두 입장은 모두 논리적이다. 먼저 Sackett & Wilson(1982)에 따르면 이 시점에서 통계적 기법을 사용하면 여러 가지 이점을 얻을 수 있다. 시간과 돈을 절약함은 물론 최종 평정에 악영향을 끼칠 수 있는 사회적 영향을 제거할 수 있다. 반면 Thornton & Byham(1982)는 통합 회의가 평가센터에서 아주 중요하다고 주장하였다. 개인의 편파나 고정관념의 오류를 막을 수 있기 때문이다. 통합 회의를 통해 평가자는 행동 증거를 근거로 평정을 검토할 수 있으며, 지원자의 수행에 대한 다른 사람의 해석을 들어보고 난 후 평가 결과를 수정하는 기회를 가질 수 있다. 이때, 통합 회의가 실제로 더 나은 결정을 끌어내는가 아닌가는 회의 특성에 따라 좌우된다.

그런데 어떤 연구에서는 예비 전체 평정과 최종 평정을 비교했을 때 통합 과정을 통해 더 달라지는 것이 별로 없다는 결론을 내렸다. Sackett & Wilson(1982)은 719명의 피평가자 집단을 조사한 결과 평가자의 예비 전체 평정이 최종 평정과 일치하지 않았던 경우가 전체의 단 1%에 불과하다는 것을 발견하였다. 더군다나 최종평가 평정은 최종 평가역량 평정에 근거한 단순원칙에 의해 정확하게 예측될 수 있었다. 아울러 Wingrove et al.(1985)은 최종평가 평정이 예비 평정보다 훈련 수행에 대해 더 예측력이 우수한 것도 아니라는 결론을 얻었다.

Herriot et al.(1985)은 통합 회의를 통해 오히려 좋지 않은 의사결정이 초래되는지 확인하기 위해 통합 회의에서 어떤 집단 역동이 발생하는지 조사하였다. 이들은 4명 중 3명의 평가자가 예비 평정에서 같은 의견을 내놓았던 사례 2,640개를 찾아서 네 번째 평가자가 최종 평정을 어떻게 했는지 살펴보았다. 그 결과, 전체 사례의 2/3에서 반대 의견을 가진 평가자는 자신의 의견을 고수했고, 1/3의 경우에는 다수의 의견을 따라가는 변화를 보였다. 이때, 예비 평정과 최종 평정을 비교하였더니 다음과 같은 흥미로운 패턴이 발견되었다. 예를 들어, 예비 평정이 높은 사람은 낮은 사람보다 다수의 의견을 따라갈 가능성이 더 높았다. 또한, 개인은 다수의 의견 점수가 높을 때보다 낮을 때 그 의견을 따라갈 가능성이 더 높았다. 이러한 결과를 조합해 본다면 집단 의사결정 과정에는 부정적 편파가 작용함을 알 수 있다. 즉, 집단은 높은 평정을 내는 것을 피하려는 듯하다. 따라서, 평가센터에서는 이를 방지하기 위해 적절하게 평가자를 훈련하는 것이 바람직하다.

이러한 연구에서 우리가 도출할 수 있는 한 가지 결론은 종합 평가 점수를 정하는 이 마지막 단계에서 통합 회의가 불필요하다는 것이다. 왜냐하면, 평가자의 최종 평정이 대개 예비 평정과 다르지 않은 데다가 종합 평가역량 평정을 통해 예측할 수 있기 때문이다. 더 나아가, 이러한 연구를 통해 통합 회의가 유해할 수도 있다는 결론을 끌어낼 수도 있다. 집단 역동이 회의에 부정적인 역할을 주는 데 비해, 회의 결과로 예측 정확도가 높아진다는 연구 결과가 나오지 않았기 때문이다.

이러한 결론에 종지부를 찍고 전통적인 평가센터 기법을 수정하기 전에 추가적인 연구가 더 많이 필요하다. 평가역량 평정과 예비 전체 평정에 대한 회의를 포함하지 않는 데이터 통합 기법으로 산출된 전체 평정이 전통적인 방식으로 도출된 것과 똑같은 예측 정확도를 가진다는 것을 입증하는 연구가 수행되어야 한다. 만약 평가자가 통합 회의에 참여하지 않는다면 그들의 관찰, 범주화, 평정은 매우 다르게 수행될 수도 있다. 따라서, 새로운 데이터 통합 기법이 매우 정확한 전체 평정을 산출할 것이라고 전제하는 것은 부적절하다.

## 15 요약

그렇다면 과연 평가센터 절차의 마지막 단계에서 통합 회의를 하지 말아야 한다는 조언이 전적으로 옳은 것일까? 사실 이 조언에도 여러 가지 문제점이 있다. 평가역량 평정을 조합하기 위해 상이한 가중치를 사용하는 공식을 개발하기 위해 사용되는 통계적 절차는 다음과 같은 특징들 때문에 그 결과의 적용에 한계가 있다. (a) 먼저 이러한 절차는 정해진 데이터 세트에 대한 최적의 해결책을 제시하고 변수 간의 전형적인 관계를 과장할 수 있다. (b) 대개 적은 수의 피평가자로 구성된 하나의 표본에서 공식을 도출하기 때문에 전체 피평가자를 적절하게 대표하지 못할 수도 있다. (c) 평가역량 점수에 대한 선형적 관계만을 다룬다. 따라서 통계적 방법을 대안으로 고려할 때는 한 표본에서 만들어진 공식이 다른 표본에 대해 잘 적용되지 않을 수도 있으며, 크기가 작은 표본에서 추출된 통계치는 그리 안정적이지 않다는 점을 염두에 두어야 한다. 또한, 어떤 특별한 평가역량의 조합은, 역량별 평정 점수의 높고 낮은 패턴이 때로는 중요한 의미를 가질 수 있음을 인식해야 한다. Dugan(1988)은 이러한 통계적 절차가 평가자의 풍부한 정보사용 방식을 잘 포착하지 못한다고 지적하였다. Dugan은 이전 연구를 검토하고 평가자와 비공식적인 회의를 함으로써 통계적 공식이 포착하지 못하는 평가 관찰내용의 특별한 조합을 찾아낼 수 있다고 주장하였다.

## 16 상황별 과제와 다른 평가 도구의 통합

평가센터에서는 개인평가를 위해 상황별 과제와 함께 다른 측정 기법도 혼용될 수 있다. 가장 흔하게 사용되는 것이 적성 검사, 성격 특성(동기, 사회적 상호작용과 관련된 선호, 가치 등)을 측정하는 설문지, 개인 신상자료 양식, 개인적 배경 면접, 다면 피드백 시스템, 피평가자가 어떤 식으로 직무 관련 상황을 다룰지 설명하도록 하는 면접 등이다. 때로는 성격에 대한 투사 검사(예: 단어완성 검사, 그림 해석), 시사 상식 테스트, 읽기 능력 검사 등이 사용되기도 한다.

다른 측정 기법이 사용될 수 있는 방법은 적어도 세 가지 이상 존재한다. 첫째, 평가센터 과정을 시작하기 전에 검사와 면접을 통해 지원자를 선정하는 도구로 활용한다(즉, 선발이나 승진 프로그램의 선발 절차에서 일종의 장애물 역할을 하게 하는 것이다). 예를 들어, 경찰서나 소방서에서 승진 대상자를 선별할 때 종종 지식 검사가 사용된다. 또는 문서로 작성된 사례 연구나 서류함 과제에서 제시된 복잡한 자료를 이해하는 개인을 선발하기 위해서 읽기 능력 검사를 사용하기도 한다. 비슷한 경우로 개인이 관리자로서의 경력에 얼마나 흥미를 느끼고 있고 몰입하는지 측정하기 위해 인사담당자가 면접을 하기도 한다. 특히, 진단이나 개발 평가센터에 참여하라는 상사의 압력을 느끼는 개인에 대해서는 이 면접이 유용하다.

평가센터의 테두리 내에서 검사와 면접을 시행할 때는 그림 8.1에 제시된 두 절차 중 하나를 따르면 된다. 이러한 방법은 상황 검사와 병렬적으로 사용될 수도 있고 순차적으로 사용될 수 있다. 병렬처리 기법에서는 검사와 면접이 상황별 과제와 동일한 방식으로 사용되므로, 평가자가 종합 평가역량 평정을 할 때 모든 정보를 동시에 고려하게 된다. 이러한 접근법에서는 평가자가 과제를 통해 관찰한 행동 정보와 검사

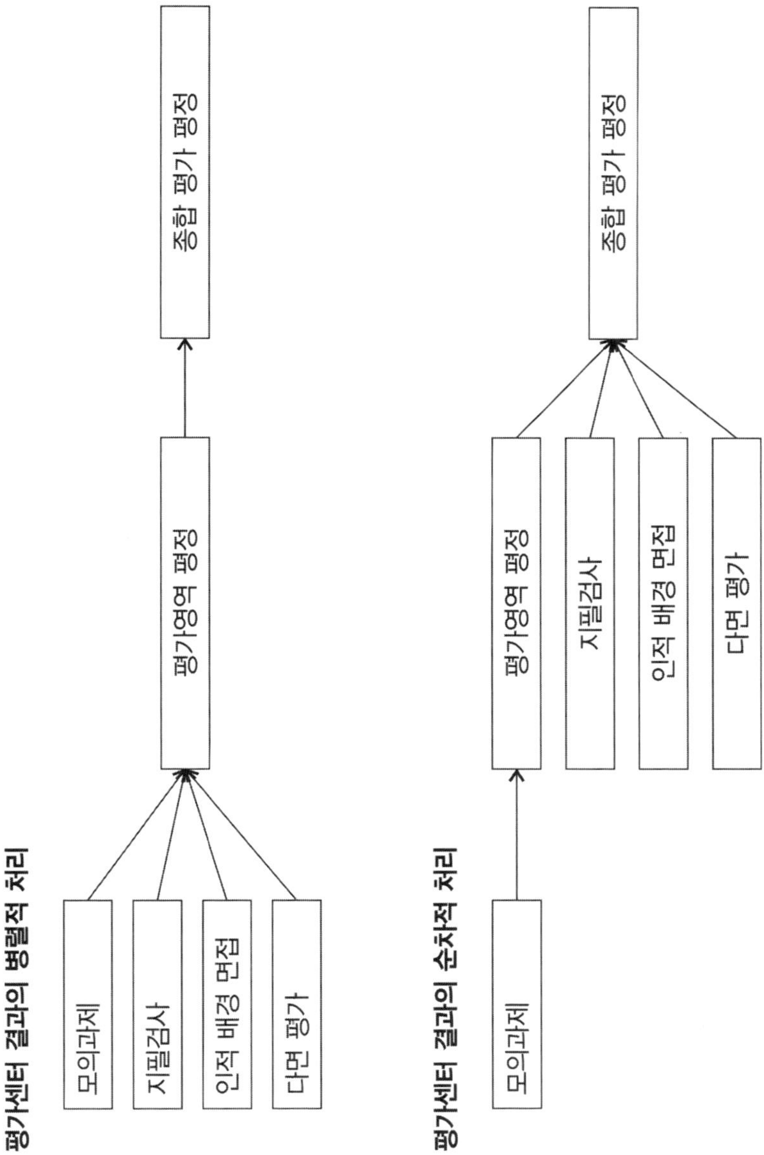


**그림 8.1** 모의상황 및 기타 평가 결과 정보에 대한 병렬적/순차적 처리

와 면접을 통해 얻은 정보를 사용하여 해당 평가역량에 대한 최종 평가를 하게 된다. 여기에는 상황별 과제에서 관찰한 추론 행동과 적성검사상의 점수가 모두 문제해결이나 의사결정분석과 같은 평가역량에 대한 평정으로 사용되기에 적절하다는 논리가 담겨 있다. 또, 평가자는 지필 검사를 통해 피평가자의 일반적인 추론 능력에 대한 정보를 갖게 됨으로써 이러한 행동 역량에서의 성공적 수행이나 저조한 수행을 더 잘 이해할 수 있게 된다. 성격 검사와 관련해서도 비슷한 주장이 가능하다. 집단회의 과제에서 자기주장이 매우 강한 피평가자가 있을 때 평가자는 관련된 성격특성을 측정한 검사 점수 정보를 통해 그러한 특성을 더 확실하게 이해할 수 있다. 검사에서 어떤 한 개인이 자기주장이 매우 강한 사람으로 나타났을지라도, 실제 집단 상황에서는 효과적인 상호작용 기술이 모자라거나 성격 검사에 나타난 대로 그렇게 외향적이지 못해서 상대적으로 과묵해 보일 수도 있다.

검사를 평가센터에서 이용하는 또 다른 방법은 상황별 과제와 순차적으로 배치하는 것이다. 먼저 평가자는 상황 검사에서 얻은 정보를 평가하고 평가역량 평정을 도출한다. 그런 다음 검사 점수와 면접 정보가 주어진다. 그 후에 평가자가 이 모든 정보를 통합하여 전체 평정을 산출하거나 다른 점수를 통계적으로 조합하게 된다.

이 과정을 약간 변형해 평가자가 아닌 다른 사람이 나중에 모든 정보(즉 평가센터의 평가역량 평정, 검사, 면접)를 통합하도록 할 수도 있다. 적합한 후보자로는 인사관리 담당자가 될 수도 있고, 승진 대상자를 검토하는 위원회나 승진 대상자의 인사관리 기록을 조사하는 부서장이 될 수 있다.

절차마다 장단점이 있다. 병렬 처리의 장점은 평가역량에 대해 평정을 산출할 때 모든 정보를 사용할 수 있고 매우 다른 유형의 측정 결과를 서로 비교하고 대조할 수 있다는 점이다. 반면 관리자가 검사점수에 너무 의존하게 되는 단점이 있다. 여러 과제를 여러 평가자가 보고하다 보면 보고결과가 서로 상충할 수 있는 것에 비해 검사점수는 '객관적'인 것으로 현혹될 수 있기 때문이다. 순차적 처리의 장점은 정보의 주된 원천이 평가의 초기 단계에서 개별적으로 처리된다는 점이다. 상황적 과제에서 주어진 그 순간에 취해진 행동들은 면접을 통한 '과거' 행동에 대한 정보와 '검사' 행동이 검토되기 이전에 통합된다. 순차적 처리의 단점은 통합을 위해 두 차례 별도 모임을 해야 한다는 것이다. 즉, 상황별 과제를 관찰한 평가자의 모임과 모든 가용한 데이터를 검토하는 평가자 모임이 각각 필요하다. 만약 평가자가 아닌 다른 사람이 모든 정보를 최종적으로 통합한다면 평가자는 통제력의 상실감을 느낄 것이다. 물론 오하이오 스탠다드 오일 회사와 같은 일부 평가센터에서 하듯이 평가자가 두 단계를 모두 수용할 수도 있다(Finkle, 1976; Finkle & Jones, 1970). 그러나 이는 시간을 낭비하는 것이다. 어쨌든 이 두 가지 처리기법 중 어느 것에서도 평가자가 상황별 과제에서 행동을 관찰하기 전에는 검사나 면접 결과를 보지 않는다는 점을 강조하고 싶다. 이러한 정보가 행동 관찰에 영향을 끼칠 가능성이 너무나 크기 때문이다. 지금쯤 고전 '인간에 대한 평가'를 언급하면서 반론을 제기하고 싶은 독자가 있을지 모르겠다. 이 책은 2차 대전 당시 스파이 대원을 선발하기 위해 미국 전략사무국(1948)에서 사용했던 프로그램에 관해 다루고 있다. 미국 최초의 평가센터라고 할 수 있는 이 제도는 평가 과정의 모든 단계에서 모든 종류의 정보를 한꺼번에 혼합함으로써 어떻게 전체론적인 평가를 수행할 수 있는지를 보여준다.

일부 실무자는 순차적 접근법을 선호한다. 과제를 통한 행동 관찰만을 토대로 역량을 평가하기 때문이다. 검사 및 면접 결과는 이러한 데이터를 수집하고 해석하도록 훈련받은 심리학자나 다른 전문가가 나중에 도입할 수 있다. 그런 다음 평가자는 평가역량 평정을 수정할 수 있다. 더욱 흔하게는 종합 평정을 도출하기 위해 다른 정보와 함께 평가역량 평정을 사용한다. 이러한 절차를 통해 서로 다른 수단으로 수집된 데이터를 가능한 한 서로 오래 분리해둘 수 있다. 반면 어떤 실무자는 평가자가 모의과제, 검사, 다면 피드백 등 모든 방법으로 얻은 정보를 통합해 특정역량에 관한 평가를 하게 되는 병렬처리 접근법을 선호한다.

## 17 평가자 훈련

평가자 간의 회의 과정이 포함된 프로그램을 시행하려면 평가자 훈련 시 회의 시행 방식을 교육해야 한다. 평가자는 효과적인 행동과 비효과적인 행동을 문서화하기 위해 행동 노트를 기록하는 이유를 알아야 한다. 예를 들어, 피평가자가 왜 자기 점수가 낮은지 설득력 있는 증거를 요구할 수도 있을 뿐 아니라, 인사 문제와 관련된 소송에서 승진 결정이 문제가 되는 등의 경우에는 정확한 문서화가 더욱 중요하다. 또한, 평가자는 왜 회의를 하기 전에 개별적으로 매긴 평정을 기록해야 하는지 알아야 한다. 이러한 절차는 판단의 독립성을 확보하고 순응적 압력의 잠재적인 부정적 효과를 최소화하는 데 도움이 된다. 어떤 평가센터는 각 과제에서 평가자를 인도할 진행자를 따로 둘 만한 여력이 없을 수 있으므로, 평가자는 과제의 운영자 역할을 연습해야 할 수도 있다. 다시 말해, 평가자가 피평가자에게 지시사항을 전달하고, 관찰 결과와 평정을 기록하고, 평정을 비교하며, 초기 평정에 큰 차이가 발견되었을 때 최종 결과를 산출하는 과정을 이끄는 것이다. 따라서 평가자 훈련에서는 평가자가 이러한 세부사항을 수행할 수 있고, 평가자 팀 내 이견이 존재할 때 적절히 토의를 이끌 수 있도록 훈련해야 한다.

만약 통합 과정에 서로 다른 과제에서의 행동(그리고 잠재적으로는 그에 대한 평정)을 보고해야 하는 회의가 포함돼 있다면, 평가자는 서로 다른 평가자에게 보고하고, 관찰 결과를 통합하기 위해 기록을 하고, 예비 및 최종 평가역량 평정을 완성하고, 필요하다면 예비 및 최종 종합 평정을 산출하는 과정을 연습할 필요가 있다. 통합 과정의 단계마다 회의를 거치게 되므로 평가자는 어떻게 의견 일치에 도달해야 하는지, 의견 일치가 형성되지 않는 최악의 경우에는 어떻게 해야 하는지 연습해야 한다. 또한, 평가자 간에 갈등이 생기는 경우 등 다양한 돌발 상황에 잘 대처할 수 있도록 어떤 방침을 가지고 있어야 한다.

평가자 훈련에서는 집단 회의의 절차적 단계에 대한 강의와 연습 시간을 제공함은 물론, 집단 과정에서 발생할 수 있는 역기능의 유형을 설명하고 어떻게 대처해야 하는지를 다루어야 한다. 또한, 반대로 생산적인 집단 의사결정 과정의 장점을 강조하고, 평가센터의 통합 회의에서 집단 의사결정의 순기능을 더욱 활용하려면 어떻게 해야 하는지 가르치는 시간이 포함되어야 한다.

## 18 요약 및 결론

이 장에서는 평가 정보의 통합과 관련된 이론적, 실증적, 실용적 고려 사항들을 하나하나 살펴보았다. 이러한 사항에서 우리는 무엇을 배울 수 있는가? 다음 세 가지 질문을 통해 결론을 요약해 보자.

### *평가센터 정보를 통합하는 데 있어 통계적 과정과 판단적 과정 중 어느 것이 더 바람직한가?*

두 가지 기법이 모두 장단점을 가지며 각각에 대한 실증 증거가 존재한다. 그러나 다음과 같은 조직에서는 통계적 기법이 더 적절할 것이다.

- 주관적 평가라는 비난을 덜 받을 수 있는 기법을 원하는 조직
- 충분한 연구를 통해 평가역량을 조합하는 데 신뢰할 만한 차별적 가중치를 개발한 조직
- 여러 과제와 평가역량의 정보를 조합할 때(의견 일치에 도달하기 위해) 철저한

통합 회의를 거칠 만한 시간이나 전문지식이 없는 조직
- 정확한 전체 평정을 얻고 싶지만 각 개인의 강, 약점에 대한 진단적 정보에는 관심이 없는 조직
- 개별 피평가자에게 상세한 피드백을 제공할 필요가 없는 조직

20여 년 전에, Peterson & Pitz(1986)는 개인의 의사결정에 대한 많은 연구를 검토하고 다음과 같이 요약하였다.

의사결정을 보조하는 것에 대한 20년 이상의 연구 결과, 다음과 같은 두 가지 결론을 내렸다. 첫째, 의사결정자가 어떠한 외부의 도움 없이 내리는 예측은 통계적 도형에 의해 도출된 예측만큼 정확하지 않다는 것이다. 둘째, 의사결정자가 중요한 결정을 내릴 때 정보조합을 위한 기계적인 방식에만 의존해서 결론을 내리지는 않을 것이라는 점이다(p.163).

위와 같은 결론은 일부 평가센터를 사용하는 많은 조직에도 여전히 적용된다. 한편 통계적 기법과 판단적 기법을 조합하여 사용하는 혁신적 기법이 도입되어 더 밝은 전망을 약속하고 있다. 예를 들어 평가자가 최종 평가역량 평정에서 공동의 의견을 도출하면 이 평정들을 통계적 공식으로 조합하여 임시의 전체 평정을 산출한다. 그런 다음 최종 평가역량 평정에 의견 일치를 한 후, 이 평정은 통계적 공식을 통해 조합되어 임시로 전체 평정을 산출할 수 있게 된다. 그런 다음 평가자가 회의를 통하여 임시 평정에 동의하는지, 아니면 피평가자에 대한 특수한 정보에 근거하여 수정해야 하는지 검토한다. 이 새로운 기법을 지지하는 증거로서 Peterson & Pitz(1986)의 개인 판단에 관한 최근 연구에서 평가자에게 통계 공식을 통한 예측을 제공할 때 판단의 정확성이 개선된다는 것이 발견되었다.

### *집단 역동은 통합 회의에 부정적 효과를 주는가?*

집단 역동은 다른 어떤 집단 상호작용에서와 마찬가지로 평가센터 통합 회의에서 영향을 주지만 상대적으로 그 정도가 덜하다. 개별 평가자가 다른 평가자의 판단 때문에 바람직하지 못한 방향으로 동요하게 되는 것은 극히 일부의 통합 회의에 국한된다. 평가센터에서는 행동을 보고하고 역량 평가를 결정하는 구조화된 과정이 존재하기 때문에, 일반적인 집단 의사결정 상황에서 나타나는 부작용이 상당 부분 최소화된다.

### *집단 회의 과정은 평가센터 판단력을 개선하는가, 악화시키는가?*

평가센터의 목적에 따라, 그리고 어떤 연구 문헌을 참조하느냐에 따라 집단 과정은 정확성 면에서 유리하다고 볼 수도 있고 불리하다고 볼 수도 있으며 아무 영향이 없다고 볼 수도 있다. 우리는 평가자가 행동 관찰에 관한 전통적인 관찰, 분류, 보고, 통합 방법에서 제시된 절차를 따른다면 정확성이 향상될 수 있다고 본다. 일반적인 인상이 아니라 행동에 근거하여 평가가 이루어지고, 각 평가자가 다른 사람과 회의하기 이전에 독립적으로 판단하며, 결정 과정이 여러 관찰자에 의해 관찰된 다양한 과제에서 여러 역량에 대한 정보가 수집될 수 있도록 주의 깊게 설계되기 때문에 높은 정확성이 확보된다.

이제 평가센터 프로그램을 구성하는 주요 구성요소 가운데 마지막으로 피평가자와 조직 의사결정자를 대상으로 한 결과의 피드백에 대하여 다룰 것이다. 선발/승진, 진단, 개발 평가센터에서 각각 어떤 유형의 피드백이 주어져야 하는지 탐색해 볼 것이다.

제9장

# 평가센터 결과에 대한 피드백 제공

행동을 관찰하고, 전문성을 보여주는 역량을 평가하며, 미래의 성공을 예측하는 평가센터의 과정은 각 개인에 대한 방대한 분량의 정보를 제공한다. 우리는 지금까지 관찰과 평가가 일관성 있고 정확하게 이루어질 수 있다는 것을 보았다. 그러나 이 정보들을 활용하는 방식에 따라서 각 개인과 조직의 관리자, 전체 조직에 실직적인 의미가 있는지가 결정된다. 단지 평가자가 정확한 관찰과 판단을 할 수 있으므로 그 정보가 다른 누군가에게 도움이 되는 것은 아니라는 것이다. 정보의 가치는 다음의 요소에 의해 판단된다.

- 피드백이 피드백을 받는 사람에게 맞는 내용과 (시의)적절한 방식으로 제공되는가
- 보고서가 신뢰할 수 있는 사람을 통해서 신중하게 전달되는가
- 긍정적이고 부정적인 결과 모두에 대한 명확한 예시가 보고서에 포함되어 있는가

조직은 평가결과를 다루는 다양한 옵션을 가지고 있다. 인사 관리자(혹은 평가센터의 운영에 대해 책임을 지고 있는 관리자)는 피드백을 제공하는 과정에 여러모로 영향을 미치게 될 다양한 결정을 내려야 한다. 그러한 결정을 내리는 방식은 윤리적

이고 전문적인 고려사항뿐 아니라, 평가센터의 목적에 의해서도 좌우된다. 피드백의 목적은 정보를 유지 및 전파하는 효과적인 시스템을 고안하는 것과 평가센터의 본래 목적을 달성하는 것이다. 이 과정에서 각 개인의 권리는 신중하게 보호되어야 한다.

## 1 평가목적과 피드백의 조화

선발과 승진, 진단과 개발의 용도로 사용되는 평가 프로그램은 피평가자와 경영진에게 피드백을 제공하기 위해 각각 다른 절차가 필요하다. 선발이나 승진 프로그램의 목적은 조직이 가까운 미래 혹은 보다 장기간에 걸쳐 조직 내에서 성공할 수 있는 잠재력을 가진 개인을 구별하도록 하는 것이다. 그러므로 피드백을 선발과 승진 결정을 내리는 의사결정자에게 제공해야 하며, 평가센터의 정보를 다른 사람에게 제공해서는 안 될 것이다. 조직은 선발이나 승진을 위해 후보자를 평가하는 다수의 개별 평가자가 제공하는 정보 중에서 평가점수를 구분하고자 한다. 물론 이때 각각의 후보자에게 평가 결과를 알려주어야 한다.

진단 프로그램의 목적은 각 피평가자에게 개별화된 훈련 프로그램을 제안하는 것이다. 그러므로 피드백을 피평가자와 피평가자의 직속 상사에게 제공하여 그들이 함께 미래 역량개발 활동을 계획할 수 있도록 해야 한다. 최근에는 단순한 점수나 숫자를 제공하기보다는 개별 평가역량의 강점과 약점에 대해 더욱 풍부한 진단적 피드백을 제공하는 추세로 변하고 있다.

개발 평가센터의 목적은 평가센터가 진행되는 동안 피평가자의 기술을 향상시키는 것이다. 때문에 프로그램이 진행되는 동안 피평가자가 하나 이상의 과제에 참가하여 새로운 기술을 습득하고 순차적으로 훈련할 수 있다면 효과적인 피드백이 될 것이다. 조직이 조직구성원의 개발을 인사 결정과 분리하고자 하는 경우라면 개발 평가센터 프로그램의 결과를 피평가자의 직속 상사에게 제공해서는 안 될 것이다. 반면 어떤 조직은 피평가자의 상사가 평가 및 피평가자의 후속 개발에 깊이 관여해야 한다고 주장한다. 또 하나의 최근 경향은 '피드백'의 개념을 보다 확대·강조한다는 것이다. 전통적으로 피드백은 평가센터에서의 개인적 성취도를 설명하는 데 국한해 사용한(예: 성공/실패, 점수 등) 반면 최근 개발 평가센터에서 사용하는 피드백이라는 용어는 미래에 유사한 상황이 발생할 때 관련된 행동역량을 보다 효과적으로 수행할 방법을 제공하는 것을 의미한다.

## 2 개인의 권리와 조직의 책임

조직은 철저하게 균형 잡힌 일련의 정책과 절차를 시행해야 한다. 또한, 피평가자는 평가의 결과를 알 권리와 프로그램에 참여함으로써 이익을 얻을 권리가 있다. 반면 조직은 정보의 비윤리적인 사용과 소송의 위협으로부터 보호되어야 한다.

평가센터 운영자와 일부 조직의 인적자원 관리 이해관계자는 피드백을 제공할 필요성과 절차에 대해서 넓은 맥락으로 이해해야만 한다. Caldwell과 Gruys, Thornton (2003)은 공공 서비스 맥락에서 평가센터 운영자의 의무에 대해 분석하였다. 관리 책임에 대한 분석은 다른 조직의 상황에도 일반적으로 적용될 수 있다. Caldwell 등은 평가센터 과정에서 7인의 이해관계자와 관련된 7가지의 의무를 기술한 분석을 제시하였다. 평가센터 운영자의 의무 중 하나는 이해관계자에게 평가 과정과 결과에 대하여 정보를 알리는 것이다. 물론 후보자들에게도 준비할 수 있도록 알려주고 결과를 설명해주는 것이 필요하다. 더욱이 운영자는 도시행정부(비용과 수익에 대한 정보), 운영부서(후보자들의 참가여부와 결과에 대한 정보), 평가자(자신의 역할과 요구사항 및 결과의 활용방안 이해), 일반대중(좋은 고용의 관례가 이어지고 있음), 그리고 인사관리자들(더욱 광범위한 HRM시스템 관점에서 평가의 역할을 고려)에게 알려줄 필요가 있다. 마지막으로 평가센터의 운영자는 평가센터를 운영하는 것이 때로는 장기간의 근무를 필요로 하는, 즉 시간을 소비하는 업무이기 때문에 자신의 가족들이 이러한 사실을 알게 할 필요가 있다. 평가센터에 대한 정보와 평가센터 결과를 다루는 방식을 통해 조직이 해야 하는 수많은 의무를 수행할 수 있도록 해준다.

피드백을 제공하는 것에 대한 이론적 근거와 원칙, 전문적인 지침과 평가센터의 대안적인 피드백 시스템에 대한 사항은 표 9.1에 나타난 바와 같이 다양한 법률적, 전문적, 윤리적, 연구적 자료에서 발견할 수 있다. 이러한 자료에서 도출한 여러 가지 피드백 제안사항과 요구사항을 제시하도록 하겠다.

### 조직구성원의 권리

피드백을 수집, 저장, 제공하는 시스템에서는 개별 조직 구성원의 개인정보와 사생활에 관한 정보에 접근하고 평가 결과를 알 수 있는 권리에 대하여 고려해야 한다. 조직은 일반적으로 연방 혹은 이와 유사한 규정을 가진 주, 또는 많은 대기업의 정책에 따라 인사기록에 접근한다. 개인은 조직 내에서 자신의 지위에 영향을 줄 수 있는 그 어떠한 평가 결과에 대해서도 알 권리가 있다. 예를 들어 평가센터의 정보가 승진

**표 9.1** 피평가자에게 주는 피드백과 관련된 규정과 지침의 근거

- 사생활에 대한 연방과 주의 법: 이러한 법규는 개인에 대한 법적 보호와 조직에 대한 지침을 제공한다.
- 미국 심리 협회(1992). 심리학자의 윤리적 규정과 윤리 규약. *American Psychologist,* 47, 1597-1611.
- 미국 교육 연구 협회, 미국 심리 협회, 미국 교육 측정 협의회(1999). 교육/심리 시험을 위한 기준. Washington,D.C.:AmericanPsychologicalAssociation.
- 산업 및 조직 심리학회(2003). 인사 선발 절차의 유용성과 활용을 위한 원칙(4판). Bowling Green, OH: Author.
- 평등 고용 기회 위원회, 시민권 위원회, 노동부, 법무부. (1978). 피고용자 선발 절차에 대한 단일한 지침, 연방 기록, 43(166), 38290-38309.
- 평가센터 가이드라인 국제운영위원(2000). 평가센터 운용을 위한 지침과 윤리적 고려사항. Public Personnel Management, 29, 315-331.
- 조직의 분배적/절차적 공정성의 개념에 대한 연구는 조직구성원이 조직의 의사결정의 공정함을 인식하도록 유도하는 원칙과 관례를 제시한다(Folger & Cropanzano, 1998).

에 관한 결정이나 성과 평가, 혹은 개발 계획을 수립하는 데 사용될 것으로 예상되면 각 개인은 평가 보고서에 나타난 내용에 대해서도 알 권리가 있다(International Task Force, 2000).

평가 보고서에 대한 접근을 허용하는 법이 없을지라도 자신의 수행 결과에 대해 알고자 하는 것은 타당하다. 시스템의 신뢰성은 개인이 정확성과 공정성을 얼마나 신뢰하는가에 달려있다. Schuler(1993)는 모든 평가는 사회적 타당성을 가져야 하고 이는 피평가자가 수용할 수 있어야 한다고 말한다. 사회적 타당성은 프로그램의 실행과 평가방식이 공정했는가에 대한 정보를 기반으로 한다. 선발 관례에 대한 인식은 지원자와 조직구성원들이 하나의 구체적인 사례를 조직의 전반적인 특징으로 일반화하기 때문에 특히 중요하다(Chan, Schmitt, Sacco, & DeSchon, 1998; Rynes, 1991; Thornton, 1993).

그뿐만 아니라 각 개인에게 평가에 대한 명확한 피드백을 제공하는 것은 조직구성원과 조직 양자 간의 사회적 교환관계의 질을 향상시킬 수 있다(Cropanzano, Prehar, & Chen, 2002). 그러한 관계에서 개인과 조직은 상호 신뢰에 기반을 둔 개방적이고 호혜적인 관계를 맺을 수 있다. 조직은 각 개인을 고용 관계에서 대등한 파트너로 인식하여, 성숙하고 책임감 있는 존재로 간주하게 된다. 많은 연구는 그러한 관계가 조직구성원의 수행과 시민의식, 몰입, 만족에 긍정적인 영향을 준다는 것을 밝혀내고 있다(Masterson, Lewis, Goldman, & Taylor, 2000; Rupp & Cropanzano, 2002).

산업 및 조직 심리전문가들은 평가센터의 피평가자에게 윤리적이고 전문적인 지침에 따라 평가피드백을 제공해야 한다. 심리학자의 윤리 규정과 행동 규약에 의하면, 모든 사람의 사생활과 비밀에 대한 권리를 존중하고(원칙D) 이해할 수 있는 언어로 평가 결과를 설명할 것을 규정한다(규준 2.09). 또한 교육/심리 검사를 위한 규준은, 검사 점수가 피평가자와 다른 사람들에게 공개되는 경우, 운영자는 간단히 점수의 의미에 대한 해석을 제공해야 함을 규정한다(규준 5.10) (미국 교육 연구 협회 등 American Educational Research Association et al., 1999). 추가로, 평가센터 운영을 위한 지침과 윤리적 고려사항은 평가센터 결과의 피드백에 대한 조항을 두어야 한다고 규정한다(International Task Force, 2000). 이미 조직에 고용된 피평가자는 서면 보고서와 권고사항 등 모든 정보를 열람할 수 있어야 한다. 또한, 외부 지원자가 그러한 정보를 요청할 경우에 최종 권고사항을 제공해야 한다.

## 조직의 권리

조직구성원의 정보를 수집하고 유지, 배포하는 시스템을 고안할 때 조직은 보호해야 할 많은 권리를 가지고 있다. 첫째, 조직은 표준화된 절차가 지속될 수 있도록(미국 교육 연구 협회, 1999) 시스템 운영 타당도를 확보해야 한다(Byham & Temlock, 1972). 운영 타당도는 선발 절차가 그것이 활용되는 부분과 부서에 상관없이 일관되고 공정한 방식으로 실행되었는지를 의미한다. Schmitt 등(1990)은 다양한 직무 현장에서 프로그램이 일관되게 실행되지 않는다면 잘 개발된 평가센터라도 그 효과성이 매우 다르게 나타날 수 있음을 보였다.

둘째, 조직은 평등고용기회위원회 등에 의한 소송이나 조사 상황에서 자신의 보호를 위해 평가센터 결과를 통제할 수 있어야 한다. 미국과 다른 사회의 소송, 특히 고용 부분에 관해 통념상 조직은 인사상의 의사결정 정책을 명문화하여 정책이 조직 전반에 걸쳐 수행되도록 조치를 취해야 한다.

마지막으로, 조직은 정보가 적절하게 사용되고 있음을 확신할 수 있어야 한다. 평가센터는 관리자가 많은 시간을 할애해야 하는 매우 값비싼 운영 체계이다. 따라서 큰 비용에도 불구하고 프로그램이 조직에 이익을 주고 유용하다는 것을 보여주기 위해 평가 결과는 효과적으로 활용되어야 한다.

## 기타 고려사항

평가센터의 피평가자에게 주는 피드백의 유형은 향후의 평가 효과성에 영향을 줄 수 있다. 예를 들어 특정 과제에서 피평가자에게 구체적인 피드백을 주는 것이 타당해 보일지라도 이와 같은 서면 보고서는 다음 평가 프로그램에 참여하는 누군가에게 쉽게 전달될 수 있고, 이러한 '정보를 가지고 있는' 피평가자는 향후 평가에서 더 좋은 결과를 얻을 수 있다는 이점이 있다. 이러한 갈등에 대해 명백한 해결안은 없다. 따라서 조직은 각각의 혜택과 문제점에 관심을 두어야만 한다. 조직은 선발과 승진 프로그램의 과제를 보다 안전하게 보호하고자 할 것이므로 개별적인 피드백을 제공할 것이다. 반면 개발 프로그램에서는 더욱 많은 피드백이 학습을 촉진하며 과제에 대한 특정 정보가 향후 피평가자에게 알려질 경우의 피해도 적다. 과제의 특정 내용에 대한 정보가 부족하다면 평가 프로그램 전반의 통합에 영향을 줄 것이다. 그러나 경험적으로 볼 때 과제에 대한 일반적 지식은 평가의 정확성을 저해하지 않는 것으로 나타난다.

피드백과 정보의 유지에 대한 관례는 조직이 평가센터에 대해 의미 있는 연구와 평가 연구를 수행할 수 있는지를 결정하기 때문에, 조직은 이에 관한 명확한 정책을 가지고 있어야 한다. 평가센터에서 나온 구체적인 정보는 조직에 널리 배포해야 하는 것처럼 보인다. 이러한 관례의 문제는 운영 관리자가 후속되는 성과평가를 직무에 대한 성과가 아닌 평가센터의 평점에 기반할 수 있다는 점이다. 성과평가가 평가센터의 평점에 영향을 받는다면 평가센터의 진정한 정확성을 평가하는 것은 불가능하다. 그러므로 조직은 어떠한 정보가 피평가자와 관리자에게 전달되어야 하며, 보고서는 어디에 보관되어야 하는지, 또 누가 그러한 보고서에 접근하며, 얼마나 오랫동안 보고서를 유지할 것인지에 대한 명확한 정책을 가지고 있어야 한다.

## 3 조직구성원의 공정성 지각에 대한 이론

승진 혹은 선발에서 부정적인 평가를 받은 개인에게 피드백을 제공하는 것은 특히 어렵다. 피드백 세션의 한가지 목적은 각 개인이 결과가 만족스럽지 않더라도 운영자, 평가자, 다른 HR 담당자에게 받은 대우와 평가센터의 운영결과에 기반하여 의사결정을 내리는 절차가 공정하다고 인식하게 하는 것이다. 공정성 인식에 대한 이론과 연구들은 개인이 분배 공정성, 절차 공정성, 정보 공정성, 대인 간 공정성을 구분한다는 것을 보여주었다(Colquitt, 2001; Colquitt, Conlon, Wesson, Porter, & Ng, 2001). 분배 공정성은 우리에게 영향을 주는 결과나 의사결정에 대한 믿음을 말한다. 절차 공정성은 의사결정에 도달하는 데 사용되는 과정에 대한 믿음이다. 정보공정성은 결과에 대한 설명이 적절하고 진실한지 또는 정당한지를 의미한다. 대인간 공정성은 권위를 가진 사람들이 존엄과 존경을 가지고 개인을 대하는지를 말한다.

공정한 절차 및 작용에 의해 결과가 도출되었다면 바람직하지 못한 결과에 대한 개인의 반응도 완화될 수 있다(Brockner & Wiesenfeld, 1996; Cropanzano & Schminke, 2001; Skarlicki & Folger, 1997 참고). 예를 들어 지점 관리자 승진이 좌절된 영업사원이 자신의 과거 성과가 신중하게 고려되었다는 점과 자신의 기술과 적성을 보여줄 기회가 많았으며, 자신에 대한 신뢰성이 다른 후보자와 공평하게 평가되었다고 생각한다면, 실망은 하겠지만 결과는 받아들일 것이다. 자신에게 불리한 결정이 내려지는 경우 실망하는 것은 당연하지만 그러한 결정에 이르는 과정에 대해서는 만족 혹은 불만족할 수 있다. 즉, 과정과 정보, 대인 간의 대우가 공정하다고 믿으면 결과에 만족하지 않더라도 그것을 더욱 기꺼이 수용할 수 있다는 것이다.

요약하면, 개인은 다음의 경우에 상황이 공정하다고 인식한다:

- 그들이 받는 결과가 그들의 노력과 성과를 반영한 경우
- 결과에 대한 적절한 정보와 피드백이 주어지는 경우
- 절차가 모든 개인에게 일관적으로 적용되는 경우
- 개인을 대하는 행동이 친절하고 신뢰성 있고 성실하고 사려 깊게 전달된 경우
- 부정적 결정에 대해 질문할 수 있는 이의제기 과정이 있는 경우
- 정보가 정확히 전달되는 경우
- 과정과 결과에 대해 각 개인의 의견을 표현할 기회를 제공하는 메커니즘이 있는 경우
- 윤리적 규준을 준수하는 경우
- 의사결정에 따르는 피드백이 시기적절하게 주어지는 경우
- 정직하고 예의를 갖추며, 솔직하고 현실적이며 정확한 의사소통이 이루어지는 경우

공정성에 대한 인식이 조직구성원의 성과와 시민행동, 만족감, 경영진에 대한 신뢰, 조직 몰입 등 다른 중요한 결과물을 예측한다는 강력한 증거들이 있다(Cohen-Charash & Spector, 2001; Colquitt 등, 2001). 그뿐만 아니라 공정성에 대한 인식이 조직구성원의 수행 피드백에 대한 수용도와 밀접한 관련이 있다는 연구들도 있다. 즉, 피드백을 받은 사람 스스로 공정한 방식으로 평가되었다고 느끼면 피드백이 정확하다고 믿게 되며, 성과평가에 기반을 둔 목적을 달성하기 위해 노력하는 경향이 강해진다는 것이다(Cropanzano & Randall, 1993; Greenberg, 1986; Leung, Su, & Morris, 2001).

앞서 언급된 공정성 요소의 많은 부분은 평가센터에서도 성립된다(Rupp, Baldwin, & Bashshur, 2004). 피드백이 이루어지는 동안 평가자와 다른 피드백 제공자는 피평가자가 합당한 절차대로 수행된다는 것을 명확히 이해시키기 위해 이러한 관례를 검토해야 한다. 예를 들어 피드백 제공자가 평가센터 과정을 완벽히 설명하는 것이 일반적인 관례이다. 이러한 과정에 대한 정보는 과제에서 평가자가 피평가자의 행동에 대해 구체적으로 기록하는 방식, 피평가자의 행동을 평가자가 보충자료(각 역량에 대해 이미 정립된 행동의 예시들)를 사용하여 평가역량으로 분류하는 방식, 다른 과제를 관찰한 평가자와 함께 자신이 관찰한 것을 공유하는 방식, 합의된 평점에 도달하기 전에 이루어지는 토론 시에 혹은 수학적 공식에 의할 때 자신들이 관찰한 것을 통합하는 방식을 포함한다. 이러한 설명 과정에서 피드백 제공자는 단일 평가자에 대한 개인 특유의 인상을 제거하기 위해 다양한 평가자가 확인하고 균형을 잡는다는 사실을 언급한다. 이 같은 과정을 기술한 후에 피드백 제공자는 수행에 대한 피드백을 제공한다. 또한, 피평가자가 평가센터 프로그램에 대한 자신의 피드백을 직접 제공하고 질문할 기회를 허용한다.

## 4 작업현장의 다양성에 대한 고려

정당성에 관한 기존의 문헌들은 개인이 평가센터 피드백을 어떻게 인식하고 있는가를 말해준다. 우리는 피드백을 주는 사람과 받는 사람의 서로 다른 인구통계학적 특징이 피드백 수용에 어떤 영향을 주는지에 관한 문제와 인구통계학적으로 상이한 집단의 개인이 다양한 형태의 피드백을 어떻게 인식하는지에 관한 문제를 검토하기 위해 다양성 및 이와 관련된 인구통계학적 문헌들을 살펴보도록 하겠다. 인구통계학적 관련 문헌에서 피드백 제공자와 수용자 간의 상이함으로 인해 피드백 수용자가 받는 피드백의 정확성이나 공정성에 의문을 가지는지에 대해 질문을 던졌다. 작업장 내 다양성이 증가함에 따라 평가센터 피평가자는 자신과 다른 인구통계학적 특징을 가진 누군가에 의해 평가되고 피드백을 받을 가능성이 커지고 있다. 이 부분의 연구들이 혼재되어 있음에도 불구하고(Jackson, Joshi, & Erhardt, 2003), 일부 경험적인 결과는 인구통계학적 상이함이 피드백의 수용을 저해한다고 주장한다. 예를 들어 Geddes와 Konrad(2003)는 수행평가 상황에서 조직구성원은 다른 인종/민족의 관리자보다 백인 관리자가 주는 피드백에 보다 호의적으로 반응하며, 남성들은 남성 관리자보다 여성 관리자가 제공하는 피드백에 보다 덜 호의적으로 반응한다는 것을 발견했다.

지금까지의 이론들(지위 특성 이론, 사회적 동일성 이론)은 누군가로부터의 평가가 개인에 대한 왜곡된 이해와 고정관념과는 다르다는 것을 설명하였다. 평가자가 관리·감독과 연계된 집단의 일원이 아닌 경우 피드백 수용자는 그들의 역량에 대해 의문을 제기한다. 최근 Riordan(2000)이 제시한 유사성-유인에 관한 확장된 패러다임은 유사한 특징을 가진 개인들은 상호 간에 보다 빨리 관계를 형성하고 더욱 유화적으로 의사소통하며 서로의 가치와 의견을 유효하게 생각할 것이라고 예측한다(Geddes & Konrad, 2003).

이것은 개발 프로그램의 설계자가 평가자와 피평가자의 인구통계학적 유사성을 고려해야 한다는 것을 보여준다. 그러나 이는 대부분 불가능하며, 선발과 승진, 진단 상황에서 부적절할 수 있다. 우리의 연구에 따르면 그러한 전략의 효과성은 실증적으로 평가되지 않았으므로 신중하게 접근해야 한다. 그러나 인구통계학적으로 유사한 특징을 가진 상사와 부하 직원은 더욱 긍정적인 관계를 형성하고 갈등과 역할 모호성을 보다 적게 겪으며, 보다 신뢰하고 공정성에 대한 인식이 높아지며 지원, 호감, 효과성, 친화력 역시 증가한다는 사실이 입증된 바 있다(이 부분에 대한 문헌은 Geddes & Konrad, 2003 참고).

이것은 피드백의 수용 정도에 영향을 줄 수 있는 많은 요인을 강조하고 있다. 작업 현장이 인구통계학적으로 다양해짐에 따라 전통적으로 백인계 남성이 수행했던 역할을 여성과 소수민족(Cheng, 1997; Heilman 등, 2004; Tomkiewicz 등 1998)이 담당하게 되고 공정성, 특히 인구통계학적으로 상이한 하위집단 간에 공정성의 인식 차이가 발생하는 등의 상황으로 인하여 평가센터 프로그램의 피드백 수용을 극대화하기 위해 인구통계학적 다양함에 대해 특별히 주의해야 한다.

## 5 평가 피드백의 개요

그림 9.1은 피드백 세션에서 일반적으로 다루는 주제의 개요이다. 앞서 언급한 바와 같이 피드백은 평가센터의 유형에 따라 다르지만, 다음의 개요는 다소 일반적인 것이라 할 수 있다.

**도입**

관계 설정
피드백 제공자로서의 역할 설명
질문, 건의, 기록 작성 유도

**과정 설명**

과정과 결과 설명
평가센터의 활동 검토
평가의 방법 기술: 과제, 보고서, 팀 평가

**결과 기술**

평가 역량 기술
(가능한 경우) 종합 평정 제공
개별 평가역량의 결과 검토
결과의 의미 설명

**(가능한 경우) 발전적 제안 제공**

**긍정적인 분위기로 마무리**

**그림 9.1** 피드백 세션의 개요

Q 뉴욕 전화회사 1989. 뉴욕 전화회사의 허락을 받아 수정함, 저자: B. Savage

## 6 승진 프로그램의 피드백

승진 프로그램에서 피드백을 제공하는 중요한 목적은 상위 관리자가 승진 결정을 내릴 때 사용할 수 있는 정보를 제공하기 위함이다. 더불어 평가의 과정과 결과를 충분히 알 수 있도록 피평가자에게 정보를 제공하여야 한다.

### 개별 피평가자에 대한 피드백

승진 결정을 위해 활용되는 많은 평가센터에서 피평가자는 HR 부서의 구성원으로부터 구두로 피드백을 받는다. 사실 Spychalski 등의 조사결과(1997), 설문에 응한 조직의 67%가 HR 운영자들이 피드백 세션을 수행하고 있으며, 프로그램의 30%만이 평가자들이 피드백을 제공한다는 것을 발견했다. 승진 프로그램의 피드백은 대개 종합 평가 평정의 기술, 평가역량별 강·약점의 기술, 다양한 과제에서 추출된 예시들(평가

결과를 지지하는)로 구성된다. 이러한 피드백 세션은 일반적으로 그다지 오랜 시간이 걸리지 않는다. 피드백을 주는 사람은 지지적이고 민감해야 하지만, 조직구성원에 대해 몰입해서는 안 된다. 종합 평가 평정이 호의적인 경우라도 피평가자에게 이러한 사실이 승진을 보장하는 것은 아님을 환기해야 한다. 즉시 공석이 생기지 않을 수도 있고, 의사결정자가 평가센터의 평정을 무효로 할 수 있는 다른 정보를 고려할 수도 있다. 또한, 평가센터의 평가가 부정적인 경우라면, 피평가자는 결정의 이유를 이해하기 위해 결과를 입증할 수 있는 증거를 요구할 수 있다. 피평가자는 의사 개진 과정이 있는 경우 다음에 진행되는 과정에 대해서, 또 다른 평가가 있는지 등에 대해 많은 질문을 할 것이다. 피드백을 제공하는 사람들은 이러한 모든 이슈에 대해 조직의 정책을 명확히 이해하고 있어야 한다.

## 경영진에 대한 피드백

평가센터가 승진을 위해 활용되는 경우, 결과는 승진 의사결정권자에게 제공되어야 한다. 의사결정권자는 각 개인의 평가 결과와 비교 자료를 가지고 있어야 한다. 비교 자료는 전체 집단에 대한 결과가 될 수도 있으며(후보자들의 순위가 매겨진) 혹은 과거 프로그램에서 평가되었던 사람들로 구성된 보다 큰 준거 집단이 될 수도 있다. 비교 정보는 의사 결정권자에게 전반적인 평가 결과에 대한 시각을 제시한다. 예를 들어, 대상이 되는 후보자가 과거의 모든 프로그램에서 대부분의 다른 피평가자들보다 높은 수준의 성과를 낸 것을 보여주는 평가정보의 경우에, 의사결정권자들은 평가정보에 더욱 큰 비중을 둘 수 있다.

의사결정권자는 개인의 승진 가능성을 검토하기 위해 최종 종합평가에 가장 큰 관심을 둔다. 다양한 평가역량의 강점과 약점에 대한 평가 역시 유용할 것이다. 물론 평가정보는 후보자에 대한 다른 정보-예컨대 그 회사의 재직기간, 경험의 유형, 최근의 성과 기록, 상사로부터의 추천-와 결합하여 제시되어야 할 것이다. 이러한 모든 근거는 후보자의 직무 적합성을 평가하는 중요한 정보를 제공한다.

그림 9.2는 최종 승진검토 대상이 된 6명의 후보자를 평가하는 요약 시트의 예이다. 종합 평가 평정과 다양한 평가역량의 평정이 프로그램에 대한 평가자의 이름과 함께 제시된 것에 주목하기 바란다. 물론 평가역량의 완벽한 정의도 제공되었다. 평가자를 아는 것은 의사 결정권자가 결과를 해석하는 데 도움이 된다. 평가자는 잘 훈련된 믿을만한 관리자라고 가정하기 때문에, 의사결정권자는 평가결과를 유의미한 것으로 수용해야 한다.

| | Gary Dutton | Rick Daves | Ken Lemon | Mary Armor | Steve Blake | Dabra Stan |
|---|---|---|---|---|---|---|
| 서면 의사소통 | 3 | 4 | 5 | 4 | 3 | 2 |
| 계획 및 조직화 | 3 | 3 | 4 | 4 | 4 | 3 |
| 대인 민감성 | 1 | 4 | 3 | 4 | 4 | 3 |
| 위임 | 3 | 3 | 3 | 3 | 3 | 2 |
| 의사 결정 | 5 | 3 | 2 | 4 | 3 | 3 |
| 지적 능력 | 5 | 3 | 3 | 3 | 3 | 2 |
| 단호함과 주도성 | 1 | 3 | 2 | 3 | 3 | 3 |
| 종합 평가 평정 | 2 | 3 | 4 | 4 | 4 | 2 |

평가자: Martin, Bloom, Lawrence

**그림 9.2** 평가센터의 요약 시트, 통과 점수는 3점

역량별 평정을 안다면, 의사결정자는 종합평정점수를 고려하지 않을 수도 있다. 예를 들어 Gary Dutton은 대인적 민감성과 단호함, 주도적 측면에서 낮은 평가를 받았기 때문에 승진에 추천되지 않았다. 반면 그는 지적 능력과 의사결정에서는 매우 높은 점수를 얻었다. 만약 의사 결정권자가 그런 특정 강점을 가진 사람을 찾는 중이라면, 종합 평가 평정은 고려하지 않고 Gary를 승진시켰을 것이다.

의사결정권자와 평가 파일을 위해 간단한 서면 보고서를 준비할 수 있다. 이 보고서는 각 피평가자의 강점과 약점을 기술하며, 결과의 근거자료로써 몇몇 과제에서 수행한 행동의 예를 포함할 수 있다. 이 보고서는 각 평가역량에 대한 평정과 피평가자에게는 주어지지 않았던 다른 정보를 포함할 수도 있다.

기록이나 연구의 목적이라면, 피평가자의 나이와 성별, 인종, 고용 일자와 같은 인구통계학적 정보와 함께 모든 과제 보고서와 평점, 순위를 기록한 완벽한 파일이 준비되어야 한다. 이 기록은 HR 부서에 철저히 보관되어야 한다. 경영진이 조직구성원의 고용상태에 대한 기록을 포함하여, 모든 공적 정보에 접근하는 것을 허용하는 정보공개법이 적용되는 조직을 제외하고, 의사결정권자나 피평가자에게 그러한 정보가 제공되어서는 안 된다.

## 7 진단 프로그램의 피드백

진단 프로그램에서 피평가자와 경영진에게 제공되는 피드백은 승진 혹은 선발 프로그램에서 주어지는 것과 상당히 다르다. 이때의 평가 목적은 (a) 개인의 강점과 개발 필요성에 대한 진단을 제공하고, (b) 효과적인 개발 계획을 도모하며, (c) 후속 활동을 수행하도록 동기화하는 것이다. 평가는 개인의 성장과 진보를 유도할 일련의 개발적 과제를 계획하는 것의 첫 단계일 뿐이다. Technosoft의 진단 평가센터에 대한 예는(2장) 특정 훈련을 받을 수 있도록 훈련 참가를 유도할 수 있는 한 가지 방법을 제시한다.

진단 피드백의 계획적 특성으로 인해 피드백은 피평가자의 상사와 같은 직급이거나 더 상위 직급에 있는 경영진 평가자 혹은 피평가자의 직속 상사에게 제공되는 경우가 많다. 예를 들어 어떤 평가센터의 피평가자는 일급관리자이고, 평가자는 3급 관리자라 하자. 이 평가자는 피평가자와 그들의 관리자(2급 관리자)에게 피드백을 제공하였다. 평가자가 보다 높은 직급에 있기 때문에 그들은 일선 관리자의 개발 계획에 대해 상당한 영향력을 가지고 있다.

조직이 직면하고 있는 가장 도전적인 과제 중 하나는, 평가센터 이후에 후속 개발 활동에 몰입할 수 있도록 피평가자의 지속적인 참여를 유도하는 것이다. Thornton (1976)은 피평가자의 직속 상사를 돕는 보충자료들과 함께 피드백 인터뷰(즉, 중간 관리자/ 피평가자와 피평가자의 상사에게 피드백을 제공하는 평가자)를 제공하면 큰 제조업체의 경우 감독자와 기술 인력의 보다 나은 개발 계획이 유도된다는 점을 발견했다. 이러한 보충 자료는 개인과 그들의 상사가 개발을 도모하고 약점을 보완하도록 하는 행동 단계, 그리고 발전 상황을 점검하는 날짜와 개선이 필요한 평가역량이 기록된 워크북(작업 계획서)을 포함한다.

이러한 관례들은 조직에서 리더십 역량을 확인하고 개발하면서 효과적이었던 한 예이다(Byham, Smith, & Paese, 2000). Byham은 인력풀을 발견하고, 강점과 약점을 진단하고, 과제, 단기경험, 훈련, 코칭 등을 통해 성장 기회를 제공하며, 전체 시스템에 최고경영자가 관여하도록 하는 통합적인 시스템을 갖출 필요가 있다고 말한다.

### 피평가자에 대한 피드백

진단 프로그램에서 피평가자는 평가결과를 상세하게 기술한 서면 보고서를 받게 된다. 이 장의 마지막에 있는 그림 9.3은 그러한 보고서의 일부를 보여준다. 보고서는

Bob의 평가역량별 강점과 약점 및 성과를 세밀하고 명확하게 진단하여 제공한다. 보고서는 Bob의 위임능력이 부족하다는 것이 아니라 위임의 의도는 있으나 부하 직원에게 실질적인 책임을 주지 않았고 위임된 임무/업무 수행 점검을 위한 통제 메커니즘을 사용하지 않았다는 점을 지적하고 있다. 계획 및 조직화에서도 Bob은 우수한 이론적 접근을 제시했지만, 그것을 기술로 적용하는 데에는 문제가 있다. 예를 들어, 그는 이슈를 탐구하는 데 필요한 행동을 취하거나 문제를 수정하는 단계를 마련하기보다 "그냥 참고 넘어가자"라고 하는 경향이 있다. 보고서는 일부 과제에서 보인 효과적이거나 비효과적인 행동 예시들을 포함한다.

승진 프로그램의 보고서는 1~3페이지에 불과하나, 진단 보고서는 보다 긴 경향이 있다. 그것은 8~10개 평가역량별로 1페이지 정도의 분량이다. 진단보고서는 각 평가역량의 다양한 측면에 대한 개인의 수행 분석결과를 제공해야 한다. 평가자들은 또한 다른 유형의 상황에서 표현된 평가역량과 관련된 행동들을 비교·대조하기도 한다. 예를 들어 피평가자의 리더십 기술은 1:1 상황에서는 효과적이나 집단에서는 매우 미흡할 수 있다. 이 보고서는 평가자가 피평가자의 약점을 보완할 수 있다고 생각하는 개발 활동들에 대해서도 제안한다. 평가자는 최종 서면 보고서를 준비하기 전에 피평가자를 만나 구두로 피드백을 줄 수 있다. 이러한 미팅은 종종 통합 회의 직후에 이루어지며, 피평가자에게 보고서에 대해 언급하고 오해의 소지가 있는 부분을 명확히 할 기회를 준다. 미팅이 이루어지는 동안 평가자는 피평가자에게 평가 결과에 대한 근거를 설명하고, 피평가자의 역량 개발 필요성에 관한 동의를 얻는다. 한편으로는 피평가자의 상사가 보고서를 보기 전에 보고서의 정확성에 대해 평가자가 직접 피평가자에게 알리기도 한다. 피평가자가 보고서를 수용하여 그 결과를 바탕으로 후속 행동을 취하도록 하는 것은 중요한 일이다. 피평가자 상사와의 피드백 미팅 시에 평가자는 피평가자가 성장을 위해 필요한 개발 과제의 유형들을 수용하도록 도울 수 있다. 그러므로 평가자는 피평가자의 경력 발전을 도와줌으로써 멘토 역할의 일부를 담당하게 된다(Arnold, 2001; Hunt & Michael, 1983).

## 경영진에 대한 피드백

피드백이 피평가자에게 주어진 이후에, 상사와 피평가자, 평가자 간 미팅에서 구두와 서면 보고서가 피평가자의 상사에게 주어질 수 있다. 여기에서 3단계의 관리자가 평가자의 역할로서 피드백을 주는 것의 장점을 발견할 수 있다. 상위직급 관리자로서의 평가자는 평가 결과가 향후 피평가자의 개발에 활용될 것을 확신하는 데 영향을 줄 것이다. 물론 많은 조직은 상위직급 관리자가 시간을 내기 어렵기 때문에 HR 부서의 누군가가 이러한 피드백 보고서를 전달하는 것을 선호한다. 그리고 많은 경우에 이것은 효과적이다. 한편, 직속 상관에게 '자신보다 직급이 높은 관리자가 본인의 부하 직원의 개발과 후속 활동에 관해 관심을 가지고 지켜보고 있다는 것'은 적지 않은 부담으로 다가올 수 있다.

## 8 개인과 조직의 개발 프로그램에서의 피드백

승진과 진단 프로그램의 피드백은 평가센터 프로그램 며칠 후에 제공하는 것이 가능한 반면, 훈련 프로그램의 피드백은 하나 혹은 그 이상의 과제에 참가한 직후에 바로 제공할 때 가장 영향이 크다. 개발 프로그램의 목적은 피평가자가 새로운 기술을 개발하도록 하는 것이다. 피드백과 훈련에 대한 문헌이 기본으로 조언하는 것은 성과에 대해 즉각적이고 구체적인 피드백을 주라는 것(London, 1997)과, 개발을 위해 구체적이고 도전적인 목표를 설정하라는 것(Locke & Latham, 1990), 그리고 학습자에게 새로운 유형의 행동을 실행해 볼 기회를 주라는 것(Salas & Cannon-Bowers, 2001)이다. 만약 피평가자가 어떠한 지시도 없이 모든 과제 활동을 수행하고, 연속된 학습 상황에서 행동을 수정할 기회를 얻지 못한 채 단지 프로그램이 끝난 뒤에만 피드백을 받는다면 학습은 거의 일어나지 않는다(Thornton & Cleveland, 1990). 가령 평가센터와 유사한 큰 규모의 평가 모형에서 이틀간의 프로그램이 끝날 때까지 피드백이 주어지지 않도록 설계되었다고 하자. 피평가자는 이러한 상황을 다루는 자신만의 방법을 가지고 있을 것이다. 그러나 개인이 행동을 반복하지 못하고 수정된 행동에 대해 강화를 받지 못하면 기술적 발전은 거의 이루어지지 않는다. IDS Corporation(Braaten, 1990)에서는 4일간에 걸친(3과 1/2일) 프로그램 동안 이어지는 평가에서 피평가자가 새로운 기술을 바로 연습할 수 있도록 개발을 위한 조언과 함께 피드백을 매일 제공한다.

개발 평가센터에 즉각적인 피드백과 연이은 연습이 실행되는 방법에 대한 예시는 2장의 AMW에서의 리더십 훈련 프로그램에 기술되어 있다. 프로그램에는 동일한 유형의 과제 두 블록이 포함되어 있다. 첫 번째 블록 후의 과제 피드백은, 두 번째 블록의 과제에서 새로운 행동을 시도하여 또 다른 피드백의 범위를 설정하도록 지시하고 있다. 이러한 과정은 피평가자가 프로그램에 참여하는 동안 기술을 개발하는 것은 물론, 다른 피드백을 계획하고 이러한 기술이 보다 발전되어 직무에 확실히 전이되도록 후속 행동을 취하게 한다.

기본적 조언은 과거 성과에 관해 구체적인 피드백을 제공하고 앞으로 취할 대안적 특정 행동에 대한 지시를 제공하는 반면, 최근의 이론과 연구들은 '구체성'이라는 가치에 의문을 제기하였다. Goodman와 Wood, Hendrickx(2004)는 구체적이라는 것이 즉각적인 성과를 유도할 수는 있으나 장기적으로는 더 나은 성과를 이끌지 못한다는 점을 지적했다. 구체성의 증대는 실제로 진정한 학습이 이루어지는 데 필요한 사람들의 탐색적 행동을 줄일 수 있다. 그러므로 피드백의 구체성은 장기 학습을 위해 가장 효과적인 일련의 행동들을 유도하지 못할 것이다. 피평가자가 수행의 결점을 이해할 수 있도록 충분한 정보를 제공하는 것과 더불어 피평가자들 자신을 다른 상황에서도 일반화할 수 있고 발전을 위해 미래의 행동적 목적을 추구하도록 이끄는 것이 피드백 제공자의 도전과제이다.

## 평가자/촉진자

개발 평가센터 운영자(개발 평가센터를 운영하는 구성원)의 역할은 승진이나 진단 평가센터 평가자의 역할과 다소 차이가 있다. 훈련 평가센터에서 평가자는, 피평가자가 새로운 기술을 배우고 집단이 더 나은 팀워크를 개발하도록 돕는다. 그러므로 그들은 때때로 평가자라는 용어보다는 촉진자라는 용어로 불린다. 개발 촉진자는 다른 유형의 평가센터에서 필요로 하는 많은 기술을 보유하고 있어야 한다. 그들은 행동을 관찰하고 기록할 수 있어야 하고, 행동을 각 평가역량으로 정확하게 분류할 수 있어야 하며, 이러한 관찰을 다른 촉진자와 피평가자에게 명확히 설명할 수 있어야 한다. 평가목적의 평가센터에서 평가자에게 필요한 기술이 촉진자에게는 그렇게 중요하지 않다. 그들은 각 평가역량 수행에 관한 전반적인 효과성을 판단하거나 조직의 장기적 성공을 예측할 필요가 없다. 그들은 조직적 요구에 대한 깊은 통찰력을 가질 필요도 없다. 촉진자는 훌륭한 구두 의사소통 능력과 감정이입, 청취력과 같이 효과적으로 가르칠 수 있는 기술을 보유해야 한다. 그들은 모의과제에서 나타나는 행동에 대해 지원적인 태도로 효과적인 피드백을 제공할 수 있어야 한다. 일부 연구는 이러한 다양한 기술을 가진 개인을 발굴하는 것이 어렵다는 것을 밝혔으며, 한 사람이 평가를 담당하고 그 외 사람들은 코칭을 맡으라고 제안하였다(Atchley, Smith, & Hoffman, 2003).

촉진자는 조직의 관리자나 인사관리부서 직원, 혹은 조직 외부의 훈련·개발 컨설턴트가 될 수 있다. 컨설턴트들은 효과적인 집단 역동을 위한 훌륭한 통찰력을 제공할 수 있다. 그들은 조직과 관련이 없으므로 행동을 객관적으로 관찰할 수 있고, 다양한 조직에 대한 경험을 가지고 있기 때문이다.

## 동료 피드백

평가센터가 리더 없는 집단 토론이나 문제해결 활동, 혹은 비즈니스 게임과 같은 집단 과제를 포함하고 있을 때, 피평가자는 다른 피평가자의 직무 효과성과 관련된 적절한 행동을 관찰할 기회를 가진다. 어떤 프로그램에서는, 다른 피평가자의 창의성에 순위를 매기고 집단 성과의 공헌에 대해 서열화하거나 특정인을 프로젝트팀의 리더로 임명하는 등의 방법으로 다른 피평가자의 성과를 평가하도록 한다. 미국과 독어권 국가의 평가센터 중 약 20%는 동료평가를 활용하나, 승진이나 개발 평가센터에서의 적절한 활용은 구별하지 못한다. Krause와 Gebert(2003)는 독어권 국가의 승진과 개발 평가센터의 18%가 동료평가를 시행 중이나 외부 선발에 활용되는 평가센터의 4%만이 그렇게 한다는 것을 발견했다. 흥미롭게도 Coors Brewing Company는 생산 인력의 팀워크를 매우 강조하기 때문에 신규 직원을 심사할 때 동료의 피드백과 피드백 수용성을 행동평가 과정의 중심에 둔다(J. Kane, personal communication, May 15, 2001).

동료평가 정보의 피드백은 매우 유용할 수 있다. 대부분의 조직은 동료의 평가가 성공을 예측하는 데 유효하지만, 평가 프로그램의 피평가자가 경쟁 압력으로 인해 평가를 부정확하게 내린다고 느끼기 때문에, 승진 프로그램에서는 동료평가 피드백을 주지는 않는다.

반대로 미국(Thornton & Byham, 1982)과 일본(Umeshima, 1989)의 경우에는 진단과 훈련 프로그램에서 동료 피드백이 도움되고, 수용 가능한 것으로 증명되었다. 이러한 환경은 경쟁이 거의 없고 지원과 자기 통찰력을 촉진하는 조직문화를 가지고 있다. 피평가자는 대개 자신의 역량개발 욕구 충족을 위해 자신이 할 수 있는 것과 자신의 기술을 발전시키는 방법을 모두 배우고자 한다. 동료의 평가참여는 경영진과 평가자로부터 받는 피드백에 덧붙여 매우 유용한 관점을 제공한다. 사실 몇몇 조직들은 동료평가가 매우 유용하고, 수용이 쉽기 때문에 동료평가를 전체 평가센터에 포함하여 설계해왔다. 인사관리 직원이 프로그램을 진행하며 그보다 높은 관리직은 평가자로 활용하지 않는다.

## 자동화된 피드백

최근의 기술적 진보는 평가 과제에서 특정한 행동 반응에 뒤이은 즉각적인 피드백을 제공하기 위한 도구들을 제공한다. 예를 들어 FBI를 위해 개발된 인터뷰 과제에서, 피평가자는 비디오 스크린에 제시된 역할수행자에게 적응적 상호활동을 한다(Crudup, 2004). 피평가자가 질문하면 음성인식 기술을 통해 비디오 스크린 속 가상인물이 적절하게 대답함으로써 진단이 이루어진다. 프로그램은 피평가자의 응답을 이해한 후 스크린의 작은 그림, 영상 등을 이용해 효과적인 응답에 대해선 긍정적인 반응을, 불충분한 응답에 대해선 부정적인 반응을 보인다.

## 9 피드백에 대한 반응

평가센터의 피드백에 관한 피평가자의 반응과 관련하여 많은 연구가 수행되었다(Dodd, 1977; Kudisch, Lundquist, & Smith, 2002; Poteet & Kudisch, 2003; Thornton & Byham, 1982). 많은 피평가자는 피드백 인터뷰가 자신의 강점과 약점을 파악하는 데 도움이 되었다며 호의적으로 대답하였다. 그들은 피드백 제공자가 지원적이고 평가결과에 대한 근거를 명확하게 제시해 주는 것을 알 수 있었다. 물론 피드백은 많은 조직에서 상이하게 이루어지고, 다양한 직원들만큼이나 일관성이 없다. 따라서 모든 피드백 세션을 일반화하기는 어렵다.

피평가자가 피드백을 더욱 쉽게 수용할 수 있도록 하는 일반적인 요소들이 있다. 예를 들어 평가를 도와주는 하나의 과제보다 행동의 특정 예시들을 더 많이 배우고자 하는 피평가자들이 있다. 게다가 그들은 개별 평가자 특유의 반응에 대한 피드백이 아닌, 평가자들 사이의 합의점을 제시하는 평가에 초점을 맞추기 원한다. 피드백의 이러한 특성은 다양한 조직 상황에서 효과적인 것으로 나타났다(Ilgen, Fisher, & Taylor, 1979; Taylor, Fisher, & Ilgen, 1984).

개발 목적을 위한 평가센터의 유용성에 대한 흥미로운 연구에서, Fleenor(1988)는 피드백이 이해 가능한 자료로 제시되고, 성과와 관련한 정보를 포함하며, 피드백을 주는 개인이 성과자의 개발에 관해 관심을 가질 때, 고성과자와 저성과자 모두 피드백을 수용한다는 것을 발견하였다. 나아가 고성과자와 저성과자 모두 피드백을 받은 다음에 직무성과가 나아졌다.

Fletcher의 연구(1991)는 드물게도, 6개월에 걸쳐 평가센터 참가에 대한 종단적 효과를 분석하였다. 1차 평가 후 개발을 위한 2차 평가에서 어떤 태도(탁월성 추구 등)는 향상되었고, 어떤 태도(성취욕, 직업윤리 등)는 감소하는 것으로 나타났다. 하지만 모든 태도는 6개월 후 초기수준으로 다시 돌아왔다. 성공하지 못한 후보자들은 경쟁력과 자아존중감의 감소를 느끼며, 여러 부정적인 영향을 반복해서 경험하는 것을 꺼린다. Fletcher는 즉각적으로 태도를 변화시킬 학습 잠재력을 개발하기 위해서는, 조직이 피드백을 빨리 제공하고 평가가 낮은 개인에게 지원적인 상담을 제공해야 한다고 결론 내렸다.

## 10 피평가자의 역할

피평가자는 진단과 개발 평가센터의 성공에 중요한 역할을 한다. 조직이 평가센터에 대해 얼마나 주의집중하고 그것을 발전시키며 실행하느냐 하는 것은 중요하지 않다. 개별적인 피평가자가 동기부여를 적절하게 하지 못한다면 진단과 개발 평가센터는 잠재역량을 충분히 성취하지 못한다. 진단 프로그램에서 개인은 역량개발 욕구에 대한 학습 이후의 행동에 열중해야 한다. 개발 프로그램에서 개인은 피드백 과정상에 동기부여가 되어야 하며 평가센터 과정과 추후 직무에서 성과를 증진하고자 해야 한다.

개인이 평가에 반응하는 방식이 개발 경험의 성과물에 영향을 미친다는 연구들이 있다. Jones과 Whitmore(1995)는 평가센터의 피평가자가 승진을 예측하지 않음에도 불구하고 통제 집단과 비교해서, 개발적 조언을 수용하는 개인들은 더 많은 성공 동기가 있고 타인과 일을 잘하며 승진의 가능성이 더 높다고 하였다. T. Byham과 Wilkerson(2003)은 평가센터 이후 후속 개발 활동에 열중하는 관리자가 상대적으로 소수라는 것을 밝혔다. 이러한 연구는 평가센터에 참여하는 경험에서 유익함을 얻는 사람과 그렇지 못한 사람을 구분하는 개인적 특성들이 존재한다고 본다. 그렇다면 진단 혹은 개발 평가센터에서 유익함을 얻고자 하는 사람들의 특징은 무엇인가? 이러한 특징은 개발 준비성, 훈련과 학습 목표 지향성, 개발 활동에 대한 몰입과 같은 요소를 포함한다. Walter(2004)는 개인의 개발에 대한 필요성 인지, 개발기회 탐색활동, 개발 시도 등의 항목들을 포함한 개인의 개발 준비성을 측정한 결과, 개발 준비성이 학기 동안의 개발 활동과 최종 성적을 예측한다는 것을 발견했다. 훈련에 대한 20년간의 연구들에 관한 메타분석 연구에서 Colquitt와 LePine, Noe(2000)는 학습 동기(단순히 훈련 교재를 학습하고자 하는 욕구로 정의됨)는 인지 능력의 영향을 능가하여 다양한 학습 결과물(지식과 기술 습득, 전이를 포함함)을 예측한다는 것을 발견했다. 다양한 연구들은 경쟁력을 증진하고자 하는 열망을 포함한 학습 목적 지향성(타인에게 자신의 경쟁력을 나타내는 것을 포함하는 성과 목적 지향과 대비됨)(Dweck & Leggett, 1998; Nicholls, 1984)은 피드백을 추구하는 행동(Tuckey, Brewer, & Williamson, 2002)과 도움을 요청하는 것(Middleton & Midgely, 1997), 훈련의 전이(Ford, Smith, Weissbein, Gully, Salas, 1998)와 관련되어 있다고 한다. 업무 관련 학습과 개발 활동에 몰입하는 것은 개발에 참여하려는 의도와 관련되어 있고, 궁극적으로는 개발적 행동에 참여하게 됨을 보여준다(Maurer, Weiss, & Barbeite, 2003).

### 더 필요한 연구

Fleenor와 Jones, Whitmore의 연구 이외에 평가센터 참가에 대한 피드백의 효과 연구는 거의 없었으며, 평가센터 종료 후 피평가자의 여론조사에 관한 연구 역시 거의 없다. 프로그램의 결과를 가장 잘 수용하게 하는 피드백은 어떤 유형인지, 선발프로그램에서 조직에 대한 호의적인 인상을 줄 수 있는 피드백이 무엇인지를 아는 것은 흥미로운 일이다. 또한, 진단프로그램에서는 어떤 유형의 피드백이 피평가자로 하여금 심화된 개발 활동에 몰입하게 하여 직무에서 더욱 나은 성과를 이루도록 하는지 이해하는 것이 중요하다. 기존 연구에 따르면, 우리는 상세하고 기술적인(일반적이고 평가적이기보다는) 피드백이 개발 프로그램에서 더 도움이 될 것이라고 예상하였다. 그러나 앞서 인용한 Goodman 등(2004)의 연구는 상세한 피드백이 탐색적 행동을 감소시킬 수 있다고 경고한다. 평가센터 상황에서 이러한 이슈와 관련된 기존 연구는 없다.

## 11 요약과 결론

우리는 피드백 세션을 '종결'과 '시작'으로 볼 수 있다. 피드백은 평가센터의 개발과 실행을 위해 이루어진 모든 업무의 최고점이라는 관점에서 종결에 해당한다. 앞서 본 바와 같이 피드백은 평가역량이 정확하게 선택되고, 과제가 적절히 계획되고, 평가자가 행동을 정확하게 관찰·분류·판단한 경우에만 효과적이다. '정확하게', '적절하게'라는 말은 평가센터의 목적에 대한 관점에서 해석되어야 한다. 이러한 각 단계를 수행하는 최고의 방법은 없다. 본 장에서 우리는 피드백이 의사 결정권자와 피평가자 모두에게 필요한 종류의 정보를 제공하기 위해 어떻게 개선되어야 하는지를 검토하였다.

언어에 의한 피드백은 모든 유형의 평가 프로그램에서 이루어져야 한다. 서면 피드백은 대개 조직구성원에게 제공되며 외부 피평가자에게 제공할 필요는 없다. 서면 피드백은 승진 프로그램에서는 보다 간결하고 일반적이며, 진단 프로그램에서는 보다 길고 상세하다. 진단과 훈련 프로그램에서 피드백의 내용은 보다 더 상세한데, 이는 피평가자들이 경험을 통해 학습할 수 있도록 하기 위함이다. 반면 보안의 이유로, 선발과 승진 프로그램에 이어진 피드백에서는 과제와 관련된 자료들이 상세히 검토되어서는 안 된다.

피드백은 대부분 인적 자원관리 직원을 통해 전달된다. 그러나 관리 평가자는 진단 프로그램에서는 개발 계획의 첫 단계로, 평가자가 피평가자의 직속 상사에게 피드백을 제공할 때 더욱 효과적일 수 있다. 관리자, 인사관리부서 직원, 외부 컨설턴트들은 개발 프로그램에서 도움이 되는 촉진자로 기능한다.

피평가자와는 별도로, 평가센터의 결과는 누가 받아야 할까? 진단 프로그램에서는 피평가자의 직속 상사에게 제공하지만, 승진 프로그램에서는 제공하지 않는 데에는 타당한 이유가 있다. 훈련 프로그램에서는 대부분 피평가자 자신이 피드백을 받는 유일한 사람이 되기도 한다.

피드백 세션은 이제 피드백의 내용이 조직에 긍정적인 영향을 불러일으킬 수 있게 활용되어야 한다는 측면에서 시작의 의미가 있다. 선발과 승진 프로그램에서 평가센터의 결과는 중요한 인사 결정을 위해 다른 유형의 정보와 함께 투입된다. 평가센터의 평점은 후보자의 배경, 교육, 업무 성과, 잠재력 등의 정보와 함께 사용되어야 한다. 진단 평가센터에서의 피평가자에 대한 강점과 약점 진단은 각 개인의 후속 개발 활동을 계획하면서 첫 번째 단계에 불과하다. 개인은 그의 상사와 함께 평가 결과와 그 개인의 직무 성과 정보를 융합해야 한다. 그들은 함께 특정 행동 단계를 구상해야 한다. 의료현장에서처럼, 처방이 이루어지지 않으면 집단은 그다지 도움이 되지 않는다. 개발 프로그램에서 피드백은 개인이 잘하는 것과 개선해야 할 것에 대한 지침이 된다. 그러나 효과적인 훈련을 위해서는 새로운 행동을 시도하고 더 많은 피드백을 얻을 기회가 있어야 한다.

평가센터 과정은 특히 이러한 모든 목적에 도움이 되는 피드백을 제공하는 데 유용하다. 대부분의 조직은 평가센터가 일반적 인상이 아닌 행동에 대한 상세한 관찰에 기반을 두고 이루어지기 때문에 평가센터 결과에 대한 피드백이 – 성과 평가와 같은 다른 평가적 정보에 대한 피드백과 비교하였을 때 – 쉽게 수용된다는 것을 발견했다. 선발과 승진 결정을 위해 지능 테스트를 사용하는 경우의 피드백과 평가센터로부터의 행동 피드백을 비교하고, 개발적 욕구를 진단하며 학습을 촉진하는 것은 우익하다. IQ 테스트가 높은 예측적 유효성을 가지고 있다고 하더라도, 평가자에 대한 피드백에 도움이 되는 것은 아니다. 또한 "당신은 IQ가 낮아서 승진후보자가 되지 않았습니다." 혹은 "당신은 지적 능력이 낮으니 더 똑똑해지십시오." 혹은 "보다 똑똑해지려면 이러한 활동들을 수행하십시오."와 같은 피드백은 호의적으로 수용될 수 없다. 마지막으로 다수의 평가자가 평가에 보다 진지하게 몰입한다면, 피드백은 더욱 신뢰성을 갖추게 된다. 인사관리자는 평가센터 결과를 통해 조직구성원의 생산적인 개발 계획에 도움을 줄 수 있다는 것을 발견하게 된다. 평가센터가 실제로 무엇을 측정하고 그것이 비용을 낼 만한 가치가 있는지에 대한 질문은 여전히 남아있다. 다음 장에서는 종합 평가센터 평점의 정확성과 해석에 대한 더 구체적인 이슈를 검토하고, 대안적 평가 방법과 더불어 그 효과성과 비용을 비교하고자 한다.

날짜: 2004년 2월 27일

피평가자 이름: Bob Leonard

부서장과 검토함
프로그램 담당직원: Chuck Stuart, Bill Blake, Randy Golden

이 보고서의 목적은 피평가자에 대해 프로그램 담당 직원이 관찰한 것을 요약하고 피평가자의 강점과 개발 욕구를 규명함으로써, 개인과 상사를 돕고 개발 활동 계획에 도움을 주고자 함이다.

*전반적 요약*

Bob은 이 프로그램에 매우 성실하고 적극적인 태도를 보였다. 그는 이 프로그램에 의해 눈에 띄는 영향을 받은 것이 아님에도 기대했던 것보다 프로그램이 다소 힘들었다고 생각한다. 그는 많은 과제가 직무와 관련된 현실적인 것이라고 느꼈다. 우리는 한 역량의 수행수준이 다른 역량에도 반영됨을 관찰하였지만, 다른 역량들은 뚜렷한 강점과 개선점을 발견할 수 있었다.

*드러난 강점의 요약*

Bob은 문제 분석과 판단, 구두 의사소통과 민감성에서 강점을 나타냈다. 그는 위임과 통제, 계획 및 조직화, 리더십도 적절히 인식하고 있었다. 그러나 이러한 것들은 개선의 여지가 있는 것으로 보였다.

*개선점의 요약*

개선점은 계획 및 조직화, 위임, 통제, 리더십과 인력 개발에서 발견되었다. 우리는 각 평가역량 사이에서 이러한 네 가지 역량이 개선되는 방법을 기술할 것이다.

*조언*

이 보고서는 평가역량별로 구분되었다. 각 평가역량은 프로그램에서 피평가자 행동에 관한 정의와 설명을 기술하고 있다.

## 관리 기술

*계획 및 조직화*

자신과 부하 직원의 업무를 효과적으로 설계하고 예상하는 능력. 다양한 정보를 요약하고 과제와 자료, 인력을 효과적으로 조율할 수 있다.

이 평가역량에서 관찰 기록된 내용은 개발 필요성이 있음을 알려준다. Bob은 계획과 조직화에 관하여 이론적 접근이 뛰어남에도 불구하고, 그것을 적용하는 상황에서는 어려움을 나타냈다. 우리는 보상 위원회와 서류함 과제를 통해 계획 및 조직화의 예들을 관찰하였다. 보상 위원회에서 Bob은 지원자의 발표를 매우 잘 계획하였고, 지원자의 효과적인 발표를 끝까지 유지했다. Bob은 자신의 서류함 과제에 대한 후속 인터뷰에서, 다음과 같이 항목을 분류하여 접근하는 것을 보여줬다. 1. 인사 문제, 2. 생산 문제, 3. 일정관리 문제. 그리고 다시 돌아와 그의 우선순위는 다음과 같다고 진술하였다. 1. Bill과 함께 앉을 것, 2. O'Brian과 함께할 것, 3. 사람들과 첫 회의를 가질 것

배경 면접과 L.K. Fawcett, 인터뷰 모의상황에서 계획성과 조직성의 부족을 보이는 사례들

- 배경 면접: "어떠한 계획과 목적을 가지고 있는가"라는 질문을 받을 때, 그는 "잘 모르겠어요."라고 대답했다. 이러한 그의 응답은 본인의 업무에 개인적으로 덜 몰입하고 있음을 드러냈다(만약 그의 도움이 요청되지 않는다면).
- L.K. Fawcett: Bob은 배관기술자 2명에 대하여 일과의 마지막을 계획하지 않았다. 그는 1명 작업에 2명을 투입하였는데, 이는 '다른 사람에게 무엇을 시켜야 할지 몰랐기' 때문이었다. 그는 배관기술자들이 일하고 나서 점심을 먹도록 하지 않고, 식사를 위해 작업을 중단하도록 하였다.
- 면접 모의상황: Bob이 과거와 현재의 작업 성과를 보완하기 위해 인터뷰를 계획하였음에도 불구하고, 미래의 성과를 개선하고자 하는 목표를 계획하지 않았다. 그 결과 더 나은 성과를 창출하고자 하는 목적은 이루어지지 않았다. Bob은 피드백 면접에서 자신의 목적이 달성되지 않았다고 말했다. 우리는 '비교적 자세하게 관찰하고 있음을 설명한 사실'에 대해 논의하였다. 그 목적은 성과가 떨어졌다는 사실을 수용하는 것과 성과를 개선하는 것이다.

우리는 Bob이 변화의 방법을 계획하기보다 "그냥 넘어가자"하는 경향이 있음을 발견하였다. 그는 업무량에 대한 문제점을 검토했을 때 '체제 교육'이 운영(수행) 위주로 구성됨을 발견하였다. 그런 문제가 있음을 인식하였음에도 불구하고, 이것을 개선하고자 하지 않았다. 관리 문제의 과제 시 많은 기회가 있었다. 예를 들어 Bob은 "나는 당신이 할 수 있는 것들이 많음을 확신한다."라고 말함으로써 집단의 주목을 받았다. 그러나 그는 세부 계획을 만들지 않음으로써 이를 감소시켰다. 이러한 느낌은 다음 평가역량에서 상세히 논의될 것이다.

우리는 Bob이 일과의 우선순위를 고려하고, 가장 중요한 이슈에 착수하여 실행하도록 하였다. 우리는 이런 계획의 '실행' 단계를 발전시키도록 하였다. 계획을 실행하는 데 성공하였다는 개인적 평가는 성장을 관찰하는 데 도움을 줄 것이다.

*위임*

통제와 책임을 보고하면서 적절한 사람에게 특정 작업이나 책임을 이관하기, 적절하지만 간단한 지시만 줌, 부하를 효과적으로 활용하고 의사결정이 최선으로 이루어지는 시점을 이해하는 능력.

이러한 평가역량은 개발할 필요성이 있다. Bob은 배경 인터뷰에서 "그들이 그들의 의사대로 하도록 노력한다."와 같이 말하며, 위임의 의지를 표현하였다. 14항목의 서류함 과제에서 9개가 Bob에게 보내졌고, 2개는 Suzy와 Tom O'Brien에게 각각 보내졌다. Bob의 위임은 전반적으로 명확하고 이해 가능한 것이었다. 우리는 위임의 두 가지 측면을 발견하였는데 이는 개선의 여지가 있는 것이었다.

1. 그는 부하 직원들에게 자주 지시를 내리고 활동을 위임한다. 그러나 그는 책임과(이나) 의사결정을 이관하지는 않는다. "거래처에서 피드백을 얻기 충분하게 주문합시다. 그러나 우리의 일반적인 공급자들에게도 주문합니다", "당신이 결정합니다."와 같이 말한다. (결국) 위임은 관찰되지 않았다.
2. Bob은 업무가 진행되는지의 여부를 확인하는 통제 메커니즘을 사용하지 않았다. 그는 부하 직원들에게 마감 일자를 알리지 않았고, 그의 지시사항에 대해서 특정한 응답을 요청하지도 않았다. 또한, 그는 그의 요청에 관하여 후속조치사항 목록도 작성하지 않았다.

정의가 지칭하는 바와 같이, 위임은 책임과 의사결정, 그리고 부하 직원을 가장 효과적으로 활용할 책임을 포함해야 한다는 것을 느꼈다(그리고 그들 자신의 개인적 발전에 동기를 부여해야 한다는 책임감).

**그림 9.3** 관리 기술 워크샵의 진단 보고서

제 10 장

# 평가센터 타당도 증거의 다양성

앞선 다섯 장의 내용에 걸쳐 평가센터의 중요한 요소들에 관해 하나씩 자세히 살펴보았다. 이제는 각 요소에 관한 자세한 분석을 뒤로하고 평가센터 전체의 효과에 대해 더 넓은 시각으로, 평가센터의 타당도 범위에 대해 분석하려고 한다. 타당도는 평가 또는 개발 절차가 원래의 목적을 달성할 능력이 있음을 증명하는 근거를 말한다. 어느 평가 기법이나 다양한 목적으로 쓰일 수 있으므로, 수많은 다양한 유형의 증거들을 고려해야 하며 그 축적된 증거들이 이 책에서 다룬 세 가지 주요 적용사항을 지지하는지 고려해야 한다. 그 세 가지란 채용과 승진을 위한 예측, 진단, 그리고 개발이다. 평가센터를 개발하고 수행하는 단계의 결과들은 관련 증거들을 제공해 주기 때문에 우리는 모든 단계에서 타당도에 대한 평가를 할 것이다. 특히, 성공적인 평가센터에서 발견되는 특징은 아래와 같다.

- 평가역량은 면밀한 직무분석 또는 역량 모델링을 기반으로 선택된다. 서로 다른 평가역량은 서로 다른 목적에 따라 선택되고, 평가역량의 서로 다른 정의는 서로 다른 수준의 직무, 조직, 문화에 따라 정의된다.
- 모의과제는 평가역량과 관련된 행동을 끌어내기 위해 설계된다. 다른 유형의 과제와 동일한 유형의 과제에 포함된 다른 내용은 각기 다른 적용을 위해서 준비된다.

- 평가자는 행동을 관찰하고, 기록, 분류, 평정하기 위해 훈련받는다. 평가자 역할을 수행할 충분한 역량이 확립되어 있다.
- 정보는 평가자 간 의견 합의를 달성하기 위해 평가자 회의를 하거나 통계적인 방법으로 통합을 한다. 이 단계에서는 잠재적인 방해요소를 최소화하고, 집단 결정의 이점과 질을 극대화하기 위해 통합 회의를 구성한다.
- 평가센터는 피평가자와 그들의 경영진에게 피드백을 제공하는 평가센터의 목적을 달성하기 위해 설계된다.

이 절차를 문서화하는 것은 평가센터의 타당도를 확립하는 근본적인 기반이 된다. 평가센터가 과연 유효한 인적자원관리 기법인지에 대한 답을 하기 위해서는 아래와 같은 질문에 답할 수 있어야 한다.

- 조직이 얻고자 하는 목적을 평가센터가 잘 수행하고 있는지에 관한 논쟁을 지지하는 증거가 있는가?
- 실제로 측정하려는 평가역량을 평가센터가 잘 측정하고 있는가?
- 개인의 잠재력, 개발의 필요성, 또는 미래의 성공에 관해 평가센터가 정확한 예측을 해주는가?
- 평가센터가 작용하는 이유에 대한 대안들의 설명이 있는가?
- 평가센터를 다른 평가 기법과 어떻게 비교할 수 있는가?
- 평가센터는 과연 유용한가? 즉, **편익**이 비용을 초과하는가?
- 피평가자와 평가자는 평가에 관해 어떻게 생각하는가? 그리고 평가센터 절차에 대해 어떻게 생각하는가?

우리는 평가센터 연구의 검토를 통하여 이 문제들의 답변을 위한 기반을 마련하였다. 예를 들면, 5장에서 관심 있는 직무를 수행하기 위한 중요한 측면을 나타낼 수 있는 평가역량이 선택된다는 것을 보았다. 6장에서는 업무 상황과 관련된 중요한 도전과제가 어떻게 모의상황으로 구성되는지 살펴보았다. 7장에서는 평가자가 행동을 관찰, 기록, 분류, 평정하는 과정을 잘 수행하게 하려고 제공되는 훈련에 대해 살펴보았다. 또한, 평가자가 상당한 신뢰도를 가지고 행동을 관찰하고 평가할 수 있다는 증거를 검토하기도 하였다. 아울러 8장에서는 집단이 의사 결정을 할 때 유리한 점들을 증가시키고 불리한 점들을 감소시키기 위해 평가센터가 따르는 절차를 살펴보았다. 또한, 평가자가 서로의 관찰에 대한 의견을 교환한 이후에는 수행 평가역량과 종합 수행에 관한 평정에 있어서 상당한 평정자 간 신뢰도와 동의를 보여주는 증거를 검토하였다. 이제 평가센터가 조직의 목적을 달성하는 데 필요한 능력과 관련해 조금 더 복잡한 문제를 논의하고자 한다.

## 1 평가센터 관련 타당도 증거의 다양성

'평가센터가 실제로 측정하는 것은 무엇인가?'라는 질문은 궁극적으로 경험적인 연구의 증거를 통해 답변이 이루어져야 한다. 그러나 결론은 평가센터의 가치 여부를 떠나, 하나의 상관관계만 포함한 통계자료 또는 하나의 연구 자료만을 가지고는 결정할 수 없다는 것이다. 다음을 모두 고려해야만 한다. 과제의 내용에 관한 증거를 제공하는 많은 연구자료, 평가의 내부 구조에 관한 자료, 동일한 속성에 대한 다른 측정치들의 관계, 평가 자료와 많은 유형의 준거들과의 관계(직무 수행도 포함), 시간에 따르는 평가센터 점수의 변화, 서로 다른 하위집단들의 평가 차이점(예: 남성과 여성, 다른 인종, 다른 연령 집단), 그리고 조직의 종합적인 인적자원 목적에 대한 기여도 등이다. 이 모든 증거는 평가센터의 타당도를 지지하거나 반대하기 위해 재해석되어야 한다. (Aguinis, Henle, & Ostroff, 2001; Landy, 1986; Schmitt, Cortina, Ingerick, & Wiechmann, 2003)

몇 십년 전에는, 타당도의 증거가 세 가지 범주로 나뉘어져 있었다. 연구자와 실무자는 주로 '내용 타당도', '준거 타당도'(여기에는 동시 타당도와 예측 타당도가 포함된다), 그리고 '구성 타당도'를 각기 분명하게 다른 타당도로 분류하였다. 학자들은 때로 'X검사는 내용 타당도를 가지고 있다' 또는 'Y검사는 구성 타당도를 가지고 있지 않다'라고 표현하기도 하였다. 그러한 문장들은 이제는 더 이상 적절하지 않다고 여겨지며, 아마도 한 번도 적합하게 여겨진 적이 없을 것이다. 이 때부터 전문가들은 검사와 관련된 모든 증거가 특정 평가에서부터 나오는 결과의 타당도 증거를 제공하기 위해 해석되어야 한다고 인지해왔다(Landy, 1986; Schmitt et al., 2003). Binning과 Barrett(1989)은 검토할 수 있는 다른 유형의 증거는 매우 많으나, 이제까지 축적된 모든 증거를 해석해야만 타당도를 결정할 수 있다고 강조한다.

검사 타당화에 대한 현대적인 접근 방식은 교육 및 심리검사를 위한 규준(*Standards for Educational and Psychological Testing,* AERA et al., 1999)에 체계적으로 표준화되었다. '좋은 타당도 관련 논쟁은 여러 증거를 통합하여 일관성 있게 만듦으로써, 현존하는 증거들과 이론들이 특정 사용 목적을 위한 검사 점수들을 의도대로 해석하는 것을 돕는 역할을 한다. 궁극적으로 검사 점수의 의도된 해석에 대한 타당도는 검사

시스템의 기법적 품질과 관련된 모든 가능한 증거들에 의존한다.'(p. 17) 위 규준은 검사 타당도에 대한 결론과 밀접한 관련 있는 다양한 증거를 묘사하고 있다.

- 검사 내용: 검사 내용과 측정할 구성의 관계에 대한 분석, 내용의 범위가 수행 범위를 대표하는 정도. 증거는 평가 내용의 상대적인 중요성에 관한 전문가의 판단과 실제 직무와의 비교에서 도출된다.
- 내부 구조의 증거: 검사 항목과 검사 구성요소의 관계에 대한 조사. 유사한 검사 항목, 평가역량에 대한 점수는 논리적으로 관련돼 있어야 한다.
- 응답 과정: 검사 진행 과정에서 검사받는 사람들이 밟는 절차에 대한 연구. 이에 대해서는 검사 환경에 대해 그들이 반응하고 응답하는 전략에 관해 피평가자에게 직접 물어보는 방법밖에는 없다.
- 수렴 타당도 및 변별 타당도: 같은 구성 그리고 서로 다른 구성 관계에 대한 연구. 비슷한 구성은 서로 관련 있어야 하고 비슷하지 않은 구성은 관련이 없어야 한다.
- 검사-준거 관계: 조직의 개인이 중요하다고 생각하는 수행의 측정치와 준거 측정치와의 관계에 대한 연구. 검사 점수는 수행을 예측하거나 평가센터의 피드백 또는 개발 코칭으로 인한 수행의 변화를 예측해야만 한다.
- 타당도 일반화: 다양한 타당도 연구에서 획득한 검사-준거 관계에 대한 메타분석. 검사-준거 관계는 통계적이고 인공적인 측정치의 기능을 하는 관계는 아니다.
- 검사의 결과: 검사 절차가 의도하거나 의도하지 않은 긍정적 또는 부정적 결과를 가져오는지에 대한 조사. 특별히 주의해야 하는 것은 의도한 긍정적 결과와 의도하지 않은 부정적인 결과이다. 이러한 유형의 증거는 '결과적 타당도'라고 용어가 정의되었다.

## 2 증거의 유형과 평가센터 목적의 관계

이 책 전반에 걸쳐 언급한 바와 같이, 평가센터는 기본적으로 다음 세 가지 목적을 위해 사용된다. 채용과 승진의 예측, 진단, 그리고 개발이다. 그러므로 다른 곡적을 위해 사용되었을 때, 평가센터는 다른 방식으로 설계되고 수행되어야 한다는 점을 강조하였다. 평가센터의 목적에 따라 평가역량, 과제의 안내, 관찰과 평정의 방법, 관찰자로부터 정보를 통합시키는 절차, 그리고 피평가자와 다른 조직구성원에게 피드백을 주는 방법들이 모두 달라질 것이다.

이제 다른 목적을 위해 사용된 평가센터의 타당도를 이해하기 위해 다양한 유형의 증거들에 관한 회의를 시작하려고 한다. 평가센터가 채용과 승진을 위해 사용될 때 종합 수행의 평가센터 평정이 미래의 직무 수행을 예측할 것이라고 추론한다. 평가센터가 진단 목적으로 사용될 때, 강점과 약점을 정확하게 파악할 수 있으며, 피평가자는 약점을 보완하기 위한 후속 활동에 참여할 것이라고 추론한다. 평가센터가 개발의 목적으로 사용될 때, 피평가자는 평가센터를 경험함으로써 배우고 발전할 것이며 평가와 피드백 이후에 추가적인 발전을 할 것이라고 추정한다. 이런 다양한 목적과 관련된 타당도 증거의 유형을 구체적으로 명시하는 것은 이제까지의 연구 자료를 해석하고 평가센터의 종합적인 효과성을 이해하는 틀을 제공한다. 표 10.1에는 이제까지 수집된, 평가센터의 세 가지 적용과 관련된 증거의 유형을 보여준다. 앞으로 이 표의 각 항목에 관해 하나씩 살펴보기로 한다.

## 3 채용과 승진 프로그램과 관련된 타당도 증거

평가센터가 조직의 외부 지원자를 채용하기 위해 쓰이거나 내부 직원을 승진시키기 위해 쓰일 때, 평가절차는 새 직무에서의 잠재력과 같은 일반적인 속성을 측정한다. 여기서 일반적인 속성이란 '일반적인 경영 능력' 또는 '일반적인 영업 능력'과 같은 포괄적인 능력을 의미한다. 이러한 일반적인 능력은 각각 더욱 구체적인 능력의 전체적인 세트를 의미한다. 지적 능력 검증이 주로 '일반적인 정신적 능력'을 측정하는 것이라고 정의되고 구체적인 능력(언어 이해, 숫자 분석, 공간 분석)의 종합 세트라 정의되는 것과 같은 방식으로, 평가센터 또한 '일반적인 경영 능력'을 측정하기 위해 설계되었고 이는 조직을 운영하기 위한 구체적인 업무와 대인관계 능력의 종합적인 세트로 정의될 수 있다는 것이다. 채용과 승진 평가센터를 위해 좀 더 넓은 범위의 증거가 수집되어야만 한다. 이러한 증거는 잘 구성된 평가센터가 타당도를 입증해준다는 것을 보여준다.

### 검증 내용

채용과 승진을 위해 설계된 평가센터의 내용은 보통 '특정 직무'(즉, 어떤 사람이 거론되고 있는 직무 또는 직무들)를 모의상황으로 구현하기 위해 만들어진다. 어떤 평가센터는 특정 직무를 위해 후보자를 고르기도 한다. 지원자는 '외부 영업 직원'을

표 10.1 타당도 증거의 다양성

| 증거의 토대 | 평가센터의 적용 | | |
|---|---|---|---|
| | 채용과 승진 | 진단 | 개발 |
| 검사 내용 | 직무분석과 역량모델링<br>모의상황<br>주제전문가와 평가자의 판단들 | 명확한 수행 평가 역량의 다양한 측정치들 | 개발 가능한 평가 역량의 선택 |
| 내부 구조 | 관찰에 대한 합의 과제 간 수렴<br>평가자들 간의 동의<br>평가역량 간의 상관관계 | 과제 내 평가역량 평정의 구조와 관련된 혼합된 증거들 | 학습과 피드백을 받을 수 있는 다양한 기회들 |
| 응답 과정 | 피평가자와 평가자의 긍정적 반응 | 피평가자와 평가자의 긍정적 반응 | 태도, 이해, 수행의 변화 |
| 수렴 및 변별 타당도의 증거 | 종합평가평정과 다른 평가센터와의 상관관계 (예: 인지와 성격 측정) | 평가센터의 최종 평가역량 평정과 다른 평가방식의 평가들과의 관계 | 평가역량 차별화, 내부와 외부 구성 타당화, DAC와 평가역량 평정의 다면 동의에 대한 분석 |
| 검사–준거 관계 | 종합평가평정과 수행, 경력, 봉급과의 상관관계<br>증가 타당도 | 평가역량 점수와 평가역량에 대한 미래수행과의 상관관계 | 평가역량 효과성에 대한 사전-사후 변화 |
| 타당도 일반화 | Schmidt & Hunter (1998); Gaugler et al.(1987); Hardison & Sackett (2004) | Arthur, Day, et al. (2003); Woehr & Arthur(2003) | 해당사항 없음 |
| 검사의 결과 | 하위 집단 차이가 적거나 없음<br>유불리효과가 적음<br>긍정적 반응 | 강점과 약점의 인지<br>개발에 참여할 준비 | 피평가자가 자신에 대해 배우고 전문적으로 발전함 |

선발하기 위해 평가될 수 있다. 조직 내에서는, 순찰 경찰관이 '부서장'으로 승진되기 위해 평가될 수도 있다. 이런 적용에서 과제 내용은 주로 특정 조직의 특정 직무의 역할을 대변하기 위해 만들어진다. 예를 들면, 대학생은 다양한 부서에 '인턴'과 같은 자리를 위해 평가받을 수 있다. 또는 '중간 관리자'는 조직 내에서 좀 더 높은 자리로 승진하기 위해 평가받을 수 있다. 그런 적용에서 과제의 내용은 주로 다양한 상황에 맞게 만들어진다. 이 모든 적용상황에서 과제는 특정 직무를 효과적으로 수행할 수 있는 잠재력을 포함한 행동의 종합적인 세트를 평가하기 위해 만들어진다.

표 10.1에서 보면, 평가센터의 내용이 적합한지 증거를 검토하는 것부터 시작한다. 평가센터가 체계적인 직무 분석과 역량 모델링을 통한 효과적인 직무 수행에 내재된 속성과 직무를 자세히 검토하는 것부터 시작한다면 타당도 추론은 지지할 수 있다.

5장에서 언급한 바와 같이, 평가센터 개발자는 주로 문서 자료를 읽고 직원 또는 그들의 상사를 관찰하고 면담하며 특별히 중요한 직무에 대해서는 주제전문가의 판단을 얻기 위해 설문지를 사용하는 것을 토대로 직무리스트를 통합한다. 주제전문가는 수행 효과와 관련된 지식, 기법, 능력, 그리고 다른 특성들의 리스트의 중요성에 관한 평정을 제공하기도 한다. 또한 KSAO와 직무 과업의 연결에 대한 판단은 주로 평가 과제의 구성 이전에 수집되는 증거의 마지막 단계에 제공한다.

추가적인 타당도 증거는 중요한 직무 상황을 모의상황으로 구성하고 조직구성원이 직무 수행 중 직면하는 문제점, 어려움, 기회를 담아내기 위해 조직의 모의상황을 개발하는 과정에서 나온다. 각 조직이 어떻게 그들의 모의상황을 만들고 타당화하는지에 대한 자세한 내용은 Thornton and Mueller-Hanson(2004)을 참조하기 바란다.

과제의 첫 구성 이후 주제전문가는 직무 상황과 모의과제 자료가 연관성이 있는지 반복적으로 검토해야 한다. 내용의 대표성에 관한 정보는 검사 활동과 관련된 증거로 구성되어 있다. 여기서 두 가지 조건이 고려되어야 한다. 검사 자료가 조직구성원이 직무 수행 중 직면하는 상황의 대표적인 사례를 나타내는가 하는 것과 검사 자료에서 필요한 답변이 직무에서의 수행 요구조건의 대표적인 사례인가 하는 것이다. 내용타당도 증거는 주로 이 두 조건을 충족하는 전문가의 판단으로 이루어져 있다. 검사 절차는 반드시 모든 직무를 포함할 필요는 없지만 중요하고 필수적인 직무는 포함해야만 한다(Society and Industrial and Organizational Psychology, 2003).

과제와 직무 상황의 유사성에 대한 판단은 각 조직의 평가센터 타당도를 보여주기 위해 가장 흔하게 사용되는 증거이다(Spychalski et al. 1997). 조직은 다음 사항을 지적함으로써 평가센터를 지지한다. (a) 각 평가역량은 직무 분석을 토대로 선택되었다, (b) 과제에는 중요하면서도 자주 직면하는 직무 활동이 포함되어 있다, (c) 과제 내 행동은 중요한 수행 평가역량으로 분류될 수 있다, (d) 훈련을 받은 평가자는 피평가자의 행동에 대한 일정하고 정확한 관찰을 할 수 있다. 의미 있는 내용 타당도 증거를 수집하는 일은 쉬운 과정은 아니다. Sackett(1987)은 평가센터를 타당화하기 위해 내용 타당도 증거를 사용할 때 위의 사항에 추가로 평가 상황과 관련된 다양한 것을 주목해야 한다고 지적하였다. 예를 들면, 피평가자에게 주어진 안내 사항, 평가자가 사용하는 평정 시스템, 평가 결과를 해석하는 기법 등이다. 이러한 것은 평가센터 평정에 영향을 미칠 수 있기 때문에 중요하다.

잠재적 경영능력을 평가하는 평가센터의 내용 타당도에 관해 일부에서 반대 의견이 제기되었으나(Sackett, 1987), 이에 대한 다른 반론도 제기되었다(Norton, 1981). 우리는, 내용의 대표성에 관한 증거는 평가센터 절차에 대한 이해와 관련이 깊다고 생각한다. 그러한 증거는 연구자가 어느 검사에서나 전체적인 타당도를 보여주기 위해 사용하는 증거의 패턴과 일치한다(Binning & Barrett, 1989; Landy, 1986). 물론, 이것은 평가센터가 경영의 수행을 정확하게 예측하는 것을 보여주는 통계적 연구 결과를 더 보완한다고 할 수 있다.

증거의 또 다른 중요한 부분은 평가자 훈련 중, 그리고 그 이후에 수집된다. 평가자는 과제에서 직무 수행에 중요한 역량과 관련된 행동을 관찰할 수 있는지에 대해 질문을 받는다. Thornton과 Mueller-Hanson(2004)도 어떻게 그러한 정보를 수집할 수 있는지의 예시들을 제공해준다.

## 내부 구조

개별 평가자 수준에서의 평가의 논리적인 패턴에 대한 증거는 8장에서 보여주었다. 8장에서 언급한 연구는 다양한 결론을 보여주고 있다. 평가자는 특정 평가역량과 관련된 행동의 관찰과 평정에 관하여 평가자 간의 합의를 보여준다. 추가로, 다른 과제에서 평가된 동일한 평가역량 평정의 상관관계는 과제 수준에서의 측정치들이 수렴된다는 증거를 제공해준다. 다양한 과제로부터 행동의 증거에 관한 보고를 들은 이후에 평가자가 종합 평가역량 수행을 평가할 때 아주 높은 동의와 신뢰를 보여준다. 최종 평가역량 평정의 상관관계는 의사결정 능력과 관리 기법과 같은 의미 있는 집단의 평가역량을 보여준다 (Thornton & Byham, 1982).

## 응답 과정

피평가자는 그들이 성의 있게 응답하고 있으며, 이 과정이 꽤 도전적이라 생각하고, 이것이 직무 수행의 중요한 평가역량을 평가한다고 보고한다. 평가자는 복잡한 인지과정을 수행하고 있으나, 이 분야 연구를 검토해보면 평가자가 이런 과정을 완전히 이해하고 있지는 않다는 것을 알 수 있다. Lievens와 Klimoski는 평가자를 사회적 정보 처리자로서 분석하였다. 그들은 기대, 인지 구조, 수동 또는 자동 처리과정, 동기, 사회 상호작용, 그리고 관찰과 판단에 대한 책임의 역할에 관해 분석하였다. 그들은 평가센터 평정의 '질'이 상당히 다양하다고 결론지었다. "어떤 평가센터는 잘 운영되고 있으나, 어떤 평가센터는 그렇지 않다(p. 269)." 8장에서 언급한 바와 같이, 수준 높은 평가센터는 사회적 정보 처리에 영향을 미치는 절차를 관리하고 더욱 정확한 평정이 나오게끔 인도한다.

## 수렴 및 변별 타당도의 증거

수렴되는, 그리고 변별되는 타당도 전략에서 필요한 증거는 종합 평가센터가 다른 평가센터, 즉 인지능력검사와 성격에 관한 설문 등과 상관관계를 가지고 있다는 것이다. 특히, 여기서 말하는 것은 과제 내 평가역량 평정의 수렴 타당도, 변별 타당도를 다룬 연구 내용과 다르다. 우리는 평가센터 전체의 수렴, 변별과 관련된 증거를 고려하지 않는다. 그 증거는 다음에 진단 평가센터와 관련한 부문에서 다시 검토할 것이다.

평가센터 평정은 개념적으로 연결된 구성의 다른 측정치와 연관이 있는 것으로 나타났다. 예를 들어, 메타분석 증거를 살펴보면, 종합평가평정은 인지 능력과는 0.67, 외향성과는 0.50, 정서적 안정과는 0.35, 개방성과는 0.25, 그리고 친절함과는 0.17의 상관관계를 보였다(Collins, Schmidt, Sanchez-Ku, Thomas, McDaniel & Le, 2003). 이러한 연구 결과는 평가자의 경영 능력의 판단을 반영하는 종합평가평정이 경영의 효과성과 관련 있다고 알려진 다른 특징의 측정치에 수렴된다는 것을 보여준다. 평가센터가 단지 이런 다른 특성만 측정한다고 오해하지 않도록, 다음에서 준거 수행을 예측할 때 평가센터의 타당도와 증가 타당도의 증거를 제시하도록 한다.

## 검사-준거 관계

여기서 추론되는 점은 평가센터의 종합 평가 점수는 성공의 측정치와 어느 정도 연관 관계가 있다는 것이다. 이런 유형의 평가에서, 평가 기법은 미래 수행의 어떤 기준을 만족할 수 있는 지원자의 잠재력을 측정할 것이라고 가정한다. 그 기준은 효과성의 측정치로 표현될 수 있는데 이를 준거라 표현한다. 이 준거는 다음과 같은 성공의 지표로 사용될 수 있다. 필요한 훈련 프로그램의 완수, 매출이나 순익과 같은 직접적인 효과성의 측정치, 승진 또는 연봉의 인상과 같은 간접적인 측정치, 또는 종신 재직, 결근, 사고율과 같은 고용의 안정성의 수치 등이다.

수많은 연구 자료에서는 평가센터가 다양한 경영 능력의 측정치를 예측한다고 했다. 예를 들면, 연봉의 인상, 예상 직급으로의 승진, 훈련 완수, 경영 효과성의 평정 등이 이에 해당한다. 평가센터를 가장 거세게 비판하는 사람들조차도 의문을 품지 않는 것은, 종합평가평정이 경영 성공의 다양한 준거를 일정하게 예측한다는 사실이다. 표 10.2는 종합평가평정의 예측 타당도와 관련된 연구 자료를 검토한 것을 요약한 것이다. 이 표에는 Byham(1970)의 Harvard Business Review에 나온 주요 기사부터 예전의 연구자료를 가장 최근에 통계적으로 분석한 자료까지 수록되어 있다.

**표 10.2 종합평가평정의 예측 타당도에 대한 검토**

| 저 자 | 요 약 |
|---|---|
| Byham (1970) | • OAR은 승진하는 경영자를 가려낸다. 평가를 받은 경영자의 성공률이 평가를 받지 않은 경영자의 성공률보다 높다. OAR과 수행능력간의 상관관계는 .27 ~ .64이다. |
| Cohen et al. (1974) | • 수행능력과의 상관관계 중간 값은 .33, 잠재력과는 .63, 승진과는 .40이다. |
| Thornton & Byham (1982) | • OAR은 다양한 준거를 예측한다(승진, 수행능력 평정). |
| Hunter & Hunter (1984) | • OAR과 직무 수행간의 추정 상관관계 값은 .43이다. |
| Schmitt et al. (1984) | • 다양한 준거와의 추정 상관관계는 .40이다. |
| Gaugler et al. (1987) | • 메타분석에서는 승진, 수행능력, 평정과 관련된 실제 타당드의 추정치는 .37이었다. |
| Hardison & Sackett (2004) | • 메타분석에서 추정된 실제 타당도는 .31이었다. |

요약하면, 종합 평가센터 평정과 경영의 성공 측정치와의 관계에서 가장 훌륭한 상관관계 측정치는 .31 ~ .43이다. 이것은 종합평가평정에서 높은 점수를 받는 사람들이 낮은 점수를 받는 사람들보다는 직무에서 좀 더 성공할 확률이 높다는 것을 의미할 것이다. 이 결과로부터 확실히 알 수 있는 것은 적어도 준거 관련 타당도 증거는 긍정적이라는 것인데, 즉, 종합평가평정은 커리어의 성공과 관련이 있다는 것이다. 이 리뷰에 포함된 연구들은 출판된 것도 있고 그렇지 않은 것도 있다. 즉, 어떤 연구 자료는 순수하게 학계의 목적으로만 수행되었고 어떤 자료는 실무적인 목적으로 수행되었다. 또 어떤 자료는 승진, 훈련 또는 실무 수행의 평정, 직무 효과성에 대한 학자들의 개별적인 관찰 등에 이르는 다양한 준거와 연관되어 있다. 그러므로 이 연구 자료들은 성공의 다양한 시각을 표집해 놓았다고 보면 된다.

상관관계 계수들은 때로는 해석하기 어려울 때도 있으므로 결과를 이해하기 위해서는 다른 방법을 쓰는 것도 유용할 수 있다. 표 10.3에 정리된 Management Progress Study의 자료를 살펴보면 평가센터의 예측 정확성을 명확하게 알려주고 있다. 중간 관리자가 될 수 있을 것이라고 평가센터가 예측한 대학 졸업생들의 48%가 1995년에 실제 그 직위까지 올라갔다(이는 평가를 한 지 8년 후였다). 반면에 그 직위까지 올라갈 것이라고 예측하지 않은 학생들의 11%만이 그 직위까지 올라갔다. 이 수치들은 실제로 대학 졸업생들이 아닌 사람들의 경우 더 확연히 드러났다. 중간 관리자의 직위까지 올라가리라 예측한 사람들의 32%가 실제로 그 직위까지 올라갔으며, 낮은 평정을 받은 사람들의 5%만이 그 직위에 올라갔다. 8년, 그리고 16년 후의 예측은 이보다 더 정확했다. 즉, 평정을 높게 받은 사람들일수록 실제로 중간 관리 직급까지 더 많이 승진 되었다(대학 졸업자 중 평정을 낮게 받은 피평가자의 대다수가 16년째에 승진이 되었다는 점도 주목할 만하다). 이 연구에서 평가센터 결과는 어느 조직에도 공개된 적이 없고 승진의 결정에도 사용된 적이 없다. 그러므로 이 결과는 예측 정확도의 순수한 측정치라고 볼 수 있다.

**표 10.3** Management Progress Study 예측 정확성의 증거

| 중간관리 직급까지 승진할 것으로 예측되는가? | 중간 관리 직급까지 가는 비율 | | |
|---|---|---|---|
| | (8년 이하) | 8년째 | 16년째 |
| **대학 졸업자** | | | |
| 응답: 네 | 48 | 64 | 89 |
| 응답: 아니오 또는 무응답 | 11 | 32 | 66 |
| **대학 졸업자가 아닌 사람** | | | |
| 응답: 네 | 32 | 40 | 63 |
| 응답: 아니오 또는 무응답 | 5 | 9 | 18 |

Bray and Grant (1966); Bray et al. (1974); Howard (1997)

## 예측 타당도 증거의 다양성

평가센터의 정확성은 무엇에 의지하고 있는가? 그 질문에 대한 대답은 Gaugler et al.(1987)에 의해서 심도 있게 연구되었다. 그는 준거 관련 타당도 계수와 상관관계가 있는 변인들을 연구하였다. 타당도 계수와 상관관계에 있는 어떤 변인들은 조금은 이해하기 힘들 수도 있다. 그림 10.1에서 준거 타당도 계수는 여러 유형의 과제의 수

와 함께 증가한다고 보여주고 있다. 이 관계는 완벽하지는 않다. 여러 다른 유형의 과제들을 가지고 있는 평가센터도 여전히 낮은 타당도를 가지고 있을 수 있기 때문이다. 그러나 경향성만은 명확하다.

타당도 계수와 상관관계에 있는 변인은 '중재변인'이라고 불린다(Zedeck, 1986). Gaugler의 분석에서, 피평가자와 평가자의 특성, 평가센터 절차의 특징, 그리고 사용된 평가 장치의 유형 등 여러 유형의 중재변인을 살펴보았다.

평가센터의 다양한 특징들은 검토한 연구자료의 큰 집단별로 타당도 계수와 상관관계가 있는 것으로 나타났다. 평가센터들은 넓은 범위의 평가 기법이 다양하게 쓰이고, 심리학자가 경영진과 함께 평가자로 참여하고, 동료평가가 시행되었을 때 더 효과적인 것으로 나타났다. 이러한 연구 결과는 평가센터의 높은 타당도에 기여하는 변인들에 대한 실마리를 제공하고 왜 평가센터가 제 역할을 잘하는지에 대해서도 알려준다.

상황 변인이 타당도에 영향을 미친다는 추가적인 증거들은 중고등학교 교장을 선출할 때 쓰인 평가센터의 연구 자료에서 볼 수 있다(Schmitt et al., 1990). 이 자료에서 평가센터는 다음과 같은 경우에 효과의 준거를 예측하는 데 더 정확성을 가지는 것으로 나타났다. 대다수 평가자가(대학교수가 아닌) 교장으로 이루어졌을 경우, 평가가(한 개의 지역이 아닌) 여러 지역에서 행해졌을 경우, 그리고 평가자가 피평가자와 가까이 일을 한 적이 없었던 경우들이다. 저자들은 평가센터 운영의 품질은 평가 효과성의 중요한 결정 요소라고 결론지었다.

| 과제 유형의 수 | OAR의 타당도 |
|---|---|
| 6 | .55 |
| 6 | .40 |
| 5 | .40 |
| 4 | .25 |
| 4 | .30 |
| 3 | .15 |
| 2 | .08 |

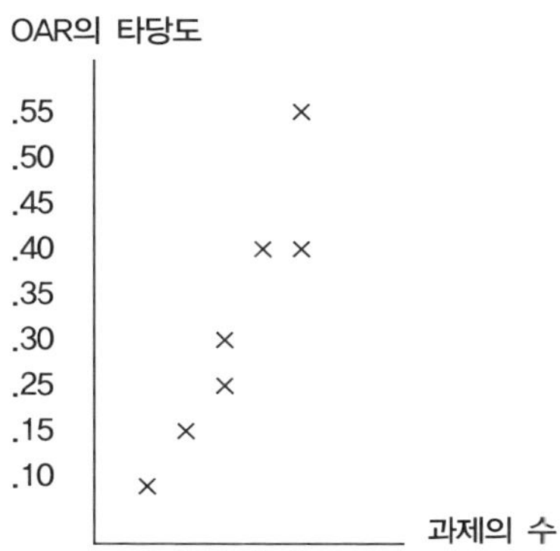


**그림 10.1** 평가센터의 타당도와 상관관계에 있는 변인

자세한 주석과 최근의 준거 관련 타당도 연구자료는 여러 자료에서 찾을 수 있다(Lievens & Thornton, in press; Thornton & Rupp, 2003). 이 연구자료들은 종합 평정의 예측 타당도를 지지하는 추가적인 증거자료를 보여주고, 그러한 증거를 더 많은 직무와 다른 환경에까지 확대시킨다. 타당도 증거는 비행기 조종사(Damitz et al., 2003), 경찰관 (Dayan, Kasten & Fox, 2002; Krause et al., 2004), 학생들 (Bartels, Boomer, & Rubin, 2000; Riggio, Mayes, & Schleicher, 2003; Waldman & Korbar, 2004), 그리고 자영업자 (O'Connell, Hattrup, Doverspike, & Cober, 2002)에게까지 시행되었다. 7년간에 걸친 연봉 인상의 예측 정확성은 Jansen과 Stoop(2001)에 의해 연구되었다. Lievens, Harris, Van Keer, 그리고 Bisqueret (2003)은 일본에서 진행한 다양한 문화 훈련 프로그램에서 유럽계 관리자를 선발하는 평가센터의 효과성을 입증하였다.

## 준거를 예측하기 위한 평가역량 평정의 통계적 vs. 판단적 조합

수많은 방법이 외부의 준거를 예측하는 평가역량 평정을 조합하기 위해 사용됐다. 자주 하는 질문 중의 하나는 평가역량 평정을 어떻게 조합하는가 하는 것이다. 즉, 통계적 조합 또는 판단적 조합의 문제이다. 연구 증거는 혼합되어 있다. 어떤 연구자료는 통계적 방식을 선호한다(Borman, 1982; Herriot et al., 1985; Tziner & Dolan, 1982; Wingrove et al., 1985; Wollowick & McNamara, 1969). 어떤 연구 자료는 임상/판단/합의 회의의 방식을 선호한다(Lebreton, Binning, & Hesson-McInnis, 1998; Tziner et al., 1994). 또 다른 연구자료는 예측 정확성에 있어서 아무런 차이도 없음을 보여준다(Chan, 1996; Feltham, 1988b; Huck, 1974; Jansen & Stoop, 2001; Moses, 1973; Pynes & Bernardin, 1992). 이 연구자료를 검토함으로써 얻는 중요한 결론은 연구자료는 비교될 수 없다는 것이다. 왜냐하면, 각기 다른 과제와 평가역량이 사용되었고 자료들은 통합하는 과정에서 모두 각기 다른 방식으로 통합되었으며, 각기 다른 시간대에 다른 유형의 준거로 측정되었기 때문이다. 그러므로, 현재의 평가센터 과정에서는 어느 한 통합 방법만이 옳다고 주장할 수는 없다.

## 증가 타당도

평가센터는 효과성의 예측 지표로 증가 타당도를 보여준다. Schmidt과 Hunter (1998)는 인지능력검사와 조합되었을 때 평가센터가 작은 증가 타당도(2%)를 나타냈음을 발견하였다. 이와는 반대로, 다른 연구자료에서는 인지능력검사들 간에 상당한 증가 타당도(Dayan, Kasten, & Fox, 2002; Krause et al., 2004)와 관리감독 평정(Chan, 1996), 성격 검사(Goffin, Rothstein, & Johnston, 1996), 이력(O'Connell et al, 2002),

그리고 행동 기법 면접(Lievens et al., 2003) 등을 보여주었다. 이러한 연구 자료들은 평가센터가 다른 기법으로 측정된 속성들과 비교되는 독특한 속성을 측정하고 있다는 것을 보여준다.

## 타당도의 일반화

메타분석을 통해 평가센터의 타당도를 일반화한 결과, 평가센터는 꽤 상당한 수준의 '사실적' 타당도를 갖는다고 추정된다. 이러한 분석 자료는 평가센터가 경영 수행능력의 다양한 준거 측정치(연봉 인상, 승진, 훈련 완수, 경영 효과성의 평정)를 예측한다는 것을 보여준다. 평균 타당도의 수준은 가장 높은 .43(Hunter & Hunter, 1984)부터 .37(Gaugler et al., 1987), .31(Hardison & Sackett, 2004)에까지 이르렀다. 타당도 추정치의 차이점은 설명되지 않았으나 아마도 통합된 각 자료의 서로 다른 표집들 또는 시간대별로 평가센터의 질의 차이로 볼 수도 있을 것이다. 좀 더 최근의 평가센터 연구자료에 나오는 낮은 타당도는 다음의 요인 때문일 것이다. 그것은 최근 평가센터 운영 기간의 축소, 중간 관리자가 아닌 평가자의 사용(1980년과 1990년에는 흔하게 사용됐었음), 일정하지 않은 관리감독 등이다. 진정한 타당도의 최종 추정치에 영향을 미치는 또 다른 요소로는 상관 계수를 수정할 때 사용된 준거 신뢰도의 수준이다. Lievens와 Thornton(in press)은 Gaugler et al.(1987)의 타당도 추정치 .37은 과소평가되었을 것이라고 지적했다. 왜냐하면, 그 연구자료에서는 상대적으로 보수적인(높은) 신뢰도인 .77을 사용하였기 때문이다. 이와 비교해서, 만일 준거 신뢰도 값이 .52(Viswesvaran, Ones, & Schmidt, 1996, 직무 수행 평정의 평가자들 간의 동의에서 발견)로 사용되었다면 추정 타당도는 .37에서 .45로 올라간다.

## 검사의 결과

표 10.1의 마지막 행을 살펴보면, 검사 결과를 고려해야 하는 중요성을 다시 한번 알게 된다. 잠재력을 평가하고 수행능력을 예측하기 위한 평가 기법을 사용하는 잠재적인, 부정적인 결과는 인종 간, 성별 간, 연령별 집단의 차이점이 존재한다는 것이다. 하위 집단 간의 평균 점수 차이는 하향식 선택 방식을 쓸 경우 하위 집단 구성원들에게 부정적인 영향을 미칠 것이다(Gatewood & Feild, 2001). 비록 부정적인 영향이 변별 타당도나 변별 예측과 같지는 않지만, 하위집단 간에 선발률의 차이는 조직이 추구하는 다양성을 갖지 못하게 할 수도 있고, 준법 감시기관의 면밀한 조사를 받게 할 수도 있으며, 법적으로 문제가 될 수도 있다. 그러므로 조직들은 하위집단의 차이점을 없애거나 최소화하는 최적의 타당한 평가센터를 찾고 있다. 어떤 증거들은

평가센터가(지필 인지능력검사와 비교하여) 낮은 수준의 하위집단 차이점을 나타내고 있다고 보여준다.

연구자료들은 백인과 흑인(Goldstein, Yusko, & Nicolopoulos, 2001; Huck & Bray, 1976)의 집단 간, 남자와 여자(Alexander, Buck, & McCarthy, 1975; Anderson & Thacker, 1985; Huck & Bray, 1976; Moses, 1973; Moses & Boehm, 1975; Ritchie & Moses, 1983; Schmitt & Hill, 1975; Shore et al., 1997)의 집단 간 종합평가평정에 있어서 별로 차이점을 보이지 않는다고 기록했다. 이와는 반대로, 한 연구조사에서는 (Schmitt & Mills, 2001) 전화 모의상황에서 다수인종 표집이 소수인종 표집보다 더 높은 점수를 나타냈으나, 모의상황에서 차이점이 전통적인 지필 검사에서의 차이점의 1/2에 해당한다고 했다. 성별 간 차이점을 연구한 조사에서는 여자가 (남자와 비교하여) 조금 더 높은 평가 평정을 나타냈다고 한다(Bobrow & Leonards, 1997; Shore, 1992; Schmitt, 1993; Walsh, Weinberg, & Fairfield, 1987).

검사 결과와 관련된 또 다른 증거는 다양한 평가 기법에 대한 검사 응시자의 반응에 관한 문헌이다. 여러 연구 결과에 따르면 평가센터의 피평가자가 다양한 방식의 긍정적인 반응을 보인다고 한다(Thornton & Byham, 1982). 또한, 검사 응시자는 인지 능력 검사와 성격 검사보다 평가센터에 대해 더욱 우호적인 인상을 받았다(Chan, 1996). 다양한 선발 운영에 대한 지원자의 반응은 중요하다. 우호적인 반응이 기업에 대한 긍정적인 태도와 연관이 있기 때문이다(Bauer et al., 1998; Howard, 1997). 노동인력이 점차 다양해지고(Triandis et al, 1993), 여성과 소수인종이 더 많이 노동시장에 유입되면서 공정한 채용 절차를 밟고 그러한 공정성을 알려주는 프로그램이 있다는 것을 지원자에게 알려주는 것이 더욱 중요해지고 있다.

## 요약

종합해보면, 평가센터는 채용할 외부직원 또는 승진하는 내부직원의 성공 잠재력에 대해 추론할 때 상당한 타당도를 갖고 있다는 걸 알 수 있다. 직무 관련 내용, 평가역량 평정에서 의미 있는 내적 관계, 다양한 측정 방법의 수렴 타당도 및 변별 타당도는 타당도 추론에 있어 확고한 기반을 마련해 준다. 추가로, 평가센터 평정과 직무수행 준거와의 높은 상관관계는 다양한 성공지표를 추론할 수 있게 해준다.

종합평가평정은 소수인종에게 상대적으로 적은 유불리효과를 보인다. 평가센터 평정은 다른 예측치보다 높은 증가 타당도를 보여준다. 질적 분석과 같은 방법을 사용하는 연구 자료는 평가자가 행동을 관찰, 분류, 평가하는 과정을 이해하는 데 필요할 것이다.

## 4 진단 평가센터의 타당도 증거

평가센터가 개인의 장점과 약점을 진단하는 데 쓰일 때, 평가평정이 각기 분명하게 구별되는 효과적인 수행의 평가역량에 대해서 정확한 평가를 제공한다는 것을 추론할 수 있다. 한 개인은 어느 한 속성에서는 강하고 다른 속성에서는 약하다는 전제를 가정하고 있다. 평가에서 얻는 정보는 두 가지 방식으로 사용될 수 있다. 강점을 강화하거나, 약점을 보완하는 것이다. 강점을 강화하는 접근 방식은 조직의 효과성에 기여하는 개인의 특별한 능력에 중점을 두는 것이다(Buckingham & Clifton, 2001). 평가정보를 통해 개인이 자신의 재능을 발견하고, 개인이 조직에 최상의 기여를 할 수 있는 직급에 배치되도록 한다. 약점을 보완하는 접근 방식은 개인이 자신의 개발 필요성이 있는 부분을 찾아내는 것을 돕는 데 중점을 둔다. 여기에서 개인은 각자 자신만의 약점이 있는데 이러한 약점을 극복하는 활동에 참여하면서 개선될 것이라는 전제를 둔다. 우리는 두 번째 방식을 더 강조하고 싶다. 우리는 평가센터가 어떻게 한 개인에게서 개발의 필요성을 찾아내고, 그들에게 적합한 개발 활동을 제공하며, 학습 활동을 경험하게 해주는지를 설명할 것이다. 진단을 위해서 사용되는 평가센터와 관련된 여러 증거가 축적되어 있다. 이러한 증거를 통해 진단 목적 평가센터의 타당도를 증명할 수 있을 것이다.

### 검증 내용

진단 평가센터의 내용은 채용과 승진 센터와는 다른 특성을 가진 과제와 평가역량을 포함한다. 진단 센터의 과제는 주로 현재 조직구성원이 수행하고 있는 직무와 비슷하다. 가령, 어느 대형 제조업체가 신입 조직구성원, 중간관리자, 임원급을 위한 세 개의 서로 다른 진단 프로그램을 만들었다고 가정해보자. 각 프로그램에는 각각의 직급에 맞는 직무 활동의 모의상황이 과제로 포함되어 있다. 그것은 프로젝트를 주관하고, 하루의 영업 활동을 관리하며, 여러 개의 부서를 담당하는 일들이다. 평가역량은 각각의 현재 직무 중에 효과적인 직무 수행에 필요한 속성을 반영하기 위해 선택되었다. 비록 일부 평가역량의 명칭은 같지만, 평가역량의 적용 포인트가 각기 다르므로 이를 명확히 하기 위해 종종 복잡성을 다르게 하였다. 예를 들면, '계획하고 관리하는 행동'은 각 프로그램에서 평가되었지만, 요구되는 행동은 달랐다. 신입 조직구성원에게 계획하고 관리하는 행동은 프로젝트의 다양한 멤버를 구성하고 일정을 짜는 일이었고, 중간관리자에게는 최근의 결근자를 어떻게 처리하고 관리하는가에 관한 것이었으며, 임원급에게는 상품 수요의 계절적 변동에 대처하는 것이었다.

진단 과제와 평가역량의 내용은 채용과 승진 과제, 평가역량과 비슷한 방식으로 타당화되었다. 면밀한 직무 분석, 경험이 많은 검사 개발자의 과제 구성, 조직전문가의 승인, 주제전문가와 평가자에 의한 자료와 직무 요구조건의 비교 가능성에 대한 판단 등이다. 덧붙여 진단 평가센터 내용의 대표성에 관한 연구는 평가역량의 독립성을 보여주어야 한다. 평가역량의 개념적인 구분은 전문가들에게 한 개인이 두 가지의 평가역량에서 강점과 약점 모두 나타낼 수 있는지 물어봄으로써 검증할 수 있다. 예를 들어, 직무에서 의사결정의 복잡한 역량이 중요하다면, 프로그램에서는 의사 결정의 다양한 요인에 대해 경영자의 강점과 약점을 진단하도록 할 수 있다. 문제를 찾아내고, 해결 방법의 대안을 제시하며, 대안의 비용과 이익을 평가하며 선택을 하는 것이다. 만일, 한 개인이 '대안을 제시하는 것'은 잘하지만 '대안을 평가하는 것'은 잘하지 못한다면, 평가역량은 개념적으로 구분된 것이다. 만일 효과적인 대안 제시와 대안 평가가 항상 똑같이 간다면, 역량 구분이 잘되지 않은 평가이다. 그 이후 과제의 지시문은 피평가자가 의사결정과정을 끌어낼 수 있도록 하고 평가자는 직무수행능력을 나타내는 행동을 관찰할 수 있다.

## 내부 구조

이 부분이 평가센터의 타당도를 평가할 때 가장 논쟁이 되었던 부분이다. 지난 20년 동안 존재했던 하나의 증거에 관해서 어떤 사람들은 해석하기를, 평가센터는 '구성 타당도'가 없으며 수행 속성 중에 개발의 필요성을 진단하는 업무를 잘하지 못한다는 것이었다. 이 절에서 최근의 자료로 그 증거를 설명하며, 지지를 받은 또 다른 주장에 관해 이야기하고, 왜 그러한 생각이 평가센터 타당도를 평가할 때 관련성이 적은지 지적할 것이다.

내부 구조 연구에 관한 내용을 설명하기 전에 우리는 다음과 같은 점들을 요약해 보았다:

- 연구가 잘 된 내부타당도 연구에서는 일련의 증거가 평가센터의 구성 타당도를 지지하지 않는다는 결과가 나왔다.
- 동일한 방법의 구성 타당도를 사용하는 다른 내부 구조 연구는 평가센터가 의도한 구성을 측정하기 위한 구성 타당도를 갖고 있다는 증거를 제공하였다.
- 모든 내부 타당도 연구는 의도된 구성을 측정하는 평가센터의 타당도 측정 방식을 이해하는 데 한계가 있었다.

일부 학자들이 '구성 타당도'라고 부르는 것의 최근 분석은 여러 과제를 행한 이후의 평가역량 평정의 관계에 관한 연구와 연관이 있다. 7장과 8장에서 보여주었듯, 이러한 평정들은 '과제 내 평가역량 평정'이라고 불린다. 예를 들어, 집단 회의 이후에 한 평가자가 피평가자의 리더십, 문제 해결, 그리고 의사소통에 관하여 평가를 할 수 있다. 문제가 있는 조직구성원과의 상호작용 모의상황 이후에, 두 번째 평가자가 같은 평가역량을 가지고 피평가자를 평가할 수 있다. 그리고 분석과 발표 이후에 세 번째 평가자가 똑같은 방식으로 피평가자를 평가할 수 있다. 다음은 관계에 관한 연구들이다.

- 서로 다른 과제에서 같은 평가역량 간 평정들의 상관관계. 예를 들어 집단 회의, 상호작용 모의상황, 발표에서 관찰된 리더십 역량 간의 상관관계를 말한다. MTMM(multitrait-multimethodmatrix: 다중요인-다중기법 매트릭스)(Campbell & Fiske, 1959)의 용어에서 이러한 상관관계들은 'MoTHM(monotrait-heteromethod: 단일요인-다중기법)' 상관관계라고 하며, 전통적으로 수렴 타당도의 지표로 해석됐다.
- 개별적인 과제 내에서 서로 다른 평가역량 평정의 상관관계. 예를 들면 집단 회의 과제 내에서 리더십, 문제 해결, 의사소통 등과의 상관관계를 말한다. 이러한 상관관계들은 'HTMoM(heterotrait-monomethod: 다중요인 단일기법)' 상관관계라고 하며, 방법의 편향성을 측정하는 지표로 해석되었다. 그 상관관계가 높고 다음 범주에서도 높은 상관관계를 가지면, 변별 타당도가 없다고 해석되었다.
- 서로 다른 과제들의 서로 다른 평가역량 평정의 상관관계. 예를 들면 상호작용 모의상황 과제의 문제 해결 역량과 집단 회의의 리더십 역량의 상관관계를 말하며, 이를 'HTHM(heterotrait-heteromethod: 다중요인-다중기법)' 상관관계라고 한다. 이러한 상관관계가 높고 방법의 편향이 동반될 경우, 변별 타당도가 없다고 해석되었다.

과제 내 평가역량 평정은 상관관계, 요인 분석 연구, 그리고 변량 분석 등의 다양한 방법으로 연구되었다.

### MTMM매트릭스의 연구

오랜 연구 증거를 통해 과제 내 평가역량 평정은 적당한 수렴의 상관관계를 보여주는 것으로 나타났으나 변별의 상관관계는 적은 것으로 나타났다. 즉, 서로 다른 과제에서 같은 평가역량 평정의 수렴되는 상관관계는 상대적으로 컸다(예: .40 ~ .50). 그러나 상당히 큰 방법의 편향이 발견되었다. 각 과제 내 다른 평가역량의 큰 상관관계가 .50 ~ .70이었다. 심지어 HTHM 상관관계가 예상했던 것보다 높았다. 이 문헌을 요약해 보면, 어떤 연구자들(Sackett & Tuzinski, 2001)은 평가센터 평정은 기대하는 수렴과 변별의 타당도 패턴을 보여주지 않는다고 결론지었다. 즉, 상관관계가 서로 다른 과제의 같은 평가역량 평정에 관해 기대하는 만큼의 높은 상관관계를 보여주지 않는다는 것이다. 또한, 구분되는 평가역량 평정 간 적은 상관관계와 더불어 과제 내에서 또는 여러 과제 간에도 상관관계가 적다는 것이다.

또 다른 연구 결과는 평가센터 과정을 변형시킴으로써 이러한 형태의 구성 타당도를 개선할 수 있음을 보여준다. Kolk (2001)는 37개의 연구결과를 검토한 결과, 평가자가 (과제 내에서 평가역량 평정과 비교하여) 과제 간 평가역량의 수행능력을 평정하였을 때 수렴 타당도가 .35에서 .67로 증가하였고 변별 타당도가 .68에서 .60으로 개선(감소)되었음을 발견하였다. 또한, Kolk는 각 평가자가 한 평가역량만 평가함으로써 동시 평가자 효과를 없앴을 경우, 변별 타당도가 조금 개선되는 점을 발견하였다. Lievens(1998)은 21개의 연구 결과를 검토한 결과 이러한 형태의 구성 타당도를 증가시키는 실질적인 권고 사항을 다음과 같이 제시하였다.

- 명시적으로 정의되고 개념적으로 구분되는 평가역량의 수를 줄인다.
- 참조의 틀 절차를 통하여 심리학자를 포함한 평가자를 훈련 시킨다.
- 적은 수의 평가역량을 사용하고, 관련된 행동을 명확하고 다양하게 관찰할 수 있는 과제를 개발한다. 관련 행동을 끌어 낼 수 있는 역할수행자를 훈련시킨다.
- 평가자에게 관찰과 평정 관련 도움이 되는 문서 등을 제공한다(예, 체크리스트나 주요 행동을 적어놓은 리스트 등).

## 요인 분석

요인 분석은 서로 간에 높은 상관관계를 가지고 있는 변인들의 무리를 발견하는 체계적인 방법이다. '요인'들은 변인 간에 공통점을 대표하는 것이다. 예를 들어, 세 과제에서 평가되는 세 가지의 평가역량들의 조합에서 나오는 상관관계가 9개일 것이다. 과제 간에 같은 평가역량의 상관관계가 높고, 같은 과제 내의 서로 다른 평가역량의 상관관계가 낮다면, '평가역량 요인'이 발견될 것이고 우리는 평가역량(즉, 측정하는 구성)이 측정되고 있다고 결론 지을 수 있다. 반면, 과제 간에 같은 평가역량의 상관관계가 낮고 같은 과제 내에 서로 다른 평가역량의 상관관계가 높다면, '과제 요인'이 발견될 것이고 우리는 과제가 평정을 좌우한다고 결론지을 수 있다. 요인 분석은 다양한 연구 결과를 낳았으며 많은 연구 결과들은 과제 요인들이 주로 지배한다고 보여주었다(Lance, Foster 35 al., 2004; Lievens & Conway, 2001; Sackett & Tuzinski, 2001을 참조). 그러나 또 다른 연구 결과들은 과제와 평가역량 요인 모두 나타난다는 것을 보여주었다(Donahue et al., 1997; Lievens & Conway, 2001; Kudisch et al., 1997; Louiselle, 1980).

## 변량 분석

과제 내 평가역량 평정을 연구하는 또 다른 통계적 방법은 변량 분석이다. 과제와 평가역량들은 실험의 한 요인이다. 평정을 분석하여 '평가역량 효과'나 '과제 효과'가 있는지 결정한다. 이 주장에 따르면, 리더십, 문제 해결, 의사소통과 같은 평가역량이 정말로 평가자들이 평가하는 것들이라면, 평가역량 효과는 클 것이라는 것이다. 즉, 과제 간의 평가영역 평정으로 평정의 변량을 추론할 수 있다. 반면에, 과제 효과가 크다면, 평가자들이 정말로 중요하게 생각하는 것은 과제별 후보자들의 종합적인 수행능력인 것이다.

이러한 자료들을 조사하는 데 쓰이는 변량 분석 기법은 굉장히 다양하다. 그리고 이러한 분석에 깔려있는 전제에 관해서도 논쟁이 많다. 이러한 전제들은 자료들이 기반으로 하는 '모형'이라고 불린다. 다양한 가상 모형의 방법적인 사항들은 이 장의 범위를 벗어나는 내용이므로 관심 있는 분이라면, 이 다양한 모형의 근거에 관해 공부하고 싶을 경우 다음의 자료를 찾아 보길 바란다. Lievens와 Conway(2001)는 상관역량-상관특이성 모형을 사용하였고 과제 내 평가역량 평정이 과제와 평가역량 변량과 동등한 비율을 차지한다는 것을 발견하였다. Lance, Lambert, et al.(2004)은 Lievens와 Conway(2001)가 사용한 분석 방법은 사실상 평가역량 효과를 과대평가한다고 주장한다. Lance, Lambert et al.이 선호하는 방법을 사용하면(즉, 단일 역량 상관과제와 단일 역량 상관특이성 모형), 과제 변량이 평가역량 변량보다 많다는 것을 알 수 있다.

## 요약

요약하면, 많은 학자들이 이러한 결과로부터 얻은 가장 큰 결론은 '평가센터는 구성 타당도를 보여주지 않는다' 또는 '평가센터가 구성 타당도를 가지고 있으나, 측정된 구성은 의도한 평가역량이 아니다'라는 것이다. 이러한 학자들은 평가센터 평정이 수행 평가역량의 평정을 반영하지는 않으나 오히려 서로 다른 과제 간에 일반화된 수행능력을 반영한다고 결론을 내리고 있다.

## 타당도 증거에 관한 비평

우리가 이 과제 내 평가역량 평정에 관한 분석에 대해서 얻으려고 하는 것은 무엇인가? 한편으로는 과제 내 평가역량 평정의 내부 분석이 평가센터의 구성 타당도를 이해하는 데 매우 가치 있는 증거 자료가 된다는 것을 알 수 있다. 이에 대해 Sackett Tuzinski(2001)는 이러한 입장을 지지하는 강한 근거를 가지고 있다.

우리는 확연하게 다른 관점을 제시한다. 과제 내 평가역량 평정의 다양하고 세분화된 모든 분석 기법들은 이론적으로, 방법론적으로 잘못 적용되었다고 주장한다. 이러한 분석은 제한된 가치를 가지고 있을 뿐이고, 평가센터가 평가역량을 측정할 만한 구성 타당도를 갖고 있지 않다고 결론 짓기 이전에, 다른 여러 유형의 증거들과 결합하여 해석되어야만 한다.

첫째, 평가센터가 기반으로 하는 기본적인 원칙은, 수행능력의 평가는 다수의 과제에서 다수의 평가역량과 관련된 다수의 행동을, 다수의 평가자가 관찰한 것의 조합을 토대로 해야 한다는 것을 강조한다. 어느 평가센터 자료에서도 한 과제에서 한 평가역량과 관련된 행동을, 한 평가자가 판단하는 것이 옳다고 적혀있지 않다. 평가센터의 전체적인 근거는 의미 있는 평가란 오로지 다수의 정보와 자료들을 조합해야만 나올 수 있다는 것이다.

둘째, 한 평가자의 한 평가역량에 대한 과제 내 평가역량 평정을 의미 있게 보는 것은 한 검사에서 한 문제가 의미 있다고 보는 것과 같다. 검사 개발자들은 한 문제가 한정된 신뢰도를 가지고 있다고 생각하고 다른 문제들과 높은 상관관계를 가지고 있다고 생각하지 않는다(Nunnally & Bernstein, 1994). 마찬가지로, 어느 한 과제의 한 평가역량 평정과 다른 한 과제의 또 다른 평가자의 평정 간에 큰 합의를 기대하지 않는다. 모든 심리측정 이론은 각 문제는 한정된 정확성을 가지고 있으며 정확한 측정은 이 모든 문제의 세트를 취합함으로써 얻을 수 있다는 생각에 기반을 두고 있다. 이와 마찬가지로, 평가센터에서도 평가역량에서 어느 한 사람의 수행능력의 정확한 평가는 다수의 평가자에 의해 다수의 과제에서 보여준 다수의 행동에 대한 관찰들을 취합함으로써 얻을 수 있다.

세 번째로, 과제 내 평가역량 평정은 평가자 효과와 혼동된다. 즉, 변량 분석에서 평가자는 보통 과제에 포함된다. 이 말은, 평정들은 과제 자체의 효과와 평가자의 효과를 포함한다는 것이다. 이러한 효과들을 따로 분리하려고 했던 노력이 현재까지 완벽하게 성공한 적이 없다(Kolk, Born, & Van der Flier, 2002).

넷째, 우리는 MTMM(multitrait-multimethod) 비교가 적합하지 않다고 생각한다. 과제가 행동 모의상황과 다소 다르긴 하나, 완전히 다르진 않기 때문이다. 이는 행동 모의상황이 배경정보 면접이나 검사(지필 검사 또는 컴퓨터를 기반으로 하는 시험)와 다른 것의 경우이다. 이번 장의 다른 부문에서는, 다른 방법을 이용하여 좀 더 적절한 비교를 한다. 예를 들면, 평가센터의 종합 평가역량 평정과 다른 방법으로 측정된, 비슷하거나 다른 구성의 측정들과의 비교이다(예: 검사, 설문지, 그리고 다른 사람들의 평정 등).

다섯째, 이 연구들 대부분 자료는 평정을 획득하고 취합하는 구체적인 방법 즉, 평가자가 과제 내 평가역량 평정을 제공하는 방법을 사용하는 평가센터로부터 온다. 이 방법은 본래의 행동 보고 기법과는 다르다(Bray & Grant, 1966). 7장에서는 각 과제를 본 후 평가자가 평가역량을 평정하는 방법이 분리/구분되었다. 이 방법은 평가자 역할의 평가적 요인을 명확히 하는 데 도움을 주고, 평가자 회의에서 정보 교환에 도움을 준다. 그러나 평가역량의 평정에 관한 방법들은 (단순히 행동을 관찰한 내용을 기록하고 공유하는 방법과 비교하여) 인공적인 방법의 편향성이 포함되어 있을 수 있고 과제 내 평가역량 평정 간의 상관관계를 높일 수 있다. Harris, Becker, 그리고 Smith(1993)는 이 문제에 관한 연구 결과를 내놓았다. 그들은 행동 보고 기법과 과제 내 평정 기법을 비교하였는데 결과는 전형적인 변별 타당도의 부재였다(과제 내 평가역량 평정은 과제 간의 같은 평가역량 평정들보다 상관관계가 높았다). 이 연구결과를 좀 더 자세히 살펴보면, 이 연구는 행동 보고 기법의 진정한 대표적 예가 아니었다. 그 이유는 평가자는 과제마다 평가역량 평정을 내놓았고, 그 후에 종합 평가역량 평정을 내놓았기 때문이다. 행동 보고 기법은 과제마다 평가역량 평정을 내놓지 않는다. 행동 보고 기법을 사용하는 평가센터에서 나오는 자료에 관한 연구는 평가센터 평가역량과 비슷한 구성의 외부 측정과 상관관계가 있음을 보여주었다(Thornton, Tziner, Dahan, Clevenger, & Meir, 1997). 만일 행동 보고 기법이 사용되면, 이 절에서 살펴본 내부 분석의 유형들이 불가능하다는 것을 금세 눈치챌 것이다. 왜냐하면, 과제 내 평가역량 평정이 만들어지지 않기 때문이다.

과제 내 평가역량 평정의 내부 관계와 관련된 증거들의 해석은 다양한 방식으로 해석될 수 있다고 결론지을 수 있으며, 평가센터 평가역량의 타당도에 관한 결론을 내릴 때 단순히 이 한정된 증거에만 의존하지 않아도 된다. 다른 증거가 무수히 많기 때문이다. 이제 진단 평가센터의 타당도를 좀 더 명확하게 지지하는 또 다른 증거를 검토할 것이다.

## 최종 평가역량 평정의 상관관계

최종 평가역량 평정의 상관관계는 평가자와 과제 간 정보들이 취합된 이후의 평가

구조에 관한 통찰력을 제공해준다. Thornton(1992)은 예전의 연구 자료들을 검토한 결과, 어떤 연구 자료들은 높은 상관관계를 보이기 때문에 평가자들의 평정이 후보자들의 일반적인 인상에 의해 많이 좌우된다고 설명했으나, 또 다른 연구 자료들은 일반적으로 두 개에서 네 개의 요인들이 있다고 밝혔다. Schmitt (1977)은 세 가지 요인을 발견하였고, Shore et al.(1990)은 수행과 스타일 평가역량의 두 가지 선험적인 요인을 발견하였으며 Thornton et al.(1997)은 네 가지 요인을 발견하였다. 좀 더 최근의 연구 결과에 의하면, Kolk(2001)는 감정, 사고, 힘이라는 이론적인 틀에 일치하는 세 가지 요인을 발견하였다.

그러므로 최종 평가역량 평정의 요인 분석 연구는 평가역량이 전혀 다른 개념들을 대표하지 않는다는 것을 보여준다. 왜냐하면, 평가자의 평정을 설명하기 위해서는 아주 적은 숫자의 요인만이 필요하기 때문이다. 반면에, 하나 이상의 일반적인 '후광효과' 인상이 평가자의 최종 평가역량 평정을 설명하는 데 필요하다.

## 수렴 타당도 및 변별 타당도

이 절에서는 평가센터의 최종 평가역량 평정과 다른 방법으로 측정된, 동일하거나 유사한 구성의 평가와의 상관관계에 관련된 증거를 검토한다. 이러한 유형의 증거는 평가센터 평정의 평가역량 측정과 전혀 다른 방법 즉, 검사, 설문지, 다른 사람의 판단 점수나 평정을 비교함으로써 얻는다. 아울러, 여기에서 설명하는 증거와 내부 구조 부분에서 검토한 증거를 명확히 구별해야 한다는 것을 강조하고 싶다. 이전의 부문에서는, 수렴이라는 것은 서로 다른 과제 간의 상관관계를 의미했다. 우리는 과제를 다른 방법들로 간주하지 않는다. 다른 방법과 최종 평가역량 평정을 비교하는 것이 훨씬 유익한 정보를 줄 것으로 생각한다.

수행 관련 평가역량의 평가센터 평정은 인지능력 검사와 상관관계가 있는 것으로 나타났는데 대인관계 관련 평가역량은 개념적으로 유사한 기질을 측정하는 성격 검사들과 관계가 있었다(Shore, Thornton, & Shore, 1990). 하지만 모든 연구가 이런 상관관계를 지지하지는 않는다. 예를 들어, Chan(1996)은 같은 패턴을 똑같이 복제하는 데 실패했다.

## 준거 측정치와의 상관관계

Arthur, Day et al. (2003)은 직무 관련 수행 측정치(직무 수행, 봉급, 승진 등)들과 평가역량 평정 간의 상관관계를 조사한 34개의 연구 자료를 메타분석하였다. 그들은 다양한 평가역량 명칭을 여섯 개의 더 넓은 평가역량으로 정리하였다(타인에 대한 배려, 의사 소통, 추진력, 영향력, 계획 및 조직화, 문제 해결). 258개의 상관관계를 조합한 결과, 여섯 개의 평가역량에서 추정된 진실 준거 상관관계가 .25 ~ .39라고 나온 것이었다. 다중회귀분석을 이용한 여섯 평가역량 중 네 개의 조합은 준거 측정치와 .45의 상관관계를 보여주었다. Arthur et al.은 이 수치를 Gaugler et al.(1987)이 발견한 종합평가평정(즉, .37)의 추정 진실 타당도와 비교하였다. 예측 변인에 의해 설명할 수 있는 수행능력의 변량의 비율은 상관관계 계수의 근으로 값을 구할 수 있다. 그러므로 평가역량 수준에서의 정보에 의하면 종합평가평정을 사용하는 것보다 수행능력의 변량이 43% 이상이라는 것을 알 수 있다(.45의 근 = 20%, .37의 근 = 14%).

이 분석은 평가의 방법과 평가를 받는 구성을 구분하는 것이 중요하다는 것을 보여준다. 또한 이 분석은 평가역량의 평가센터 평정이 수행 구성의 의미 있는 평가임을 보여준다. Arthur, Day et al.(2003)은 그들의 분석이 평가역량의 상대적으로 높은 상관(.56)을 보여주며 그 수치가 변별적 패턴의 상관과 관련이 있는 구성 타당도의 다른 형태를 보여주는 데 한계가 있음을 보여준다고 지적하고 있다.

평가역량 평정의 관계를 연구하는 가치는 Jansen과 Stoop(2001)의 7년에 걸친 연구에서 보인다. 종합평가평정의 타당도에 덧붙여서, 연구자들은 '확고함'이라는 평가역량은 전체 기간에 걸쳐 예측할 수 있었으나, '상호작용' 평가역량은 최근 몇 년간에서야 입증되었음을 발견하였다. 시간에 따른 비인지적 평가역량의 타당도 증가는 다른 연구들도 같은 입장을 보인다(Goldstein, Zedeck, & Goldstein, 2002).

## 진단의 결과

진단 평가센터는 피평가자와 조직에 다양한 긍정적인 결과를 가져올 수 있다. 2장의 진단 평가센터에 관한 사례연구와 9장의 진단 피드백 부분에서 보인 바와 같이, 평가의 결과는 행동에 대한 피드백이며 개발을 위한 계획의 시작이다. 우리가 경험한 진단 평가센터와 다른 센터의 설문에서, 피평가자가 믿을만한 평가자에게서 전체적인 피드백을 받았을 경우 후속 훈련을 받을 강한 의지를 보여준다는 사실을 발견했다. 피평가자의 직속 상사가 함께할 경우, 그리고 조직이 후원 프로그램을 가지고 있으면, 피평가자들은 개발 활동에 참여한다. 비록 피평가자 중 개발 활동에 참여하지 않는 경우도 있지만(T. Byham & Wilkerson, 2003; Jones & Whitmore, 1995), 참여하는 사람들이 성공적인 경력을 쌓는다. 9장에서 설명한 바와 같이 노동 인구가 다양해짐에 따라, 최대의 효과성을 얻기 위해서 피드백을 설계할 경우, 피드백 제공자와 피드백을 받는 사람의 인종적 특성도 고려해야 한다.

### 요약

진단 평가센터의 타당도 관련 증거는 방법이 분리된 구성을 측정한다는 추론에 동의하지만, 한 가지 예외가 있다. 만일 과제 내 평가역량 평정의 변별 타당도에만 집중하게 된다면 그 증거는 평가자들의 평정이 의도한 구성을 측정하지 않는다는 것을 보여준다. 이와는 반대로, 다른 많은 양의 증거의 대부분은 진단이 이루어졌다는 추론에 동의한다. 평가자와 과제들로부터 취합된 최종 평가역량 평정은 관련 구성 측정의 다른 방법과 평가역량 관련 직무 수행의 준거와 상관관계를 보인다. 진단 평가센터는 피평가자와 조직에 긍정적인 결과를 가져온다. 피평가자가 배움의 자세를 갖고 후속 프로그램에 참여한다면, 그들의 경력에 성공적인 결과가 있을 것이다.

## 5 개발 평가센터와 관련된 타당도 증거

평가센터가 개발의 목적으로 사용될 때, 피평가자는 이 경험을 통해 경력을 쌓을 수 있다는 추론을 할 수 있다. 예상되는 결과로는 피평가자가

- 직무와 관련된 수행 평가역량을 좀 더 잘 이해할 수 있게 되고,
- 새로운 기술을 배우며,
- 개발 활동에 참여하는 동기를 부여하게 된다.

이제 개발 목적의 평가센터의 타당도를 입증하는 증거에 관해 살펴보기로 한다.

### 검증 내용

DAC의 내용은 모의과제, 평가역량, 그리고 피드백 제공 등으로 이루어져 있다. DAC의 과제는 피평가자가 실제 직무를 할 때 직면하는 업무 또는 가까운 미래에 그들이 직면할 만한 업무의 현실적인 모의상황으로 이루어져 있다. 이 과제의 내용은 미래에 일어날 선택과 승진 평가센터의 과제 내용보다는 현재 상황과 더 비슷하다. 평가센터가 개발 목적으로 사용될 때, 평가역량은 '개발할 수 있는' 것들로 선택된다. 이 말은 평가역량은 평가센터 경험 또는 DAC 이후 적당한 기간 훈련과 같은 경험을 한 후 개발할 수 있는 지식, 기술, 능력, 또는 다른 특성들을 말한다(Rupp et al., 2003). '개발할 수 있는' 평가역량의 예로는 의사소통, 대인 간 의사소통, 그리고 문제

분석과 같은 것들이다. 이와는 반대로, 어떤 평가역량은 DAC에 적합하지 않을 것이다. 왜냐하면, 더 방대하고 심도 있는 훈련이 개발을 위해 필요하거나 이러한 평가역량의 개발이 조직에 있어 비합리적이거나 부적합한 목적이 될 수 있기 때문이다. 이런 평가역량은 기본 지능, 정서적 안정성, 또는 조직 몰입 등이 될 수 있다.

'개발할 수 있는' 평가역량의 구별은 굉장히 안정적인 기질부터 쉽게 변형될 수 있는 인간 특성의 연속체를 암시한다. 그러한 연속체는 Rupp et al.(2003)에 의해 발표되었으며, 그림 10.2에 제시되어 있다. 어떤 평가역량은, 개선을 위해 단순히 피평가자에게 자기통찰을 제공하는 활동에 참가할 수 있는 기회를 주는 것만으로 행동의 변화를 가져올 수 있다. 이와는 반대로, 다른 평가역량의 변화는 더 방대하고 형식적인 교육이나 심도 있고, 장기간에 걸친 개별적인 훈련을 요구할 수도 있다. 여기서 말하는 평가역량은 행동의 복합적인 세트를 말한다. 평가역량의 다양한 면이 다른 속도로 발전할 수 있고, 다른 개입에 대한 반응으로 발전할 수 있다는 것은 충분히 가능한 일이다. 가령, 비언어적인 의사소통과 적절한 경청 능력은 모두 구두 의사소통의 요인들로 분류된다. 시선 처리와 효과적인 제스쳐 등 비언어적인 의사소통 기법은 개발하기 쉬울 것이고, 청중을 위해 말하는 사람의 의사소통이 적합한지 가늠해보는 일을 개발하는 것은 상당히 어려울 것이다. 이와 관련된 연구는 앞으로 계속되어야 한다. 넓은 평가역량 분류의 개발 가능성뿐만 아니라 그들을 구성하는 개별적인 행동까지 연구되어야 한다. 그림 10.2의 위쪽을 보면 그러한 연속체 상의 몇 개 평가역량의 예비 척도가 있다. 이 초기의 평가역량의 위치는 여기서 보여준 연구뿐 아니라 이전의 연구와 경험의 결과들을 제시한 것이다. 장기간에 걸친 체계적인 연구로 여기 있는 위치를 확증하거나 재정비할 수 있어야 하겠다.

덧붙여, 개발 가능성의 개념에 함축된 시간의 요인을 고려해야 한다. 어떤 평가역량은 상대적으로 적은 노력으로도 빨리 변화될 수 있는 반면에, 또 다른 평가역량은 훨씬 더 오랜 기간에 걸쳐 더 많은 노력을 요구하기도 한다. 최근의 메타분석(meta-analysis, Arthur, Bennett, Edens, & Bell, 2003)에 의하면, 훈련 방법은 서로 다른 유형의 기술에 효과적인 정도가 다를 수 있지만 작가들은 그 이유가 아직 명확하지 않음을 명시했다. 체계적인 연구를 통해서 다양한 평가역량의 개발 속도와 정도에 영향을 미치는 요인들을 발견해야 할 것이다.

그림 10.2의 아랫부분을 보면 개입 방법의 **예비 척도**가 있다. 가장 오른쪽에는 실행하기 상대적으로 쉬운 개입/조정이 있다. 예를 들어, 짧은 발표에 참여만 하는 것으로도 자신이 가만히 있지 못한다는 것을 자기 통찰을 통해 알게 되어, 좀 더 오래 서 있는 방법을 배우고 산만한 손짓을 하지 않는 것도 배우게 되는 것이다. 연구 자료에 따르면 평가센터 피평가자는 사실상 피드백을 받기도 전에 그런 자신에 대해 자각

| 거의 개발 불가능 | 개발하기 매우 어려움 | 개발하기 어려움 | 개발할 가능성이 조금 있음 | 개발하기 다소 쉬움 |
|---|---|---|---|---|
| 동기 | 적응력 | | 경청 | 비언어적 의사 소통 |
| | 성실성 | 대인관계 기술 | 문제 해결 기법 | |
| | | 리더십 | 계획 및 관리 기법 | |
| | | | '일회학습' | |
| | 코칭을 통한 장기적인 실행 | 상담 | 피드백 | 모의상황 참가 |
| | | 교육 프로그램 | 강의<br>독서 | 자기 통찰 |
| | 광범위한 양의 상담 | 장기 훈련 프로그램 | | |
| | | 단기 강좌/강의 | 코칭이 동반된 직무경험 | |
| | | 멘토링<br>기술 연습 | | |

**그림 10.2** 개발 가능성 수준에 따른 역량 구분/훈련 방법(Rupp et al. 2003)

을 하게 될 수도 있다고 한다(Schmitt et al. 1986). 또 다른 극단적인 경우는 코칭이나 정규 교육, 심지어는 심리치료와 같은 장기간의 복잡하고, 많은 양의 방법 등이다. 복잡한 리더십 기법의 개발을 위해 연습하고 지도받을 많은 기회가 필요하다. 그러므로 세심하게 구성된 개발 평가센터는 수행 평가역량의 몇 가지 선택된 면에 있어 개선점을 가져올 수도 있지만, 복잡한 평가역량의 다른 면을 성공적으로 개발하기 위해서는 추가적인 개발 전략이 필요하다. Rupp et al(2003)은 개발될 수 있다고 예측된 평가역량의 예비적인 증거자료가 미국과 한국 경영자들에게서 보였다고 밝혔다.

마지막으로, 개인들이 DAC 참가 중, 그리고 이후에 개발하는 정도는 그들이 자신의 상대적인 강점과 개발을 해야 하는 부분들을 이해하는 정도에 의해 좌우된다. 이것은 제공되는 피드백의 형식과 품질에 상당히 의존한다. 4장에서 설명했듯이 DAC는 평가역량 개선에 초점을 맞춘 행동 관련 피드백, 코칭, 목표 설정과 자기 평가 등의 다양한 기회를 제공해 준다.

## 내부 구조

개발 평가센터의 가장 기본적인 전제는 평가자가 수행 평가역량과 관련해 행동을 관찰하고 의미 있는 피드백을 제공할 수 있다는 것이다. 연구 자료에 의하면, 이러한 행동의 관찰에는 신뢰도와 타당도가 있다. Ladd et al.(2002)는 평가자가 과제의 행동을 관찰할 때 평가자 간의 높은 합의를 보여준다는 사실을 발견했다. Schleicher et al(2002)는 평가역량 평정의 신뢰도가 의사소통의 평가역량에 대한 '참조의 틀' 훈련(통제 조건과 비교하여)과는 .76~.83, 의사 결정과는 .69~.89, 리더십과는 .65~.75의 상관관계를 보이며 개선되었음을 보여주었다. 타당도 증거는 또한 행동 관찰의 정확성에 관한 연구에서도 볼 수 있다. Thornton과 Zorich(1980)는 관찰 훈련을 받은 평가자가 녹화된 모의과제에서 나오는 행동의 48%를 관찰한다는 것을 발견했다. Gaugler와 Thornton(1989)은 훈련받은 평가자가 두 가지 유형에서 역량 수준 관찰의 정확성을 보인다고 주장했다. 평가자는 전문 평가자에 의해 '중요하다고 선택된' 행동의 약 50~60% 가량을 기록했고, 평가자의 관찰 중 약 70~80%는 '좋은' 관찰들로 기록했다(즉, 관찰은 피평가자가 실제로 말하거나 행동한 것의 구체적인 행동 관련 진술이었다).

3장과 4장에서 설명한 바와 같이, DAC에서는 피평가자에게 행동을 보여주고, 피드백을 받으며, 그 행동을 연습할 다양한 기회가 주어진다. 개발을 위한 다양한 기회는 다음의 여러 가지 방식으로 제공된다.

- 경험주의적으로: 과제의 활동성 있고 강도 높은 본질로 인해, 피평가자는 '참여함

으로써 배운다.' 집단 과제에서 행동 역할 모델링이 발생한다(집단과제의 다른 피평가자를 관찰함으로써 모델링을 할 수 있다는 의미).

- 하나의 단일 과제 내에서: 피평가자는 피드백을 받고 자신의 행동을 수정할 기회가 주어질 수 있다. 사례 분석/발표 때, 피평가자는 발표하고 곧바로 피드백을 받으며(예, '어…음…'과 같은 산만하고 불필요한 말을 하지 말 것 등), 두 번째 발표를 하도록 되어 있다.
- 과제 간에: 피평가자는 후속 과제에서 기술을 연습할 수 있다(예, 발표 이후에 상호작용 모의과제 등).
- 과제 블록 간에: DAC는 세 개의 과제로 이루어진 한 세트(블록)를 끝낸 후에 피드백을 받도록 설계될 수 있다. 그러면 피평가자는 오후에 두 번째 집단의 평행 과제를 연습한다.
- 시간에 따라서: DAC는 피평가자가 반복된 피드백 코칭, 경력/진로지도 등을 받도록 하는 장기적인 개발 프로그램의 일부일 수 있으며, 이후 새로운 DAC로 이어질 수 있다, 후에 또 다른 개발 센터로 옮겨진다.

Gibbons, Rupp, Baldwin, 그리고 Holub(2005)은 DAC 평가역량의 내부 구조 관련 타당도 증거를 제공하였다. 이 학자들이 연구한 DAC의 평가자는 평가역량당 세 개의 하위 평가역량의 척도에 평정을 하게 했다. 이것은 근본적으로 각 평가역량의 다문항 측정치를 만든 것과 같다. 이러한 기법은 평가역량 수준에서 내부 구조에 대한 조사를 가능케 했다. 과제 내 확인적 요인 분석들은 각 과제 내 평가자의 평정이 평가역량마다 구별되는지, 또는 일반적인 후광효과를 반영하는지를 더 깊이 있게 조사하도록 진행되었다. 결과는, 각 과제에서 평가된 평가역량을 반영하는 여러 개의 요인 모형이 한 개의 요인 모형보다 자료와 상당히 더 잘 부합된다는 것이었다. 이것은 DAC의 내부 구조에 대한 증거를 제공하는데, 이것은 평가역량의 구별이 아주 중요한 유형의 평가센터에 중요한 사실이다.

## 응답 과정

응답 과정과 관련된 타당도 증거는 피평가자가 평가 경험의 결과를 통해 어떻게 태도, 인지, 행동을 바꾸는지에 대한 연구에서 나온다. 설문지 응답에 따르면, 피평가자는 참여와 피드백의 결과로 자신의 강점과 약점에 대한 통찰력을 얻게 된다고 보고했다.

Rogers(2005)는 학생과 경영자가 개발 활동 참여에 대한 피드백을 받음으로써 분석과 통합과 같은 행동 구성에 대한 더 나은 이해를 한다는 것을 발견했다. Rogers는 개발 경험의 결과로 인해 각 피평가자가 '알파', '베타', 또는 '감마'의 변화를 경험했는지 살펴보기 위한 혁신적인 분석을 시도하였다. 알파 변화는 능력의 실질적인 변화이고, 베타 변화는 변화 측정 척도의 재조정이며, 감마 변화는 평가받는 속성의 재개념화이다. 감마 변화의 증거는 특히 더 관련성이 깊은데, 왜냐하면 감마 변화는 피평가자가 평가역량에 대한 더 깊은 이해를 할 수 있게 되었는지를 보여주는 것이기 때문이다. Rogers의 연구에서는, 피평가자마다 다른 유형의 변화를 보여줬다.

이것과 관련하여, Woo와 Sims(2005)는 피평가자가 평가역량에 대한 더 깊은 이해 정도(그들이 평가자의 평정에 동의하는 것으로써 나타나는)가 DAC를 하고 나서 한 달 이후에 DAC 피드백에 동의하는 것과 더불어 개발 프로그램 참여를 예측한다는 증거를 발견했다.

## 수렴 및 변별 타당도 증거

개발 평가센터와 관련된 수렴 및 변별 타당도 증거의 기본적인 본질은 다른 평가센터의 수렴 및 변별 타당도 증거와 기본적으로 같다. 그러나, 여러 DAC 프로그램의 본질과 복잡성 때문에, DAC 분야는 광범위한 범위의 타당도 연구가 진행되었다. DAC는 분석의 평가역량 수준으로 기능한다. 그러므로 수렴 및 변별 타당도 증거는 측정된 평가역량들이 더 큰 구조모형론적 네트워크 안에 알맞게 배치된다는 것을 보여주어야만 한다. 이에는 세 가지 접근 방식이 있다. 이는 평가역량 간의 차별성을 보여주는 것, 역량평가와 연관이 있으리라 예측되는 것과 연관성을 보여주는 것(수렴 타당도), 그리고 역량평가와 연관이 없으리라 예측되는 것에 실제 연관이 없음을 보여주는 것(변별 타당도)이다.

평가역량 구분은 DAC의 내부 구조와도 관련이 있으므로 DAC 과제들은 단순히 일반적인 과제 수행능력 요인이 아닌 구분된 평가역량의 평가를 가능케 한다(Gibbons, Rupp, Baldwin, & Holub, 2005).

수렴 및 변별 타당도 증거는 내, 외부적인 접근방식을 채택할 수 있다(Shore et al., 1990; Shore et al., 1992; Thornton & Rupp, 2003). 내부 증거는 과제 내, 그리고 과제 간, 평가역량 평정 사이의 상호 상관관계에서 얻을 수 있다. Shore et al. 연구는 그러한 비교를 돕는 수행능력유형의 평가역량과 대인관계유형의 평가역량을 분류하는 유용한 체계를 제공하였다. Rupp et al(2004)은 비슷한 체계로 DAC 평정의 상호상관관계를 비교하였다. 평가역량을 대인관계(갈등 관리, 리더십, 공정성)와 수행능력(구두 의사소통, 문제 해결, 정보 수집, 계획 및 조직화)의 범주로 분류함으로써, 대인관계 범주 내 평가역량간 상호상관은 높았으나 수행능력 범주 내 평가역량에서는 그렇게 높지 않다는 것을 발견하였다. 비록 우리는 이전에 과제 내 평가역량 평정에 반대하는 입장을 보였으나, 이 연구는 신뢰할 만한 과제 내 평가역량의 다문항 평정을 획득하였으며, 이 결과를 더 큰 타당도 연구에서 단순히 작은 한 조각의 증거로만 사용하였다는 것을 주목하길 바란다. 우리가 생각하기에 더 적합한 외부 접근 방식(Thornton & Rupp, 2003)은, 평가역량 평정이 어떻게 외부 변인과 상관관계를 갖는지 살펴보는 것이다.

수렴 및 변별 타당도를 얻는 세 번째 방식은 외부와 내부 접근 방식의 중간쯤에 해당한다. 이는 DAC에서 얻은 평가역량 평정(평가자 평정)과 프로그램 외부의 자료에서 얻은 평가역량 평정(평가역량에 대한 자기 자신, 상사, 동료, 부하들의 평정)간의 합의를 고려하는 것이다. 4장에서 본 것과 같이, DAC는 피드백을 위한 추가 정보와 평가역량에 대한 개선점을 확인하기 위해 다양한 자원으로부터 평정을 수집하는 것을 포함한다. 이러한 자료들은 또한 수렴 및 변별 타당도를 평가하는 데 쓰일 수 있다. 이렇게 하기 위해서는, DAC 평가역량 점수와 DAC 참여 직전에 수집된 다양한 자료로부터 받은 평가역량 점수들로 상관관계 매트릭스를 만들 수 있다. 그러한 매트릭스의 예가 표 10.4에 나와 있다. 이는 세 가지 평가역량에 관한 DAC와 다른 자료의 평정들의 합의를 보여준다. Multitrait-multimethod 매트릭스 접근방식(Campbell & Fiske, 1959)과 비슷한 논리로, 타당도 증거는 동일한 평가역량과 관련된 DAC와 다양한 자료로부터 얻은 평정들의 상관관계가 다른 평가역량과 관련된 DAC와 다양한 자료로부터 얻은 평정의 상관관계보다 높을 때 나타난다는 것을 발견했다. 물론, DAC 참여 이후에 수집된, 다양한 자료로부터 얻은 평정은 사용하지 않는 것이 바람직하다. 그 이유는 그 시점에서는 평가역량의 능숙함이 변화할 것이고, 그러므로 합의를 기대할 수 없기 때문이다. 이와 관련된 DAC에 관한 더 많은 연구가 앞으로 필요하다.

**표 10.4** 수렴 및 변별 타당도를 보여주기 위해 평가역량에 관한 DAC와 다양한 자료로부터 얻은 평정들 간의 합의를 보여주는 매트릭스

| 평가자들이 만든 DAC 평정들 | DAC 참가 직전에 수집된 다양한 자료로부터 얻은 평정들 | | |
|---|---|---|---|
| | 평가역량 1 | 평가역량 2 | 평가역량 3 |
| 평가역량 1 | + | − | − |
| 평가역량 2 | − | + | − |
| 평가역량 3 | − | − | + |

'+'는 '−'라고 표기된 상관관계 계수보다 더 커야 하는 상관관계 계수를 보여준다.

## 검사-준거 관계

검사와 준거의 관계와 관련된 타당도 증거는 평가역량의 효과성이 시간에 따라 개선된다는 것을 보여주는 것과 연관 있다. 이러한 증거에 관한 평가센터 문헌은 상대적으로 많지 않다. 이러한 목적을 위해 평가센터의 효과성을 더 자세하게 분석하기 위해서는 '개발 가능성'의 여러 수준의 평가역량을 평가한 프로그램에 관한 더 많은 연구를 해야 할 필요가 있다. 만일 프로그램이 상대적으로 안정적인 평가역량, 즉 장기 잠재력을 평가하기 위해 설계된 프로그램에서 평가된 평가역량(Management Progress Study, 또는 Management Continuity Study; Howard & Bray, 1988)을 평가한다면, 시간에 따라 많은 변화가 있을 것을 기대하지는 않는다. 우리가 발견한 것은 이것이다. 평가받는 경험과 직무상 다양한 개발 경험을 하는 것은 기본적인 관리 평가역량에서 능숙함의 증가로 나타나지는 않았다. 이와는 반대로, 특정 행동 기술을 목적으로 하는 프로그램에서 모의과제에 참가하고 피드백을 받는 경험은 이러한 기술의 개선으로 나타난다는 것을 Latham과 Saari(1979)의 연구에서 볼 수 있다.

DAC를 훈련 개입 도구(즉, 평가역량에 대해서 개선점을 촉진할 수 있다고 보는 것)로 보고 효과성을 평가하려는 연구들이 간혹 있었다. Engelbrecht와 Fischer(1995)는 DAC에 참가한 경영자의 자료를 수집하여 DAC 참가 이후 그들의 상사의 평정과 DAC에 참가하지 않은 동등한 관리자 집단에 대한 평정을 비교해 보았다. 이 학자들은 DAC 참가 3개월 이후에 수집된 평가역량(행동 방향을 정하고, 조사하고, 개발함)에서 경영자에 대한 관리자의 평정(잘 구성된 BARS를 이용함)이 DAC에 참가하지 않은 경영자의 평정보다 월등히 높았다는 사실을 발견하였다. 그들은 평가역량 통합 또는 판단을 위한 DAC의 참가 효과를 보지는 않았다. 그들은 이 효과가 없는 것에 대해서 이 두 개의 평가역량이 다른 것들보다 개발 가능성이 부족한 인지 기술을 반영하는 평가역량이라고 설명했다(Spangenberg, 1990).

Engelbrecht와 Fischer 연구에서 잘못되었다고 생각하는 점은 관리자의 평정을 주는 상사도 이들의 DAC 결과를 받아 보았다는 것이다. 이는 준거의 오염을 유발할 수 있다. Rupp et al.(2004)의 연구에서는 결과가 피평가자의 전문적인 개발 목적 단 하나로써만 제공된 '순수한' DAC로부터 얻은 자료를 사용했다. 이 DAC는 4장에서 보인 모형을 따랐는데, 이 모형은 DAC 과정 자체에서 피평가자가 참가하고, 평가받고, 여러 번 피드백을 받는 것이다. 연구자들은 다변인 수준에서, 아침부터 오후까지 수행능력의 상당한 개선점을 발견했다. 특히 구두 의사소통 평가역량에서 강한 '단일변량 효과'를 나타냈다. DAC 내내 여러 시점에서 자가 평정 분석은 같은 패턴의 결과를 보여주었다. 구두 의사소통 결과가 짧은 기간 동안 가장 개발 가능성 있는 평가역량이라는 결과는 그림 10.2에 나오는 개발 가능성 연속체와도 부합한다.

DAC의 효과성이 무의미하다는 결론은 Jones와 Whitmore(1995)가 제시하였는데, 그들은 DAC에 참가한 사람과 그렇지 않은 사람 간에 경력 발전에서 별로 차이점이 없다는 사실을 발견하였다. 그러나, 그들의 연구 결과에서는 DAC에서 제공된 개발을 권고하는 사항(피평가자가 권고사항대로 행함)의 일부분은 이후 그들의 경력 발전을 예측하였다. 평가역량별로 나누어 보았을 때, 개발 관련 권고사항들, 즉 경력에 대한 동기부여나 대인관계 등과 관련된 권고사항을 따른 사람은 가장 승진이 빨리 되었다. 비록 Jones와 Whitmore가 훈련 개입 도구로써 DAC의 효과성은 제한적이라는 자료에서 결론을 내렸으나, 대신 이것은 극도로 보수적이고, 한편으로는 부적합한 DAC 효과성 검사였다고 주장하고 싶다. 이전에도 설명한 바와 같이, DAC의 효과성은 평가역량 능숙도를 단 한 번 측정하는 광범위한(심각하게 오염된) 준거를 예측하는 것으로는 확인할 수는 없다. DAC의 효과성은 DAC에 참가하고 후속 개발 활동에 참여함으로써 평가역량에서 발전을 보인다는 것을 통해 입증해야 한다. 물론, 우리는 시간이 지남에 따라 여러 관련 평가역량에서 지속적인 개선은 경력 발전을 긍정적으로 예측할 것이라고 기대하고 있으나, 이러한 장기적인 연구는 아직 진행되지 않고 있다. 이 분야와 관련해 더 많은 연구가 필요하다(Lievens & Klimoski, 2001; Thornton & Rupp, 2003). 그리고 몇 십 년 전 AT&T의 경우는 훌륭한 모형이 될 수 있다. 우리는 DAC 참가 이전, 그리고 이후에 장기적으로 수집된, 신뢰할 만한 여러 자료로부터 얻은 평가역량 평정을 사용하는 것은 DAC 타당도 증거를 수집하는 데 유용한 기법으로 사용될 것이라 생각한다.

## 검증 결과

개발 평가센터에 참가한 피평가자는 자신에 대해서 알게 되고 전문적으로 성장한다. 그들은 또한 조직구성원의 발전에 대한 조직의 관심에 대해 더 많이 공감하게 된다. Rupp et al.(2004)는 개발 평가센터 이후에 피평가자의 프로그램 평가를 분석해 보았는데 그들은 DAC 피평가자가 DAC 참가를 통해 태도, 인지, 행동 면에서 긍정적으로 영향을 받았다는 사실을 발견했다. 11장에서 설명하겠지만, DAC는 평가자와 피평가자 간에 조직 내 공정성과 다양성을 증진시키는 용도로 사용할 수 있다.

## 요약

수행 기술의 개발을 돕기 위해 평가센터를 이용하는 것은 기존의 선택과 승진에의 적용과 비교했을 때 상대적으로 새로운 방법이다. 따라서 그 가치를 입증하기에는 아직 연구자료가 많지 않다. 하지만 수집한 연구자료는 긍정적인 결과를 보여준다: 개발 평가센터는 기술을 개발하고, 더 많은 개발을 위해 계획을 수립하도록 동기를 유발하며, 후속 개발 활동까지 하게 해주는 조건을 마련해준다. 여기서 적용과 관련해 강조하고 싶은 점은 개발 가능성이 있는 평가역량들, 모의상황에서 연습할 다양한 기회들, 그리고 체계적인 피드백과 코칭을 제공하는 것들이다. 연구 결과에서 일부 피평가자는 수행 구성에 관해 더 나은 이해를 하게 되고, 결과적으로 직무에서 더 나은 기술을 갖게 된다는 것을 보여준다. 또 다른 긍정적 결과는 피평가자가 그들의 개발에 대한 조직의 관심을 긍정적으로 생각하게 된다는 것이다.

## 6 평가센터는 어떤 이유로 작용하는가?

Klimoski와 Brickner(1987)는 평가센터에 관해 근본적인 질문을 했다. '어떤 이유로 평가센터가 작용하는가?' 그들의 시각에서, 평가센터는 조직 내에서 발전을 예측하는 데 효과적이라는 일반적인 이해는 있었지만, 평가센터가 어떤 이유로 작용할 수 있는지에 대한 광범위한 의문점들이 존재하고 있었다. Klimoski와 Brickner는 평가센터에 내재하는 측정에 대한 다양한 비판을 요약하고, 평가센터가 작용하는 이유에 대한 대안의 설명을 제공하였다. 이 연구 이후에도, 이 질문에 대한 답을 하기 위한 많은 연구가 이루어졌다. 우리는 기존의 설명이 가장 타당성을 갖는다고 생각한다. 즉, 평가자는 행동을 관찰하고, 직무 성공과 관련된 평가역량에 대한 판단을 하며, 종합평가 평정을 끌어낼 수 있다는 것이다. 이제 다음의 각 대안을 반박하는 증거에 관해 이야기해 보겠다.

## 7 준거의 오염

Klimoski와 Brickner는 평가센터가 고비용이 들기 때문에, 조직의 사람들은 그 결과를 유용하게 쓰고 싶어한다고 주장했다. 종합평가평정은 비밀로 유지할 수 없고, 이윤추구 목적(운영상의 결정)을 위해 사용된다. 승진, 연봉 인상, 또는 수행능력 평정 등과 같은 후속 결정은 평가 평정 자체에 영향을 받게 된다. 그 결과로, 평가와 준거의 관계는 인위적으로 높을 것이다.

어떤 평가센터에서는 준거의 오염이 있다는, 즉 어떤 사람을 승진시키는 결정이 평가 평정을 기반으로 했다는 것에 대해서는 의문점이 없다. 실무적인 입장에서 그것은 우리가 일어났으면 하는 일이다. 그러나, 평가센터 연구를 평가할 때, 문제는 실제 준거의 오염이 없을 때 예측의 정확성이 있느냐 하는 것이다. 답은 매우 분명하다: 준거의 오염이 없는 평가센터에서 높은 준거 예측 정확성이 발견되었다(Thornton & Byham, 1982). Gaugler et al.(1987)은 표 10.5에 요약된 것과 같이, 많은 유형의 연구 설계들(예, 순수한 연구 자료, 평정에 대한 피드백이 없는 연구 자료, 동시 타당도 연구, 그리고 평가 자료가 의사결정을 위해 사용되는 운영 프로그램의 연구 자료들)은 평균 예측 타당도가 같은 추정치를 갖는다는 증거를 제공하였다.

이 분석에서는 또한 예측의 정확성은 경영의 성공을 측정하는 준거의 형태로 기능한 것이 아니라는 것을 보여주었다. 평가 평정은 발전의 준거, 즉 승진이나 연봉의 인상(오염이 되었을 수도 있지만 꼭 그런 것만은 아닌)만을 예측한 것이 아니라, 현장 직무 수행의 평정, 훈련의 성공적 완수, 그리고 다른 독립적인 평가자의 평정과 같은 준거들 또한 예측하였다. 이 모든 준거가 심각하게 오염되었을 수도 있다고 상상하기는 매우 어렵다.

추가로, Gaugler et al. (1987)은 준거 오염이 있었는지, 연구가 다른 면에서 기술적으로 잘 되었는지(예, 표집단이 조직구성원을 잘 대표하고 있는지, 결과를 설명할 만한 다른 이유가 있는 것은 아닌지 등)와 관련된 각 연구 자료의 품질에 관해서 판단을 내놓았다. 그리고 그들은 연구의 '품질'에 관한 지수를 계산하였다. 연구의 품질은 정확성의 수준과 연관 있었다. 즉, 높은 수준의 연구는 낮은 수준의 연구보다 더 나은 예측 정확성을 보여주었다.

실제 준거 오염(준거 평정을 제공하는 사람이 평가 평정을 아는 경우)이 없는 경우의 또 다른 사례가 이러한 점을 설명한다. 평가센터 방법의 획기적인 연구인 AT&T의 연구(Bray & Grant, 1966; Howard & Bray, 1988)결과는 준거 오염으로 설명될 수 없다. 그 이유는 피평가자를 포함해 조직 내 그 누구도 평가 평정을 본 적이 없기 때문이다.

**표 10.5** 평가된 평가센터의 예측 타당도 (서로 다른 연구 설계들에 의함)

| 연구 설계 | 추정 타당도 |
|---|---|
| 실험 | .36 |
| 피드백 없는 예측 연구 | .43 |
| 피드백 있는 예측 연구 | .39 |
| 동시 타당도 | .42 |

Gaugler et al.(1987)

결과는 말 그대로 회사 밖의 먼 곳에 자물쇠로 잠가 두었다. 또 다른 연구(Kraut & Scott, 1972)에서 준거는 두 번째 레벨로의 승진이었는데, 이는 평가센터가 진행된 지 한참 후, 그리고 경영자들이 첫 번째 레벨에서 수행 효과성을 나타낼 시간이 지난 한참 후에 진행되었다. 이 경우에 두 번째 레벨로의 승진 결정은 몇 년 전의 평가 평정보다는 실제 직무 수행을 기반으로 이루어졌다고 전제하는 것이 바람직하다. 두 연구 결과 모두, 종합평가평정은 장기적 경영의 발전과 직접적인 상관관계를 보였다.

준거 오염이 낮은 확률의 장기 연구의 또 다른 예는 Tziner, Ronen, Hacohen(1990)에 의해서 이루어졌다. 평가센터가 진행된 방식은, 평가센터 이후 3년간 매년 수집한 두 개의 오염되지 않은 준거(즉, 수행과 미래 성장 잠재력에 대한 상사들의 평정)를 예측하는 것이었다. 결과는 종합평가평정과 평가역량 평정 모두 두 준거를 예측하였다. 오염되지 않은 준거에 대한 다른 연구들도 보고되었다(Gluski & Sherman, 2000; Rupp et al., 2004).

요약하자면, 비록 준거의 오염이 존재할 수 있고, 또 존재한다고 했을 때 이것이 예측 정확성을 인위적으로 높인다 할지라도, 평가센터가 평가센터 결과에 의해 영향받지 않을 다양한 준거를 예측할 수 있다는 많은 증거가 존재한다. 더 나아가, 많은 연구에서는 평가센터 결과가 조직 내에서 공유되지 않았다. 실제 준거 오염은 평가센터가 어떤 이유로 작용하는지에 대한 한 가지 이유의 설명으로써 적합하지 않다.

## 8 미묘한 준거의 오염

Klimoski와 Brickner는 평가자가 주로 조직의 관리자급이기 때문에 좋은 경영이라는 관념에 대해 나중에 수행 평가 평정을 하는 관리자와 같은 편견을 가지고 있다고 추측하였다. 그러므로 예측 정확성의 증거는 '오염'될 것이고 결과적으로 비논리적으로 높을 것이다. 두 집단의 평가자 모두 틀릴 수도 있고 실제 직무 수행을 평가하지 않는 것일 수도 있다. 여기서 논쟁점은, 평가센터 연구가 좋지 못한 준거를 사용했다는 것이다. 즉, 수행의 평정과 발전의 지수는 업무 효과성의 편향된 인지에 의해 영향을 받았다는 것이다. Guion(1987)은 경찰 관리부서원들은 좋은 경찰 감독관의 이미지로 '큰 키'를 갖고 있다는 예를 들었다. 관리자의 경찰서 평가센터 평정과 직무 수행 평정은 이러한 이미지에 영향을 받았다. 이 주장에 따르면, 평가센터 평정과 준거 평정의 상관관계는 이런 공통된 편견에 의한 것이 대다수였다는 것이다.

이 주장은 많은 평가센터 연구와 관련해 여러 약점을 가지고 있다. 첫째로, 평가센터 연구는 다양한 유형의 준거를 사용하였다. 단순히 상위 경영진의 판단이 개입된 평정과 승진의 지표만 사용한 것이 아니다. 표 10.6을 보면, 평가 평정의 예측 정확도는 다양한 유형의 준거가 사용될 때 존재한다(Gaugler et al. 1987). 준거에는 독립적인 제 3의 관찰자들의 판단(Bray & Campbell, 1968), 부하직원들의 평정(McEvoy & Beatty, 1989; Schmitt et al., 1990), 관리부서의 이직률(K. C. Ague, personal communication, March 16, 1971), 600명의 중간관리자와 임원진을 위한 MBO(Management-By-Objectives) 시스템의 객관적인 결과(Britz, cited in Spangenberg et al., 1989), 그리고 텔레마케팅 대표들(telemarketing representatives) 간의 영업 능력(Squires, Torkel, Smither, & Ingate, 1988) 등이 포함된다. 더 나아가서 Rupp et al.(2004)의 개발 평가센터의 타당도 연구는 세 개의 다른 자료(자기 자신, 부하직원, 그리고 외부 평가자)로 평정했을 때 평가역량 수행에 있어서 변화를 보였다.

이 모든 준거가 어떤 관계없는 좋은 조직구성원의 이미지에 영향을 받는다고 말하기는 어렵다. 평가센터 연구자는 산업과 조직 심리전문가를 괴롭히는 많은 준거 문제에 직면해왔고(Aguinis et al., 2001; Schmitt et al., 2003) 직무 수행을 측정하기 위해 해당 분야에서 가능한 최고의 방법을 사용해 왔다. 이러한 반론은 우리가 문제 있는 준거 측정을 받아들여야 한다는 뜻은 아니다(그리고 우리는 그럴 필요가 없다. 왜냐하면 평가센터 연구자는 좋은 것을 사용했기 때문이다). 이것은 이 분야의 연구자가 산업 심리학과 인적자원관리 분야의 다른 연구자와 마찬가지로 골치 아픈 준거 측정 문제를 효과적으로 다루었다는 뜻이다.

요약하자면 미묘한 오염은 일부 준거 평정에 존재할 수 있고, 만일 존재한다면, 타당도 계수를 높일 가능성이 있다. 동시에 평가자 판단은 미묘한 오염에 영향을 받지 않는 것을 포함한 다양한 준거를 예측했다.

**표 10.6** 각 준거와 관련된 평가센터의 타당도

| 준거의 유형 | 추정 타당도 |
|---|---|
| 수행 | .36[a] |
| 잠재력 평정 | .53[a] |
| 평가역량 평정 | 33[a] |
| 훈련 수행 | .35[a] |
| 커리어 향상 | 36[a] |
| 평가역량 개선의 (다양한 자료로부터의) 평정 | .39[b]/.21[c] |

Gaugler et al. (1987); Rupp et al. (2004); Gibbons, Rupp, Baldwin, and Holub (2005)
상관관계 계수
[b,c]자신(b)과 부하들(c)에 평정을 받은 평가역량 수행의 변화에 대한 DAC의 개입/조정의 영향에 따른 효과크기(Effect size) (d).

미묘한 준거의 오염 주장의 두 번째 약점은 조직 내 높은 직급의 관리자만이 아닌 다양한 평가자가 평가센터에서 활용되었다는 것이다. 평가센터 운영자는 인사관리자, 산업 및 조직 심리전문가, 임상과 상담 심리학자, 경영 컨설턴트, 그리고 조직 외부의 관리자 집단을 포함한다. 이 모든 자료가 모두 동등하게 정확한 예측을 제공하지 않는다 하더라도 평가자 유형에 관한 비교는 있었다. 심리학자를 이용한 평가센터는 관리자를 이용한 평가센터와 동등한 예측력을 보였고, 두 집단 모두 이용했을 경우 그 예측력이 더 높았다는 연구 결과가 있다(Gaugler et al., 1987).

미묘한 준거 오염 가설에 대한 세 번째 반론은 '좋은 관리자'라는 고정관념을 가지고 있는 관리자는 평가센터의 도움 없이는 경영의 성공에 대한 정확한 예측을 할 수 없는 것 같이 보였다는 것이다. 후보자를 감독하는 관리자의 수행 평가 평정과 성공의 예측으로 높은 직급의 경영진의 성공을 예측한다는 증거는 사실상 없다(Bernardin & Beatty, 1984; McEvoy & Beatty, 1989; Murphy & Cleveland, 1991). 경영진이 무능하여 조직구성원에게 경영의 성공에 대한 잠재력을 찾아내지 못하는 경우 때문에, 조직은 처음부터 평가센터에 의지하게 된다.

## 9 자기 충족적 예언

조직구성원은 자신이 선택을 받고 평가에 참여한다는 결과 때문에, 그들이 경쟁력을 갖추었다고 생각하기도 한다. 그러므로 그들은 평가센터에서 수행을 잘하고 좋은 피드백을 받는다. 나중에, 그들은 관리 기술을 개발하는 노력을 하고 그렇게 함으로써 평가자가 자신의 판단을 확증하게 한다.

관리자가 조직구성원의 수행능력에 관해 가지고 있는 기대감이 조직구성원의 자신감과 이후의 직무 수행에도 강력한 영향을 미친다는 연구 결과가 있다(Eden, 1990). 이러한 기대감이 조직구성원의 수행능력에 영향을 미친다는 복잡한 과정은 불분명하다. '피그말리온 효과'(Eden, 1984)라 불리는 한 연구 결과에 따르면, 만일 관리자가 부하직원을 아주 능력이 있다고 생각하면, 관리자는 부하직원을 특별한 태도로 대함으로써 그 부하직원은 실제로 우수한 직무 수행을 한다는 것이다. 또 다른 과정은, 어느 한 개인이 자신에 관한 특별한 재능에 관해서 얘기를 듣게 되면, 그 개인은 더욱 자신감을 가지게 되고 직무 수행을 더 잘하게 된다는 것이다. Eden(1988, 1990)은 조직 환경에서의 이러한 사례를 훌륭하게 보고하였고, 평가센터에서도 비슷한 과정이 있으리라 추측하였다. Turnage와 Muchinsky (1984)는 또한 피그말리온 효과는 평가센터에서 일어날 수 있으나, 자료가 없다고 추측하였다. 비록 그러한 현상이 사실상 개발 진단 센터에서 추구하며 동조하는 것이라 하더라도, 이 이슈는 선택과 진단 프로그램에서 문제가 되는 것은 아니다. 즉 연구 자료에 따르면, 예측 정확성은 피평가자 자신 또는 직속 상사에게 피드백을 주지 않아도 존재한다는 것이다(Gaugler et al., 1987). 그러므로, 그들의 경쟁력에 관한 기대감이 직무 수행에 영향을 미치지만, 그러한 기대감을 바꿀만한 피드백이 없었을 경우에도 평가센터 예측 연구가 진행되었을 때 평가센터 평정은 미래의 성공을 예측하였다.

## 10 직무 수행의 일관성

Klimoski와 Brickner(1987)는 직무 수행의 일관성이 준거와의 상관관계를 향상시킨다고 주장하였다. 여기서 두 가지 쟁점은, (a) 피평가자에 대한 신상 정보로 인해 평가자가 피평가자의 과거 실적을 알게 되고, 과거 실적으로 미래 실적을 예측하게 된다는 것과, (b) 평가자는 작업표본과 같은 과제에서 나타난 현재 실적으로 미래 실적을 예측할 수 있다는 것이다. **그러므로 우리는 평가역량과 같은 추상적인 개념을 사용하지 않을 수 있다**. 첫 번째 주장은 평가자가 성장배경에 관한 면접이나 피평가자의 업무 기록에서 수집한 과거 실적에 대한 지식을 토대로 미래 실적을 예측한다는 것이다. 그러한 정보는 예측을 강화할 수 있으나, 많은 평가센터에서 평가자는 피평가자의 이름이나 배경을 모르는 상태에서 예측을 진행한다. 사실, 소방서나 경찰서의 평가센터의 경우, 피평가자에게는 아이디 번호를 주는데, 그렇게 함으로써 그들의 신상 정보는 비밀로 지켜진다. 이런 행위는 전략 사무국에서 간첩 행위를 하던 사람을 선출하는 연구에서 착수한 장기적인 절차를 연장하는 것이다(전략 사무국, 1948).

직무 수행 일관성 논쟁에서 두 번째 주장은, 모의과제의 행동은 직무에서의 미래 행동을 예측하고, 따라서 속성이나 평가역량에 관한 판단을 할 필요가 없다는 것이다. 이 관점을 지지하는 사람들은 속성 평가역량이 없는 대안의 실무가 실제로 어떻게 행해지는지에 관한 제안을 내놓기도 하였다(Lance, Foster, et al., 2004; Lance, Lambert et al., 2004; Thoreson, 2002). 그러나 효과성과 관련된 출판 자료는 없다. 우리는 어떻게 평가 프로그램이 작용하는지에 관한 추측만 가지고 있을 뿐, 그것의 효과성에 관한 자료는 가지고 있지 않다. 두 가지 가능성이 논리성을 갖는다고 보인다. 평가자는 과제마다 종합 수행을 평정하거나, 행동을 어떤 다른 논리적인 범주, 즉 업무 등으로 분류하도록 지시할 수 있다. 첫 번째 기법은 이제까지 사용되어 온 것이고, 종합 과제 평정의 타당도 증거의 일부는 아래 표 10.7에서 참조할 수 있다. 이 연구 결과에 따르면, 일관성 있고 정확한 평정을 얻을 수는 있지만, 종합 과제 평정은 평가역량 평정보다 덜 일관적이고, 직무에 대한 후속 실적에 대한 예측도도 적다는 것이었다. 이 증거 자체는 직무 수행의 일관성에 대한 논쟁을 지지하지도, 반박하지도 않는다. 그 이유는 이 모든 평가센터는 인간의 속성을 직무 분석, 과제 설계, 평가자 훈련, 그리고 관찰과 판단을 위한 범주에 지침 원칙으로 사용하였기 때문이다.

더 중요한 것은, 속성 평가역량을 평가자의 관찰을 위한 체계적 틀로 사용하지 않는 평가센터의 출판된 연구 결과가 없다는 것이다. 평가역량을, 평가센터를 만들고 평가자의 관찰과 판단을 구조화하는 틀로 사용하는 것에 대한 오랜 비판에도 불구하고, 평가역량 이외에 다른 인지적 틀을 사용하는 평가센터의 효과성에 관한 출판된 연구가 이제까지 없었다. 그러므로, 우리는 이 대안이 유효한 절차라는 추측만 갖고 있을 뿐이다.

어느 하나의(단일의) 평정보다는 과제 평정과 평가역량 평정의 조합이 경영의 성공과 상관관계가 높다는 연구 결과가 있다(Wollowick & McNamara, 1969). 그러므로, 평가역량 평정을 빼버리는 것은 부적합하며, 연구 결과가 나오기 이전에 다른 절차를 선정하는 것은 시기상조라고 생각한다.

비록 과업범주가 행동 관찰을 구성하는 의미 있는 방식을 제공한다는 연구결과는 없었지만, 과업 평정의 효과성에 관한 실험적인 검사는 Adams에 의해 진행되었다

**표 10.7** 종합 과제 평가에 대한 평가자 동의에 관한 연구

| 과 제 | 저 자 | 동의 수준의 평균 |
|---|---|---|
| LGD | Bray & Grant (1966) | .75 |
| | Gatewood et al. (1990) | .93 |
| | Greenwood & McNamara (1967) | .64 |
| | Tziner & Dolan (1982) | .83 |
| 비즈니스 게임 | Bray & Grant (1966) | .60 |
| | Greenwood & McNamara (1967) | .74 |
| | Tziner & Dolan (1982) | .92 |
| 서류함 과제 | Bray & Grant (1966) | .92 |
| | Tziner & Dolan (1982) | .84 |
| 발표 | Tziner & Dolan (1982) | .69 |
| 역할수행 | Tziner & Dolan (1982) | .82 |

(1990). 그녀는 비록 과업 범주의 평정이 특정 행동을 상기시키는 것을 증가시켰으나, 속성 범주와 비교하여 과업 범주를 사용하는 평정의 정확성에서는 차이점이 없음을 발견하였다. 이와 관련된 더 많은 연구가 절실함은 분명하다.

## 11 관리 지능

Klimoski와 Brickner의 마지막 주장은 평가센터 평정이 후보자의 지적 기능의 수준을 반영하지만, 관리 수행 평가역량의 평가는 아니라는 것이었다. 관리 업무가 지적 능력이 필요하다는 것은 의심의 여지가 없다. 적성 또는 IQ 검사는 일정하게 관리직급에서의 성공을 예측하고, 이 검사들은 평가센터의 직무 수행과 상관관계가 있다 (Klimoski & Brickner, 1987; Thornton & Byham, 1982). 여기서 진정한 이슈는 상황적 과제가 지능 검사만으로 얻을 수 있는 것 이상을 측정할 수 있느냐 하는 것이다. 다시 말하지만, 연구 결과(Chan, 1966; Dayan et al., 2002; Goffin et al., 1996; Krause et al., 2004; Wollowick & McNamara, 1969)는 검사 점수들과 평가역량 평정의 조합이 검사 하나 또는 평정 하나만으로 성공을 예측하는 것보다 더 정확하게 예측한다는 사실을 보여준다. 지능 검사 점수와 과제의 평가역량 평정 모두 관리적 성공을 예측한다는 사실로 결론지을 수 있다.

### 요약

평가센터가 작용하는 이유에 대한 각각의 설명에는 어느 정도 맞는 부분이 있다. 그러나 어느 한 설명만이 평가센터 작용의 정확성에 대해서 완벽하게 적합하다고는 할 수 없다. 동시에, 평가센터 연구의 리뷰에 따르면 각 대안 설명을 반박하는 상당한 증거도 많이 존재한다는 것을 알 수 있다. 물론 기존의 주장보다 어느 한 대안의 설명을 선호할 만한 증거 자료가 충분하지는 않다. 사실상 더 우세한 근거 자료를 가지고 있는 주장은, 평가센터가 작용하는 이유가 평가자가 모의과제에서 나오는 행동을 관찰할 수 있고, 그 행동을 인간의 속성과 같이 의미 있는 범주로 분류할 수 있으며, 종합 수행에 대한 판단을 내리고, 관리적 수행에 대한 의미 있는 측정을 정확히 예측할 수 있기 때문이라는 것이다.

## 12 평가센터의 유용성: 비용과 이익의 비교

기법으로 발생하는 이익이 비용보다 상당히 많다면 인적자원관리 절차는 유용성이 있다. 유용성은 선택 및 훈련 절차를 사용하는 데 따르는 다양한 비용과 이익에 관한 개념이다(Cascio, 1982). 타당도 증거가 검사와 직무 수행 측정치의 상관관계 정도를 말해준다면, 유용성은 새로운 평가 절차를 사용하여 조직구성원의 직무 수행 시 개선점을 파악하는 것이 비용적으로 합리적인가를 말하는 것이다. 유용성 분석은 새로운 검사를 조직의 현존하는 선발 절차와 비교함으로써 이익-비용 비율의 개선점을 보여주는 것이다.

유용성 분석의 가장 가치 있는 혁신은 경제적인 용어로 선발 절차의 가치를 표현하는 능력이다. 유용성 분석의 기법은 개선된 절차의 이익의 정확한 추정치를 달러 금액으로 표시할 수 있게 해준다. 유용성 분석이 진행되는 방식은 다양하다(Boudreau, 1983; Cascio, 1998). 우리는 Schmidt, Hunter, McKenzie, 그리고 Muldrow(1979)가 제시한 공식을 사용할 것이다. 그 이유는 이것이 유용성 분석의 본질적인 요인을 가장 명확하게 보여주고 있기 때문이다. 더욱이 이 방법은 평가센터를 포함한 조직구성원 선발 절차를 평가하는 데 가장 널리 쓰여왔다. 이 방법으로, 유용성은 다음과 같은 공식을 통해서 측정된다:

$$U = t\ N_s(r_1 - r_2)SD_yL/SR - N_s(c_1 - c_2)/SR$$

여기서 t는 선발된 사람들의 평균 재임 기간, $N_s$는 선발된 사람들의 수, $r_1$은 새로운 절차의 타당도, $r_2$는 예전 절차의 타당도, $SD_y$는 직무 수행의 무제한적 표준편차의 달러 금액, L은 선발 비율(여기서 이 용어에 대한 설명은 하지 않는다)에서 정규 곡선의 세로 좌표, SR은 선발 비율(즉, 채용된 사람과 지원자의 비율), $c_1$은 새로운 기법의 비용, 그리고 $c_2$는 예전 기법의 비용을 의미한다.

Cascio와 Ramos(1986)와 Burke와 Frederick(1986)의 평가센터 연구에서 나오는 유용성 분석(위 공식과 약간 다른 부분이 있다)의 중요 요인은 표 10.8에 제시되어 있다. 두 가지 경우 모두 평가센터는 관리자를 선발할 때 사용하는 면접 과정과 비교되었는데 그것이 예전에 사용한 선발 기법이었기 때문이다. 아주 높은 유용성이 나타나는데 평가센터를 사용함으로써 얻는 경제적 이득은 연간 피선발자 당 최소 $2,500이고, 연간 피선발자당 최대 $21,000까지 올라갈 수 있다. 이것은, 평가센터가 비록 면접보다 돈이 많이 들지만, 예측 이익이 높은 비용보다 더 크다는 것을 의미한다. 더 정확한 절차에 대한 투자는 경제적 이득으로 돌아온다. 이 숫자들을 인정하기 전에, 이 유용성 공식에 나온 숫자가 믿을만한 것인지부터 평가해야 한다.

**표 10.8** 평가센터의 두 유용성 연구에 대한 결과

| 주요 변인 | Casio & Ramos(1986) | | Burke & Frederick(1986) | |
|---|---|---|---|---|
| | 면접 | 평가센터 | 면접 | 평가센터 |
| 타당도 | .13 | .388 | .16 | .59 |
| 피평가자당 비용 | $300 | $688 | $383 | $2,000 |
| 직무 수행의 표준 편차($SD_y$) | $10,081 | | $12,789 ~ $38,333 | |
| 유용성(연간 피선발자 당 이득) | $2,676 | | $2,538 ~ $21,222 | |

## 13 타당도 추정치

이 연구결과에서 평가센터의 타당도 수치들은 매우 합리적이고 실제로는 이 수치가 아주 낮은 것일 수도 있다.

Cascio와 Ramos의 연구에 의하면 타당도는 .39였는데, 이는 이 장의 초반에서 검토했던 분석에서 발견한 평균 타당도의 추정치와 매우 근접한 것이었다. Burke와 Frederick의 추정치는 .59로 더 높지만, Thornton과 Byham(1982), Gaugler et al. (1987), 그리고 Hardison과 Sackett(2004)의 연구 자료에 나온 타당도 범위 안에 들어간다. 다른 말로 .59는 높은 수치이나, 이 수준의 타당도는 다른 연구자료에서도 발견되었고, 우리는 어떤 요인이 높은 타당도를 끌어내는지 어느 정도 근거를 가지고 있다.

이런 타당도 추정치가 너무 낮다고 추측할 만한 또 다른 이유는 평가센터의 예측 정확성은 시간이 지남에 따라 증가한다는 근거가 있기 때문이다. 조직 안에서 연구를 진행하는 실질적인 현실은 평가센터가 만들어지고 난 후 몇 개월, 그리고 몇 년 사이에 준거 자료가 만들어진다는 것이다. 성공 측정치를 수집하기에 그 이상 기다리는 것은 매우 어려운 작업이다. 그러므로, 예측 정확성 연구의 대부분은 상대적으로 짧은 기간을 다룬다. 일부 조직은 더 오랜 기간 예측의 정확성을 측정하였고 예측 정확성이 시간이 지나면서 더욱 증가한다는 사실을 발견하였다. 우리는 이런 패턴의 한 사례를 보았다. AT&T의 평가는 이전 시간보다 8년, 그리고 16년이 지난 후에 더 정확했다는 것이다. IBM 또한 시간이 지남에 따라 평가센터가 더 정확하다는 사실을 발견했다. 경영 수준을 준거로 사용함으로써 Wolfson(1988)은 1984년 이전에 평가된 사

람들의 예측 정확성은 .29, 1982년 이전에 평가된 사람들은 .31, 그리고 1980년 이전에 평가된 사람들은 .37이라고 보고하였다.

## 14 다른 평가 절차들의 타당도

Cascio와 Ramos, 그리고 Burke와 Frederick의 두 유용성 연구결과 모두 조직에서 전통적으로 사용되어 온 면접과 평가센터의 비교를 보여주었다. 면접의 추정 타당도는 .13과 .16이었으며, 이는 이 연구 시기의 문헌을 검토하여 찾은 평균 타당도이다. 면접의 타당도 추정치는 면접이 좀 더 구조적이고, 체계적이며, 표준화된 방식으로 진행되었을 때의 타당도보다 낮을 수 있다. 이후의 연구(Buckley & Russell, 1999; Harris, 1989; Weisner & Cronshaw, 1988)는 면접이 평가센터와 같이 정확할 수는 있으나, 많은 조직이 평가센터를 만들기 시작하는 이유는 면접 과정으로는 유효한 관리자를 뽑는 일이 효과적으로 진행되지 않기 때문이라는 사실을 보고하였다. 표 10.8에서 본 것보다 면접이 더 정확하다면, 여기서 보고된 추정치보다 평가센터의 유용성은 더 낮을 것이다.

평가센터와 적성 검사 간의 또 다른 비교 또한 필요하다. 연구 결과는 일치된 결과를 보이지 않았다. 한 연구결과(Schmitt et al., 1984)에서는 평가센터가 적성 검사보다 직무 수행을 더 잘 예측한다고 밝혔으나, 또 다른 연구결과(Hunter & Hunter, 1984)는 적성 검사가 평가센터의 추정치보다 더 높은 예측 정확성을 갖고 있다고 밝혔다. 이 연구를 포함한 여러 연구결과를 살펴보면, 적성 검사가 평가센터와 거의 같은 평균적인 타당도를 갖고 있는 것으로 보인다. 이와 더불어 비용이 적게 든다는 이유로, 적성 검사를 더 선호할 수는 있다. 이 결론의 문제점은 적성 검사의 타당도 간의 가변성이 너무 적다는 것이다(Murphy, 1988). 이와는 반대로, 잘 설계되고 실행되는 평가센터의 예측 정확성이 훨씬 더 높을 수 있고(Chan, 1996), 평가센터는 적성 검사에서 주로 발견되는 유불리효과가 발생할 가능성이 작다.

평가센터를 사용해야 한다는 주장은 여러 개가 있다. 첫 번째로, 후보자 또는 관리자는 선발과 승진을 결정하기 위한 토대로 지필 검사를 사용하는 것을 평가센터만큼 선호하지 않는다. 후보자는 적성 검사만으로는 관련 능력을 잘 보여줄 수 없다고 생각한다. 본질적으로, 이 검사들은 상황적 검사의 '안면 타당도'를 가지고 있지 않다. 더 나아가, 어떤 지원자는 적성 검사의 결과에 대해서 그들이 주도권을 갖고 있지 못하다고 생각하며, 그들은 상황적 검사를 할 경우 더 준비를 잘하고 그에 필요한 기술을 더 잘 개선할 수 있다고 생각한다는 것이다.

적성 검사를 사용하지 않는 또 다른 이유는, 적성 검사가 타당하고 비용도 적게 든다 하더라도, 많은 사람이 그런 검사는 소수인종과 여성에게 불공정하다고 믿는다는 것이다. 비록 이러한 지각이 정확하지 않을 수 있다. 사실상, 적성 검사는 변별 타당도 또는 직무 성공에 있어 편향된 예측을 보여주지 않는다(Hartigan & Wigdor, 1989; Schmidt, 1988). 하지만 사람들은 적성검사가 불공정하다는 지각을 매우 강하게 가지고 있다.

조직은 최대한 사람들이 선호하지 않는 인적자원관리 절차를 변호해야 하는 번거로움을 피하려고 한다. 따라서 평가센터는 공정하다는 지각 때문에 좀 더 바람직한 대안으로 떠오르게 된다. 이와 동등하게 중요한 것은 평가센터가 소수인종과 여성들에게 공정하다고 보인 연구 결과가 있다는 것이다(Huck & Bray, 1976; Thornton & Byham, 1982).

지필 검사보다 평가센터를 사용해야 한다는 마지막 주장은 직무에 배치되고 감독하는 것과 관련해 후보자의 강점과 약점을 이해하는 데 평가센터가 더 많은 도움이 된다는 것이다. 다양한 행동 관련 정보가 개인이 직무에 어떻게 반응하는지 이해하는 데 도움을 준다. 이와는 반대로, 적성 검사 결과는 주로 이런 면에서 별로 도움이 되지 않는 1 또는 2의 점수만 보여준다.

## 15 비용

평가센터의 유용성 분석 비용에 대한 연구 결과에 따르면, 가장 낮은 비용은 단순한 자료나 음식(식사, 간식)과 같은 '적은 현금'에 해당하는 비용이다. 높은 비용은 프로그램을 개발하고 운영하는 비용이다. 피평가자와 평가자의 시간에 대한 비용은 생략되는데, 그 이유는 평가의 경험이 모든 피평가자를 위한 훈련의 기회로 간주할 수 있기 때문이다. 그러므로, 연봉은 훈련의 이익과 상쇄되며 더 나은 선택에서 오는 급료 지급만을 다루는 유용성 공식에 포함될 필요가 없다. 비록 이 분석에 포함해야 하는 실제 비용에 관한 논란이 있을 수 있지만, Cascio와 Silby(1979)의 연구 결과에 따르면 평가센터의 유용성 결과는 비용 수치에 별로 민감하지 않은 것으로 나타났다. 다시 말하면, 넓은 범위의 다른 비용 수치는 최종 유용성 수치에 큰 영향을 미치지 않는다는 것이다. 이러한 결과는 명백하지는 않지만, 상대적으로 적은 평가비용과 효과적인 관리에서 오는 훌륭한 판단의 경제적인 이익을 비교해보면 금방 알 수 있다(예, 수천만 달러의 비용을 절감하는 것 등).

## 16 직무 수행의 편차

이와는 반대로, 유용성 분석은 $SD_y$, 즉 직무 수행의 표준 편차를 달러 금액으로 표시한 값에 아주 민감하다. $SD_y$는 목표로 하는 직급에 대한 더 효과적인 관리자와 효과적이지 못한 관리자 간 직무 수행의 경제적 차이의 추정치이다. 유용성 분석의 이러한 부분에 대한 근거는 예를 들어보면 더 쉽게 이해할 수 있다. 만일 모든 영업 직원이 대략 같은 양의 제품을 판다면, 직무 수행의 편차($SD_y$)는 작다. 이와는 반대로, 어느 영업 직원은 수천 달러에 이르는 제품을 팔 때, 어떤 직원은 몇백 달러에 이르는 제품을 판다면, 직무 수행의 편차($SD_y$)는 매우 크고, 새롭고 더 정확한 선발 절차가 조직에는 유용할 것이다.

직무 수행 편차의 경제적 영향에 대한 객관적인 측정을 얻어내기는 어렵다. 다행히도, $SD_y$를 추정하는 다양한 기법은 대략 같은 결과를 낳는다(Burke & Frederick, 1986; Reilly & Smither, 1985; Weekly, Frank, O'Conner, & Peters, 1985). 그러므로, 우리는 이 유용성 분석의 종합적인 결과에 대해서 확신을 가질 수 있다. Burke와 Frederick(1986) 연구는 여러모로 도움이 되는데, 그 이유는 $SD_y$수치의 범위가 연구에 포함되었고, 유용성 결과에 대한 영향을 보여주고 있기 때문이다. $SD_y$의 가장 낮은 추정치를 사용한다 하더라도, 평가센터는 좋은 투자임을 보여주고 있다. 급여는 평가센터로 선발된 각 관리자당 매년 최소 $2,500이며 최대 $21,000이다.

다른 유용성 연구도 비슷한 결과를 보여주었다. Hogan과 Zenke(1986)의 연구 결과에 따르면, 학교 교장을 선발하는 평가센터에서 오는 달러 금액의 이득은 $58,000이었다. Huck(1987)은 132명의 후보 중에 29명의 관리자를 채용하는 평가센터의 유용성은 $554,000이며, ROI는 120%에 달한다고 밝혔다. Feltham(1988a)은 영국 평가센터의 유용성은 £550,000(대략 $1,000,000)이라고 밝혔다. Tziner et al. (1994)는 평가센터가 이스라엘 기업의 상위 직급 관리자에 대한 연구의 유용성이 있다고 밝혔다. 마지막으로, Goldsmith(1990)은 공공사업의 핵심 부문에서 일선 관리자를 채용하는 세 가지 절차를 비교하였다. (1) 판단에 관한 지필 검사와 **자전적 정보**의 조합(타당도 .30), (2) 평가센터(타당도 .43), (3) 두 개의 면접, 신원 조회, 그리고 절차 (1)번과 평가센터의 조합(타당도 .55)이다. 평가센터의 유용성은 절차 (1)번과 비교하여 $1,744,445이었고, 절차 (1)번과 비교하여 절차 (3)번의 유용성은 $9,205,639였다. 우리는 여기서 추가적인 타당한 정보를 수집함으로써 얻는 이익의 증가를 확인할 수 있다. 유용성 수치 간의 넓은 변화 범위는 서로 다른 유형의 직무와 준거를 연구한 결과이지만, 결론은 분명하다. 평가센터는 경제적으로 훌륭한 투자라는 것이다.

## 17 평가센터의 다른 이익들

이전에서 논의한 유용성 분석은 좋은 조직구성원을 채용하는 것에서 오는 경제적 이득이 평가센터에서 드는 비용보다 훨씬 많다는 것을 보여준다. 그러나 평가센터의 유용성은 이보다 훨씬 크다. 그 이유는 이러한 분석은 단순히 더 나은 조직구성원을 채용, 진단, 그리고 개발하는 기본적인 이익만 고려하기 때문이다. 평가센터를 실행하는 데서 오는 이차적인 이익들도 여러 가지 있다. 피평가자는 평가센터 경험으로 인해 인지 검사, 성격 검사, 개별 면접보다 더 많은 것을 배운다. 평가센터에서 피평가자는 자신의 행동 유형에 대한 통찰력을 얻으며 다른 피평가자가 같은 상황에서 어떻게 대처하는지에 대해서도 관찰할 수 있다. 이러한 이익은 형식적인 훈련 활동이 없는 채용 또는 승진 프로그램에서도 얻을 수 있다. 피평가자는 또한 프로그램 마지막에서 오는 피드백에서도 이익을 얻는다. 채용 또는 승진 프로그램과 동반되는 주로 제한된 피드백에서도, 피평가자는 평가자가 어떻게 그들의 의사 결정과 대화 방식을 평가하는지 알 수 있다. 그리고 비록 결점을 고치기 위한 형식적인 후속 활동이 없더라도, 그들은 결과를 가지고 자기 개발 계획을 세울 수도 있다.

평가자 또한 평가센터 구성원으로서 일하면서 이익을 얻을 수 있다. 평가자 훈련과 다른 평가자와의 대화를 통해 그들은 관리, 행동 관찰의 원칙, 부하직원을 평가하는 기준, 그리고 성공적인 의사 결정 기술 등에 대해 가치 있는 학습을 할 수 있다. 평가자 자신은 경험이 유익했다고 말한다(Thornton & Byham, 1982). 그리고 더 중요한 것은 평가자가 새로운 기술을 배운다는 연구 결과가 있다(Lorenzo, 1984). Lorenzo는 평가자 훈련이나 경험이 없는 관리자 통제 집단과 비교했을 때, 평가자 훈련을 받고 3개월간 평가자로 일해 본 경험적 집단의 관리자가 정보를 얻고, 그 정보를 평가하고, 정보를 구두로 교환하고 지지하는 데 있어 더 나은 기술을 가지고 있다는 것을 보여주었다.

신기하게도, 다른 연구에서는 평가센터에서 평가자로 참여했던 경험이 그들이 더 높은 수준의 평가센터 프로그램에서 피평가자로 평가를 받게 되었을 때, 효과성이 발견되지 않았다(Struth, Frank, & Amato, 1980). 연구자는 여러 가지로 가능한 설명을 통해 더 높은 수준의 프로그램의 유익한 점이 없는 것에 관해 이야기하려 한다. 더 높은 수준의 프로그램에서는 다른 유형의 기술이 평가되었다거나, 관리자가 높게 평가하지 않은 이유는 그들이 더 높은 수준의 프로그램에 참가하는 진정으로 뛰어난 사람과 비교되었기 때문이라든가, 관리자는 평가자로 참가함으로써 가치 있는 기술을 배웠지만 높은 수준의 평가 프로그램에서 필요한 기술은 배우지 못했기 때문이라는 것이다.

평가센터를 만드는 것은 위에 말한 것들보다 훨씬 더 많은 이익을 가져올 수 있다. Alon(1977)은 평가센터 이후 조직에 많은 긍정적인 효과가 있었다고 지적하였다. 평가역량의 정의와 후보자의 평가에 대해서 함께 연구하는 것이 '슈퍼마켓 지점장의 이상적인 모델에 관해 각각의 모든 직급의 관리자가 각자의 입장을 이해하고 지지하는 결과'를 가져왔다고 밝혔다(p. 229). 관리자는 전체 조직의 효과적인 운영에 기여하는 행동에 관해 서로에게 배웠고, 그렇게 함으로써 회사 자체의 성장도 촉진했다.

마지막으로, 평가센터가 인적자원 전략과 더 넓은 경영 전략 모두와 뜻을 같이 한다면 다음 장에서 논의하겠지만, 평가센터는 조직의 전략적 미션의 완수에 직간접적인 영향을 미친다. 즉, 평가센터 프로그램은 조직이 다양한 인종의 노동인구를 구축하고, 사회의 모든 구성원을 위해 공정성과 동등한 기회를 제공함으로써 더 넓은 사회적 환경에 기여하도록 도울 수 있다.

## 18 요약과 결론

이 장에서 설명한 평가센터 적용의 세 가지를 각각 살펴봄으로써, 타당도의 상당한 근거를 검토하였다. 각 부문에서 과제의 내용과 행동적 반응, 비교 가능할 만한 구성의 측정치와 평정의 내외적인 관계, 직무의 효과성 측정치와 평정의 관계, 그리고 이 기법의 다양한 의도하거나 의도하지 않은 결과에 대한 근거를 살펴보았다. 더 많은 근거가 지지하는 것은 직무 수행을 예측하고, 강점과 약점을 진단하며, 수행 평가역량을 개발하는 평가센터의 타당도이다. 비록 연구 결과가 모든 평가센터의 운영을 지지하는 것은 아니지만, 어느 조직에서 평가센터가 왜 작용하지 않는 것인가에 대한 이유는 분명하지 않다.

평가센터의 효력에 영향을 미치는 요인들은, 대부분의 인적자원관리 개입 기능도 마찬가지겠지만, 조직의 내외적인 환경이다. 다음 장에서는 평가센터가 운영되는 조직적 환경을 연구하고, 마지막 장에서는 결론을 종합하고, 미래 평가센터에 관한 예측을 하며, 연구가 많이 필요한 분야를 추천할 것이다. 여기에, 어떤 평가센터는 왜 잘 작용하지 않는지를 조사하는 프로그램도 포함할 것이다.

제 11 장

# 평가센터, 인적자원관리, 그리고 조직의 전략

지금까지 평가센터 방법의 이론, 연구, 그리고 실무에 대해 알아보았다. 이번 장에서는 평가센터가 실행되는 상황을 살펴볼 것이다. 지금까지 평가센터 방법을 알아보면서 평가센터가 다양한 규모와 형태로 이루어질 수 있다는 것을 알아보았다. 비록 평가센터가 가이드라인의 기본 요건(모의상황, 다양한 평가방법, 다수의 평가자 등; International Task Force, 2000)을 따르기는 하지만, 마치 '플라스틱'처럼 상황에 따라 변형하는 것이 가능했다(Howard, 1997). 앞서 언급하였듯 평가센터 방법의 요소들마다 많은 차이점을 가지고 있다. 그렇다면 과연 무엇이 이 차이점을 설명할 수 있을까? 평가센터의 각기 다른 목적에서 도출되는 다른 점들 외에, 조직 내/외부의 환경으로 인해 달라질 수도 있다. 이번 장에서 다음 사항을 알아볼 것이다.

- 평가센터가 조직의 사업전략에 맞게 어떻게 실행될 수 있는가
- 평가센터가 조직의 인적자원관리 전략으로 어떻게 사용될 수 있는가
- 평가역량이 여러 인적자원관리 실무내용을 어떻게 통합할 수 있는가
- 평가센터 실제 운영이 조직의 외부 환경들, 특히 법률 시스템에 의해 어떻게 영향을 받는가

## 1 평가와 사업전략의 통합

조금 더 넓은 시야에서 보면, 평가센터는 조직의 사업전략을 수행하기 위해 만들어진다는 것을 알 수 있다. 사업전략은 인적자원관리 분야를 포함한 조직의 여러 가지 업무활동을 이끌어 가는 역할을 한다. 마찬가지로 사업전략은 평가센터 운영에도 영향을 준다. 조직의 사업전략은 뚜렷하게 명시적이거나 혹은 암시적일 수도 있고, 분명하고 명백하게 공표될 수도, 모호하고 불분명할 수도 있다. 만약 사업전략이 뚜렷하게 나타나 있지 않거나, 평가센터 개발자가 사업전략의 구성에 참여하지 않았다면 평가센터 개발자는 그 조직의 내부자에게 조직전략에 대한 충분한 설명과 이해를 얻고 이를 토대로 평가센터 프로그램을 만들어야 한다. 다음에서 다양한 사업 전략을 (Gomez-Mejia, Balkin, & Cardy, 2004에서 보여준) 설명하고, 사업 전략이 조직의 평가센터 프로그램에서 어떻게 드러나는지 논의할 것이다.

### 진화 전략

진화 전략을 쓰고 있는 조직은 새로운 사업의 인수 합병(M&A) 등을 통해 빠르게 변화한다. 이런 조직에서는 구조조정이 자주 시행되며 그로 인해 조직구성원의 채용/해임 또한 자주 발생한다. 이런 인수합병 상황에서 평가센터는 새롭게 변화하는 역할을 위해, 또는 새로운 기업문화에 대한 적응력과 높은 잠재력을 갖춘 인재를 선발하기 위해 사용된다. 이런 프로그램에서 평가되는 행동역량은 일반적으로 유연성, 사업가 정신, 위기관리 등을 포함한다.

평가센터는 진화전략을 가진 조직의 역동적인 기업문화를 모의상황으로 구성 할 수 있다. 예를 들어, 타사와의 합병과정, 최근 인사 구조조정, 함께 일하게 된 서로 다른 조직(국가)문화를 가진 조직구성원 간의 갈등 등을 모의과제로 구성할 수 있다.

### 안정된 상태의 전략

안정된 상태의 조직은 내부 요소에 초점을 맞춘다. 이런 조직은 자신들의 전문기술분야에서 새로운 제품을 개발함으로써 성장하며, 직원들에게 조직에 대한 충성심을 불러일으키고, 장기간 고용안정을 보장해주는 경향이 있다. 평가센터는 이러한 맥락에서 다양한 방식으로 도움이 될 것이다. 위와 같은 환경에서는 구성원의 장기 근속율과 조직에 대한 충성심이 매우 중요하기 때문에 개발평가센터 프로그램에 투자하는 것이 적절할 수 있다. 직원들이 행동역량(조직의 핵심임무에 꼭 필요한 역량)에 집중할 수 있게 해준다(예, 세부적인 작업계획과 빈틈없는 관리/감독 등에 필요한 기술). 이러한 개발평가센터 프로그램은 조직이 조직구성원의 장기적인 발전에 중요성을 두고 있다는 것을 보여준다.

### 전반적 비용우위 전략

제품이나 서비스의 가격을 낮추어 경쟁우위를 점하는 것을 목표로 하는 조직을 일컬어 원가 주도형 전략을 가지고 있다고 한다. 이런 조직환경에서는 보통 과업과 책무들이 구조화되어 있다. 그러므로 선발, 승진, 진단평가 등은 뚜렷하게 명시된 직무기술서나 직무 요구조건 등을 통해 쉽게 개발할 수 있다. 이 같은 환경에서는 상대적으로 전문적인 기술이나 특정 직무의 훈련 필요성에 의한 세부적인 기술 등을 평가할 수 있다. 또한 모의과제를 통해 조직구성원의 지적 능력을 평가할 수도 있다. 예를 들어, 리더 없는 집단토론은 낮은 노동원가 또는 생산품을 더 효과적으로 만드는 데 초점을 둘 것이다.

### 차별화 사업 전략

차별화 사업 전략을 가지고 있는 조직은 자신만의 독특한 제품이나 서비스를 개발하여 성장해나간다. 이들은 기술, 고객 지원, 제품 품질 등으로 다른 조직과 차별화를 할 수 있다. 이런 환경에서는 개인 또는 집단이 가지는 창의성의 발전을 위해 평가센터를 사용할 수 있다. 또한 평가센터를 통해 더욱 광범위한 조직 개발의 목표를 세울 수 있다. 예를 들어, 형식적인 것은 지양하고 혁신적인 것은 보상해주는 것과 같은 '학습 문화'를 만드는 것이다. 그렇기 때문에 이런 환경에서 평가센터는 광범위한 직무 범주를 포함할 수 있고, 평가역량이 실제 업무와 관련성이 높을 것이며, 조직 위계에서 특정 직위만을 대상으로 하지 않을 것이다.

### 집중화 전략

한정된 규모의 시장에서 낮은 가격을 강조하거나, 경쟁사와의 차별성을 강조하는 조직은 집중화 전략을 쓰고 있다고 할 수 있다. 이런 조직은 모든 종류의 평가센터 기법을 활용하여 이익을 볼 수 있다. 개발센터를 통해 타 조직과 차별화할 수 있고, 일반적인 평가센터를 통해 특정 직무에 적합한 인재를 선발하거나 조직 내 인력의 부족한 기술 등을 진단할 수 있다. 여기서 평가, 진단, 개발되는 평가역량은 평가센터의 목적에 따라 다를 수 있다. 이런 상황에서는 평가센터의 다양한 구성요소가 서로를 보완해주는 통합된 평가 프로그램이 효과적일 수 있다.

**요약**

완벽한 평가센터라는 것은 존재하지 않는다. 평가센터 개발자는 프로그램을 개발하면서 그 조직의 사업전략이 무엇인지를 인지하고 전략에 맞는 평가센터 프로그램을 개발해야 한다. 평가되는 행동역량들과 정의, 모의과제의 유형과 내용, 피드백 유형과 누가 피드백을 제공할 것인가, 평가센터의 결과들은 누구에게 전달될 것인가 하는 모든 내용이 해당 조직의 사업전략에 맞춰 기획되어야 한다.

## 2 평가센터와 사업전략의 연계를 위한 권고사항

조직의 인사부와 평가센터 개발자에게 주어지는 난제는 인적자원관리를 조직의 사업전략에 맞추는 일이다. Cascio(1998)는 이를 위한 가이드라인을 규정하였다. 평가센터의 운영에 맞게 각색한 내용은 다음과 같다.

1. 평가센터 개발팀의 구성원 중 한 명은 조직의 사업전략 개발에 참여했던 사람이어야 한다. 개발자는 조직과 조직의 인적자원관리 업무에 영향을 미칠 수 있는 내/외부적 요인을 이해할 수 있어야 한다.
2. 평가센터 개발자는 생산, 품질관리, 회계 부서 등 조직의 다양한 부서의 관리자들과 함께 일해야 한다. 인사관리과 하위부서와의 협력 또한 중요하다. 예를 들어, 개발 평가센터가 가장 효과적으로 실행되기 위해서는 평가를 이행하는 부서와 직원 훈련과 교육을 이행하는 부서가 협조해야 한다.
3. 평가센터 개발자는 조직의 고위관리자에게 평가센터가 어떻게 해당 조직의 사업전략을 달성하도록 해주는지를 분명히 할 수 있어야 한다. 많은 조직은 '핵심 역량' 목록을 개발한다. 이 핵심 역량은 평가센터에서 평가되는 행동역량의 토대가 되어야 하고, 행동역량은 조직의 '핵심 역량' 목록으로 분류될 수 있어야 한다.
4. 평가센터의 목적은 해당 조직의 사업전략에 맞게 규정되어야 한다(예, 조직의 새로운 사업 확장을 위해 전문 경영기술을 가진 인사를 채용, 증가한 업무를 처리하기 위해 현 직원에게 필요한 기술을 훈련).

5. 평가센터의 요소는 평가센터의 목적에 맞게 만들어져야 하며, 그 목적은 해당 조직의 인적자원관리 전략에 기반을 두어야 하고, 인적자원관리 전략은 조직의 전반적 사업전략에 중심을 맞추어야 한다.
6. 평가센터는 적시 적기에 효율적인 방식으로 이루어져야 한다. 평가센터 개발자는 평가센터 운영에 불필요한 진행 과정을 배제할 필요가 있다. 그 이유는 불필요한 진행 과정으로 인해 평가센터 피평가자(SME, 평가자 등)가 자신의 임무를 이행할 수 없게 되며, 조직의 전략목표달성 또한 타격을 받을 수 있기 때문이다.
7. 평가센터는 조직의 사업전략에 대한 기여 여부를 확인하기 위해 주기적으로 그 가치를 검토받아야 한다.

이 가이드라인을 따름으로써 평가센터의 효과성을 극대화할 수 있고, 직접적인 사업전략과의 통합을 보장받을 수 있다. 조직의 효율성과 생존을 위해 민간조직은 생산적이고 이윤을 창출할 수 있어야 하며, 공영조직은 우수하고 비용 효율이 높은 양질의 서비스를 제공할 수 있어야 한다. 그러므로 효과적인 평가센터의 목표는 생산적인 직원의 채용과 승진, 개발 및 존속 등을 극대화하는 것이어야 한다. 평가센터의 과정들은 이러한 결과를 통해 검증될 수 있을 것이다.

## 3 인적자원관리 맥락에서의 평가센터

인적자원관리의 목적은 조직구성원을 하나로 뭉치게 하고, 유지시키고 동기부여를 하는 것(Schuler & Huber, 1990)이며 평가센터는 그 목적달성에 기여한다. 지원자 대부분은 인지능력검사나 성격검사보다 평가센터에 호의적인 반응을 보이는 경향이 있다. 승진대상자들은 평가센터를 통해 승진이 결정되었을 때 결과를 공정하다고 인식하며 조직은 평가센터를 통한 진단 또는 개발평가를 진행함으로써 조직이 개인의 발전에 중요성을 두고 있음을 보일 수 있다. 이와 같은 인적자원관리 목적은 조직의 환경에 적합한 인적자원관리 개입을 통해 달성할 수 있다.

이 같은 주제에 대해서 Ivancevich (2004)의 인적자원관리 모델을 들 수 있다. 그림 11.1은 인적자원관리 과정의 진단모델을 보여주고 있다. 여기서 Ivancevich는 모든 인적자원관리 프로그램이 조직의 내외환경으로부터 영향을 받고 또 영향을 준다고 나타내고 있다. 제시된 그림은 인적자원관리 과정에 영향을 미치는 여러 가지 외적(정부 차원의 규정 및 법률, 경제적 상황, 노동인력의 공급량 등) 또는 내적(조직의

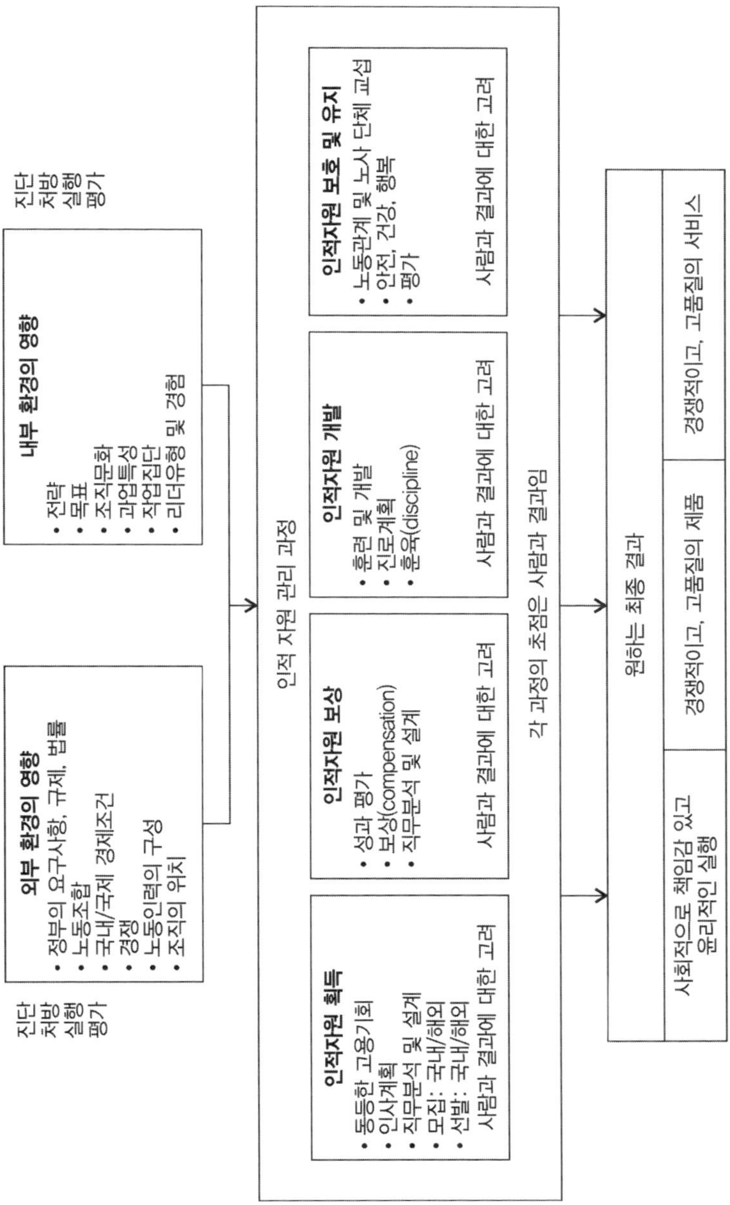


**그림 11.1** 인적자원관리 진단모델(Ivancevich, 2004)에서 발췌
*Human resource management*. Reproduced with permission of the McGraw-Hill Companies.

과업, 전략, 목표, 문화 등) 요인들을 보여주고 있다. 이러한 요인은 조직구성원의 채용, 보상, 개발, 존속에 있어 중요한 영향력을 가진다. 다음은 위와 같은 요인들로 인해 평가센터 프로그램들이 영향을 받는 사례이다.

- 표준화되지 않은 과제로 인해 생길 수 있는 법률적 문제를 우려하여 일부 경찰, 소방구역에서는 집단 토론과 인터뷰 모의상황을 배제하게 되었다.
- 경제적 상황으로 인해 일부 조직들은 중간관리자를 평가자로 사용하는 비용을 줄이기 위해 평가센터 프로그램을 외부에 위탁하였다.
- 성장신뢰문화를 가지고 있는 조직에서 피평가자와 그들의 현장관리자를 한 팀으로 하여 진단 평가센터를 실행하였다.
- 한 조직에서 조직구성원에게 전문 경영지식을 필요로 하는 부문을 강조하기 위해 역량모델을 개정하였다. 그로 인해 전문 경영지식이 필요한 부분에서 더 높은 기대를 요구하는 평가역량이 완성되었다.

내/외부적 영향요소들은 모두 그림11.1에 제시된 네 가지 인사 과정에 적용된 평가센터에 영향을 주었다. 인재발굴의 한가지 측면은 필요한 자질을 갖추고 있는 사람들을 모집/선발하는 것이다. 평가센터 설계 시, 조직이 신입 직원들에게 기대하는 행동역량들은 직무요구조건을 이해하기 위한 직무분석 과정과 조직의 전략목표로 인해 부과된 새로운 기대를 분명히 하기 위한 역량모델링을 통해 분명하게 표현된다. 이것이 면밀하게 수행되었을 때, 선발을 위한 평가센터의 개발과정은 조직의 효율성에 큰 도움을 준다. 이 과정은 조직이 구체적이고 행동적인 용어를 찾기 위해 조직에 필요한 역량을 확인하고, 모의과제에서의 수행을 평가하기 위한 행동기준 평정척도 BARS를 개발하는 것을 포함한다.

평가센터는 일반적으로 현재 직무의 수행평가나 보상을 위해 사용되지는 않지만, 기술능력을 토대로 하는 임금 시스템에서 조직구성원의 역량을 토대로 임금을 올릴 수 있는지에 대한 자격 유무를 증명할 수 있도록 한다. 역량 기반 또는 지식 기반 임금 시스템이라고도 불리는 이러한 시스템은 조직구성원이 자신의 직책이 아닌 그들이 가지고 있는 능력으로 평가받고 보상받을 수 있도록 한다. 이와 같은 시스템은 조직구성원에게 새로운 기술을 숙지하도록 동기부여를 한다. 검사가 지식을 측정하는 반면, 평가센터는 조직구성원이 복합적인 기술을 숙지하고 사용할 수 있음을 증명해주는 하나의 장치로 사용된다. 예를 들어, 어떤 IT 회사는 고객들에게 서비스를 제공하는 컨설턴트의 자격을 확인하기 위해 지식검사와 포트폴리오를 평가센터와 함께 사용하였다. 그 결과, 컨설턴트는 어려운 프로젝트에 참여하고, 높은 임금을 받을 수 있었다. 직무분석에서 밝혀지거나 평가센터에서 평가된 행동역량 역시 수행평가의 기준으로 사용될 수 있다. 이것은 통합 인적자원관리 시스템의 한 예이다.

이 책의 전반에 걸쳐 제시하였듯이 평가센터는 인적자원 개발을 위해 점차 많이 사용되고 있다(그림 11.1의 왼쪽에서 3번째 상자에 서술되어있는 과정들). 평가센터가 이 목적을 위해 사용되었을 때 조직의 사업전략, 목표, 문화는 평가역량의 정의에 많은 영향을 미친다. 일반적으로 요구되는 리더십 기술과 좋은 리더로 성장하기 위해 관리자에게 바라는 자질은 해당 조직에서 요구되는 리더십에 따라 재정의 된다. 예를 들어, 소방구조대의 관리자 집단에서는 상대적으로 지시적인 리더십이 요구되는 반면, 연구자나 컴퓨터 소프트웨어를 설계하는 조직에서는 참여적 리더십이 이상적일 수 있다.

인적자원 유지(그림 11.1의 오른쪽 끝 상자에 서술되어있는 과정들)를 위해서는 반드시 조직의 내/외부적 환경을 고려해야 한다. 평가센터를 개발할 때, 개발자는 공식적인 노동조합의 요구사항뿐만 아니라, 표면적으로 드러나진 않지만, 작업집단에 영향을 줄 것으로 예상되는 조합(예, 소수민족 소방대원 연합, 경찰관 공제조합 등)까지 고려해야 한다. 평가센터는 해당 시정법규, 선행 법률판결, 그리고 가치와 적합성의 객관적 측정이 요구되는 전통적인 과거 판례 등에 의해 영향받을 수 있다.

## 4 작업현장의 다양성 증진을 위한 평가센터의 운영

인구통계학적 요인은 조직의 사회적 맥락을 형성하는 또 다른 상황 변수이다(Cleveland & Shore, 1992). 오늘날의 업무 환경은 점점 다양해지고 있으며(Traindis et al., 1993), 이는 조직적 측면에서 매우 환영 받는 일이기도 하다(Raggins, Townsend, & Mattis, 1998). 이런 관점으로 볼 때 평가센터 개발자는 평가센터 프로그램이 어떻게 조직의 전략적이고 다양한 목표를 달성할 수 있게 해줄 수 있을지를 마련해야 한다.

Arthur & Doverspike(2005)는 조직이 인사 운영을 통해 성/인종차별을 줄이고 다양성을 이룰 방법을 제안했다. 이 중 많은 방법이 평가센터에 적용될 수 있다. 첫 번째는 조직이 조직구성원을 선발하는 과정에 다양성의 가치 기준을 포함하는 것이다. 조직의 다양성을 인정하고 차별을 반대하는 태도를 확인하고 개인 간의 차이를 신뢰성 있게 측정함으로써 조직은 다양성 목표에 도움을 줄 인재를 선발할 수 있을 것이다. 물론 조직의 선발 시스템에 이런 예측변수를 추가하는 것은 조직의 선발기준에 대한 확장이 필요하다. Arthur & Doverspike는 인종주의, 현대의 인종차별주의, 현대

성차별주의, 개방성, 세계시민주의, 암묵적 인지 등을 추가로 평가할 수 있는 잠재적 특성으로 보았다.

평가센터는 다양성을 인정하는 태도를 평가하고 가려내는 데 특히 유용하다. 왜냐하면, 다양성에 관한 평가역량은 그 조직의 환경과 가치관에 맞게 정의되어 외적 행동 관찰이 가능하기 때문이다. 조직은 모의과제를 통해 후보자의 가치관과 평가역량을 평가할 수 있다. 여기에서의 평가내용은 다른 직무관련 평가역량에서의 평가와 통합되어 후보자의 종합 평가등급을 결정한다. 이렇게 함으로써 조직은 평가를 효과적으로 처리할 뿐만 아니라 조직의 다양성 목표를 달성하도록 도와줄 조직구성원을 선발할 수 있다. 하지만 Arthur & Doverspike는 인사실무자에게 현재 다양성 추구와 관련된 사회적 기대치에 부응하려고 속임수를 쓴 평가역량을 고려해야 한다고 하였다.

다양성 추구는 개발 평가센터 프로그램에도 포함될 수 있다. 연장자 직원 훈련 환경에서 마주칠 수 있는 어려움을 예로 들어 보자. Arthur & Doverspike에 따르면, 이런 어려움은 훈련 책임자의 관심과 연장자 직원에게 훈련 프로그램에 참여하는 데 대한 보상과 동기부여를 통해 해결할 수 있다고 주장했다. 개발 평가센터가 연장자 직원에게 미치는 영향에 대해 체계적으로 알아본 연구로는 Gibbons & Rupp(2004)의 연구가 있다. 그들은 개발 평가센터 프로그램에서 젊은 직원에 대한 편파의 증거를 찾지 못했고, 연장자 직원들은 개발 평가센터의 훈련에 관해 호의를 보인다는 결과를 발표했다. 동일한 관리자 집단에서 수집한 주관적인 다면평가에서 편파를 보임에도 불구하고 연령 편파가 적음을 보여주었다. Baldwin, Rupp & Bashshur (2005)은 개발 평가센터가 책임자들 사이에 어떻게 공정성을 증진시킬지에 대해 연구했다. 총 노동인력 내의 상당수가 연장자 직원들로 구성된 조직은 프로그램에 추가적인 구성요소를 포함하여 책임자들에게 연장자 직원, 또는 다른 소수 집단에 소속되어있는 직원(예, 여성, 소수 집단 등)이 극복해야 하는 요소를 인지시킬 필요가 있다. 이런 평가센터 프로그램 개발자들은 다양성 훈련에 관련된 안내 문헌을 참고할 필요가 있다(Bendick, Egan, & Lofhjelm, 2001 참조). Arthur & Doverspike (2005)는 이 프로그램들은 다음과 같은 사항을 준수해야 한다고 주장했다.

- 역설적 전환을 피하기
- 행동 단계를 포함하기
- 훈련에 필요한 충분한 시간을 제공
- 훈련이 훈련자의 가치를 표현하는 것이 아니라는 것을 숙지
- 겉으로만 이해하지 않기
- 목표를 명확히 하기

- 최고경영진의 지원 여부를 확인
- 긍정적 행동과 함께 훈련의 통합 및 차별화

이와 비슷한 연구에서 Pettigrew(1998)는 프로그램이 다음과 같은 사항에 중점을 둘 필요가 있다고 말했다.

- 다른 집단에 대한 학습
- 행동 변화
- 외부집단과 관련된 긍정적인 정서 만들기
- 개인의 내부집단에 대한 통찰하기
- 조직의 다양성 주도에 참여하거나 다양성 목표달성의 기여에 대한 보상

요약하면 평가센터 프로그램이 조직의 다양하고 효율적인 노동환경을 조성하는데 많은 기여를 할 수 있으며 그 방법은 여러 가지가 있다. 조직구성원의 다양화가 계속되면서 위와 같은 목표는 앞으로 현대 조직의 경쟁력과 성공을 위해 중요한 요소가 될 것이다.

## 5 인적자원관리 기능의 통합 메커니즘으로써의 평가역량

평가센터는 많은 인적자원관리의 업무를 통합할 수 있으며, 평가센터에서 평가되는 역량은 하나의 종합적인 메커니즘을 제공하게 된다. 이상적으로, 하나의 인적자원관리 부서가 조직분석, 직무분석, 그리고 역량모델링을 책임지고, 핵심 역량을 인식하여 조직화한 뒤, 이를 행동역량으로써 운용되도록 하는 것이다. 그러나 이 같은 진단성 과정들이 본질적으로 다른 조직의 부서에서 시행될 수도 있다. 행동역량은 선발, 훈련, 수행평가, 수행관리와 같은 인사업무의 기초자료가 된다.

평가역량이 어떻게 쓰였는지에 대한 예는 다음과 같다.

- 평가센터에서 평가되는 평가역량은 조직의 종합적 역량모델에 기초한다. 예를 들어, 어떤 조직은 고객지원에 더 많은 중점을 두도록 결정한다. 이에 대한 역량들은 고객 의견 경청, 문제분석력 등으로 정의될 수 있다.
- 평가역량은 수행평가와 수행관리제도의 기본 틀로써 사용될 수 있다. 또한, 평가

역량은 직원이 목표관리 또는 수행관리제도에서 수행목표에 미치지 못한 경우, 그에 대한 해석을 제공하기도 한다.

- 훈련 프로그램의 내용은 평가센터 평가역량에 포함되어있는 기술을 토대로 만들어질 수 있다. 훈련과 개발은 '발전 가능한' 행동역량에 집중될 수 있다(예, 적절한 기간 내에 조직이 수행할 수 있는 지식, 기술, 능력 등에 대한 훈련 및 개발).
- 관리자 승계계획에도 역시 평가센터 결과가 포함될 수 있다. 이런 계획은 보통 개인의 강점을 직무/조직의 요구사항과 비교하게 된다. 평가센터를 통해 진단된 개인의 관리능력은 배치과정에서 로드맵 역할을 한다.

평가센터는 인적자원관리 기능을 통합하는 여러 가지 기법을 제공할 수 있으며, 평가센터 결과들은 훈련, 개발 프로그램의 도입부가 될 수 있다. 어떤 한 조직에서 두 가지 인적자원관리 정책들이 수립되었다. a) 평가센터를 통해 측정된 개발 필요성 진단 후에는 계획된 역량개발활동으로 이어져야 하며, b) 훈련 프로그램 참석 또는 개발과제 참여는 이에 대한 실제 필요성을 문서화함으로써 정당화되어야 한다(예, 평가센터 진단서). 또한, 앞서 언급된 평가센터의 인적자원관리 기능 통합은 훈련 필요성의 진단으로 훈련 참가자들이 프로그램에 적극적으로 참여할 수 있다는 이유에서 이루어진다. 그러나 지능검사를 통한 평가에서는 이 같은 효과가 나타나지 않는다.

통합 회의는 다방면에서 진단된 평가내용이 결합될 때 진행될 수 있다. 일부 컨설팅 업체는 능력검사와 성격검사 결과를 통해 평가센터 피평가자가 수행과제에서 왜 그와 같은 행동을 보였는지에 대한 설명을 한다. Howard(1997)는 다면 피드백 평가내용과 평가센터 내용을 결합할 방법에 대한 연구결과를 발표하였다. 이 두 가지 방법은 서로를 보충해주는 역할을 한다. 다면 피드백 평가는 피평가자가 업무 상황에서 상사, 동료, 부하직원들에게 어떻게 인식되는지에 대한 정보를 제공하고, 평가센터에서의 수행성적은 피평가자의 역량을 보여주기 때문이다. 조직에서의 승계 계획은 각 관리자에 대한 정확한 기술과 능력평가에 의해 이루어진다.

## 6 평가센터와 외부환경: 법적인 고려사항

논쟁과 잦은 소송에 휘말리는 환경에서 운영되는 조직에서는(예, 경찰관과 소방대) 고소나 소송에 휘말릴 위험성을 최소화시킬 수 있게 평가센터를 개발하고 수행하는 것이 좋다. 법적 환경의 영향이 이러한 조직 내 평가에 대한 많은 관례를 가져

왔다.

- 피평가자 간 상호작용이 필요한 과제들을 피할 것. (예, 집단마다 구성원의 성향이 다를 수 있으므로 리더 없는 집단토론 과제를 사용하지 않도록 할 것)
- 역할수행을 해야 하는 과제들을 피할 것(예, 문제를 일으키고 있는 직원과 미팅을 통해 수행평가 등을 해주어야 하는 모의과제는 피평가자가 누구냐에 따라 역할수행자의 행동이 변할 수 있으므로 피할 것)
- 과제에서 피평가자와 평가자 간 상호작용을 최소화할 것(예, 평가자가 피평가자에게 그들이 작성한 서류함 과제 답변들에 대해 추후 질문을 하지 않는 것)
- 과제의 준비시간과 실행시간을 엄격하게 지킬 것
- 평가자가 피평가자와 어떠한 관계(친족적, 사무적 등)로 연관되어 있지 않은지 확인할 것
- 피평가자에게 무작위로 평가자를 지정하는 것

이 모든 과정이 평가센터의 표준화를 높여주고, 조직을 지원자가 제기할 수 있는 불공정 대우 소송으로부터 보호해줄 수 있다. 다음 부문에서는 평가센터가 소송의 대상이 되었을 때 어떻게 대응했는지에 대해 알아볼 것이다.

## 평가센터에 포함된 법적 의사결정 결과

Thornton & Byham(1982)는 평가센터가 포함되어있는 인적자원관리 시스템을 상대로 70년대에 제기된 10개의 소송 건에 관해, Thornton(1992)은 그 후에 있었던 일부 소송에 대하여 개괄하였다. 이들 소송에서 평가센터 방법이 패소한 사례는 없었다. 평가센터에 대한 광범위한 연구와 최신기술을 반영하여 평가센터 방법이 개발되었고, 사회적 소수 집단이나 여성들에게도 역시 차별 없이 일관적으로 적용되었다는 증거가 이러한 결과를 가져왔다. 최근 몇 년간, 평가센터 방법에 대한 많은 소송이 제기되었다. 또한, 직원차별대우 소송 판결에서 역시 평가센터가 논의되었다. 이 소송들에 대한 판결은 법원이 평가센터 방법에 대해 가지고 있는 견해를 보여준다. 소송은 선발, 승진, 해고 과정에 걸쳐 제기되었다. 소송에서 원고는 인사 결정에서 자신들이 인종, 성별, 나이 등으로 인해 불이익을 받았다고 주장하였다. 대부분의 이런 상황은 평가센터 방법(또는 모의과제들)이 다른 평가기술과 병합되어 사용되었을 때가 많다. 이것은 평가센터에 대한 명확한 정의를 어렵게 한다. 그럼에도 불구하고, 이전 사례들을 검토해보면 평가센터 방법에 관한 재판이 가장 논리적인 변호가 가능하다는 사실을 알 수 있다. 하지만 이러한 통찰이 배심원단에는 일반화되지 않았다는

것을 기억할 필요가 있다.

'평가센터'라는 내용이 포함된 사법 판정은 여러 범주로 나누어 볼 수 있다. 평가센터의 집행방식, 타당성, 또는 공정성에 직접 관련되었던 판정에서부터 평가센터가 아주 사소한 부분에 불과했던 판정까지, 그 내용 또한 다양했다. 다음 부문에 나오는 사법 판정들에 대한 인용문에서는 원고와 피고의 이름만 거론될 것이다. 전체 법 인용문은 부록 B에 나와 있다.

## 평가센터에 대한 실질적인 판결들

첫 번째 사례들은 '실질적인 판결'의 모음 또는 판사가 평가센터 방법의 타당성과 공정성에 대한 판결을 내렸던 판례들이다.

- 일반적으로 많이 참조되는 판례인 *Firefighters Institute of Racial Equity et al대 City of St. Louis* 에서는, 필기시험과 평가센터를 사용하는 승진평가가 흑인 후보자들에게 불공평한 요소들이 있었지만 충분한 타당성을 가지고 있었다고 공인하였다. 저명한 산업 심리학자들은 원고와 피고 모두에게 전문증인 역할을 해주었다. 증거 중에는 필기시험이 흑인들에게 불공평했지만 흑인과 백인 후보의 시험 평균점수는 거의 같았다는 내용이 있었다(2.864 대 2.865).
- *Garza 대 City of Inglewood* 건에서는 평가센터를 통해 경찰서장을 선발한 시(市)의 승소 판결이 나왔다.
- *Rudder et al. 대 District of Columbia* 에서 판사는 District of Columbia 소방서의 서장, 차석, 경사 승진 평가를 위한 평가센터에서 소수인종에 대한 유불리 효과가 드러났지만 District of Columbia의 손을 들어주었다. 시(市)에서 그 평가센터 방법의 타당성을 증거로 제시했지만, 원고는 평가센터의 불법적인 차별의 증거를 대지 못했기 때문이다.
- *NACCP - Metro Branch et al. 대 City of Montgomery* 건에서는, 지방법원이 Montgomery시 소방부서의 승진 평가에 평가센터 사용에 대한 타당성을 입증하는 두 개의 선서 진술서를 받아들이고 인정했다.
- *Sapp 대 City of Warner Robins* 간의 성차별 소송에서 법원은 경찰 경사 선발을 위해 사용된 평가센터는 적법하였다는 판결을 내렸다.
- *Wilson 대 Michigan Bell Telephone* 은 평가센터가 관리직에 지원하는 흑인 지원자를 차별한다는 것에 대한 항고였다. 법원은 발표된 연구결과를 토대로 한 평가센터의 타당성을 인정했고, 피고의 손을 들어주었다.

- *Cousin 대 Board of Trustees of Houston Municipal School District* 에서의 판결은 지역 학교 교장 선발에서의 평가센터 사용을 인정했다.

## 평가센터 사용자에 대한 판결 요약

또 다른 범주의 판례에는 약식 판결이 있다. 약식 판결은 사건 진상의 여부에 논쟁의 요지가 전혀 없으므로 판사가 법만을 가지고 판결을 내릴 수 있을 때 이루어진다. 이러한 판결은 일반적으로 피고자(조직) 측에서 요구한다. 이는 원고 측이 제기한 소송(신청)을 기각하기 위함이다. 이런 상황에서, 판사는 원고 측이 자신들의 주장에 대한 충분한 증거를 제시하지 못하였을 때에 한해서 약식판결을 승인한다. 원고 측이 아무리 유리한 상황에 있다고 해도 이는 변하지 않는다.

- *Cunningham 대 Village of Mount Prospect et al.* 건에서는 약식판결을 통해 경찰, 소방관 승진 시험에 평가센터를 포함하기로 한 시(市) 측의 손을 들어주었다.
- *Hunter 대 City of Warner Robins, Georgia* 건에서는, 시(市)가 평가센터를 통해 확인한 지각 후보자의 시험 점수를 하향 조정하는 것을 인정하였다.
- *Long 대 City of Kansas City* 건에서는 평가센터를 통한 소방서장 승진 프로그램에 대한 원고의 소송에 대해 법원은 기각 판정을 내렸다.
- *Plamer et al. 대 Kroger* 건에서는 평가센터를 통해 지점장을 선발한 회사의 승소 판결이 내려졌다.
- *Housley 대 Boeing* 에서는 원고 측이 회사가 1급 관리자 승진시험을 위해 수행한 평가센터에 대해 소송을 제기하였으나 기각되었다.
- *Felton et al. 대 City of Auburn* 에서는 원고 측이 시(市)가 소방부서에서 사용한 승진 시험에 대해 소송을 제기하였으나 기각되었다.
- *Pyles 대 Boeing* 에서는 평가센터를 통한 1급 관리자 채용결과에 대한 소송이 기각되었다.
- *Belfield 대 Cheasapeake & Potomac Telephone* 에서는 평가센터가 기술 보조직 선발을 위해 사용될 수 있다는 판결이 내려졌다.

## 평가센터 사용에 대한 합의 타결 또는 조정서

원고 측과 피고 측은 보통 재판 전에 합의점에 도달하게 되며, 이에 대한 합의서안은 판사의 검열과 승인 절차를 거쳐야 한다. 평가센터 이행에 대한 합의는 선발/승진 절차가 피평가자에 의해 공정성이나 실효성에 대한 법적 이의가 제기될 때 이루어진다. 공/사기업의 평가센터와 관련된 소송들의 합의 사례가 아래와 같이 개괄되어있다.

- *Stewart et al. 대 US Department of Treasury* 건에서는 평가센터를 승진 평가 과정에 포함한다는 내용에 대한 합의가 이루어졌고, 이는 담당 판사에 의해 승인되었다.
- *Reynolds 대 Alabama Department of Transportation* 건에서는 평가센터나 다른 구조화된 검사 시행에는 Department of Transportation 관리자가 참여할 수 있지만 서비스 평가에는 참여할 수 없다는 합의 조정서가 나왔다.
- *United States 대 City of Milwauke* 건에서는 법원이 경사 승진 평가에 평가센터 사용에 대한 동의 명령을 승인하였다.
- *Williams 대 Weirton Steel* 건에서는 합의 조정서에 Weirton Steel이 1급 공장장 승진 대상자 평가에 평가센터를 사용하라는 규정이 포함되었다.
- *Stearns 대 Ponderosa* 건에서는 평가센터가 여성 직원을 관리직에 대비하여 개발해줄 수 있고, 관리역량을 갖춘 여성 직원을 구별해 낼 수 있다는 것을 인정하였다.

## 반려된 평가센터에 대한 법원의 명령

법률적으로, 피고 측이나 원고 측은 다른 한쪽이 소송이나 어떤 조치를 취하는 것을 금하도록 법원에 신청할 수 있다. 그렇기 때문에, 원고 측은 기업/조직이 승진 평가과정에 평가센터를 포함할 수 없도록 신청할 수 있다. 다음 건들은, 법원에서 원고 측의 이런 요구를 거절한 판례들이다.

- *Adams et al. 대 City of Chicago* 건에서는, 시카고 시(市)가 경사 승진 시험에 평가센터를 포함할 수 없도록 해달라는 원고 측의 신청을 거절했다.
- *Sharr et al. 대 Department of Transportation* 건에서는, 보통 하루 안에 완료되는 평가센터가 이틀간에 걸쳐 실행된다는 것에 대해 반발하여 신청한 원고 측의 발의를 거절했다.

## 7 평가센터를 지지하지 않은 법원의 결정

평가센터에 관한 모든 판결이 평가센터의 손을 들어주는 것은 아니다. 평가센터가 인지능력 검사 같은 다른 방법들보다 타당도가 높고, 소수집단이나 여성들에게 차별적이지 않지만, 재판에서 항상 승소하진 않는다. 겉보기에만 타당해 보이나 실제론 그렇지 않은 평가방법을 제시하거나 평가센터 시행에서 부정 등이 발견된다면, 평가센터 적용에 제약이 될 수 있다. 이런 사례를 피하려고 노력한다면, 평가센터 운영과 발전에 많은 도움이 될 것이다.

### 타당한 듯한 대안을 주장한 사례

유불리효과에 관한 소송에서는 다음과 같은 세 단계가 있다. 첫 번째, 원고 측은 평가절차가 법적으로 보호를 받는 소수 집단에 차별을 했다는 증거를 제시해야 한다. 두 번째, 피고 측은 평가방법이 타당했고 평가한 내용이 직무와 관련되어 있었다는 것을 제시해야 한다. 세 번째, 원고 측은 기업/조직이 평가를 시행하는 목표를 충족하면서도 소수집단에 대한 차별을 최소화하는 다른 평가방법이 있다는 것을 제시해야 한다. 세 단계를 모두 진행한 한 사례에서, 원고 측은 평가센터가 유불리효과를 보여주는 다른 절차를 대체할만한 것이라는 것을 제안했다. 하지만 여러 사례를 통해, 승진 평가의 대안으로 언급된 것이 미미하므로 절차가 타당하지 못하다는 판단을 뒤집을 정도로 충분한 설득이 되지는 못했다.

- *Simmons et al. 대 City of Kansas City* 건에서 법원은 경찰 승진 시험에서 인종차별 가능성이 있는 세 가지 부분(필기, 면접, 관리능력 평가)으로 나뉜 시험 대신 평가센터를 사용할 것에 대한 청원을 기각했다.
- *Allen et al. 대 District of Columbia* 건에서는, 인종차별이 있었다는 주장만으로 평가센터가 포함된 승진시험의 결과를 번복하지 않았다.
- *Cotter et al. 대 City of Boston* 건에서 법원은 평가센터나 구두 면접이 경찰승진 평가에서 서술형 시험을 대체할 수 있는 매체인지에 대해 회의적인 입장을 나타냈다.

### 평가센터 운영의 제한

법원은 평가센터 방법에 대해 전폭적인 지지를 보여주지는 않았다. 다음 판례들에서 법원은 평가센터 적용에 필요한 중요 요소들에 관한 고려사항을 상기시켜주었다.

- *Meisser et al. 대 Federal Deposit Insurance Corporation* 건에서 법원은 FDIC가 평가센터를 청각 장애인들에게 적합하게 적용하지 않았다는 판결을 내렸다.
- *Sanchez et al. 대 City of Santa Anna* 건에서는, 평가센터에 드는 비용 때문에 평가센터를 경사 승진시험에서 서술형 시험을 대체하는 매체로 사용하지 않아도 된다는 판결이 내려졌다.
- *San Antonio Hispanic Police Officers' Organization et al. 대 City of San Antonio* 건에서 법원은 시(市)에게 평가센터 결과 사용에 대해 금지명령을 내렸다. 그 이유는 평가센터의 적용에 결함이 발견되었기 때문이다. 그 사항에 대한 원고와 피고 측의 합의가 이루어졌고 법원은 그것을 승인하였다.
- *Perez 대 Federal Bureau of Investigation* 건에서 법원은 평가센터 방법의 여러 면을 비평했다. 조직의 변화를 반영하지 못한 것, 라틴계 평가자 수의 부족, 조직이 진행한 평가센터 결과에 대한 비일관적인 사용 등이 그 이유였다.

## 결론

고용과 관련된 소송은 본질적으로 여러 가지 복잡한 요소들을 가지고 있다. 한 사건에서 하나의 요소가 어떤 작용을 했는지 정확하게 알아내는 것은 아주 어렵다. 판사들이 직접 평가센터의 운영을 맡은 것이 아니라는 점에서 이 소송들은 더욱 모호해진다. 그럼에도 불구하고, 다양한 검토를 통해 여러 교훈을 얻을 수 있다. 다음과 같은 사항을 준수한다면 법률적으로 평가센터에 유리하게 적용될 것이다.

- 평가센터의 타당성을 증명하는 증거가 제공되었을 때. 증거는 평가센터의 과제가 직무 내용을 얼마나 잘 대표하는지(내용 타당도), 평가점수가 직무 효과성의 측정과 관계있는지를 증명하는 형식 등으로 이루어질 수 있다.
- 평가센터가 소수 집단에 대해 차별하지 않는다는 증거 제시. 만약 차별의 근거가 있다면, 더욱 설득력 있는 증거가 제공되어야 한다.
- 평가센터가 모든 피평가자에게 동일하게 제공되었다는 것에 대한 증거 제시. 약소한 차이는 영향이 없겠지만, 주요 부문에 대한 차이는 문제가 될 수 있다.
- 피평가자의 인종, 연령, 성별 등에 맞는 평가자의 구성.
- 평가자가 철저히 훈련을 받았고 충분히 감독했다는 증거 제시.

## 8 평가센터의 지속가능성을 설명하는 원칙

최근 몇십 년간 있었던 평가센터 사용을 통해 어떤 조직에서는 평가센터의 사용이 중단되고 어떤 조직에서는 오랫동안 지속되는지에 관한 기본 원칙들이 성립되었다. 평가센터가 실패하는 이유는 상대적으로 분별하기 쉽다. 1970년대부터, 우리는 수많은 평가센터에 관한 계획, 개시, 실행, 지도, 관찰, 자문, 평가에 개입해왔고, 평가센터에 관한 여러 이야기를 들어왔다. 평가센터가 실패하는 몇몇 이유는 다음과 같다.

- 불충분한 준비: 적절한 인력이 포함되지 않음, 고위 관리자들의 호응 유도 실패
- 번거로운 예비 작업: 직무분석과 과제 개발에 과도한 시간 할애
- 평가자 훈련의 문제: 예비 평가자가 평가 과정에 어려움을 겪거나 가상의 피평가자가 훈련 과정에 혼란을 일으켰을 때
- 평가결과의 오용: 진단평가를 위한 프로그램에서 얻은 정보가 승진평가를 위해 쓰일 때
- 타당성에 대한 증명 부재
- 평가센터 프로그램을 실행하는 데 필요한 시간과 자금에 대한 고위 관리자들의 후원 저하
- 평가센터 프로그램이나 과제들에 대한 정보 유출
- 유용한 피드백 제공 부족

성공적으로 유지되고 있는 평가센터 프로그램을 보면 기술적으로 견고하고 신중하게 실행된다는 것을 알 수 있다. 이런 기본적인 사항 외에도, 평가센터는 조직의 거시적 인적자원관리와 전략적 계획 등을 정기적으로 규정하는지에 따라서 성공 여부가 결정된다. 임원 위원회에 규칙적으로 보고함으로써 그들의 지속적인 지원을 받게 된다. 성공적인 평가센터 프로그램은 기능 부서의 핵심 관리자들의 지원을 받을 수도 있다. 예를 들어, 마케팅 부서의 부사장이 영업직원의 관리직 승진평가에 유용한 정보를 제공한 평가센터 프로그램을 지원하게 될 수 있다.

평가센터 프로그램을 필요로 하는 당사자가 평가센터를 통해 무엇을 얻고자 하는지를 프로그램 개발자들이 명확히 이해하고 이행했을 때 성공적으로 유지될 수 있다. Caldwell 등(2003)은 공공 안전 조직에서 일곱 명의 이해관계자가 수행해야 하는 평가센터 운영자의 일곱 가지 윤리적인 의무에 관해 기술했다. 이 분석은 Lievens와 Klimoski(2001)에 의해 언급된 평가센터 개념화가 변화했음을 말한다. 다시 갈해, 오

늘날의 평가센터에는 피평가자, 평가자, 평가센터 사용자, 기업/조직 등 여러 이해관계자가 수반되어 있다는 것이다. Lievens와 Klimos는 평가센터의 새로운 조사에 대해 상세한 설명을 부여하지 않았다. 하지만 평가센터 개발자와 운영자가 효율적이고 효과적인 평가센터를 실행해야 하는 책임/의무에 대해 이해할 필요가 있다. 표 11.1에는 평가센터의 의무가 매트릭스에 기술되어 있다. 영구적으로 확대되는 평가센터 관리자가 책임을 져야 하는 대상에는 지원자들(피평가자), 평가자들, 운영부서의 관리자들, 조직의 인적자원관리 부서장, 시(市) 관리자들, 일반 국민 등이 포함되어 있으며 그들의 가족 또한 포함된다. 평가센터 관리자의 의무로는 정당한 평가 실행, 평가센터의 질에 대한 평가, 모든 피평가자에 대한 절차의 공정성 유지, 관련 법률과 규제 준수, 재정 상황 고려 등이 있다.

일곱 명이 수행하는 일곱 가지 의무는 각각 다양한 방식으로 드러난다. 몇 가지 예시는 지속 가능한 평가센터를 조성하는 복합적인 행동 패턴을 보여줄 것이다. 시(市) 관리자나 기업의 중역 관리자는 평가센터가 완벽하기를 원한다. 평가센터는 비합리적으로 큰 비용 지출이 있어서는 안 되며 법률적 변호가 가능해야 한다.

경영부서 관리자의 수요를 충분히 만족시킨다면 평가센터는 성공적으로 유지될 수 있을 것이다. 그에 포함된 서비스에는 선발/승진 부서와 업무에 필요한 조건들을 잘 충족시킬 수 있는 조직구성원 개발 등이 있다. 평가센터 프로그램은 조직구성원을 개발하는 부서를 포함해야 하며 최소한의 편견이나 차별이 없어야 한다. 또한, 공공기관에서 이행되는 평가센터는 효율적으로 운영되고, 적합한 인사 선발을 하고, 투명하게 운영되기를 원하는 공공의 요구에 맞춰 운영되어야 한다. 마지막으로, 평가센터의 개발과 실행과정에서 평가센터 관리자의 필요성을 고려한다면 평가센터는 성공적으로 유지될 수 있을 것이다. 최소한 과도한 업무로 인해 올 수 있는 직무탈진은 피해야 한다. 최상의 결과로는 전문가 및 법률가와의 상담을 통해 평가센터 개발자 자신의 개발 역량을 향상하고, 타당하고 법률적 변호가 가능한 평가센터 프로그램을 만드는 것이다.

다양한 이해관계자가 본인의 의무를 이행한다면 평가센터 개발자는 조직에 오랫동안 기여할 프로그램을 개발할 수 있을 것이다.

**표 11.1 평가센터 의무사항 매트릭스**

| | 시 관리자 | 부서 | 후보자 | 평가자 | 공공기관 | 인사전문가 | 자기자신&가족 |
|---|---|---|---|---|---|---|---|
| **역량** | 모범 운영 | 목표적합성 | 명확하고 공정 | 적절한 훈련 | 요구 수용 | 실수 없는 과정 | 모델 우월성 |
| **법적 준수** | 법적 책임 최소화 | 가이드라인 준수 | 직무관련된 & 편향적이지 않은 | 이슈 명료화 | 실수 피하기 | 위기 예측 | 법률자문가 접촉 |
| **통지 필요성** | 비용/이익 조언(협의) | 계속 공유함 | 준비&설명 | 요구사항 설명 | 공지&공유 | 결과 공유 | 요구사항 인식 |
| **절차 공정성** | 홍보&후속 계획 | 편향을 줄 수 있는 힌트 피하기 | 적절한 준비 | 갈등사항 기록 | 편향 피하기 | 위험소지에 대한 조사 | '청렴한' 이미지 창출 |
| **상호존중** | '놀람' 예방 | 권익 보호 & 공유 | 적응, 보고 & 보호 | 존중 & 응답 | 교육 & 보고 | 정보공유 & 참가 | 갈등 인식 & 준비 |
| **품질보증** | 타당화 연구 실행 | 결과 검토하여 대응시킴 | 적절한 피드백 제공 | 그들의 능력에 대한 문서 | 자격있는 전문가의 참여 | 네트워크와 전문가 활용 | 지속적으로 기술 개선 |
| **재정적 균형** | 합리적인 비용 유지 | 실제 요구충족 | 과정의 품질 확보 | 공정한 보상 | '최상의 결과' 성취 | 다른 검사들과 비용 비교 | 품질과 절약 추구 |

Caldwell et al., 2003(표 1)

## 9 결론

평가센터는 외부와 단절되어 있지 않다. 평가센터는 조직의 효율성에 기여하며 조직의 내/외부 환경에 맞게 실행되어야만 발전한다. 우리는 두 가지 극단적인 상황을 검토하였다. 평가센터의 조속한 폐지와 존속이 그것이다. 한쪽에서는 개발자가 개발 과정에서 기술적으로 충분히 견고했음에도 불구하고 실패하는 경우가 있다. 그 이유는 무엇일까? 그것은 아직 완벽하지 않은 평가센터로는 조직의 관리자가 세운 전략계획을 이행할 수 없다고 판단하여 평가센터를 후원하지 않았기 때문이다. 이것은 예방할 수 있었을까? 어쩌면 아닐지도 모른다. 하지만 개발팀 내 최근 떠오르는 조직 목표에 대해 아는 직원이 있거나, 충분한 조직 분석이 이루어졌다면 평가센터가 조직에게 보다 적절한 서비스를 제공할 수 있었을 것이다.

그 반대의 예를 보여주는 평가센터들이 두 가지가 있다(다시 말해, 장기간 동안 성공적으로 조직에서 유지되어 온 평가센터). AT&T와 다른 일부 전화 회사들은 1950년대부터, 50년 이상 평가센터를 유지해왔다. 이들 평가센터 프로그램은 확실한 연구에 기반을 두고 있었고, 이것은 조직이 관리자 재능을 정확하게 평가하고 승진평가를 할 수 있도록 하였다. 두 번째 예는 Suisse Credit Bank이다. 이 기업은 오늘날까지 25년 이상 평가센터를 통해 유럽 전역에서 인재들을 선발하고 역량을 개발하였다. 이 방법은 고위 관리자의 전폭적인 지지를 받고 있는데 이는 평가센터가 선발, 업무수행 관리, 경력 계획, 개발 등 인적자원관리 기능을 통합할 수 있기 때문이다.

제 12 장

# 평가센터: 과거와 미래

이번 장에서는, 평가센터 방법에 대한 현재까지의 학문적 지식을 개괄하고 평가센터 운영의 미래를 전망해 볼 것이다. 마지막으로 이 분야에서 아직 미해결 부문으로 남아있는 문제의 해결을 위해 앞으로 나아가야 할 연구방향을 제시할 것이다.

## 1 무엇을 배웠는가?

평가센터 방법과 그것의 효과성에 대한 풍부한 연구들이 있으며 평가센터 방법에 대한 연구는 많은 학회와 논문을 통해 발표되고 있다. 인적자원관리 분야에서 평가센터만큼 많은 실험 연구가 진행된 매체가 없을 만큼 많은 정보가 수집되었고, 여기서 그것들을 요약하고자 한다.

### 평가센터는 확산되고 있다

평가센터는 미국, 영국, 독일, 남아프리카공화국 등 여러 나라에서 보편적으로 사용되고 있다. 평가센터는 민영기업을 비롯한 시, 도, 국가 수준의 공공기관, 군대 등의 각종 산업 분야에 걸쳐 사용된다. 전 세계의 컨설팅 회사는 평가센터 방법의 개발 및 실행과 관련된 서비스를 제공하고 있다. 일부 평가센터 방법은 잘 훈련된 인적자원관리 담당자가 간단하고 체계화된 평가센터를 운영할 수 있도록 설계되어있다.

### 평가센터는 다양한 목적과 직무에 사용된다

평가센터는 여러 가지 인적자원관리 목적을 위해 사용된다. 원래 평가센터는 관리자로서 잠재력을 보이는 조직구성원을 확인하고, 관리직으로의 승진 결정에 도움을 주기 위해 개발되었으나 오늘날의 평가센터는 외부 선발, 훈련 필요성 진단, 역량에 대한 증명, 개인 역량개발, 팀 빌딩, 조직 개발 등 여러 목적으로 사용되고 있다. 평가센터에서 사용되는 행동역량과 과제는 제조업 근로자에서부터 서비스 부서 대표, 과학자, CEO에 이르기까지 다양한 업종과 직무에 맞게 사용되고 있다.

### 평가센터 절차는 광범위하게 달라지고 있다

평가센터를 개발하고 운영하는 데 여러 방법이 있다. 특별히 정해진 평가센터 방법이란 것은 존재하지 않는다. 이점을 반영하기 위해서 평가센터 관련 학회인 국제평가센터 방법 학회 'International Congress on the Assessment Center Method'는 1997년에 그 명칭을 'International Congress on the Assessment Center Methods'로 바꾸었다. 단수형에서 복수형으로 이름이 바뀐 것이다. 평가센터의 모든 요소는 다양한 프로그램에 다양한 방식으로 실행되어왔다. 평가역량은 기술, 능력, 다른 특성들의 조합이며 모의상황은 개별, 집단, 서면, 구두 과제들의 다양한 조합이다. 평가자에는 경영진, 인사관리자, 또는 각 분야에 걸쳐 경험이 있는 내/외부 컨설턴트가 포함될 수 있다. 개별 평가자의 관찰 및 평가는 회의와 토론을 통해 합의점에 이를 수도 있고, 컴퓨터를 통해 통계적 방법으로 결과를 도출할 수도 있다. 피드백은 여러 방법으로 사람들에게 전달되며 그 방법은 평가센터마다 다양하게 조합할 수 있다. 따라서 평가센터에 관해 말할 때는 명확한 정의가 필요하다.

### 평가센터는 타당하다

'평가센터는 타당하다.'라는 말은 지난 50여 년간의 축적된 자료가 증명해 왔다. 이는 연구자들의 예측과 과제 내 역량평가 결과가 다를 때의 논란까지도 충분히 고려한 결과이다.

잘 설계된 평가센터는 피평가자의 다양한 범위의 능력에 대한 현재 수준, 다양한 직무에서의 미래 수행 예측, 다양한 행동 역량에서의 강점 및 약점 평가 등을 추론할 수 있다. 또한, 평가센터는 개인의 기술개발, 팀원의 업무관계 개선 등에 효과적이다. 평가센터의 타당도에 대한 증거는 오늘날 전문적 기준에서 요구하는 여러 가지 형태로 제공된다.

- 직무활동과 그에 필요한 업무 수행능력을 모의상황으로 구성할 때 적절한 내용이 과제에 포함되어있다.
- 평가자는 정해진 평가역량과 관련된 행동을 관찰하고 평가하기 위해 훈련되었으며, 그에 대한 신뢰도와 타당도는 검증이 되어있다.
- 서로 같은, 비슷한, 그리고 서로 다른 역량의 측정 결과와 역량 평가와의 관계는 예측된 패턴을 따른다.
- 종합 평가평정은 다른 평가방법의 점수들과 연관되어있다.
- 종합 평가평정은 직무수행능력의 준거 측정치들과 연관되어있다.
- 평가센터에 참가하는 피평가자는 평가센터에 대해 호의적인 반응을 보이며 성장과 자기개발을 경험한다.
- 평가센터 운영을 통해 많은 긍정적 이익을 기대할 수 있으며 예상외의 부정적인 결과는 없다.

이와 같은 타당성 증거는 오랫동안 꾸준히 사용되고 있는 범주인 내용 타당도, 준거 타당도(동시 타당도, 예언 타당도 포함), 구성 타당도의 세 가지 범주로 나눈다. 또한, 현대에는 여러 가지 타당도 증거를 통합적으로 볼 수 있는 관점을 지지하기도 한다.

## 모든 타당도 증거가 평가센터를 지지하는 것은 아니다

많은 연구에서 평가센터 방법이 의도한 목적을 충족시키지 못해 타당도가 낮다는 결과가 드러났다. 이 책에서 논의된 평가센터 평가의 세 가지 주요 추론(성공 여부의 예측, 장단점의 진단, 수행기술의 개발)을 지지하는 다수의 증거가 있음에도 불구하고 일부 연구에서는 평가센터가 그 목적을 달성하지 못하고 있다는 결과를 보여주고 있다. 일부 평가센터에서는 평가역량이 효과적인 직무수행에 주요한 부문을 포함하지 못하고 있으며, 과제의 모의상황 또한 비현실적일 수 있다. 충분히 훈련을 받지 못했거나 동기가 거의 없는 평가자가 있을 수도 있으며, 어떤 평가센터는 체계적으로 운영되지 않았을 수도 있다. 또한, 일부 평가센터에서는 평가점수 간에 예측된 상관관계나 관련성이 나타나지 않을 수도 있다. 이렇듯 평가센터에 따라 운영이 잘되거나 잘 되지 않는 이유는 불명확하다.

### 평가센터는 조직의 다양성 증진에 도움이 될 수 있다

이 책에서 우리는 현대 조직에서 인구통계학적 다양성이 증가했다는 점(Triandis et al., 1993)과 자신과 다른 인구통계학적 특성을 가진 사람들에 대해 직무, 역할에 관한 고정관념을 갖고 있으므로 여성이나 소수집단에 대한 편파적 위험요소를 가지고 있다고 강조했었다(Cheng, 1997; Heilman et al., 2004; Tomokiewicz et al., 1998).

또한 집단 구성원 간의 비유사성에 의해 집단의사결정이 영향을 받거나(Chattopadhyay, 1999; Riordan & Shore, 1997), 피드백 제공자와 피드백 수령자가 다르면 공정성 지각 정도가 피드백 수용에 영향을 준다고 강조해 왔다(Leung et al., 2001).

긍정적인 것은 많은 기업과 조직이 다양성을 전략계획으로 채택하고 있다는 점이다. 우리는 평가센터가 이런 조직의 목표 달성에 도움을 줄 수 있는 여러 가지 방법을 제시해왔다. 즉 다양한 평가자 팀의 구성, 평가자 회의에서 평가자의 인구통계학적 구성과 피평가자의 인구통계학적 구성이 미칠 수 있는 영향에 대한 고려 등이다. 우리는 또한 평가역량에 친화적 다양성(Pro-Diversity) 역량을 추가하여 평가/개발하는 것과 피평가자의 피드백 수용을 극대화하기 위해 전략적으로 다양성을 활용할 것을 논했다.

## 2 평가센터의 미래

다음으로 평가센터가 앞으로 나아갈 방향에 관해 예측해 보려고 한다. 현재 일부 경향은 앞으로도 계속될 것이고 그 방향 또한 뚜렷하다. 하지만 나머지에 대한 예측은 쉽지 않다. 평가센터의 발전은 지금까지도 진행 중이다. 지난 몇 년간 우리는 관습적 방법의 재적용과 평가센터의 개발, 타당화, 운영에 있어 많은 혁신을 보아왔고 이 같은 발전은 앞으로도 계속될 것이다. Howard(1997)가 제시한 평가센터의 미래에 대한 묘사를 토대로, 우리는 다음과 같은 평가센터의 발전을 예상해 볼 수 있다.

첫째, 평가센터의 구조는 '유연한' 특징을 가지기 때문에 구조적인 변화가 있을 것이며, 모든 요소의 지속적 수정이 예상된다.

- 기본적인 평가역량에 관한 정의의 변화(예: 리더십에 카리스마 관련 요소를 추가)
- 모의과제의 내용과 형식에 대한 다양화(예: 고객지원팀원에게 전화를 통한 인터뷰 모의상황 실행)
- 기록, 분류, 자료 통합 등 행동 관찰 방법에 대한 개선(예: 컴퓨터를 통해 행동을 기록하고 보고서를 작성)
- 컴퓨터를 통한 평가자의 관찰 내용과 평가 점수 공유

둘째, 평가 모의상황의 지속적인 첨단화가 예상된다. 이는 모의상황에서의 사무환경의 현실적합성 향상이 그 이유다(예: 컴퓨터, 전화, 이메일 등을 포함). 예전에도 이와 비슷한 예측이 있었으나, Kudisch et al.(1999)은 실제 조직에서 이런 평가기술의 적용을 인지하지 못했다. 평가의 첨단화를 예상할 수 있는 이유는 다음과 같다.

- 전자매체의 급속한 발전
- 고비용 평가자의 참여를 줄이는 방안에 대한 필요성
- 평가과정의 자동화를 통한 표면적인 '객관성'의 필요성

어떤 조직에는 평가센터의 자동화/전산화가 어려울 수 있다. 예를 들어, 다수의 피평가자가 컴퓨터를 통해 모의과제를 실행해야 한다면, 평가센터 프로그램에서는 각 개인에게 할당되는 단말기를 마련해야 하는데 이것이 현실적으로 어려울 수 있고 그로 인해 시간적/보안상의 문제 등이 발생할 수 있다. 하지만 평가센터의 자동화/전산화는 시간적, 금전적, 자원적 절약에 도움을 줄 수 있다. 평가자의 역할이나 평가자료 통합과정의 전산화 등이 그 예이다. 과학기술이 평가센터에 현실적인 발전을 가져오게 하기 위해서는 단순히 모든 과정을 자동화하는 것만으로는 부족하다. 어떤 행동을 유도하고, 그것을 평가하는 방법에 대한 근본적인 변화가 필요하다.

평가센터가 나아가야 할 또 하나의 방향은 평가과정의 전산화이다. 이로 인해 피평가자는 평가과정에서 복합적인 외적 행동을 보여줄 필요가 없어졌다. 이러한 형태의 평가과정 중 하나는 전산화된 서류함기법이다. 이 기법에서 피평가자는 미리 정해진 대안 중 하나를 선택하게 된다. 전산화된 상황판단 검사 역시 하나의 예이다. 여기서 피평가자는 비디오로 제공되는 부하직원의 언급에 대해 미리 정해진 대안 행동 중 하나를 선택하게 된다. 이는 현실적합성이 낮은 상호작용 모의상황 환경에서 이루어진다.

이와 같은 평가방법이 실제로 유효한 평가방법으로 사용되고 있지만, 이러한 방법을 평가센터 모의과제의 대체수단으로 보지 않는다는 점을 분명히 하고 싶다. 과제 제공의 자동화가 아닌 미리 정해진 행동 옵션으로 피평가자의 행동 선택권이 제한된

다는 점에서 이 기법이 기존의 행동평가와 많은 차이점을 지닌다는 점을 상기하는 바이다. 어떤 상황에 대한 몇 가지 대안 중 하나를 선택하는 것과 자신이 생각하는 해결책을 타인과의 대화를 통해 실제로 풀어가는 과정은 엄연히 다르다. 따라서 앞으로 행동과 비행동의 평가를 비교하는 연구가 필요한 것이다.

세계 경제의 확장과 함께, 평가센터 역시 다문화 환경으로 널리 팽창할 것으로 예상된다. 많은 신흥공업국이 평가센터를 배우고 사용하길 원하고 있다. 신흥공업국의 평가센터에 대해 우리는 두 가지 시행 가능성을 예상할 수 있다. 첫 번째는 현존하는 평가센터 방법의 도입이다(미국, 영국과 같은 국가들에서 신흥공업국들로 수출). 두 번째는 신흥공업국 현지 고유의 평가센터 개발, 다시 말해 현지에서의 직무분석, 현지 문화에 맞는 평가역량 정의를 사용하고 평가결과 통합방식, 피드백 방법 등이 모두 현지에 맞게 개정된 평가센터의 개발이다. 이 두 가지 방법 중에서 합리적인 결정을 내리는가, 아니면 편의적으로 결정하는가 하는 것에 대해 우리가 알 수 있는 방법은 없다. 어떤 면에서는 두 방법 모두 적합할 수 있기 때문이다.

마지막으로, 개발 평가센터가 더욱 보편화될 것이라고 예상한다. 여기에는 다음의 두 가지 동향들이 복합적으로 작용할 것이다. 첫째로, 진단 평가센터를 통한 진단은 조직에 충분한 이익을 가져다주지 못할 수 있다. 그러므로 진단과 개발 모두에 도움을 주는 프로그램을 선택하게 될 수 있다. 두 번째는 역동적으로 변화하는 업무와 조직의 환경이다. 이런 환경에서 조직구성원들은 변화에 빠르게 적응해야 하며 개발 평가센터는 그런 기술에 필요한 배움을 제공하는 구성 중 하나이다.

## 3 연구 필요성

평가센터에 대한 현재의 이해는 물론 아직 답이 제시되지 않은 문제점들, 그리고 평가센터가 앞으로 나아가야 할 방향에 대한 많은 연구가 필요하다. 마지막 부분에서는 앞으로 필요한 평가센터 관련 연구에 대해 알아볼 것이다.

### 평가센터 방법의 변화

지금까지 실행되었고 이 책에서 검토한 많은 연구에도 불구하고, 평가센터 방법은 여러 나라에서 다양한 방법들로 이행되고 있다. 여기서 제시할 문제는 '현존하는 평가센터에 관한 연구결과가 기준과 다른 평가센터에 얼마나 적용될 수 있느냐'이다.

이에 대한 연구의 필요성은 오늘날의 평가센터와 앞으로의 평가센터가 기존 관행에서 얼마나 벗어나 있느냐, 또는 벗어날 것인가에 달려있다. 한쪽 극단에서 평가센터는 기본 평가센터 설계에 최소한의 수정만을 가하고 있다. 여기에서는 새로운 연구가 필요 없다. 우리는 현존하는 연구를 토대로 새로운 상황에 필요한 조정을 할 수 있을 것이다. 다음과 같은 상황이 그런 범주에 들어갈 수 있다. 새로운 유형의 경영 게임은 관리자를 위해 사용되었다. 평가자에게 행동관찰 기록을 위한 컴퓨터 제공, 영상 회의 기술을 통한 피평가자 평가 등이 실시되었다. 또 다른 측면에서는 평가센터의 기본적인 방법에서 상당히 많은 부분이 변화되어 있다. 이러한 진보적인 운영의 타당성을 확립하기 위해선 그것에 대한 연구가 필요하다. 이 범주에 들어갈 수 있는 예로는 사용된 전례가 없는 평가역량의 적용, 학생을 평가자로 사용, 평가자가 피평가자의 행동을 관찰하고 기록한 것을 통합하는 새로운 방법의 개발 등이 있다.

## 평가자

평가센터에서 어떤 유형의 평가자가 어떤 기능을 잘 수행할 수 있는지 이해하기 위해서는 더욱 많은 연구가 필요하다. 초기의 평가센터에 소속된 평가자는 산업, 임상, 상담, 교육 심리 분야에서 고도의 훈련을 받은 사람들이었다. 다음 세대의 평가자는 평가해야 할 조직과 직무를 잘 알고 있는 중간 관리자들이었다. 그다음 세대의 평가자는 인적자원 전문가로 구성되어 있었는데, 그들은 행동 과학 분야에서 훈련을 받은 사람들이었다. 오늘날, 평가센터에 소속된 사람들은 이전보다 심리학, 행동 과학, 인적자원관리 분야에 있어 형식적인 훈련이 부족한 사람들이다. 이 평가자들은 이전 사람들과 동등한 신뢰도와 타당도를 기반으로 모든 기능을 수행하기에 부족함이 없으나, 더 많은 연구를 통해 어느 평가자가 어느 기능을 수행하기에 적합한지 알아볼 필요가 있다.

아울러 기존의 평가자 역할이 주로 행동의 관찰, 기록, 보고 및 척도화하는 데 있었으나 개발 평가센터가 생기면서 그러한 역할은 '개발 촉진자'의 역할로까지 확대되었다. 이는 평가자가 피드백을 주고, 진로에 대해 상담을 하며, 적절한 교육이나 연수 등을 추천하고, 목표를 정해주며, 개발 과정을 짚어 보는 등 다양한 역할을 해야 한다는 것이다. 기존의 평가자가 역할을 수행하기 위해 필요한 자질은 근본적으로 분석적이었다면, 최근의 새로운 역할은 좀 더 대인관계기술을 필요로 한다고 볼 수 있다. 더 많은 연구를 통해 이러한 역할을 동일인 혹은 다른 사람이 수행해야 하는지, 더불어 어떠한 유형의 사람들이 두 가지 역할 모두를 효과적으로 수행할 수 있는지 결정해야 할 것이다.

## 평가역량을 초월한 평가센터

우리는 기존의 평가역량을 비판해 온 사람들이 언급했던 대안적 구성에 관한 실증적 연구를 할 필요가 있다. 이는 구성이 평가센터를 기반으로 이루어져 있기 때문이다. 잠재적인 대안에는 과업, 역할, 과제 등이 포함된다. 우리는 이른바 구성 타당도 논쟁에 관해 언급했는데 이는 평가자의 평정이 평가역량 또는 어떤 다른 개념을 반영하는지에 관한 것이었다. 아직 연구되지 않은 분야는 평가역량이 없는 평가센터를 어떻게 계획하고 실행시킬 것일지에 관한 것이다. 지난 25년간 계속됐던 불만들, 즉 평가역량은 별로 적합하지 않다거나, 또는 다른 '구성'이 더 적합할 것이라는 식의 애매한 주장들에도 불구하고, 평가센터의 다른 구성들의 신뢰도나 타당도를 설명하는 출판된 연구자료가 이제까지는 없었다. 이 책을 준비하는 과정에서 우리는 대안적 구성 관련 출판된 자료에 관해 심도 있게 조사하였고, 관련 학자에게 문의하여 대안 구성의 타당도에 관한 증거 자료를 얻기 위해 노력하였으나 이 책을 쓰고 있는 현시점까지는 아무것도 찾을 수 없었다.

## 여러 문화에 대한 적용

연구가 필요한 많은 분야 중 하나는 주요 산업선진국과 문화적 차이를 보이는 국가들에서 운영되는 평가센터의 문화적 적용일 것이다. 첫 번째 단계는 전 세계적으로 평가센터가 어떻게 계획, 실행, 평가되는지에 관한 자세한 자료를 취합하는 것이다. 입증되지 않은 정보에 따르면 미국이나 영국에서는 공통적인 운영방식이 적절하게 변화되지 않은 채로 채택이 되는 경우도 있지만, 다른 방법이나 기법 등은 지역적 관습과 가치관에 맞게 변형되어 채택되기도 한다고 한다. 두 연구를 보면 실무에 있어 여러 문화 간의 유사점과 차이점에 관한 많은 통찰력 있는 자료가 담겨 있다(Krause & Gebert, 2003; Kudisch et al., 1999). 그러나, 앞으로 더 많은 근거자료를 찾아낼 필요가 있다. 일반적으로 인적자원관리 기술에 문화적 차이가 있으므로, 문화적 가치관 차이가 평가센터 수행과 연관이 있다는 추측은 합당하다. 현재 이 추측에 관한 입증적 연구가 진행되고 있다(Krause & Thornton).

## 진단 평가센터의 효과

더 많은 연구가 필요한 또 다른 분야는 진단 평가센터의 결과이다. 피평가자가 평가센터에 관해 긍정적으로 대응한다는 증거와는 별도로, 이러한 평가 결과가 피평가자에게 어떤 변화를 일으키는지에 관한 연구를 통해 어떻게 개발적 개입과 평가진단을 연결할지, 그리고 어떤 개입이 각기 다른 사람의 개별적인 개발사항을 효과적으로 해결할지 조사해야 한다. 이런 종류의 적성/대우 상호작용에 대한 지식이 필요하다.

### 진단과 개발 평가센터 이후의 후속 조치

우리는 또한 진단과 피드백 이후 개인과 조직의 어떤 요인이 의미 있는 후속조치를 끌어내는지 알아보는 깊이 있는 연구가 필요하다. 이와 관련된 연구 실적은 다양하다. 어떤 평가와 개발 프로그램은 체계적인 후속 조치 활동을 보여주지만, 다른 증거들은 다소 부족한 양의 후속조치 활동을 보여주기도 한다. 그러나 이것 또한 모두 적성과 대우의 문제이다. 진단 센터 이후에 어떤 후속 조치가 얼마나 권장되는지에 대한 다양한 차이로 인해 후속 조치와 관련된 이슈들을 정리하기 어려운 실정이다.

그러나 연구가 많이 필요한 다른 분야는 개발 평가센터(DAC)의 후속 조치이다. 개발 평가센터는 교육과 개발의 잘 정리된 이론과 인적자원 훈련과 개발 분야의 잘 확립된 운영방식을 기반으로 하여 설립되었다. 그러나 이러한 이론은 개발 평가센터의 맥락에서 철저하게 검증된 것은 아니다. 예비 조사 연구 결과들은 지지하지만, 우리는 좀 더 넓은 범위의 종속 변인에 관한 연구가 필요하다. 평가하는 것이, 평가를 받고 피드백을 받는 과정을 통해 경영 개념을 이해하는 데 도움이 될까? 이런 프로그램을 위해서는 어떠한 유형의 조직적 도움이 필요할까? 개인과 조직의 어떤 요인이 기술 개발, 직무상 기술 적용, 그리고 궁극적으로 더 나은 직무수행과 조직적 효과성을 가져올까? 우리는 이러한 연구가 쉽지 않음을 알고 있다. 예를 들면 종단적인 설계가 필요하지만, 실제 조직에서 실험을 하기가 어렵다. 경영자들의 시간은 매우 귀중하기 때문이다. 그러나 이러한 혁신적인 연구 프로그램들이 더욱 가치 있는 정보를 양산해 낼 수 있을 것이다.

### 사회적 정보 처리

마지막으로 다시 한번 Lievens와 Klimoski(2001)의 사회적 정보 처리자로서의 평가자에 관한 연구를 언급하고자 한다. 2000년까지 진행된 이 분야 관련 연구자료를 요약해보면 평가센터 평정의 품질은 평가역량이 개념적으로 구분되어 있는지, 과제가 평가역량과 관련된 행동을 관찰할 기회를 제공하는지, 그리고 평가자가 동기부여 되어 있고 판단을 내릴 능력이 있는지에 따라 결정된다. 그들은 평가센터 평정에 있어 어떻게 해야 사회적 판단의 정확성을 개선할 수 있는지 좀 더 많은 연구를 할 필요가 있다고 제안했다. 여기에는 평가자의 기대 역할과 수동적 인지구조 또는 자동적 정보 처리의 기여도, 그리고 사회적 맥락이 평가센터 평정에 미치는 영향 등이 포함된다.

우리는 위와 같은 권고사항을 지지하지만 관찰, 분류, 통합의 특정 절차와 평가센터의 목적을 모두 고려하는 것에 대한 중요성에 관해 논하려고 한다. 7장과 8장에서 자세히 설명했듯이 개인평가자 혹은 평가자 집단은 평가역량 수행에 대해 정보를 수집하고 결론을 내리는 데 매우 다양한 절차들을 따른다. 이러한 절차는 판단과 통계적 절차의 다양한 조합을 포함하며, 평가자가 사회적 정보를 어떻게 처리하는지에 영향을 미칠 것이다. 연구를 통해서 어떠한 절차가 어떤 판단 절차에 어떠한 영향을 미치는지 알아볼 필요가 있다.

사회적 정보처리를 이해하는 데 고려해야 할 두 번째 요소는 평가센터의 목적이다. 반복적으로 강조해왔듯이 평가센터는 채용/배치, 진단, 개발 등의 모두 다른 목적들로 사용되고 있다. 평가센터의 목적은 평가자가 행동을 인지하고, 통합시키고, 판단하는 방식에 관해 막대한 영향을 미칠 가능성이 크다. 만일 미래의 연구가 평가센터의 목적이 사회적 인식의 내용과 과정에 어떠한 영향을 미치는지에 관한 것이라면 상당한 기여를 하는 셈이 될 것이다.

## 평가센터가 잘 수행되지 못하는 이유

평가센터가 잘 수행되지 못하는 이유를 설명하기 위해서는 더욱 포괄적인 연구 의제가 필요하다. 평가센터 관련 문헌 중 가장 피상적인 논평에는 여러 증거자료가 있는데, 이 자료들은 평가센터 결과로부터 얻은 추론에 부합하는 것도 있고 그렇지 않은 것도 있다. 지난 40여 년 동안의 심도 있는 연구자료를 자세히 분석한 결과 평가센터의 각 요소에 관한 다양한 증거를 발견할 수 있었다. 이 결과 간의 차이점을 어떻게 설명할 수 있을까? 비록 가장 실효성 있는 운영방식을 찾으려 했고 현존하는 문헌을 바탕으로 결론을 도출해 냈으나 아직 더욱 많은 연구가 필요하다는 사실만은 분명하다.

이 연구 프로그램을 위해 제안하는 접근방식은 평가센터가 잘 수행되지 않은 원인에 집중하는 것이다. Klimoski와 Brickner(1987)의 연구를 상기해 보면 그들은 왜 평가센터가 잘 수행되는지에 관해 다양한 설명을 내놓았다. 차후 년도에는 그에 관한 더 많은 연구와 토론이 진행되었다. 우리는 그들의 도전을 뒤집어 생각해 보았고, 평가센터가 잘 수행되지 않는 원인을 조사해보기 위해 연구 의제를 제안하였다. '수행'이라 함은 우리가 의도한 추론의 신뢰도와 타당도를 말하는 것이다.

평가센터가 제대로 수행되지 않는 원인은 다음과 같다.

- 적합한 직무, 조직, 그리고 상황 분석이 실행되지 않음

- 평가역량이 올바르게 정의되지 않았고, 개념적으로 구분이 안 되며, 역량의 개수가 7개 또는 8개를 초과함
- 평가자가 유능하지 않고, 훈련되어 있지 않으며, 동기부여 되어있지 않음
- 평가 절차가 시간대별로 그리고 피평가자별로 표준화되어 있지 않으며, 일관성이 없음
- 프로그램 요소의 설계가 평가센터의 목적과 부합하지 않음

어느 하나의 연구만으로 이 가능성 있는 많은 설명을 한 번에 조사하기는 어려울 것이다. 결론을 도출하기 위해서는 수많은 관련 연구를 검토해야 하는데 관련 연구마다 평가 운영이 체계적으로 다양할 것이기 때문에 통계적 방법을 이용해야 할 것이다.

## 4 요약

최근 50년 동안 평가센터는 인적자원관리에 개입하여 평가센터의 우수한 가치를 증명해왔다. 그 기간 동안 우리는 평가센터의 연속성과 변화의 다양한 예를 보아왔다. 1950년대 중반부터 시작해서, 몇 개의 대형 조직들이 경영 잠재력을 진단하는 것과 거의 동일한 방식으로 평가센터를 진행해 왔다. 평가센터 평정의 신뢰도와 타당도에 관한 체계적이고 방대한 연구를 기반으로 평가센터의 명성은 점차 높아졌다. 수많은 조직이 평가센터를 채택하고 적용함으로써 넓은 범위의 직무를 수행하는 직원들을 평가했다. 진단과 개발 목적의 새로운 적용법이 생겨났다. 일정하게 유지되었던 것은 평가센터의 본질적인 특징이었다. 많은 평가자에 의한 모의과제의 여러 평가역량에서 외현 행동의 관찰, 체계적인 판단 또는 통계적 방식으로 통합시키는 것 등이 일정하게 유지되어 왔다. 반면 변화되었던 것은 평가역량, 관찰을 기록하고 통합시키는 방법, 과정에 사용되는 과학기술 수준, 평가자의 유형, 그리고 피드백 방법이다.

최근 추가연구들의 동향은 사실상 모든 평가센터 방법의 혁신과 관련이 깊다. 외적 준거와 평가 평정의 관계에 대한 상대적으로 간단한 연구부터 판단 과정에 관한 깊은 연구까지, 새로운 결과의 우세함이 평가센터 방법의 새로운 적용을 지지하고 있다. 평가자들이 모의과제 때 보여준 복잡한 사회적 행동을 관찰하고 평가할 때 사용하는 인지의 틀과 관련된 논란이 있었고 여전히 존재한다. 평가센터의 목적과 다양한 요소, 그리고 조직과 문화적인 맥락이 평가센터 평정 결과에 어떠한 영향을 미치며 상호작용하는지에 관해 더 잘 이해하려면 추가 연구를 할 필요가 있다. 우리는 현재

미해결된 이슈를 둘러싼 생동감 있는 토론을 마음속에 그려본다. 실무자는 평가센터를 인적자원관리 개입 기능으로 사용함으로써 조직구성원을 선발, 승진, 진단, 개발하는 데 앞으로도 유용하게 사용할 것이다.

## 5 결론

이 모든 것을 뒤로하고, 이제 결론을 내리려고 한다. 평가센터가 언제나 완벽하게 신뢰할 만하고, 유효성이 있으며 비차별적인가? 꼭 그렇지만은 않다. 그러나 평가센터는 분명 예측, 진단, 개발에 있어서 확실한 공적을 가지고 있다.

모든 평가센터 평가자의 평정이 우리가 내/외적 관계에 대해 가지고 있는 기대를 충족시키는가? 역시 그렇지 않다. 그러나 많은 평가센터가 효과적인 직무 수행과 관련된 다양한 역량들에 관해 가치 있는 평가를 제공하고 있다.

평가센터만이 유일한, 또는 최고의 조직구성원 성공의 예측 방법인가? 역시 그렇지 않다. 그러나 평가센터의 평가들은 다양한 시기별로 여러 직무의 다양한 준거 상의 성공을 예측한다. 또한 다른 방법과의 조합을 통해 더욱 그 예측력을 높인다.

평가센터가 모든 인적자원 경영 문제에 대한 만병통치약인가? 역시 그렇지 않다. 그러나 많은 예의 평가센터들이 다양한 인적자원 경영 장면에서 가치 있는 기능을 하였다. 또한 평가센터는 조직의 수행 효과성을 예측, 진단, 개발하는 데 효과적이다.

마지막으로 프롤로그에서 얘기했던 것을 다시 떠올려 보면, Hal Holbrook이 주연이었던 미국의 한 TV쇼에서 다음과 같은 이야기를 했다. 미국 정부는 좋지 못한 정부의 예이지만 아직 미국 정부는 인간이 고안한 정부 중에 최고의 정부 형태이다. 이와 마찬가지로 우리도 다음과 같이 결론을 내리고자 한다. 어떤 사람은 평가센터가 인적자원관리에 개입하는 것이 잘못되었다고 말하지만, 평가센터는 아직 인간이 고안한 인사관리 기능 중에서는 최고라는 것이다.

*에필로그*

이것이 과연 최선의 세계인지 아니면 있을 수 있는 세계 중 최선인지에 대해 볼테르가 「캉디드」(프랑스 작가 볼테르의 철학 소설)에서 보여준 풍자적인 철학적 논쟁처럼, 우리는 평가센터 방법이 최상의 인적자원관리 개입기능은 아니지만 모든 가능한 인적자원관리 개입기능 중에서는 최상이라고 주장한다.

부록 A

# 평가센터 운영을 위한 가이드라인 및 윤리적인 고려사항

## 1 목적

본 가이드라인은 평가센터 운용자들에게 전문적인 운용 방법과 윤리적인 고려 사항들을 제공하기 위한 것이다. 본 가이드라인은 현재뿐만 아니라 미래에도 적용할 수 있도록 설계되었다. '평가센터'라는 명칭은 아래에 제시된 지침을 따를 경우에만 사용할 수 있다.

본 가이드라인은 다음과 같은 정보를 제공한다. (1) 산업 및 조직심리전문가, 조직컨설턴트, 인적자원관리 전문가, 그리고 평가센터를 설계하고 운영하는 사람들을 위한 지침, (2) 평가센터 방법의 적용 여부를 결정해야 하는 관리자들을 위한 정보, (3) 평가센터의 스태프로 참여하고 있는 평가자를 위한 지시사항, (4) 평가 시 사용되는 과학기술에 대한 가이드.

## 2 가이드라인의 역사

지난 수십 년 동안 평가센터 방법의 사용이 증가하면서 다양한 조직에 폭넓게 적용되고 있다. 평가센터는 현재 산업, 교육, 군, 정부, 경찰 외에 다른 조직에서도 사용되고 있다. 이 방법을 처음 도입했을 때부터 실제 운영자들은 평가센터 사용자를 위한 가이드라인이나 규준에 대한 필요성을 제기하였다. 1975년 5월 Quebec에서 개최된 제 3회 평가센터 국제학술대회에서 평가센터 기법을 광범위하게 활용하는 전문가들의 관찰 및 경험을 토대로 첫 번째 가이드라인이 승인되었다.

1975년부터 1979년 사이에 개발된 가이드라인과 기존 가이드라인에 대한 전문가들의 경험을 통해 기존 가이드라인에 대한 개정 필요성을 느끼도록 하였다. 그리하여 1979년의 가이드라인은 초기 가이드라인에 포함된 중요 항목들뿐만 아니라 앞으로 필요한 사항들까지 다루었다. (1) 보다 개선된 정의, (2) 조직 및 피평가자에게 미치는 효과 설명, (3) 훈련에 대한 추가 가이드라인, (4) 타당도에 관한 추가 정보.

1979년 이후 평가센터는 다양한 직무를 가진 사람들을 평가하기 위해 많은 조직으로 확대되었다. 이 기간에 평가센터 방법이 일부 수정되어야 한다는 필요성이 제기되었는데 그 이유는 다음과 같다. 첫째, 시간과 비용을 줄일 수 있는 더욱 더 합리적인 절차가 마련되어야 한다는 것이다. 둘째, 경험적 연구에서 얻은 새로운 이론적인 논점과 증거가 기존의 제안들과 일치하지 않는 것들이 있었기 때문에 평가센터 방법의 수정이 필요했다. 셋째, 이전의 가이드라인이 너무 모호해서 많은 평가센터를 통해 제시된 절차들이 그러한 가이드라인을 따르지 않았다는 것이다. 때문에 새롭게 추가되어야 할 사항과 1979년 이후 제기되었던 고려사항을 반영하여 1989년 세 번째 개정판이 나오게 되었다.

1989년 가이드라인의 개정 작업은 1987년 4월 Boston에서 열린 제15회 평가센터 국제학술대회에서 Douglas Bray 박사가 많은 참석자들과 토론하면서 시작되었다.

그 후 Bray 박사와 George Thornton 박사는 평가센터 실제 운영자 집단에 추가적인 의견을 요청했고, 1989년에 태스크포스는 Bray와 Thornton이 준비한 개정 초안에 대하여 논평하였다. 그 후 1988년 5월 Tampa에서 열린 제 16회 국제학술대회에서 1989년 판 가이드라인이 배포 및 논의되었다.

1989년 가이드라인은 1988년 학술대회와 태스크포스의 의견을 바탕으로 제작되었다. 또한 1989년 가이드라인은 태스크포스의 대다수 위원들과 1989년 5월 Pittsburgh에서 개최된 제 17회 국제학술대회 참석자들에 의해 인증되었다.

1989년 가이드라인에서 개정된 내용은 다음과 같다. (1) 직무분석의 역할에 대한 구체적 설명 (2) 평가되는 속성/역량의 유형 및 사용 여부에 대한 설명 (3) 관찰, 기록, 평정 및 통합 과정에 대한 설명 (4) 평가자 훈련에 대한 보다 더 자세한 설명. 가이드라인의 2000년도 개정판에 대한 첫 작업은 1999년 6월 Orlando에서 개최된 제 27회 평가센터 국제학술대회에서 David R. MacDonald 박사가 학술대회에 참석한 많은 평가센터 전문가들과 토론을 갖고 다시 수정할 필요가 있는 부분에 대하여 논의하였다.

개정 작업이 이루어지게 된 주요인은 1989년 개정판 제작이 이루어진 지 10년이 흘렀기 때문이었다. 또한 평가센터 방법에 과학기술을 통합하고자 하는 욕구가 있었으며, 몇몇 개념 및 용어를 더욱 더 명확하게 정의해야 할 필요성을 인식하였기 때문이다.

태스크포스의 노력으로 인하여 호주, 벨기에, 브라질, 캐나다, 콜롬비아, 독일, 인도, 인도네시아, 이탈리아, 일본, 멕시코, 네덜란드, 필리핀, 싱가포르, 스웨덴, 스위스, 대만, 아랍 에미리트, 영국, 미국을 대표한 150명이 참가했던 제 28회 국제학술대회(2005년 5월 San Francisco)에서 2000년 개정판의 최종본을 발표 및 인증했다.

본 가이드라인의 개정은 2004년 10월 Las Vegas에서 개최된 제 32회 평가센터 국제학술대회에서 시작되었다. 당시 열린 회의에서는 별다른 가이드라인 없이 행해지던 평가센터의 문제점을 지적하였으며, 위원회는 추가로 필요한 부분과 개정이 필요한 부분으로 나누었다.

(1) 평가센터의 운용이 지역을 불문하고 다국적 조직으로 확산됨에 따라 국제화 평가센터 실행을 위한 가이드라인이 필요했기 때문이다. 제 32회 학술대회에서는 이 문제만을 연구하는 별도의 태스크포스를 구성하였다. 이들이 발표한 보고서는 가이드라인의 새로운 부분을 위한 토대가 되었다.

(2) 위원회는 평가자 훈련 구성 요소의 효과성에 대한 최근 연구를 바탕으로 해당 부분의 가이드라인 또한 확장할 것을 제안했다.

이러한 문제들은 2006년 London에서 개최된 제 33회 학술대회에서 또 다시 논의되었고 이 토론에서 두 가지 부분의 부가적인 지침이 제시되었다.

(1) 실제 평가센터에 과학기술을 사용하는 것

(2) 각기 다른 목적으로 운용된 평가센터 간 방법론적 차이점에 대한 인식

Deborah Rupp과 Doug Reynolds가 협력하여 내놓은 이 개정판은 2008년 Washington DC에서 열린 제 34회 국제학술대회에서 오스트리아, 벨기에, 캐나다, 중국, 독일, 인도, 인도네시아, 멕시코, 네덜란드, 루마니아, 러시아, 싱가포르, 남아프리카, 한국, 스페인, 스웨덴, 아랍 에미리트, 영국, 그리고 미국 대표단들에 의해 만장일치로 통과되었다.

## 3 평가센터의 정의

평가센터는 다수의 투입 요소들에 근거한 표준화된 행동 평가로 이루어진다. 또한 일부 훈련된 평가자들과 기법들이 사용된다. 행동에 대한 판단은 주로 구체적으로 개발된 평가용 모의과제에 의해 이루어진다. 이러한 판단은 평가자 회의나 통계적인 통합 과정에 의해 결정된다. 통합회의에서는 주로 행동에 대한 종합적 설명, 그리고 이에 대한 평정 등이 이루어진다. 이 회의에서는 역량 혹은 평가센터에서 측정하려고 하는 변인에 대한 피평가자의 수행평가로 이어진다. 통계적인 통합 방법은 전문적으로 입증된 기준들에 맞추어 타당해야 한다.

과학기술은 아래에 제시된 주요 요소들이 손상되지 않고 타당도의 기준이 유지된다는 전제하에서 보고서 작성, 과제 자료의 제시나 역량 분류 및 평정, 행동 분류 등을 더 쉽게 처리하기 위해 활용될 수 있다.

평가센터와 평가센터 방법에는 차이가 있다. 여기에서 제시된 가이드라인을 준수하지 않는 절차에서도 평가센터 방법의 다양한 특징이 사용되는데, 그것은 심리전문가 또는 프리랜서로 활동하는 인적자원 전문가가 한 개인을 평가할 때 그 일부로써 모의과제를 사용하는 것이다. 그런 인사평가 과정들은 본 가이드라인을 따르지 않는다. 즉, 각각이 가지고 있는 장점에 의해 개별적으로 판단되어야 한다. 여기에 제시된 모든 가이드라인을 준수하지 않는 절차들은 평가센터로 표현될 수 없으며, 또한 그 명칭의 일부로 '평가센터'라는 용어를 사용하여 평가센터를 암시하도록 해서도 안 된다.

평가센터를 구성하는 필수 요소는 다음과 같다.

(1) **직무분석/역량모델링** - 무엇이 평가센터에 의해서 평가되어야 하는가를 명확히 하려면 직무 성공에 중요한 차원 혹은 역량을 결정하기 위해 관련 행동에 대한 직무분석을 해야 한다. 본 문서에서는 '차원'과 '역량'이란 용어가 같은 의미로 쓰인다.

직무분석의 형태와 범위는 평가목적, 직무 복잡성, 이전 직무정보에 대한 적정성 및 타당성, 새로운 직무와 이전에 연구된 직무의 유사성에 따라 달라진다.

만약 과거의 직무분석과 연구들이 새로운 직무를 위한 역량과 과제를 선택하는데 사용되었다면 직무의 일반화 가능성 또는 유사성(비교 가능성)에 대한 증거를 제시해야 한다.

현재 존재하지 않는 직무인 경우 향후 새로운 직무, 직급, 직무 수준, 직군으로 구성된 실제 혹은 예상 과업 및 역할을 대상으로 직무분석이 이루어져야 한다.

대상 역량들은 조직의 비전, 가치, 전략 또는 조직이 가진 주요 목적으로부터 확인할 수 있다.

만일 역량모델링 절차들이 전통적인 직무 분석방법처럼 엄격성을 가지고 시행되었다면 그 역량모델링은 평가센터에서 평가될 역량들을 결정하는 데 사용될 수 있다. 엄격성의 정도는 직무 요구 조건, 필수 직무요소의 수집과 양적인 평가, 신뢰할 수 있는 결과의 증거제시에 대해 잘 알고 있는 주제전문가(SME: Subject Matter Experts)의 관여 정도로 정의된다. 직무분석 혹은 역량모델링 과정에서 구체화된 행동 범주를 산출해내야 하며, 이 행동들은 평가절차에서 관찰될 수 있어야 한다.

'역량'은 여기서 정의되는 행동 평가에 속하거나 속하지 않을 수 있다. 역량은 조직의 강점, 조직의 목적, 중요한 목표, 구성개념 혹은 관련된 행동이나 특성들의 집합을 의미한다. 만약 역량이 직무 혹은 직무군 그리고 모의과제에서 관찰 가능한 행동으로 명확히 정의되고 표현된다면 평가센터에서 평가를 위한 행동역량으로 간주할 수 있다. 또한 역량은 해당 직무나 직급, 직무 군에서의 성공과 관련된 것이어야 한다.

(2) **행동 분류** - 피평가자가 보여주는 행동은 행동 차원, 특성, 특징, 적성, 자질, 기술, 능력, 역량 또는 지식과 같은 의미 있고 관련된 범주로 분류되어야만 한다.

(3) **평가기법** - 평가센터에서 사용되는 기법은 직무분석을 통해 결정된 역량을 평가하기 위한 정보를 제공할 수 있도록 설계되어야 한다. 평가센터 개발자는 행동과 역량 그리고 평가기법을 서로 연결해야 한다. 이러한 연결은 역량과 기법의 매트릭스로 표현된다.

(4) **다양한 평가** - 다양한 평가기법이 사용되어야 한다. 여기에는 검사, 인터뷰, 질문지와 모의과제가 포함될 수 있다. 평가기법은 채택된 역량과 관련된 다양한 행동과 정보를 도출할 수 있도록 개발하거나 도출할 수 있는 기법이 선택되어야 한다. 자기 평가와 360도 평가 자료는 평가 정보로 수집될 것이다. 평가기법이 해당 조직에 신뢰를 줄 수 있고 객관적이며 관련된 행동 정보를 제공하리라는 것을 확증하기 위해 사전 검사를 하게 될 것이다. 평가센터 지원자와 유사한 피평가자에게 시범적으로 사전 검사를 하며, 주제전문가(SME)는 유사한 조직과 유사한 직무에 이러한 기법들을 사용한 후 얻어진 증거나 행동 예시의 정확성과 대표성에 대해 철저하게 검토한다.

(5) **모의과제** - 평가기법은 평가되는 각 역량과 관련된 지원자의 행동을 관찰할 기회를 확보하기 위해 직무 관련 모의과제의 수가 충분해야 한다. 적어도 하나는(보통은 여러 개) 직무와 관련된 모의과제가 포함되어야 한다.

모의과제는 직무에서의 수행역량과 관련된 행동을 도출해내기 위해 설계된 과제나 기법을 의미하며, 상황 자극에 대해 피평가자가 행동으로 반응하도록 요구한다. 모의과제의 예는 집단 과제, 서류함 과제, 상호작용(인터뷰) 모의상황, 발표, 사실 찾기 과제 등이 있다.

자극은 컴퓨터, 전화기, 비디오, 인터넷이나 인트라넷 등의 기술을 통해 비디오, 오디오, 그리고 가상의 모의과제로 제시될 것이다.

단순한 직무를 평가할 때는 하나 또는 두 개의 직무 관련 모의과제가 사용될 수 있는데 이 경우에는 직무분석을 통해 평가되는 직무가 한두 개의 모의과제로도 충분히 실행될 수 있다는 사실이 명확히 밝혀져야 한다. 만약 하나의 포괄적인 평가기법이 사용되었다면 명확하게 구분될 수 있는 직무 관련 요소를 포함해야 한다.

또한 평가센터 개발자는 역량 관련 행동을 충분히 도출할 수 있도록 신중하게 과제를 설계해야 한다. 과제는 평가자에게 역량과 관련된 행동을 관찰할 충분한 기회를 제공해야 한다. 모의과제에 포함된 자극이 비록 다른 상황일지라도 작업 상황의 자극과 같거나 유사해야 한다. 현실적합성의 바람직한 정도는 평가센터의 목적에 따라 다르다. 비관리직 구성원에 대한 선발 프로그램에서는 상대적으로 현실적합성이 낮을 수 있지만, 숙련된 관리직 구성원의 훈련 필요성을 진단하기 위해 설계된 프로그램에서는 현실적합성이 상대적으로 높다. 평가센터 개발자는 적절하지 않은 과제 내용 때문에 특정 피평가자(예, 특정 인종, 민족, 연령, 성별을 가진 피평가자)에게만 그 과제가 유리하게 작용하지 않도록 주의해 개발해야 한다.

여기서 정의한 것처럼 평가센터를 행동 모의상황으로 간주하기 위해 평가 방법은 피평가자에게 그가 특정한 행동을 확실히 표현할 수 있도록 해야 한다. 또 피평가자가 구조화된 반응을 나타낼 수 있도록 해야 한다. 선다형 검사 또는 컴퓨터화된 선다형 서류함기법처럼 피평가자가 양자택일 응답 중에서만 선택하는 평가 절차는 이러한 요구조건에 맞지 않는다. 마찬가지로 상황면접은 행동 의도에 대한 표현만을 요구하므로 이러한 조건에 맞지 않는다. '낮은 현실적합성'을 갖는 모의상황과 상황면접도 그렇다. 매우 정확하고 타당한 평가를 하는 것처럼 보이지만 평가센터에서 요구되는 행동을 평가하는 것은 아니다.

평가센터 자료들(예, 모의과제를 비롯한 다른 과제들, 평정척도, 평가자 훈련 자료)은 종종 국제 저작권법에 의해 지적 재산권을 보호받는다. 저작권과 지적 재산권은 모든 상황에서 유지되어야 한다.

(6) **평가자** - 다수의 평가자는 각 피평가자를 관찰하고 평가한다.

평가자 집단을 구성할 때 인구학적(예, 인종, 민족, 연령, 성별)으로나 경험적(예, 조직의 수준과 근무 지역, 심리전문가, 관리자 등)으로 다양한 사람을 뽑도록 노력해야 한다.

평가자 대비 피평가자의 최대 비율은 사용된 과제의 유형, 평가 차원, 평가자 역할, 통합 유형, 평가자 훈련 정도, 평가자 경험, 평가센터의 목적을 포함하는 다양한 변인들과 상관이 있다.

피평가자의 현재 직속 상사는 평가센터의 결과자료가 선발이나 승진 목적으로 사용될 경우 직속 부하 직원의 평가에 관여할 수 없다.

(7) **평가자 훈련** - 평가자는 평가센터에 참여하기 전에 철저한 교육을 받고 본문에 제시된 '평가자 훈련' 가이드라인에 따라 평가해야 한다.

(8) **행동기록과 평정** - 평가자는 체계적인 절차를 통해 피평가자의 행동을 관찰하여 정확하고 구체적으로 기록해야 한다. 이러한 절차에는 손으로 쓴 노트, 행동관찰 척도나 행동 체크리스트 같은 기법이 포함된다. 행동을 기록하기 위한 오디오와 비디오가 구성되면 추후에 분석된다.

(9) **보고** - 평가자는 통합회의나 통계적인 통합절차 전 각 과제가 수행되는 동안에 피평가자의 행동을 관찰하여 기록할 준비를 해야 한다.

(10) **자료 통합** - 개개인의 행동 통합(각 과제에서 수행한 개별 역량점수 통합, 과제별 점수, 또는 평가센터의 목적에 따라 모든 과제별 점수를 종합적으로 평가함)은 반드시 평가자들이 기록한 정보의 합의를 기초로 하거나 통계적 합의 절차를 거쳐야 한다. 사용된 절차는 전문적으로 인정된 기준에 따라 실행되어야 한다.

통합회의를 한다면 평가자는 각 역량평가에서 사용된 평가 기법으로부터 얻은 정보들을 통해 논의되어야 하며, 역량 및 평가 목적과 관련이 없는 정보는 고려대상이 아니다.

피평가자의 역량점수를 통합하는 과정에서 평가자 정보들을 취합하는 방법은 반드시 신뢰할 수 있는 개별 평가자 평정에 기반을 두어야 한다.

또한 컴퓨터 과학기술은 자료 통합 과정이 이러한 협의 조건을 충족하였을 경우 사용될 수 있다.

## 4 평가센터라고 볼 수 없는 활동들

다음 활동들은 평가센터라고 볼 수 없다.

(1) 피평가자에게 분명한 행동반응을 요구하지 않는 평가센터 과정은 행동 모의과제가 아니다. 그러므로 평가 프로그램이 단독으로 구성되었다고 해도 여기서 정의한 평가센터라고 말할 수는 없다. 이러한 예는 객관식 문항 및 응답만 요구하는 컴퓨터화된 서류함, 행동 의도만을 평가하는 상황면접, 그리고 지필 역량 검사들이다.
평가센터에서 피평가자의 명확한 행동 반응을 요구하지 않는 절차가 사용될 수도 있지만 그럴 경우에는 반드시 피평가자의 행동 반응을 명확하게 끌어낼 수 있는 모의과제가 최소한 하나 정도 함께 사용되어야 한다.

(2) 패널 면접 또는 일련의 순차적 인터뷰를 단독으로 사용하는 경우

(3) 한 가지 기법(모의상황인지 아닌지에 상관없이)에만 의지하여 평가하는 경우 그러나 직무 관련성이 뚜렷한 하나의 종합적인 평가기법(예를 들어 광범위하고 복잡한 모의과제, 몇 가지 구성요소가 정의되어 있으면서 여러 가지 상황에서 행동을 관찰할 기회가 있는 평가센터)은 이러한 제약에 포함되지 않는다.

(4) 점수에 관해 통계적 또는 판단적인 합의가 이루어졌는지에 대한 고려 없이 지필검사들로만 구성된 검사배터리를 사용하는 경우

(5) 단일 평가자에 의해 이루어지는 평가(예를 들면 한 명의 평가자가 지필검사, 면접, 성격 검사, 모의과제와 같은 다양한 기법을 사용하여 측정하는 경우)

(6) 평가자가 한 명 이상이고 여러 모의과제를 사용했지만, 자료를 통합하는 과정이 없는 경우(예를 들어 한 개인의 과제 수행에 대한 보고서를 평가자가 서로 각자 준비하고, 통합되지 않은 보고서를 평가센터의 최종 결과물로 사용하는 것)

(7) 위에서 제시한 방법론적인 요구사항을 따르지 않은 채 '평가센터'로 이름 붙여진 물리적인 장소

## 5 평가센터 정책 진술서

평가센터는 통합적인 인적자원시스템의 한 부분으로써 매우 효과적이다. 조직에서 평가센터를 도입하기 전에 먼저 평가센터 시행과 관련된 정책이 준비되고 승인되어야 한다. 그 정책은 아래와 같은 내용을 포함하고 있어야 한다.

(1) **목적** - 평가센터의 목적은 다양하다. 여러 분야의 선발, 진단, 개발에 쓰이는데 이러한 목적에는 사전 선별, 채용, 초기의 잠재력 확인과 평가, 수행 평가, 전문성 개발이 포함될 수 있다.

평가센터에 참여한 피평가자에게 평가가 이루어지기 전 평가센터를 통해 얻은 자료를 가지고 어떤 결정이 이루어질 것인지 알려주어야 한다. 만일 조직이 피평가자에게 소개한 내용 이외에 다른 자료를 추가하여 의사결정을 내릴 경우 그 부분에 대해서 반드시 피평가자에게 설명해주고 동의를 얻어야 한다.

또한 평가센터 개발자는 프로그램을 설계, 개발, 실행 및 타당화를 할 때 평가센터의 목적을 인지하고 있어야 한다. 역량 선택에 대한 의사결정, 모의과제의 내용, 평가자 선발과 교육, 평정, 피드백, 평가는 평가목적에 맞게 만들어져야 한다.

(2) **피평가자** - 평가를 받는 전체 집단, 피평가자를 선정하는 방법, 피평가자 선정 후 통보 절차, 그리고 평가 과정에 대한 정책이 구체화되어야 한다.

(3) **평가자** - 평가자 집단(성별, 연령, 인종, 민족 고려)구성, 평가자 활용에 대한 한계점, 평가자의 경험, 평가자 수행에 대한 평가, 평가자가 갖추어야 할 자격 조건에 대한 증명 및 어디에서 활용 가능한지 등이 구체화되어야 한다.

(4) **결과의 사용** - 조직 내의 평가 기록 과정, 보고서를 받는 사람, 정보 접근에 대한 제한, 연구와 프로그램 평가 목적에 대한 절차와 통제, 관리자와 조직구성원 피드백 절차, 자료 보관 기간 모두가 구체화되어야 한다.

특히 선발에 적용할 경우 수행 후 2년 이내의 자료를 사용해야 하는데 이는 피평가자나 조직이 변경되었을 가능성이 있기 때문이다.

(5) **컨설턴트 혹은 평가센터 개발자의 자격** - 평가센터 혹은 모의과제 개발을 담당하는 내/외부 컨설턴트는 그에 합당한 전문가 자격 혹은 관련된 훈련 경험을 증명

해야 한다.

(6) **타당도** - 정책 진술서에는 사용될 타당도 모델을 명확히 언급해야 한다. 만약 내용 관련 타당도 전략이 사용된다면 역량과 과제에서 나타나는 직무/직군 내용과 관련된 자료를 관찰과 행동 평가에 대한 신뢰도와 함께 제시해야 한다. 만약 그 증거가 이전의 타당도 연구(메타분석)에서 얻은 것이라면 조직은 현재의 직무/직군과 평가센터가 일반화된 직무와 다른 곳에서 연구된 평가센터 결과와 유사한지 비교해야 한다. 만약 부분적으로 준거 관련 타당도를 검증했다면 연구에 대한 충분한 증거자료가 제공되어야 한다. 타당도 연구를 진행 중이라면 타당도 보고가 가능한 시점이 언제인지 그 예상 시기를 정해야 한다. 마지막으로 평가센터 프로그램의 의도/목적(예를 들어 선발 또는 개발)에 맞게 타당도 기법이 적용되어야 한다.

(7) **법적 배경** - 조직과 평가센터 운영자가 위치한 주, 도, 국가 또는 평가센터 프로그램이 행해지고 있는 주, 도, 또는 국가의 법이 프로그램 설계, 타당도, 실행, 문서화하는 것에 영향을 줄 수도 있다.

대부분의 국가는 이러한 법적인 측면에 취약하며, 합법적으로 보호받아야 하는 집단들(원주민/토착민, 최근 이민자, 인종, 종교 집단, 연령별 집단, 정치적 견해가 다른 집단, 다양한 성적 성향 등)을 위한 법적 규정을 통해 이를 보호하고 있다.

정책 진술서는 평가센터 프로그램과 관련된 특정한 법률과 정책을 확실하게 규정지어야 하고, 국가에서 법적인 규정을 보증해야 할 것이다.

## 6 평가자 훈련

평가자 훈련은 평가센터 프로그램에서 필수적인 부분이다. 평가자 훈련에서는 훈련 목적, 수행 가이드라인, 적절한 평가 기준을 명시해야 한다. 아래 내용은 평가자 훈련에서 고려해야 할 요소들이다.

(1) **훈련 내용** - 평가자 훈련에 대한 접근법이 무엇이든 간에 그 목적은 평가자가 정확한 판단을 내릴 수 있도록 하는 것이다. 신뢰 있고 정확한 평가자 판단을 얻을 수 있다고 보이는 다양한 교육 접근법(강의, 토의, 실습 참가자에 대한 관찰, 비디오 실습, 다른 평가자에 대한 관찰 등)을 사용할 수 있다. 모든 평가자 훈련에는

일반적으로 다음의 요소들이 포함되어야 한다.

- 평가해야 할 행동 정의가 포함된 역량들
- 평가해야 할 역량과 관련된 행동의 관찰, 기록, 분류, 평정
- 어떤 역량을 어떤 과제에서 평가할 것인지와 과제의 내용
- 관찰과 평정에서 나타나는 일반적인 오류의 방지(행동과 추론을 어떻게 구별할 것인가를 포함)

평가센터의 목적에 따라서 전문성, 조직에 대한 지식, 대상직무에 대한 지식, 서면이나 구두로 정확한 피드백을 제공하는 능력, 역할수행에서의 일관성과 같은 추가적인 요소가 훈련에 포함될 수 있다. 최소한의 훈련 목표는 다음과 같다.

a. 평가자의 올바른 판단을 위한 조직, 직무/직무군, 규준 집단에 대한 지식
b. 평가역량, 역량의 정의, 직무수행과 역량의 관계, 효율적/비효율적 수행의 예시에 대한 완전한 지식과 이해
c. 평가기법, 과제 내용, 평가센터 각 부분에서 관찰될 수 있는 관련 역량들, 예상되거나 일반적으로 관찰할 수 있는 행동 예시, 실제 행동에 대한 예시나 표본에 대한 완전한 지식과 이해
d. 역량과 관련된 행동을 관찰, 기록, 분류하는 능력 : 행동을 기록하기 위해 요구되는 프로토콜에 대한 지식 포함
e. 평가, 평정 절차에 대한 완전한 지식과 이해 : 결과의 통합 방식 포함
f. 조직의 평가정책과 실행방식에 대한 완전한 지식과 이해 : 평가 자료가 어떻게 활용되는가도 포함됨(평가자가 알고 있어야 할 경우)
g. 피드백 절차와 전략에 대한 완전한 지식과 이해 : 피드백에 대한 피평가자의 수용과 행동 변화를 극대화하기 위함
h. 평가자가 구두와 서면으로 정확하게 피드백을 제공할 수 있는 능력
i. 평가자가 상호작용 과제(역할수행 또는 사실 찾기 과제)에서 역할수행을 해야 할 경우 객관적이고 일관적으로 역할을 소화할 수 있는 지식과 능력. 객관적, 일관적으로 역할수행을 할 수 있도록 교육할 수 있다면 평가자가 아닌 역할수행자들을 활용할 수 있음

(2) **훈련기간** - 평가자 훈련기간은 다양한 고려사항에 따라 달라지며 이러한 사항들은 세 가지 범주로 나눌 수 있다.

a. 훈련 강사와 강의 설계에서의 고려사항
- 강의 방식
- 훈련 강사의 자격과 전문성
- 교육 및 강의 순서

b. 평가자에 대한 고려 사항
- 유사한 평가기법에 대한 사전 지식과 경험
- 평가자의 유형(예. 심리학자 vs 관리자)
- 대상 직급/직무/직무군, 대상 직급과 조직에 대한 경험과 친숙도
- 평가자로서의 활동 횟수
- 그 외 관련된 자격과 전문성(예. 평가, 코칭)

c. 평가 프로그램에 대해 고려할 사항
- 해당 직급을 고려한 난이도
- 평가할 역량의 수
- 평가 정보의 예정된 용도(예. 수시 선발, 광범위한 인사배치, 진단, 개발)
- 과제 수와 복잡성
- 평가자와 평가 스태프들 간의 책임과 역할 구분(예. 운영자와 보조 스태프)
- 관찰 및 평가 가이드에서 평가자에게 제공해야 할 정보 수준

훈련의 기간과 질은 서로 다른 개념이라는 것을 알아야 한다. 평가자 훈련에서 요구되는 최소한의 시간이나 기간에 대한 정확한 가이드라인을 제시하기는 어렵다. 적은 수의 과제, 자격을 갖춘 훈련 강사, 신중하게 선별된 평가자를 사용하는 잘 구조화된 평가센터에서는 하루의 훈련이 충분할지도 모른다. 반면 평가센터에 관해 전혀 경험이 없는 평가자를 본 문서에서 제시하고 있는 가이드라인을 따르도록 훈련하기 위해서는 더욱 장기간의 훈련이 이루어져야 할 것이다(예, 평가센터 모의과제에 대한 2일간의 훈련). 타 프로그램에서의 유사한 평가기법 경험이 있는 평가자에게는 비교적 짧은 훈련이 필요할 것이다. 다양한 형태의 모의과제를 포함하는 좀 더 복잡한 평가센터에서는 추가 훈련이 필요할 것이며, 더욱 간단한 평가센터에서는 상대적으로 짧은 훈련이 필요할 것이다.

평가자 훈련은 평가 프로그램에서 필수적인 부분이다. 훈련의 질에 대한 올바른 검증은 아래 제시된 평가자 능력과 관련 있다.

(3) **수행 가이드라인과 자격** - 각 평가센터는 평가자를 위하여 평가센터의 목적과 평가자의 다양한 역할에 부합하는 수행 가이드라인을 명시해야 한다. 이러한 수행 가이드라인에는 적어도 다음과 같은 능력이 포함되어야 한다.

a. 표준화된 방식으로 행동을 평가하는 능력
b. 역량에 해당하는 적절한 행동을 인식, 관찰, 기록하는 능력
c. 평가자가 과제 운영자의 역할을 맡게 될 경우 과제를 운영하는 능력
d. 평가자가 역할수행을 해야 하는 상호작용 과제에서 객관적이고 일관적으로 해당 역할을 소화할 수 있는 능력
e. 가능한 피평가자의 자존심을 건드리지 않고 염려/공감을 표하며, 긍/부정 피드백을 함께 전달하는 방식을 사용하되 피드백의 근거를 함께 제공함
f. 피평가자의 동기를 유발하고 코칭, 행동계획, 목표설정에 관여할 수 있는 능력

훈련받은 사람들이 평가자로서의 역할을 수행할 수 있는가를 알아보기 위하여 몇 가지 확인이 이루어질 필요가 있다. 다양한 방법으로 확인할 수 있으며, 다음과 같은 자료를 포함할 수 있다. (1) 평정의 정확성과 신뢰도(전문적 기준 혹은 다른 평가자들과 일치하는가에 대한 확인), (2) 평가자 보고서에 대한 평가, (3) 훈련할 때 평가센터 스태프가 평가자를 관찰하거나 참관하는 것. 평가자들이 실전에 나가기 전 그들이 평가자로서 충분히 훈련되었는가를 확인하기 위해 그들의 수행을 평가하는 것이 중요하며, 정기적으로 모니터링 하여 훈련에서 배운 기술을 사용하고 있는가를 확인해야 한다.

각 조직은 그들의 평가자가 최소한의 수행 기준을 충족시키는가를 확인할 수 있어야 한다. 그래야만 수행 가이드라인을 충족시키지 못하는 평가자를 위한 추가 훈련이나 또 다른 조치를 개발하도록 도울 수 있기 때문이다.

평가자 훈련 담당자는 앞서 언급된 평가자 기술을 개인들이 개발할 수 있도록 해야 하고, 이러한 기술의 획득 여부를 평가할 수 있어야 한다.

(4) **훈련과 경험의 시기** - 평가자 훈련 후 평가자로 처음 활동하기까지의 기간은 짧아야 한다(6개월 이하). 기간이 길어질 경우엔 재훈련 코스에 참석하거나 평가센터 운영자에게 특별지도를 받아야 한다.

평가자로서 최근 2년간 2회 미만으로 경험이 없는 사람들 역시 재훈련 코스에 참석하거나 평가센터 운영자에게 특별 지도를 받아야 한다.

## 7 준비 후 참여하기

조직은 평가에 앞서 피평가자가 프로그램을 충분히 이해할 수 있도록 사전 공지를 해야 한다. 가장 이상적인 방법은 이런 정보를 평가 실시 전 서면으로 제시하는 것이다. 차선책은 프로그램 시작 시 정보를 제공하는 것이다. 조직에 따라 제공되는 정보는 다를 수 있지만 아래의 정보들은 기본적으로 모든 피평가자에게 전달되어야 한다.

(1) **목적** - 평가센터의 목적과 프로그램의 목표 조직은 평가 전, 측정될 역량과 과제의 일반적 특징들을 밝힐 수도 있다.
(2) **선발** - 개인들이 어떻게 평가센터의 참가자로 선발되었는가에 대한 내용
(3) **선택** - 채용, 승진, 개발 등의 목적으로 시행되는 평가센터 참가 여부에 대한 개인의 선택권
(4) **스태프** - 평가자 구성, 관련 경험, 평가자 훈련 등의 내용을 포함한 평가자와 관찰자 역할에 대한 일반적 정보
(5) **자료** - 개인이 작성한 평가센터 자료 중 조직에서 수집, 보관하는 자료
(6) **결과** - 평가센터의 결과가 어떻게 활용되며 어떤 의사결정이 이루어지는가에 대한 내용 및 평가결과의 보관 기간
(7) **피드백** - 피평가자에게 언제, 어떻게(예-서면, 면대면, 과학기술 사용 등), 어떤 형태의 피드백(예-역량 기준, 과제 기준, 또는 두 가지 혼합)이 제공되는가에 대한 내용
(8) **개발** - 추후 지원이나 관리사항이 있으면 그에 대한 절차(예-외부 코칭, 훈련, 멘토링: 상사 또는 임원진의 지원)
(9) **연결성** - 평가센터 결과가 조직의 전략/문화와 어떻게 부합될 것이며 다른 HRM 시스템과는 어떻게 통합되는지에 대한 내용
(10) **재평가** - 재평가를 할 경우 그에 대한 절차
(11) **접근** - 누가, 어떤 상황에 평가센터 보고서(오디오나 비디오 파일을 포함하여)에 접근할 수 있는지에 대한 내용
(12) **연락** - 기록물과 관련하여 연락할 수 있는 담당자는 누구이며 평가결과는 어디에 보관되는지에 대한 내용

## 8 타당도 연구

평가센터가 널리 알려지고 사용되는 주요인은 올바른 타당도 연구에 중점을 두었다는 것과 직접 관련 되어 있다. 지금까지 개별 평가센터의 예측타당도를 검증한 수많은 연구는 다양한 조직 상황에서 이루어져 왔고 전문 연구 문헌에도 게재되었다. 그러나 이러한 과정에서 밝혀진 타당도에 관한 역사적 기록들만을 보고 어떤 평가 프로그램이(아니면 원래 있던 프로그램의 새로운 적용이) 타당하거나, 타당하지 않을 것이라고 보장할 수는 없다.

평가센터 프로그램의 타당도 규명은 매우 복잡하고 전문적인 과정이며, 타당드 연구가 전문가적/법적 기준을 모두 충족하는가 또한 중요하다. 더불어 이러한 연구는 타당도 절차와 관련된 전문가적/법적 이슈에 정통한 사람이 진행해야 한다. 평가센터 프로그램의 타당도를 평가하는 데 특히 중요한 것은 평가될 역량을 명확하게 선택하는 것이다. 평가과제와 평가될 역량의 관계를 명시하는 것 또한 중요하다.

평가센터의 타당도 일반화 연구에서 이러한 가이드라인을 준수한 종합 평가 평정들은 상당한 예측타당도를 가지는 것으로 나타났다. 이는 다른 장면에서 새로운 평가센터를 사용하도록 지지하는 결과이기도 하다. 즉 새로운 환경에서의 직무, 과제, 평가자, 피평가자가 이전 타당도 연구의 그것들과 유사하다면 그리고 유사한 절차가 관찰, 보고, 정보 통합에 사용된다면 다른 장면에서 사용된 평가센터 프로그램이 예측 타당도를 가질 것이라는 의미이다. 종합 평가 평정의 예측타당도에 대한 타당도 일반화 연구는 훈련 필요성의 진단, 다른 역량에 대한 기술 수준의 정확한 평가, 피평가자에 대한 개발적인 영향력 등 다른 목적을 위한 절차의 타당도까지 증명하지는 않는다.

타당도 관련 기준 및 원칙들은 Principles for the Validation and Use of Personnel Selection Procedures (Society for Industrial and Organizational Psychology, Inc., 2003)와 Standards for Educational and Psychological Testing (American Educational Research Association, American Psychological Association, & National Councıl on Measurements in Education, 1999)에 언급되어 있다.

기본적으로 평가 과정이 타당하다면 보고서 작성, 과제 소개, 역량에 대한 점수 부여, 행동 분류, 행동 체크리스트 개발 등에 과학기술을 적용할 수 있다.

## 9 평가센터의 다양한 목적

평가센터는 주로 세 가지 목적으로 사용된다. (1) 의사 결정을 위해 미래 행동을 예측할 때, (2) 개발 필요성을 진단하기 위해, (3) 지원자에게 중요한 역량을 개발하기 위해. 하지만 평가센터의 부가적인 목적은 앞으로도 계속 발전해 갈 것이다.

평가센터의 설계와 운영 방법은 목적에 따라 달라질 수 있다. 예를 들어, 단순히 인사 결정(예. 승진)을 제공하기 위해 설계된 평가는 신뢰성 있고 타당한 종합 평가 평정에 치중할 것이다. 이 상황에서는 개별 역량 점수를 산출하는 근거가 거의 없다.

반대로 진단 평가센터에서는 신뢰성 있고 타당한 역량 점수만 필요할 수도 있다. 개발평가센터(DACs)는 학습 가능한 역량의 평가와 개발(즉, 적당한 시간이 지나면 향상되는 기술이나 역량)에 모두 관심을 두고 있다. DACs는 여러 관점의 피드백과 반복 연습이 필요하고, 시간이 지나면서 역량이 얼마만큼 향상되는지를 보기 위해 동일한 유형의 과제를 반복할 수 있다. 결과적으로 DAC 프로그램은 예측과 진단을 위한 평가센터보다 시간이 오래 걸릴 수 있다. DAC 프로그램에서 피드백은 가장 중요한 요소이며, 학습을 촉진하기 위해 피드백을 즉시 받아야 한다. DACs의 평가자 역할은 행동을 관찰하고 평가하는 것뿐만이 아니라 피드백을 주면서 학습과 개발을 촉진하고 평가 과정 동안 개발 계획을 촉진하는 것이다.

완전히 학습에 초점을 둔다면 DACs는 인사 결정에 사용되는 평가센터보다 표준화 정도가 낮고, 피평가자의 개발 필요성에 따라 설정된다. DACs를 타당화하거나 평가할 때 적합한 준거는 피평가자의 이해와 행동 변화, 목표로 한 역량의 숙련도이다. 이러한 특징들 때문에 평가센터는 반드시 의도한 목적에 맞게 설계되고 실행되어야 한다.

## 10 피평가자의 권리

평가센터 활동은 일반적으로 평가센터에 참가한 개인에 대한 많은 정보를 제공한다. 이러한 평가 정보는 관찰자의 기록과 과제 수행에 대한 보고서, 평가자의 평정, 동료평가, 지필검사나 CBT(Computer Based Tests), 비디오 파일, 최종 보고서 등을 포함하는 여러 가지 형태로 수집된다. 이 목록은 완벽하지 않지만 수집해야 하는 개인에 대한 정보의 범위를 설명해준다. 이러한 정보의 사용에 대한 가이드라인은 다음과 같다.

(1) 피평가자는 평가센터 수행에 대한 피드백을 받아야 하며, 어떤 권고 사항이든지 통지받아야 한다.

(2) 조직구성원인 피평가자는 본인의 수행과 권고사항에 대해 요약된 서면 보고서를 읽을 권리가 있다. 입사 지원자는 가능하다면 최소한의 최종 보고서와 권고사항에 대한 사유를 받을 수 있다.

(3) 검사의 보안을 위해서 평가센터 과제와 특정 과제의 수행에 대한 평가자 보고서는 공개되지 않아야 한다. 하지만 피평가자의 요청이 있다면 역량 평정에 관한 이론적인 근거와 타당도 자료, 권고사항의 결과가 제공될 수 있다.

(4) 조직은 피평가자에게 어떤 기록과 정보가 수집되고, 보존되고, 사용되며, 유포되는지 알려 주어야 한다. 만약 평가센터에서 피평가자의 활동을 기록하고, 그 기록과 다른 개인 정보를 국경을 넘어 보내거나 인터넷에 유포할 것이라면 피평가자가 사전에 그 사실을 알고 있어야 한다.

조직은 인터넷으로 정보가 유출되지 않도록 반드시 사전 대책을 세워 두어야 한다.

더불어 평가 과정 중, 개인 정보를 수집할 경우에는 European Union Directive on Data Protection이나 US Safe Harbor Privacy Principles와 같은 해당 정보 보호 규정에 따라야 한다.

(5) 만약 조직이 원래 공지했던 목적이 아닌 다른 목적으로 평가 결과를 사용하거나 그것이 피평가자에게 영향을 미칠 수 있다면, 이를 알리고 동의를 구해야 한다.

## 11 다양한 문화를 고려한 평가센터 운영

단일 평가센터 프로그램이 문화와 국경을 넘어 적용되는 것은 흔한 일이다. 어떤 상황에서는 실행할 지역의 문화에 따라 많은 평가센터 운영방식을 수정해야 할 필요가 있다. 또 어떤 상황에서는 어디서 실행되건 간에 평가센터 프로그램의 표준화를 고집할 수도 있다.

평가센터를 사용하는 실제 운영자는 평가센터 프로그램을 개발할 때 국가나 지역의 장벽을 넘어선 문화적 조정이 필요한지의 범위를 결정해야 한다. 분석할 때 고려해야 할 사항은 평가센터의 설계 및 실행 단계에서 평가센터에 대한 타당도와 적용가능성이 충분히 고려되지 않았다는 것이다.

절차상 고려해야 할 맥락적인 요소의 범위는 다음과 같다.

- 국가 간의 문화, 비즈니스, 법, 사회정치적 환경(예. 문화적 신념과 행동과 지역 간 상법)의 유사성 정도
- 지역 전문가협회에 의해 만들어진 국가별 가이드라인의 차이
- 직무 성공에 중요한 기술/역량의 공통성
- 직무 성공에 요구되는 성과 기준/행동의 공통성
- 평가센터/방법이 적용된 조직 간 사업 모델의 공통성 정도(전반적인 사업 전략, 비전, 가치와 관행)
- 회사의 지점을 관리할 때 중앙 집중 대 지역 분산의 정도
- 비교 통계(예, 규준 비교)는 지역을 아우르는 결과 해석을 위해 필요
- 조직구성원이 나라/문화를 건너 전임해야 하는지 아닌지

평가센터 프로그램이 문화적으로 특수하게 설계될 때, 평가센터를 사용하는 문화를 기반으로 수정하기 위해 아래 제시된 관점이 고려되어야 한다.

- 수행 준거 선정
- 직업적 성공 준거
- 과제 선택
- 평가자 훈련
- 피드백 절차

반대로 몇몇 평가센터 절차는 그 절차가 문화를 고려하여 수정된 후에도 표준화가 유지되어야 한다. 모든 문화에서 유지되어야 할 특징은 다음과 같다.

- 행동관찰 포함
- 행동관찰 과정에 대한 평가자 훈련
- 행동 분류 및 평정
- 과제, 역량, 평가자의 평가를 통합하는 체계적인 과정

## 12 국가별 평가센터 가이드라인

본 가이드라인 외에도 몇몇 나라들은 특정한 문화 상황에 맞는 평가센터 과제를 위해 가이드라인을 개발하고 있다. 국가별 표준 가이드라인의 예는 다음과 같다.

- 남아프리카: Assessment Centre Study Group.(2007). Guidelines for assessment and development centres in South Africa (4th ed.).
- 독일: Standards der assessment-center-technik. (2004). Uberblick und Hintergrundinformationen Hamburg, Germany: Arbeitskreis Assessment Center e.V.
- 인도네시아: Indonesian Task Force on Assessment Center Guidelines. (2002). Daya Dimensi Indonesia. Ethical guidelines for assessment center operations.

### ■ 참고문헌

American Educational Research Association, American Psychological Association, & National Council on Measurements in Education. (1999) Standards for Educational and Psychological Testing. Washington, DC: American Psychological Association. Available at http://www.apa.org/science/standards.html(accessed 1 August 2008).

American Psychological Association Council of Representatives.(1990) APA Guidelines for Providers of Psychological Services to Ethnic, Linguistic, and Culturally Diverse Populations.Boston: American Psychological Association. Available at http://www.apa.org/pi/guide.html (accessed 1 August 2008).

American Psychological Association Public Interest Directorate and Council of Representatives. (2002) Guidelines on Multicultural Education, Training, Research, Practice, and Organizational Change for Psychologists. Washington, DC: American Psychological Association. Available at http://www.apa.org/pi/multiculturalguidelines.pdf (accessed 1 August 2008).

International Test Commission. (2000) International Test Commission Test Adaptation Guidelines. International Test Commission. Available at http://www.intestcom.org/test_ adaptation.htm (accessed 1 August 2008).

Society for Industrial and Organizational Psychology & American Psychological Association. (2003) Principles for the Validation and Use of Personnel Selection

Procedures (4th edn). Bowling Green, OH: Society for Industrial and Organizational Psychology. Available at http://www.siop.org/_Principles/principles.pdf (accessed 1 August 2008).

US Department of Commerce. (2000). Safe harbor privacy principles. Available at http://www.export.gov/safeharbor(accessed 1 August 2008).

## ■ 용어 정리

- **피평가자** : 평가센터에 의해 역량을 평가받는 사람

- **평가센터** : 여러 평가자가 다양한 기법을 사용하여 피평가자가 채택된 역량을 어느 정도로 보유하고 있는지를 평가하는 절차

- **평가자** : 피평가자의 행동을 관찰, 기록, 분류하고 정확한 평가를 할 수 있도록 훈련받은 사람

- **역량** : '차원' 참조

- **개발센터** : 피평가자가 중요한 역량을 즉시 개발하고 향상시킬 목적으로 설계된 평가센터

- **차원** : '역량'이라고도 함. 명확하고 관찰 가능하며 검증할 수 있고, 신뢰할 수 있고, 논리적으로 분류될 수 있으며 직무의 성공과 관련된 행동들의 집합체

- **피드백** : 모범적이거나 이상적인 수행 수준을 실제 수행과 비교한 정보

- **높은(낮은) 현실적합성** : 하나 또는 그 이상의 역량과 관련된 직무 관련 행동이 평가센터 모의과제에서 실제로 나타나는 정도. 현실적합성은 실제 직무 상황이나 과업 등과 비교하여 모의과제의 현실성과 관련됨

- **직무 분석** : 직무, 직무 역할, 직무 군에서 성공 또는 실패와 관련이 있는 행동 역량을 결정하는 데 사용되는 과정. 이러한 과정은 전형적으로 현직자의 행동관찰이나 인터뷰, 직무 체크리스트, 고급 관리자/임원들의 인터뷰와 직무 문서 검

토(직무기술서, 훈련 매뉴얼 등)와 같은 직무 정보를 수집하기 위한 기법의 결합으로 구성됨

- **신뢰도** : 측정 과정이 반복되어도 동일한 결과(동일한 조건 하에)를 산출하는 정도

- **모의과제** : 피평가자가 상황 자극에 행동으로 반응하게 하여 직무 수행 역량과 관련된 행동들을 끌어내도록 설계된 과제 또는 기법

- **타당도** : 평가센터와 같은 측정 도구나 절차가 유용한 결과를 산출하는 정도. 조사 질문이나 검증된 도구 또는 절차를 통해 다양한 타당도(예, 구성 타당도, 내용 타당도, 안면 타당도, 예언 타당도, 사회적 타당도)가 측정됨

부록 B

# 평가센터를 포함한 고용차별 사례 참조


Adams et al. v City of Chicago. No. 94-5727, 1996 U.S. Dist. Lexis 3567.

Allen et al. v District of Columbia. Civil Action No. 92-555 (CRR), 812 F. Supp. 1239; 1993 U.S. Dist. Lexis 1908.

Belfield v Cheaseapeake & Potomac Telephone. Civil Action No. 78-1373, 1980 U.S. Dist. Lexis 10405, 22 Empl. Prac. Dec. (CCH) P30,641.

Cotter et al. v City of Boston. Civil Action No. 99-11101-Wgy, 193 F. Supp. 2d 323; 20002 U.S. Dist. Lexis 4922.

Cousin v Board of Trustees of the Houston Municipal Separate School District. No. EC 77-92, 488 F. Supp. 75, 1980 U.S. Dist. Lexis 10727, 28 Fair Empl. Prac. Cas. (BNA) 166.

Cunningham v Village of Mount Pleasant et al. No. 02 C 4196, 2004 U.S. Dist. Lexis 3153.

Felton, W.C. et al. v City of Auburn. CA No. 96-D-0385-E, 968 F. Supp. 1476; 1997 U.S. Dist. Lexis 9592.

Firefighters Institute for Racial Equality et al. v City of St. Louis. Civil Action No 74-30C(2), 74 C 200(2), U.S. Dist. Lexis 12512, 23 Empl. Prac. Dec. (CCH)

P31,040.

Firefighters Institute for Racial Equality et al. v City of St. Louis. Nos 74-30C(3), 74-200C(3), 470 F. Supp. 1281, 1979 U.S. Dist. Lexis 11968, 19 Fair Empl. Prac. Cas. (BNA) 1643, 20 Empl. Prac. Dec. (CCH) P30,202.

Garza v City of Inglewood. Case No. CV 87-7251-AAH Consolidated with No. CV 89-5582-AAH, 761 F. Supp. 1475; 1991 U.S. Dist. Lexis 5461; 60 Empl. Prac. Dec. (CCH) P41,977; 91 Daily Journal DAR 4836.

Housley v Boeing Company. Case No. 00-2429-JWL, 177 F. Supp.2d 1209, 2001 U.S. Dist. Lexis 21004

Hunter v City of Warner Robins, Georgia et al. C.A. 93-86-2-MAC (WDO), 842 F. Supp. 1460; 1994 U.S. Dist. Lexis 1298.

League of Martin et al. v City of Milwaukee. Civil Action No. 81-C-1465, 588 F. Supp. 1004, 1984 U.S. Dist. Lexis 16062, 42 Fair Empl. Prac. Cas. (BNA) 562; 35 Emply Prac. Dec. (CCH) P34, 894.

Long v City of Kansas City. Civil Action No. 93-2073-EEO; 1994 U.S. Dist. Lexis 9142.

Meisser et al. v Federal Deposit Insurance Corporation. No. 91 C 3242, 1994 U.S. Dist. Lexis 16525.

NAACP-Montgomery Metro Branch et al. v City of Montgomery. Civil Action No. 95-D-1590-N. 188 F.R.D. 408; 1999 U.S. Dist. Lexis 14615.

Palmer et al. v Kroger Company. Case No. 92-77235; 1994 U.S. Dist. Lexis 8283.

Perez v Bureau of Investigation et al. No. EP-87-CA-10, 714 F. Supp. 1414, 1989 U.S. Dist. Lexis 8426; 49 Fair Empl. Pracc. Cas. (BNA) 1349; 52 Empl. Prac. Dec. (CCH) P39, 518.

Pyles v Boeing Company. Civil Action No. 00-2394-KHV; 2002 U.S. Dist. Lexis 24787.

Reynolds et al. v Alabama Department of Transportation et al. Civil Action No. 85-T-665-N, 1994 U.S. Dist. Lexis 20921.

Rudder et al. v District of Columbia. Civil No. 92-2881 (CRR), 890 F. Supp. 23, 1995 U.S. Dist. Lexis 8948.

San Antonio Hispanic Police Officers' Organization et al. v City of San Antonio, et al. Civil Action No. SA-94-CA-242. FB, 188 F.R.D. 433; 1999 U.S. Dist. Lexis 13005.

Sanchez et al. v City of Santa Anna. CV 79-1818 KN, 928 F. Supp. 1494; 1995 U.S. Dist. Lexis 21224.

Sapp v City of Warner Robins. Civil Action No. 82-218-2-Mac (WDO), 655 F. Supp. 1043, 1987 U.S. Dist. Lexis 1930, 43 Fair Empl. Prac. Cas. (BNA) 486.

Scott v City of Overland Park. Civil Action No. 83-2219, 595 F. Supp. 520; 1984 U.S. Dist. Lexis 23698; 41 Fair Empl. Prac. Cas. (BNA) 1211.

Sharr et al. v Department of Transportation. Civil No. 02-1513-JO, 247 F Supp. 2d 1208; 2003 U.S. Dist. Lexis 3192.

Simmons et al. v City of Kansas City. Civil Action No. 88-2603-0, 1992 U.S. Dist. Lexis 20231.

Stearns v Ponderosa. Civil Action No. C81-0524-L (G), 1982 U.S. Dist. Lexis 14486; 29 Empl. Prac. Dec. (CCH) P32,979.

Stewart et al. v U.S. Department of the Treasury. Civil Action No. 90-2841, 948 F. Supp. 1077; U.S. Dist. Lexis 18470; and 225 F. Supp. 2d 6, 2002 U.S. Dist. Lexis 16328.

United States of America v City of Milwaukee. Civil Action No. 74-C-480; 102 F.R.D. 218, 1984 U.S. Dist. Lexis 16061.

United States of America v City of Montgomery. Civil Action No. 3739-N, Civil Action No. 75-19-N, 788 F. Supp. 1563; 1992 U.S. Dist. Lexis 4893; 65 Fair Empl. Prac. Cas. (BNA) 447.

Williams v Weirton Steel. Nos. 69-30-W, 72-50-W, 80-75-W, 1983 U.S. Dist Lexis 18961; 31 Fair Empl. Prac. Cas. (BNA) 1415.

Wilson v Michigan Bell Telephone. Civil Action No. 80-71849, 550 F. Supp. 1296, 1982 U.S. Dist. Lexis 15812; 30 Fair Empl. Prac. Cas. (BNA) 427, 31 Empl. Prac. Dec. (CCH) P33,356.

# 참고문헌

Abelson, R. P. (1981). Psychological status of the script concept. American Psychologist, 36, 715-729.

Adams, S. R. (1990). Impact of assessment center method and categorization scheme on schema choice and observational, classification, and memory accuracy. Unpublished doctoral dissertation, Colorado State University, Ft. Collins, CO.

Aguinis, H., Henle, C. A., & Ostroff, C. (2001). Measurement in work and organizational psychology. In N. Anderson, D. S. Ones, H. K. Sinangil, & C. Viswesvaran (Eds.), Handbook of industrial, work, and organizational psychology (Vol. 1, pp. 27-50). Thousand Oaks, CA: Sage.

Alba, J. W., & Hasher, L. (1983). Is memory schematic? Psychological Bulletin, 93, 203-231.

Aldag, R. J., & Fuller, S. R. (1993). Beyond fiasco: A reappraisal of the groupthink phenomenon and a new model of group decision processes. Psychological Bulletin, 113, 533-552.

Alexander, H. S., Buck, J. A., & McCarthy, R. J. (1975). Usefulness of the assessment center method for selection to upward mobility programs. Human Resource

Management, 14, 10-13.

Alon, A. (1977). Assessment and organizational development. In J. L. Moses & W. C. Byham(Eds.), Applying the assessment center method (pp. 225-240). New York: Pergamon Press.

American Board of Professional Psychology. (1988). The assessment center procedure for the diplomate examination in clinical psychology. Columbia, MO: Author.

American Educational Research Association, American Psychological Association, & American Council on Measurement in Education. (1999). Standards for Educational and Psychological Tests. Washington, DC: American Psychological Association.

American Psychological Association. (1992). Ethical principles of psychologists and code of conduct. American Psychologist, 47, 1597-1611.

Anastasi, A., & Urbina, S. (1997). Psychological testing. Upper Saddle River, NJ: Prentice-Hall.

Anderson, L. R., & Thacker, J. (1985). Self-monitoring and sex as related to assessment center ratings and job performance. Basic and Applied Social Psychology, 6, 345-361.

Anderson, N. H. (1974). Cognitive algebra: Integration theory applied to social attribution. In L. Berkowitz (Ed.), Advances in experimental social psychology (Vol. 7, pp. 1-101). New York: Academic Press.

Anderson, N. H. (1981). Foundations of information integration theory. New York: Academic Press.

Argyris, C. F., & Schon, D. (1974). Theory in practice. San Francisco, CA: Jossey-Bass.

Arnold, G. T. (1987). Feedback and career development. In H. W. More & R. C. Unsinger (Eds.), The police assessment center (pp. 167-201). Springfield, IL: Charles C. Thomas.

Arnold, J. (2001). Careers and career management. In N. Anderson, D. S. Ones, H. K. Sinangil, & C. Viswesvaran, Handbook of industrial, work, and organizational psychology, Vol. 2. Organizational psychology (pp. 115-132). London: Sage.

Aronson, E., Wilson, T. D., & Akert, R. M. (2002). Social psychology (4th ed.). Upper Saddle River, NJ: Prentice-Hall.

Arthur, W., Jr., Bennett, W., Jr., Edens, P. S., & Bell, S. T. (2003). Effectiveness of training in organizations: A meta-analysis of design and evaluation features. Journal of Applied Psychology, 88, 234-245.

Arthur, W., Jr., Day, E. A., McNelly, T. L., & Edens, P. S. (2003). A meta-analysis of the criterion-related validity of assessment center dimensions. Personnel Psychology, 56, 125-154.

Arthur, W., & Doverspike, D. (2005). Achieving diversity and reducing discrimination in the workplace through human resource management practices: Implications of research and theory for staffing, training, and rewarding performance. In R. L. Dipboye & A. Colella (Eds.), Discrimination at work: The psychological and organizational bases (pp. 305-327). Mahwah, NJ: Lawrence Erlbaum Associates.

Arvey, R. D., & Murphy, K. R. (1998). Performance evaluation in work settings. Annual Review of Psychology, 49, 141-168.

Asher, J. J., & Sciarrino, J. A. (1974). Realistic work sample tests: A review. Personnel Psychology, 27, 519-533.

Atchley, E. K., Smith, E. M., & Hoffman, B. J. (2003, September). Examining the relationship between performance, individual differences, and developmental activities. Getting more bang for the buck from DPACs. Paper presented at the 31st International Congress on Assessment Center Methods. Atlanta, Georgia.

Baker, T. A. (1986). Multitrait-multimethod analysis of performance ratings using behaviorally anchored and behavioral checklist formats. Unpublished master's thesis, Old Dominion University, Norfolk, VA.

Baldwin, A., Rupp, D. E., & Bashshur, M. (2005). Managerial justice training: An application of developmental assessment centers. Theory Advancement. Presented at the 20th annual conference of the Society for Industrial and Organizational Psychology, Los Angeles, California.

Baldwin, T. T., & Ford, J. K. (1988). Transfer in training: A review and directions for future research.

Personnel Psychology, 41, 63-105.

Bandura, A. (1977). Social learning theory. Englewood Cliffs, NJ: Prentice-Hall.

Bandura, A. (1986). Social foundations of thought and action. Englewood Cliffs, NJ: Prentice-Hall.

Bandura, A. (1997). Self-efficacy. New York: Freeman.

Banks, M. H. (1988). Job components inventory. In S. Gael (Ed.), The job analysis handbook for business, industry, and government. New York: Wiley.

Barker, L. I., Wahlers, K. J., Cegala, D. J., & Kibler, R. J. (1983). Groups in process. Englewood Cliffs, NJ: Prentice-Hall.

Bartels, L. K., Boomer, W. H., & Rubin, R. S. (2000). Student performance: Assessment centers versus traditional classroom evaluation techniques. Journal of Education for Business, 75, 198-201.

Bass, B. M. (1950). The leaderless group discussion. Personnel Psychology, 3, 17-32.

Bass, B. M. (1954). The leaderless group discussion. Psychological Bulletin, 51, 465-492.

Bauer, T. N., Maertz, C. P., Dolen, M. R., & Campion, M. A. (1998). Longitudinal assessment of applicant reactions to employment testing and test outcome feedback. Journal of Applied Psychology, 83, 892-903.

Bendick, M., Egan, M. L., & Lofhjelm, S. M. (2001). Workforce diversity training: From antidiscrimination compliance to organizational development. Human Resource Planning, 24, 10-25.

Bennett-Alexander, D. D., & Pincus, L. B. (1998). Employment law for business. Boston, MA: Irwin/McGraw-Hill.

Bentz, V. J. (1967). The Sears experience in the investigation, description, and prediction of executive behavior. In R. R. Wickert & D. E. McFarland (Eds.), Measuring executive effectiveness(pp. 147-205). New York: Appleton-Century-Crofts.

Bernardin, H. J., & Beatty, R. W. (1984). Assessing human behavior at work. Boston, MA: Kent.

Bernardin, H. J., & Buckley, M. R. (1981). Strategies in rater training. Academy of Management Review, 6, 205-212.

Bernardin, H. J., & Walter, C. W. (1977). Effects of rater training and diary keeping on psychometric error in ratings. Journal of Applied Psychology, 62, 64-69.

Binning, J. F., Adorno, A. J., & Kroeck, K. G. (1997, April). Validity of behavior checklist and assessor judgmental ratings in an operational assessment center. Paper presented at the annual conference of the Society for Industrial and Organizational Psychology, St. Louis, MO.

Binning, J. F., & Barrett, G. V. (1989). Validity of personnel decisions: An examination of the inferential and evidential bases. Journal of Applied Psychology, 74, 478-494.

Bobrow, W., & Leonards, J. S. (1997). Development and validation of an assessment center during organizational change. Journal of Social Behavior & Personality, 12, 217-236.

Bobrow, W., & Schultz, M. (2002, October). Applying technical advances in assessment centers. Paper presented at the 30th International Congress on Assessment Center Methods, Pittsburgh, PA.

Boehm, V. R. (1985). Using assessment centers for management development—Five applications. Journal of Management Development, 4(4), 40-51.

Bohlander, G., & Snell, S. (2004). Managing human resources (13th ed.). Mason, OH: Thomson/South-Western.

Borman, W. C. (1977). Consistency of rating accuracy and rating errors in the judgment of human performance. Organizational Behavior and Human Performance, 20, 238-252.

Borman, W. C. (1978). Exploring the upper limits of reliability and validity in job performance ratings. Journal of Applied Psychology, 63, 135-144.

Borman, W. C. (1982). Validity of behavioral assessment for predicting recruiter performance. Journal of Applied Psychology, 67, 3-9.

Borman, W. C., & Brush, D. H. (1993). More progress toward a taxonomy of managerial performance requirements. Human Performance, 6, 1-21.

Boudreau, J. W. (1983). Economic considerations in estimating the utility of human resource productivity improvement programs. Personnel Psychology, 36, 551-576.

Boyle, S., Fullerton, J., & Wood, R. (1995). Do assessment/development centres use optimum evaluation procedures? A survey of practice in UK organizations. International Journal of Selection and Assessment, 3, 132-140.

Braaten, L. (1990). Can assessment add value to the selection and development of sales managers? In C. W. Stucker (Ed.), Proceedings of the 1989 National Assessment Conference (pp.18-21). Minneapolis, MN: Personnel Decisions, Inc.

Bracken, D. W., Timmreck, C. W., & Church, A. H. (2001). Introduction: A multisource feedback process model. In D. W. Bracken, C. W. Timmreck, & A. H. Church (Eds.), The handbook of multisource feedback: The comprehensive resource for designing and implementing MSF Processes. San Francisco, CA: Jossey-Bass.

Brannick, M. R., & Levine, E. L. (2002). Job analysis. Thousand Oaks, CA: Sage.

Brannick, M. T., Michaels, C. E., & Baker, D. P. (1989). Construct validity of in-basket scores. Journal of Applied Psychology, 74, 957-963.

Bray, D. W. (1964). The management progress study. American Psychologist, 19, 419-429.

Bray, D. W., & Campbell, R. J. (1968). Selection of salesmen by means of an assessment center. Journal of Applied Psychology, 52, 36-41.

Bray, D. W., Campbell, R. J., & Grant, D. L. (1974). Formative years in business: A long-term AT&T study of managerial lives. New York: Wiley.

Bray, D. W., & Grant, D. L. (1966). The assessment center in the measurement of potential for business management. Psychological Monographs, 80 (17, Whole No. 625), 1-27.

Brockner, J., & Wiesenfeld, B. M. (1996). An integrative framework for explaining reactions to decisions: Interactive effects of outcomes and procedures. Psychological Bulletin, 20, 189-208.

Brummel, B., & Rupp, D. E. (2004). Creating parallel simulation exercises. Unpublished manuscript. University of Illinois.

Buckingham M., & Clifton, D. O. (2001). Now, discover your strengths. New York: The Free Press.

Buckley, M. R., & Russell, C. J. (1999). Validity evidence. In R. W. Eder & M. M. Harris (Eds.), The employment interview handbook (pp. 35-48). Thousand Oaks, CA: Sage.

Burke, M. J., & Frederick, J. T. (1986). A comparison of economic utility estimates for alternative SDy estimation procedures. Journal of Applied Psychology, 71, 334-339.

Burke, R. J., & McKeen, C. A. (1996). Do women at the top make a difference? Gender proportions and experiences of managerial and professional women. Human Relations, 49, 1093-1104.

Burrus, J. (2004). Simulations in assessment centers and the anchoring and adjustment heuristic. Unpublished manuscript, University of Illinois.

Bycio, P., & Zoogah, B. (2002). Exercise order and assessment center performance.

Journal of Occupational and Organizational Psychology, 75, 109–114.

Byham, T. M., & Wilkerson, B. A. (2003, April). Factors affecting the acceptance and application of developmental feedback from an executive development program. Paper presented at the 18th annual conference of the Society for Industrial and Organizational Psychology, Orlando, Florida.

Byham, W. C. (1970). Assessment center for spotting future managers. Harvard Business Review, 48, 150–160, plus appendix.

Byham, W. C. (1977). Assessor selection and training. In J. L. Moses & W. C. Byham (Eds.), Applying the assessment center method (pp. 89–126). New York: Pergamon Press.

Byham, W. C. (1990). Dimensions of effective performance for the 1990s. Pittsburgh, PA: Development Dimensions International.

Byham, W. C., & Temlock, S. (1972). Operational validity—A new concept in personnel testing. Personnel Journal, 51, 639–647, 654.

Byham, W. C., Smith, A. B., & Paese, M. J. (2000). Grow your own leaders. Acceleration pools: A new method of succession management. Pittsburgh, PA: DDI Press.

Caldwell, C., Gruys, M. L., & Thornton, G. C., III (2003). Public service assessment centers: A steward's perspective. Public Personnel Management, 32, 229–249.

Campbell, D. T., & Fiske, D. W. (1959). Convergent and discriminant validation by the multitrait-multimethod matrix. Psychological Bulletin, 56, 81–105.

Campbell, W. J. (1986). Construct validation of role-playing exercises in an assessment center using BARS and behavioral checklist formats. Unpublished master's thesis, Old Dominion University, Norfolk, VA.

Campion, M. A. (1994). Job analysis for the future. In M. G. Rumsey, C. B. Walker, & J. H. Harris (Eds.), Personnel selection and classification (pp. 1–12). Hillsdale, NJ: Lawrence Erlbaum Associates.

Carpenter, M. (2002). The implications of strategy and social context for the relationship between top management team heterogeneity and firm performance. Strategic Management Journal, 23, 275–284.

Carrick, P., & Williams, R. (1999). Development centres: A review of assumptions. Human Resource Management Review, 9, 77–91.

Cascio, W. F. (1982). Costing human resources: The financial impact of behavior in organizations. Boston, MA: Kent.

Cascio, W. F. (1989, October). Assessment data and personnel decisions. Paper presented at the 1989 National Assessment Conference, Minneapolis, MN.

Cascio, W. F. (1998). Managing human resources (5th ed.), Boston, MA: McGraw-Hill/Irwin.

Cascio, W. F. (2002). Changes in workers, work, and organizations. In W. C. Borman, D. R. Ilgen, & R. J. Klimoski (Eds.), Comprehensive handbook of psychology, Vol. 12: Industrial and organizational psychology (pp. 107-130). New York: Wiley.

Cascio, W. F., & Ramos, R. A. (1986). Development and application of new method for assessing job performance in behavioral/economic terms. Journal of Applied Psychology, 71, 20-28.

Cascio, W. F., & Silbey, V. (1979). Utility of the assessment center as a selection device. Journal of Applied Psychology, 64, 107-118.

Chaiken, S., & Stangor, C. (1987). Attitudes and attitude change. In M. R. Rosenzweig & L. W. Porter (Eds.), Annual review of psychology (Vol. 38, pp. 575-630). Palo Alto, CA: Annual Reviews.

Chan, D. (1996). Criterion and construct validation of an assessment centre. Journal of Occupational and Organizational Psychology, 69, 167-181.

Chan, D., Schmitt, N., Sacco, J. M., & DeShon, R. P. (1998). Understanding pretest and posttest reactions to cognitive ability and personality tests. Journal of Applied Psychology, 83, 471-485.

Chatman, J. A., & Flynn, F. J. (2001). The influence of demographic heterogeneity on the emergence and consequences of cooperative norms in work teams. Academy of Management Journal, 44, 956-974.

Chattopadhyay, P. (1999). Beyond direct and symmetrical effects: The influence of demographic dissimilarity on organizational citizenship behavior. Academy of Management Journal, 42, 273-287.

Chen, P. Y., Carsten, J., & Krauss, A. D. (2003). Job analysis: The basis for developing criteria for all human recourse programs. In J. E. Edwards, J. C. Scott, & N. Raju (Eds.), Human resources program-evaluation handbook (pp. 27-48). Thousand Oaks, CA: Sage.

Cheng, C. (1997). Are Asian American employees a model minority or just a minority? Journal of Applied Behavioral Science, 33, 277-290.

Clause, C. S., Mullins, M. E., Nee, M. T., Pulakos, E., & Schmitt, N. (1998). Parallel test form development: A procedure for alternative predictors and an example. Personnel Psychology, 51, 193-208.

Cleveland, J. N., & Shore, L. M. (1992). Self- and supervisory perspectives on age and work attitudes and performance. Journal of Applied Psychology, 77, 469-484.

Cochran, D. S., Hinckle, T. W., & Dusenberry, D. (1987). Designing a developmental assessment center in a government agency: A case study. Public Personnel Management, 16(2), 145-152.

Cohen, B. M., Moses, J. L., & Byham, W. C. (1974). The validity of assessment centers: A literature review. Monograph II. Pittsburgh, PA: Development Dimensions Press.

Cohen-Charash, Y., & Spector, P. E. (2001). The role of justice in organizations: A metaanalysis. Organizational Behavior and Human Decision Processes, 86, 278-321.

Collins, J. M., Schmidt, F. L., Sanchez-Ku, M., Thomas, L., McDaniel, M. A., & Le, H. (2003). Can basic individual differences shed lights on the construct meaning of assessment center evaluations? International Journal of Selection and Assessment, 11, 17-29.

Colquitt, J. A. (2001). On the dimensionality of organizational justice: A construct validation of a measure. Journal of Applied Psychology, 86, 356-400.

Colquitt, J. A., Conlon, D. E., Wesson, M. J., Porter, C. O. L. H., & Ng, K. Y. (2001). Justice at the millennium: A meta-analytic review of 25 years of organizational justice research. Journal of Applied Psychology, 86, 425-445.

Colquitt, J. A., LePine, J. A., & Noe, R. A. (2000). Toward an integrative theory of training motivation: A meta-analytic path analysis of 20 years of research. Journal of Applied Psychology, 85, 678-707.

Constable, A. (1999). Development centres. Paper presented at the Human Resource Development Conference, London, Roffey Park Management Institute.

Cooper, W. W. (1981). Ubiquitous halo. Psychological Bulletin, 90, 218-244.

Costa, P. T., Jr., & McRae, R. R. (1992). Revised NEO Personality Inventory (NEO-PI-R) and NEO Five-factor Inventory (NEO-FFI) professional manual.

Odessa, FL: Psychological Assessment Resources.

Coulton, G. F., & Feild, H. S. (1995). Using assessment centers in selecting entry-level police officers: Extravagance or justified expense? Public Personnel Management, 24, 223-254.

Cronbach, L. J. (1970). Essentials of psychological testing. New York: Harper & Row.

Cropanzano, R., Prehar, C. A., & Chen, P. Y. (2002). Using social exchange theory to distinguish procedural from interactional justice. Group and Organizational Management, 27, 324-351.

Cropanzano, R., & Randall, M. L. (1993). Injustice and work behavior: A historical review. In R. Cropanzano (Ed.), Justice in the workplace: Approaching fairness in human resource management. (pp. 1-20). Hillsdale, NJ: Lawrence Erlbaum Associates.

Cropanzano, R., & Schminke, M. (2001). Using social justice to build effective work groups. In M. Turner (Ed.), Groups at work: Advances in theory and research (pp. 143-171). Hillsdale, NJ: Lawrence Erlbaum Associates.

Crudup, B. (2004). Innovation: Life, inspired. New York: Thirteen/WNET New York.

Damitz, M., Manzey, D., Kleinmann, M., & Severin, K. (2003). Assessment center for pilot selection: Construct and criterion validity and the impact of assessor type. Applied Psychology: An International Review, 52, 193-212.

Dawes, R. (1979). The robust beauty of improper linear models in decision making. American Psychologist, 34, 571-582.

Dayan, K., Kasten, R., & Fox, S. (2002). Entry-level police candidate assessment center: An efficient tool or a hammer to kill a fly? Personnel Psychology, 55, 827-849.

Dipboye, R. L. (1985). Some neglected variables in research on discrimination in appraisals. Academy of Management Review, 10, 116-127.

Dodd, W. E. (1977). Attitudes toward assessment center programs. In J. I. Moses & W. C. Byham (Eds.), Applying the assessment center method (pp. 161-183). New York: Pergamon Press.

Donahue, L. M., Truxillo, D. M., Cornwell, J. M., & Gerrity, M. J. (1997). Assessment center construct validity and behavioral checklists: Some additional findings. Journal of Social Behavior and Personality, 12, 85-108.

Dugan, B. (1988). Effects of assessor training on information use. Journal of Applied

Psychology, 73, 743-748.

Dulewitz, V. (1991). Improving assessment centers. Personnel Management, 23(6), 50-55.

Dunning, D. (1995). Trait importance and modifiability as factors influencing self-assessment and self-enhancement motives. Personality and Social Psychology Bulletin, 21, 1297-1306.

Dweck, C. S., & Leggett, E. L. (1988). A social-cognitive approach to motivation and personality. Psychological Review, 95, 256-273.

Eagly, A. H., Makhijani, M. G., & Klonsky, B. G. (1992). Gender and the evaluation of leaders: A meta-analysis. Psychological Bulletin, 111, 3-22.

Earley, P. C., & Mosakowski, E. M. (2000). Creating hybrid team cultures: An empirical test of international team functioning. Academy of Management Journal, 43, 26-49.

Ebbesen, E. B. (1981). Cognitive processes in inferences about a person's personality. In E. Higgins, C. Herman, & M. Zanna (Eds.), Social cognition: The Ontario symposium (Vol. 1, pp. 247-276). Hillsdale, NJ: Lawrence Erlbaum Associates.

Eden, D. (1984). Self-fulfilling prophecy as a management tool: Harnessing Pygmalion. Academy of Management Review, 9, 64-73.

Eden, D. (1988). Creating expectation effects in OD: Applying self-fulfilling prophecy. In R. W. Woodman & W. A. Rassman (Eds.), Research in organizational change and development (Vol. 2, pp. 235-267). Greenwich, CT: JAI Press.

Eden, D. (1990). Pygmalion in management: Productivity as a self-fulfilling prophecy. Lexington, MA: Lexington Books. Edison, C. E. (2003, September). From assessment center feedback to human performance improvement. Paper presented at the 31st International Congress on Assessment Center Methods.Atlanta, Georgia.

Einhorn, H. J., Hogarth, R. M., & Klempner, E. (1977). Quality of group judgment. Psychological Bulletin, 84, 158-172.

Engelbrecht, A. S., & Fischer, A. H. (1995). The managerial performance implications of a developmental assessment center process. Human Relations, 48, 387-404.

Equal Employment Opportunity Commission, Civil Rights Commission, Department of

Labor, & Department of Justice. (1978). Uniform Guidelines on Employee Selection Procedures. Federal Register, 43(166), 38290-38309.

Feldman, J. (1981). Beyond attribution theory: Cognitive processes in performance appraisal. Journal of Applied Psychology, 66, 127-148.

Feltham, R. (1988a). Validity of a police assessment centre: A 1-19-year follow-up. Journal of Occupational Psychology, 61, 129-144.

Feltham, R. (1988b). Assessment centre decision making: Judgmental vs. mechanical. Journal of Occupational Psychology, 61, 237-241.

Fenwick, G. D., & Neal, D. J. (2001). Effect of gender composition on group performance. Gender, Work, and Organization, 8, 205-225.

Fine, S. A., & Cronshaw, S. F. (1999). Functional job analysis: A foundation for human resources management. Mahwah, NJ: Lawrence Erlbaum Associates.

Finkin, M. W. (2004). Privacy in employment law (2nd ed.). Washington, DC: BNA Books.

Finkle, R. B. (1976). Managerial assessment centers. In M. D. Dunnette (Ed.), Handbook of industrial and organizational psychology (pp. 861-888). Chicago, IL: Rand McNally.

Finkle, R. B., & Jones, W. S. (1970). Assessing corporate talent: A key to managerial manpower planning. New York: Wiley Interscience.

Fishbein, M., & Azjen, I. (1975). Belief, attitude, intention, and behavior. An introduction to theory and research. Reading, MA: Addison-Wesley.

Fiske, S. T. (1993). Social cognition and social perception. Annual Review of Psychology, 44, 155-194.

Fiske, S. T., & Taylor, S. E. (1984). Social cognition. Reading, MA: Addison-Wesley.

Flanagan, J. C. (1954). The critical incident technique. Psychological Bulletin, 51, 327-349.

Fleenor, J. W. (1988). The utility of assessment centers for career development. Unpublished doctoral dissertation, North Carolina State University.

Fleenor, J. W., & Brutus, S. (2001). Multisource feedback for personnel decisions. In D. W. Bracken, C. W. Timmreck, & A. H. Church (Eds.), The handbook of multisource feedback: The comprehensive resource for designing and implementing MSF processes. San Francisco, CA: JosseyBass.

Fleishman, E. A., & Quaintance, M. K. (1984). Taxonomies of human performance:

The description of human tasks. Orlando, FL: Academic Press.

Fleishman, E. A., & Reilly, M. E. (1992). Administrator guide F-JAS: Fleishman job survey. Palo Alto, CA: Consulting Psychologists Press.

Fletcher, C. (1991). Candidates' reactions to assessment centres and their outcomes: A longitudinal study. Journal of Occupational Psychology, 64, 117-127.

Fogli, L. (1985). Coremart. Pheasant Hill, CA. Author.

Folger, R., & Cropanzano, R. (1998). Organizational justice and human rescurce management. Thousand Oaks, CA: Sage.

Ford, J. (2001, September). Automating the collection and scoring of written (non multiple choice) assessment center data. Paper presented at the 29th International Congress on Assessment Center Methods, Frankfurt, Germany.

Ford, J. K., Smith, E. M., Weissbein, D. A., Gully, S. M., & Salas, E. (1998). Relationships of goal orientation, metacognitive activity, and practice strategies with learning outcomes and transfer. Journal of Applied Psychology, 83, 218-233.

Foster, S. L., & Cone, J. D. (1986). Design and use of direct observation. In A. R. Cimincro, M. S. Calhoun, & H. E. Adams (Eds.), Handbook of behavioral assessment (2nd ed., pp. 253-322). New York: Wiley.

Fraley, R. C., & Roberts, B. W. (2005). Patterns of continuity: A dynamic model for conceptualizing the stability of individual differences in psychological constructs across the life course. Psychological Review, 112, 60-74.

Francis-Smythe, J., & Smith, P. M. (1997). The psychological impact of assessment in a development center. Human Relations, 50(2), 149-167.

Frank, F. D. (1990, May). Video testing: An alternative to assessment centers. Paper presented at the 18th International Congress on the Assessment Center Method.

Franks, D., Ferguson, E., Rolls, S., & Henderson, F. (1999). Self-assessments in HRM: An example from an assessment centre. Personnel Review, 28, 124-133.

Frederiksen, N., Saunders, D. R., & Wand, B. (1957). The in-basket test. Psychological Monographs, 71(9, Whole No. 438).

Fritzsche, B. A., Brannick, M. T., & Fisher-Hazucha, J. F. (1994, April). The effects of using behavioral checklists on the predictive and construct validity of assessment center ratings. Paper presented at the annual conference of the Society for Industrial and Organizational Psychology, Nashville, TN.

Garcia, L. T., Erskine, N., Hawn, K., & Casmay, S. R. (1981). The effect of affirmative action on attributions about minority group members. Journal of Personality, 49, 427-437.

Gatewood, R. D., & Feild, H. S. (2001). Human resource selection (5th ed.). Mason, OH: SouthWestern.

Gaugler, B. B., Rosenthal, D. B., Thornton, G. C., III, & Bentson, C. (1987). Meta-analysis of assessment center validity. Journal of Applied Psychology, 72, 493-511.

Gaugler, B. B., & Thornton, G. C., III. (1989). Number of assessment center dimensions as a determinant of assessor accuracy. Journal of Applied Psychology, 74, 611-618.

Geddes, D., & Konrad, A. M. (2003). Demographic differences and reactions to performance feedback. Human Relations, 56, 1485-1513.

Ghiselli, E. E., Campbell, J. P., & Zedeck, S. (1981). Measurement theory for the behavioral sciences. San Francisco, CA: Freeman.

Gibbons, A. M., & Rupp, D. E. (2004, April). Developmental assessment centers as training tools for the aging workforce. Paper presented at the 19th annual meeting of the Society for Industrial and Organizational Psychology, Chicago, Illinois.

Gibbons, A. M., Rupp, D. E., Baldwin, A., & Holub, S. A. (2005, April). Developmental assessment center validation: Evidence for DACs as effective training interventions. Paper presented at the 20th annual meeting of the Society for Industrial and Organizational Psychology, Los Angeles, CA.

Gibbons, A. M., Rupp, D. E., Kim, M. J., & Woo, S. E. (2005, April). Developable assessment center dimensions: A Korean investigation. Paper presented at the 20th annual meeting of the Society for Industrial and Organizational Psychology, Los Angeles, CA.

Gluski, B. J., & Sherman, A. M. (2000, May). Results of concurrent and content validation studies for supervisory assessment center transported from manufacturing to insurance services. Paper presented at the International Congress on the Assessment Center Method, Pittsburgh, PA.

Goffin, R. D., Rothstein, M. G., & Johnston, N. G. (1996). Personality testing and the assessment center: Incremental validity for managerial selection. Journal of

Applied Psychology, 81, 746-756.

Goldsmith, R. F. (1990). Utility analysis and its application to the study of the cost effectiveness of the assessment center method. In K. R. Murphy & F. E. Saal (Eds.), Psychology in organiza-tions. Integrating science and practice (pp. 95-110). Hillsdale, NJ: Lawrence Erlbaum Associates.

Goldstein, A. P., & Sorcher, M. (1974). Changing managerial behavior. New York: Pergamon Press.

Goldstein, H. W., Yusko, K. P., & Nicolopoulos, V. (2001). Exploring Black-White subgroup differences of managerial competencies. Personnel Psychology, 54, 783-807.

Goldstein, H. W., Zedeck, S., & Goldstein, I. L. (2002). G: Is this your final answer? Human Performance, 15, 123-142.

Goldstein, I. L. (1986). Training in organizations. Needs assessment, development, and evaluation (2nd ed.). Monterey, CA: Brooks/Cole.

Goldstein, I., Schneider, B., & Zedeck, S. (1993). An exploration of the job analysis-content validity process. In N. Schmitt & W. C. Borman (Eds.), Personnel selection in organizations (pp. 3-34). San Francisco, CA: Jossey-Bass.

Gomez-Mejia, L. R., Balkin, D. B., & Cardy, R. L. (2004). Managing human resources (4th ed.). Upper Saddle River, NJ: Pearson Prentice-Hall.

Goodge, P. (1991). Development centres: Guidelines for decision makers. Journal of Management Development, 10(3), 4-12.

Goodge, P. (1997). Assessment and development centres: Practical design principles. Selection and Development Review, 13, 11-14.

Goodie, A. S., & Crooks, C. L. (2004). Time-pressure effects on performance in a base-rate tasks. Journal of General Psychology, 131, 18-28.

Goodman, J. S., Wood, R. E., & Hendrickx, M. (2004). Feedback specificity, exploration, and learning. Journal of Applied Psychology, 89, 248-262.

Goodstone, M. S., & Lopez, F. E. (2001). The frame of reference approach as a solution to an assessment center dilemma. Consulting Psychology Journal: Practice & Research, 53, 96-107.

Greenberg, J. (1986). Determinants of perceived fairness of performance evaluations. Journal of Applied Psychology, 71, 340-342.

Greenwood, J. M., & McNamara, W. J. (1967). Interrater reliability in situational tests.

Journal of Applied Psychology, 51, 101-106.

Griffiths, P., & Allen, B. (1987). Assessment centres: Breaking with tradition. Journal of Management Development, 6(1), 18-29.

Griffiths, P., & Goodge, P. (1994). Development centres: The third generation. Personnel Management, 26, 40-44.

Guion, R. M. (1987). Changing views for personnel selection research. Personnel Psychology, 40, 199-213.

Guion, R. M. (1998). Assessment, measurement, and prediction for personnel decisions. Mahwah, NJ:Lawrence Erlbaum Associates.

Haaland, S., & Christiansen, N. D. (2002). Implications of trait-activation theory for evaluating the construct validity of assessment center ratings. Personnel Psychology, 55, 137-163.

Hackman, J. R., & Morris, C. G. (1978a). Group process and group effectiveness: A reappraisal. In L. Berkowitz (Ed.), Group processes (pp. 57-66). New York: Academic Press.

Hackman, J. R., & Morris, C. G. (1978b). Group tasks, group interaction process, and group performance effectiveness: A review and proposed integration. In L. Berkowitz (Ed.), Group processes (pp. 1-55). New York: Academic Press.

Hammond, K. R., McClelland, G. H., & Mumpower, J. (1980). Human judgment and decision making. Theories, methods, and procedures. New York: Praeger.

Hampson, S. E., John, O. P., & Goldberg, L. R. (1986). Category breadth and hierarchical structure in personality: Studies of asymmetries in judgments of trait implications. Journal of Personality and Social Psychology, 51, 37-54.

Hardison, C. M., & Sackett, P. R. (2004, April). Assessment center criterion-related validity: A metaanalytic update. Paper presented at the 19th annual conference of the Society for Industrial and Organizational Psychology, Chicago, Ill.

Harris, H. (1949). The group approach to leadership testing. London: Routledge and Paul. Harris, M. H., Becker, A. S., & Smith, D. E. (1993). Does the assessment center scoring method affect the cross-situational consistency of ratings? Journal of Applied Psychology, 78, 675-678.

Harris, M. M. (1989). Reconsidering the employment interview: A review of recent literature and suggestions for future research. Personnel Psychology, 42, 691-726.

Hartigan, J. A., & Wigdor, A. K. (1989). Employment testing. Washington, DC: National Academy Press.

Hastie, R. (1986). Experimental evidence of group accuracy. In B. Grofman & G. Owen (Eds.), Decision research. Greenwich, CT: JAI Press.

Hastie, R., & Dawes, R. M. (2001). Rational choice in an uncertain world: The psychology of judgment and decision making. Thousand Oaks, CA: Sage.

Hastie, R., & Kumar, P. (1979). Person memory: Personality traits as organizing principles in memory for behavior. Journal of Personality and Social Psychology, 37, 25-38.

Hauenstein, P. C. (1994). A key behavior approach for improving the utility of developmental assessment centers. Paper presented at the Annual Conference of the Society for Industrial and Organizational Psychology, Nashville, TN.

Heilman, M. E. (1995). Sex stereotypes and their effects in the workplace: What we know and what we don't know. Journal of Social Behavior and Personality, 10, 3-26.

Heilman, M. E., Block, C. J., & Stathatos, P. (1997). The affirmative action stigma of incompetence: Effects of performance information ambiguity. Academy of Management Journal, 40, 603-625.

Heilman, M. E., Wallen, A. S., Fuchs, D., & Tamkins, M. M. (2004). Penalties for success: Reactions to women who succeed at male gender-typed tasks. Journal of Applied Psychology, 89, 416-427.

Heine, D. M., & Struth, M. R. (1989, May). Computerized assessment centers. Paper presented at the 17th International Congress on the Assessment Center Method, Pittsburgh, PA.

Heneman, H. G., & Judge, T. A. (2003). Staffing organizations. Middleton, WI: McGraw-Hill/Irwin.

Hennessy, J., Mabey, B., & Warr, P. (1998). Assessment centre observation procedures: An experimental comparison of traditional, checklist and coding methods, International Journal of Selection and Assessment, 6, 222-231.

Henry, S. E. (1988, August). Nontraditional applications of assessment centers. Assessment in staffing plant start-ups. Paper presented at the meeting of the American Psychological Association, Atlanta, GA.

Herriot, P., Chalmers, C., & Wingrove, J. (1985). Group decision making in an assessment centre. Journal of Occupational Psychology, 58, 309-312.

Hezlett, S. A., Ones, D. S., & Kuncel, N. R. (2000, May). Participation in development activities and its correlates: An investigation of gender differences. In C. D. McCauley (Chair), Developments on Development: The Process and Consequences of Continuous Learning. Symposium conducted at the 15th annual conference of the Society for Industrial and Organizational Psychology. New Orleans, LA.

Higgins, E. T., & Bargh, J. A. (1987). Social cognition and social perception. In M. R. Rosenzweig & L. W. Porter (Eds.), Annual review of psychology (Vol. 38). Palo Alto, CA: Annual Reviews.

Highhouse, S. (2002). Assessing the candidate as a whole: A historical and critical analysis of individual psychological assessment for personnel decision making. Personnel Psychology, 55, 363-396.

Hill, G. W. (1982). Groups vs. individual performance: AreN+1 heads better than one? Psychological Bulletin, 91, 517-539.

Hinrichs, J. R. (1978). An eight-year follow-up of a management assessment center. Journal of Applied Psychology, 63, 596-601.

Hinrichs, J. R., & Haanpera, S. (1976). Reliability of measurement in situational exercises: An assessment of the assessment center method. Personnel Psychology, 29, 31-40.

Hinsz, V. B., Tindale, R. S., & Vollrath, D. A. (1997). The emerging conceptualization of groups as information processors. Psychological Bulletin, 121, 43-64.

Hintzman, D. L. (1986). "Schema abstraction" in a multiple-trace memory model. Psychological Review, 93, 411-428.

Hintzman, D. L. (1988). Judgment of frequency and recognition memory in a multiple-trace memory model. Psychological Review, 95, 528-551.

Hoffman, L. R. (1978a). The group problem-solving process. In L. Berkowitz (Ed.), Group processes (pp. 57-66). New York: Academic Press.

Hoffman, L. R. (1978b). Group problem solving. In L. Berkowitz (Ed.), Group processes (pp. 67-113). New York: Academic Press.

Hogan, J., & Zenke, L. L. (1986). Dollar-value utility of alternative procedures for selecting school principals. Educational and Psychological Measurement, 46,

935–945.

Hollenbeck, G. P. (1990). The past, present, and future of assessment centers. The Industrial/ Organizational Psychologist, 28(2), 13–17.

Howard, A. (1995). The changing nature of work. San Francisco, CA: Jossey-Bass.

Howard, A. (1997). A reassessment of assessment centers: Challenges for the 21st century. Journal of Social Behavior and Personality, 12, 13–52.

Howard, A., & Bray, D. W. (1988). Managerial lives in transition: Advancing age and changing times. New York: Guilford Press.

Huck, J. R. (1974). Determinants of assessment center ratings for white and black females and relationship of these dimensions to subsequent performance effectiveness. Unpublished doctoral dissertation, Wayne State University, Detroit, Michigan.

Huck, J. R. (1987). Costing the value of human resources. A look at the economic utility of an assessment center selection process. Paper presented at the Institute for Personnel Management, Stellenbosch, South Africa.

Huck, J. R., & Bray, D. W. (1976). Management assessment center evaluations and subsequent job performance of Black and White females. Personnel Psychology, 29, 13–30.

Hunt, D. M., & Michael, C. (1983). Mentorship: A career training and development tool. Academy of Management Review, 8, 475–485.

Hunter, J. E., & Hunter, R. F. (1984). Validity and utility of alternative predictors of job performance. Psychological Bulletin, 96, 72–98.

Hunter, J. E., & Schmidt, F. L. (1990). Methods of meta-analysis: Correcting error and bias in research findings. Newbury Park, CA: Sage.

Hunter, J. E., Schmidt, F. L., & Jackson, G. B. (1982). Meta-analysis. Cumulating research findings across studies. Beverly Hills, CA: Sage.

Iles, P., & Forster, A. (1994). Developing organizations through collaborative development centers. Organization Development Journal, 12, 45–51.

Ilgen, D. R., Fisher, C. D., & Taylor, M. S. (1979). Consequences of individual feedback on behavior in organizations. Journal of Applied Psychology, 64, 340–371.

International Task Force on Assessment Center Guidelines (2000). Guidelines and ethical considerations for assessment center operations. Public Personnel

Management, 29, 315-331.

Ivancevich, J. M. (2004). Human resource management (9th ed.). Boston, MA: McGraw-Hill/Irwin.

Jackson, S. E., Joshi, A., & Erhardt, N. L. (2003). Recent research on team and organizational diversity: SWOT analysis and implications. Journal of Management, 29, 801-830.

Jackson, S. E., Schuler, R. S., & Rivero, J. C. (1989). Organizational characteristics as predictors of personnel practices. Personnel Psychology, 42, 727-786.

Jacobsen, L., & Sinclair, N. (1990, March). Assessing the writing of teacher candidates: Connecticut's method of holistic assessments. Paper presented at the 18th International Congress on the Assessment Center Method, Anaheim, CA.

Jacobson, M. B., & Koch, W. (1977). Women as leaders: Performance evaluation as a function of method of leader selection. Organizational Behavior and Human Performance, 20, 149-157.

Janis, I. L. (1982). Groupthink (2nd ed.). Boston, MA: Houghton Mifflin.

Jansen, P. G. W., & Stoop, B. A. M. (2001). The dynamics of assessment center validity: Results of a 7-year study. Journal of Applied Psychology, 86, 741-753.

Johnson, M. K., & Raye, C. L. (1981). Reality monitoring. Psychological Review, 88, 67-85.

Joiner, D. A. (2002). Assessment centers: What's new? Public Personnel Management, 31, 179-185.

Jones, E. E., & Davis, K. E. (1965). A theory of correspondent inferences: From acts to dispositions. In L. Berkowitz (Ed.), Advances in experimental and social psychology (Vol. 2, pp. 220-266). New York: Academic Press.

Jones, G. T. (1972). Simulations and business decisions. Middlesex, England: Penguin.

Jones, R. G., & Whitmore, M. D. (1995). Evaluating developmental assessment centers as interventions. Personnel Psychology, 48, 377-388.

Jones, R. G., & Whitmore, M. D. (1995). Evaluating developmental assessment centers as interventions: Errata. Personnel Psychology, 48, 562.

Joyce, L. W., Thayer, P. W., & Pond, S. B. (1994). Managerial functions: An alternative to traditional assessment center dimensions? Personnel Psychology, 47, 109-121.

Kameda, T., Tindale, R. S., & Davis, J. H. (2003). Cognitions, preferences, and social sharedness. In S. J. Schneider & J. Santeau (Eds.), Emerging perspectives on judgment and decision research (pp. 458–485). Cambridge, UK: Cambridge University Press. Kazdin, A. E. (1984). Behavior modification in applied settings (2nd ed.). Homewood, IL: Dorsey.

Kehoe, J. F., Weinberg, K., & Lawrence, I. M. (1985, August). Dimension and exercise effects on work simulation ratings. Paper presented at the meeting of the American Psychological Association, Los Angeles, CA.

Kintsch, W., & van Dijk, T. A. (1978). Toward a model of text comprehension and production. Psychological Review, 85, 363–394.

Kleinmann, M., & Strauss, B. (1998). Validity and application of computer-simulated scenarios in personnel assessment. International Journal of Selection and Assessment, 6, 97–106.

Klimoski, R., & Brickner, M. (1987). Why do assessment centers work? The puzzle of assessment center validity. Personnel Psychology, 40, 243–260.

Kluger, A. N., & DeNisi, A. (1996). The effects of feedback interventions on performance: a historical review, a meta-analysis, and a preliminary feedback intervention theory. Psychological Bulletin, 119(2), 254–284.

Knowles, M. S. (1970). The modern practice of adult education: Andragogy versus pedagogy. New York: Association Press.

Knowles, M. S. (1973). The adult learner: A neglected species. Houston, TX: Gulf Publishing Co.

Kogan, N., & Wallach, M. A. (1967). Risk-taking as a function of the situation, the person, and the group. In G. Mandler, P. Mussen, & N. Kogan (Eds.), New directions in psychology (Vol. 3, pp. 111–266). New York: Holt.

Kolk, N. J. (2001). Assessment centers: Understanding and improving construct-related validity. Enschede, Netherlands: Printpartners Ipshamp.

Kolk, N. J., Born, M. P., & Van der Flier, H. (2002). Impact of common rater variance on construct validity of assessment center dimension judgments. Human Performance, 15, 325–338.

Kolk, N. J., Born, M. P., Van der Flier, H., & Olman, J. M. (2002). Assessment center procedures, Cognitive load during the observation phase. International Journal of Selection and Assessment, 10, 271–278.

Konz, A. M. (1988). A comparison of dimension ratings and exercise ratings in assessment centers. Unpublished doctoral dissertation, University of Maryland.

Krause, D. E., & Gebert, D. (2003). A comparison of assessment center practices inn organizations in German-speaking regions and the United States. International Journal of Selection and Assessment, 11, 297-312.

Krause, D. E., Kersting, M., Heggestad, E., & Thornton, G. C., III (2004). Criterion validity of cognitive ability tests and assessment centers. Unpublished paper, Colorado State University.

Krause, D. E., & Thornton, G. C., III. (2004, October). Cultural values and assessment center practices in the Americas, Europe, and Asian countries. Presentation at the 23rd International Congress on Assessment Center Methods, Las Vegas, NV.

Kraut, A. I., & Scott, G. J. (1972). Validity of an operational management assessment program. Journal of Applied Psychology, 56, 124-129.

Kruger, J. (1999). Lake Wobegon be gone! The "below-average effect" and the egocentric nature of comparative ability judgments. Journal of Personality & Social Psychology, 77, 221-232.

Kudisch, J. D., Avis, J. M., Fallon, J. D., Thibodeaux, H. F., III, Roberts, F. E., Rollier, T. J., & Rotolo, C. T. (1999, June). Benchmarking for success: A look at today's assessment center practices worldwide. Paper presented at the 27th annual meeting of the International Congress on Assessment Center Methods, Orlando, FL.

Kudisch, J. D., Avis, J. M., Fallon, J. D., Thibodeaux, H. F., Roberts, F. E., Rollier, T. J., & Rotolo, C. T. (2001, September). A survey of assessment center practices in organizations worldwide: Maximizing innovation or business as usual? Paper presented at the 16th annual conference of the Society for Industrial and Organizational Psychology, San Diego, CA.

Kudisch, J. D., Ladd, R. T., & Dobbins, G. H. (1997). New evidence on the construct validity of diagnostic assessment centers: The findings may not be so troubling after all. Journal of Social Behavior and Personality, 12, 129-144.

Kudisch, J., Lundquist, C., & Smith, A. F. R. (2002, October). Reactions to dual-purpose assessment center feedback: What does it take to get participants to buy into and actually do something with their feedback? Presentation at the

30th International Congress on Assessment Center Methods, Pittsburgh, PA.

Kunda, Z., & Sinclair, L. (1999). Motivated reasoning with stereotypes: Activation, application, and inhibition. Psychological Inquiry, 10, 12-22.

Ladd, R. T., Atchley, E. K. P., Gniatczyk, L. A., & Baumann, L. B. (2002, April). An examination of the construct validity of an assessment center using multiple regression importance analysis. Paper presented at the 17th Annual Conference of the Society for Industrial and Organizational Psychology, Toronto, Ontario, Canada.

Lamm, H., & Myers, D. G. (1978). Group-induced polarization of attitudes and behavior. In L. Berkowitz (Ed.), Advances in experimental social psychology (Vol. 11). New York: Academic Press.

Lance, C. E., Foster, M. R., Thoresen, J. D., & Gentry, W. A. (2004). Assessor cognitive processes in an operational assessment center. Journal of Applied Psychology, 89, 22-35.

Lance, C. E., Lambert, T. A., Gewin, A. G., Lievens, F., & Conway, J. M. (2004). Revised estimates of dimension and exercise variance components in assessment center post exercise dimension ratings. Journal of Applied Psychology, 89, 377-385.

Landy, F. J. (1986). Stamp collecting versus science: Validation as hypothesis testing. American Psychologist, 41, 1183-1192.

Landy, F. J. (2005). Employment discrimination litigation: Behavioral, quantitative, and legal perspectives. San Francisco, CA: Jossey-Bass.

Latane, B., & Darley, J. M. (1970). The unresponsive bystander. Why doesn't he help? New York: Appleton-Century-Crofts.

Latham, G. P., & Saari, L. M. (1979). Application of social-learning theory to training supervisors through behavior modeling. Journal of Applied Psychology, 64, 239-246.

Laughlin, P. R. (1980). Social combination processes of cooperative problem-solving groups on verbal intellective tasks. In M. Fishbein (Ed.), Progress in social psychology. Hillsdale, NJ: Lawrence Erlbaum Associates.

Laughlin, P. R. (1999). Collective induction: Twelve postulates. Organizational Behavior and Human Decision Processes, 80, 50-69.

Laughlin, P. R., Bonner, B. L., & Milner, A. G. (2002). Groups perform better that the best individuals on Letters-to-Numbers problems. Organizational Behavior and Human Decision Processes, 88, 605–620.

Laughlin, P. R., & Ellis, A. L. (1986). Demonstrability and social combination processes on mathematical intellective tasks. Journal of Experimental Social Psychology, 22, 177–189.

Laughlin, P. R., & McGlynn, R. P. (1986). Collective induction: Mutual group and individual influence by exchange of hypotheses & evidence. Journal of Experimental Social Psychology, 22, 567–589.

Lawler, E. (1994). From job-based to competency-based organizations. Journal of Organizational Behavior, 15, 3–15.

Lebreton, J. M., Binning, J. F., & Hesson-McInnis, M. S. (1998, August). The effects of measurement structure on the validity of assessment center dimensions. Paper presented at the Annual Meeting of the Academy of Management, San Diego, CA.

Lebreton, J. M., Gniatczyk, L. A., & Migetz, D. Z. (1999, April). The relationship between behavior checklist ratings and judgmental ratings in an operational assessment center: An application of structural equation modeling. Paper presented at the Annual Conference of the Society for Industrial and Organizational Psychology, Atlanta, GA.

Lee, G. (2000). The state of the art in development centres. Selection and Development Review, 16, 10–14.

Lee, G. (2003). Same old development centers? Selection and Development Review, 19, 3–6.

Lee, G., & Beard, D. (1994). Development centres: Realizing the potential of your employees through assessment and development. London: McGraw-Hill.

Leitenberg, H. (1976). Handbook of behavior modification and behavior therapy. Englewood Cliffs, NJ. Prentice-Hall.

Lerner, J. S., & Tetlock, P. E. (1999). Accounting for the effects of accountability. Psychological Bulletin, 125, 255–275.

Leung, W., Su, S., & Morris, M. W. (2001). When is criticism not constructive? The roles of fairness perceptions and dispositional attributions in employee acceptance of critical supervisory feedback. Human Relations, 54, 1155–1187.

Levine, J. M., & Moreland, R. L. (1998). Small groups. In D. T. Gilbert, S. T. Fiske,

& G. Lindzey (Eds.), The handbook of social psychology (4th ed., Vol. II, pp. 415-469). Boston, MA: McGraw-Hill.

Lewin, K. (1951). Field theory in social science. New York: Harper.

Libby, R., Trotman, K. T., & Zimmer, I. (1987). Member variation, recognition of expertise and group performance. Journal of Applied Psychology, 72, 81-87.

Lievens, F. (1998). Factors which improve the construct validity of assessment centers: A review. International Journal of Selection and Assessment, 6, 141-152.

Lievens, F. (1999). The effects of type of assessor training on the construct validity and accuracy of assessment center ratings. Paper presented at the European Congress of Work and Organizational Psychology, Espoo-Helsinki, Finland.

Lievens, F. (2001). Assessor training strategies and their effects on accuracy, interrater reliability, and discriminant validity. Journal of Applied Psychology, 86, 255-264.

Lievens, F., Chasteen, C. S., Day, E., & Christiansen, N. D. (2004, April). A large-scale investigation of the role of trait activation theory. Paper presented at the 19th annual conference of the Society for Industrial and Organizational Psychology, Chicago, IL.

Lievens, F., & Conway, J. M. (2001). Dimension and exercise variance in assessment center scores: A large-scale evaluation of multitrait-multimethod studies. Journal of Applied Psychology, 86, 1202-1222.

Lievens, F., Harris, M. M., Van Keer, E., & Bisqueret, C. (2003). Predicting cross-cultural training performance: The validity of personality, cognitive ability, and dimensions measured by an assessment center and a behavioral description interview. Journal of Applied Psychology, 88, 476-489.

Lievens, F., & Klimoski, R. J. (2001). Understanding the assessment centre process: Where are we now? International Review of Industrial and Organizational Psychology, 16, 246-286.

Lievens, F., & Thornton, G. C., III. (in press). Assessment centers: Recent developments in practice and research. In A. Evers, O. Voskuijl, & N. Anderson (Eds.), Handbook of selection. London: Blackwell.

Linville, P. W., Fischer, G. W., & Salovey, P. (1989). Perceived distributions of the characteristics of in-group and out-group members: Empirical evidence and a computer simulation. Journal of Personality and Social Psychology, 57, 165-188.

Locke, E. A., & Latham, G. P. (1990). A theory of goal setting and task performance. Englewood Cliffs, NJ: Prentice-Hall.

Locksley, A., Borgida, E., Brekke, N., & Hepburn, C. (1980). Sex stereotypes and social judgment. Journal of Personality & Social Psychology, 39, 821-831.

London, M. (1997). Job feedback: Giving, seeking, and using feedback for performance improvement. Mahwah, NJ: Lawrence Erlbaum Associates.

Lopez, F. M., Jr. (1966). Evaluating executive decision making: The in-basket technique (AMA Research Study No. 75). New York: American Management Association.

Lorenzo, R. V. (1984). Effects of assessorship on managers' proficiency in acquiring, evaluating, and communicating information about people. Personnel Psychology, 37, 617-634.

Louiselle, K. G. (1980). Confirmatory factor analysis of two assessment center rating procedures. Paper presented at the 17th Annual IO/OB Graduate Student Conference, Minneapolis, MN.

Lovler, R., & Goldsmith, R. F. (2002, October). Cutting edge developments in assessment center technology. Paper presented at the 30th International Congress on Assessment Center Methods. Pittsburgh, PA.

Lowery, P. E. (1997). The assessment center process: New directions. Journal of Social Behavior and Personality, 12, 53-62.

Lyness, K. S., & Judiesch, M. K. (1999). Are women more likely to be hired or promoted into management positions? Journal of Vocational Behavior, 54, 158-173.

MacKinnon, D. W. (1977). From selecting spies to selecting managers—the OSS assessment program. In J. J. Moses & W. C. Byham (Eds.), Applying the assessment center method (pp.13-30). New York: Pergamon Press.

Major, B. (1980). Information acquisition and attribution processes. Journal of Personality and Social Psychology, 39, 1010-1023.

Manz, C. C., & Sims, H. P. (1981). Vicarious learning: The influence of modeling on organizational ehavior. Academy of Management Review, 6, 105-113.

Masterson, S. S., Lewis, K., Goldman, B. M., & Taylor, M. S. (2000). Integrating justice and social xchange: The differing effects of fair procedures and treatment on work relationships. Academy of Management Journal, 43, 738-748.

Maurer, S. D., Sue-Chan, C., & Latham, G. P. (1999). The situational interview. In R. W. Edder& M. M. Harris (Eds.), The employment interview handbook (pp. 159-179). Thousand Oaks, CA: Sage.

Maurer, T. J., Weiss, E. M., & Barbeite, F. G. (2003). A model of involvement in work-related learning and development activity: The effects of individual, situational, motivational, and age variables. Journal of Applied Psychology, 88, 707-724.

McCauley, C. D., & Hezlett, S. A. (2001). Individual development in the workplace. In N. Anderson, D. S. Ones, H. Sinangil, & C. Viswesveran (Eds.), Handbook of industrial, work, and organizational psychology. Vol. 1: Personnel psychology (pp. 313-335). London, UK: Sage.

McClelland, D. C. (1987, May). Competency assessment: Future prospects and developments. Paper presented at the International Congress on the Assessment Center, Boston, MA.

McConnell, J. J., & Parker, T. (1972). An assessment center program for multiorganizational use. Training and Development Journal, 26(3), 6-14.

McCormick, E. J., Jeanneret, P. R., & Mecham, R. C. (1989). Position Analysis Questionnaire. Logan, UT: PAQ Services.

McEvoy, G. M., & Beatty, R. W. (1989). Assessment centers and subordinate appraisals of managers: A seven-year examination of predictive validity. Personnel Psychology, 42, 37-52.

McGrath, J. E., & Kravitz, D. A. (1982). Group research. Annual Review of Psychology, 33, 195-230.

McIntyre, R. M., & Vanetti, E. (1988, August). The effects of priming in a simulated assessment center environment. Paper presented at the meeting of the American Psychological Association, Atlanta, GA.

Meehl, P. E. (1954). Clinical versus statistical prediction: A theoretical analysis and a review of the evidence Minneapolis, MN: University of Minnesota.

Mehta, P. (1978). Dynamics of adult learning and development. Convergence, 11, 36-43.

Mero, N. P., & Motowidlo, S. J. (1995). Effects of rater accountability on the accuracy and the favorability of performance ratings. Journal of Applied Psychology, 80, 517-524.

Messick, S. (1998). Test validity: A matter of consequence. Social Indicators Research, 45, 35-44.

Middleton, M. J., & Midgely, C. (1997). Avoiding the demonstration of lack of ability: An underexplored aspect of goal theory. Journal of Educational Psychology, 89, 710-718.

Miner, F. C. (1984). Group versus individual decision making: An investigation of performance measures, decision strategies, and process losses/gains. Organizational Behavior & Human Performance, 33, 112-114.

Mintzberg, H. (1975). The manager's job: Folklore and fact. Harvard Business Review, 53, 49-61.

Mischel, W., Jeffry, K. M., & Patterson, C. J. (1974). The layman's use of trait and behavioral information to predict behavior. Journal of Research in Personality, 8, 231-242.

Mitchel, J. O. (1975). Assessment center validity: A longitudinal study. Journal of Applied Psychology, 60, 573-579.

Moscovici, S. (1985). Social influence and conformity. In G. Lindzey & E. Aronson (Eds.), Handbook of social psychology (pp. 347-412). New York: Random House.

Moses, J. L. (1973). The development of an assessment center for the early identification of supervisory potential. Personnel Psychology, 26, 569-580.

Moses, J. L., & Boehm, V. R. (1975). Relationship of assessment center performance to management progress of women. Journal of Applied Psychology, 60, 527-529.

Murphy, K. R. (1988). Psychological measurement: Abilities and skills. In C. L. Cooper & L. Robertson (Eds.), International review of industrial and organizational psychology. New York: Wiley.

Murphy, K. R., & Cleveland, J. N. (1991). Performance appraisal: An organizational perspective. Boston, MA: Allyn & Bacon.

Murphy, K. R., Jako, R. A., & Anhalt, R. L. (1993). Nature and consequences of halo error: A critical analysis. Journal of Applied Psychology, 78, 218-225.

Murphy, K. R., & Kroeker, L. P. (1988). Dimensions of job performance. San Diego, CA. Navy Personnel Research and Development Center, NPRDC-TN88-39.

Myers, D. G., & Lamm, H. (1976). The group polarization phenomenon.

Psychological Bulletin, 83, 602-627.

Nathan, B. R., & Lord, R. G. (1983). Cognitive categorization and dimensional schemata: A process approach to the study of halo in performance ratings. Journal of Applied Psychology, 68, 102-114.

Neidig, R. D., & Martin, J. C. (1979). The FBI's Management Aptitude Program Assessment Center (report no. 2): An analysis of assessors' ratings (TM79-2). Washington, DC: Applied Psychology Section. Personnel Research and Development Center, U.S. Civil Service Commission.

Neidig, R. D., Martin, J. C., & Yates, R. E. (1978). The FBI's Management Aptitude Program Assessment Center. Research report no. 1 (TM783). Washington, DC: Applied Psychology Section. Personnel Research and Development Center, U.S. Civil Service Commission.

Nevo, B. (1989). The practical and theoretical value of examinee feedback questionnaires (EFeQ). Paper presented at the conference, "The individual and organizational side of selection and performance evaluation and appraisal." Universitat Hohenheim, Stuttgart, Germany.

Nevo, B., & Jager, R. (1986). Psychological testing. The examinee perspective. Gottingen, Germany: Hogrefe.

Nicholls, J. G. (1984). Achievement motivation: Conceptions of ability, subjective experience, task choice, and performance. Psychological Review, 91, 328-346.

Nisbett, R., & Ross, L. (1980). Human inference strategies and shortcomings of social judgment. Englewood Cliffs, NJ: Prentice-Hall.

Northcraft, G. B., & Martin, J. (1982). Double jeopardy: Resistance to affirmative action from potential beneficiaries. In B. Gutek (Ed.), Sex roles stereotyping and affirmative action policy. Los Angeles: Institute of Industrial Relations, University of California.

Norton, S. D. (1981). The assessment center process and content validity: A reply to Dreher and Sackett. Academy of Management Review, 6, 561-566.

Nunnally, J. C., & Bernstein, I. H. (1994). Psychometric theory (3rd ed.). New York: McGraw-Hill.

O'Connell, M. S., Hattrup, K., Doverspike, D., & Cober, A. (2002). The validity of "mini" simulations for Mexican retail salespeople. Journal of Business and Psychology, 16, 593-599.

Office of Strategic Services Assessment Staff (1948). Assessment of men: Selection of personnel for the Office of Strategic Services. New York: Rinehart.

Pelled, L. H., Eisenhardt, K. M., & Xin, K. R. (1999). Exploring the black box: An analysis of work group diversity, conflict, and performance. Administrative Science Quarterly, 44, 1-28.

Pendit, V., & Thornton, G. C., III. (2001, September). Development of a code of conduct for personnel assessment in Indonesia. Paper presented at the 29th International Congress on Assessment Center Methods, Frankfurt, Germany.

Perry, E. (1997). A cognitive approach to understanding discrimination: A closer look at applicant gender and age. Research in Personnel and Human Resources Management, 15, 175-240.

Peterson, D. X., & Pitz, G. F. (1986). Effect of input from a mechanical model on clinical judgment. Journal of Applied Psychology, 71, 163-167.

Peterson, N. G., Mumford, M. D., Borman, W. C., Jeanneret, P. R., Fleishman, E. A., Levin, K. Y., Campion, M. A., Mayfield, M. S., Morgeson, F. P., Pearlman, K., Gowing, M. K., Lancaster, A. R., Silver, M. B., & Dye, D. M. (2001). Understanding work using the Occupational Information Network (O*NET): Implications for practice and research. Personnel Psychology, 54, 451-492.

Pettigrew, T. F. (1998). Intergroup contact theory. Annual Review of Psychology, 49, 65-85.

Petty, R. E., & Caccioppo, J. T. (1986). The elaboration likelihood model of persuasion. Advances in Experimental Social Psychology, 19, 123-205.

Pigors, P. (1976). Case method. In R. L. Craig (Ed.), Training and development handbook (2nd ed.,pp.35:1-12). New York: McGraw-Hill.

Pigors, P., & Pigors, F. (1961). Case method in human relations. The incident process. New York: McGraw-Hill.

Pinolli, P. L., & Anderson, J. R. (1985). The role of learning from examples in the acquisition of recursive programming skills. Canadian Journal of Psychology, 39, 240-272.

Ployhart, R. E., & Ehrhart, M. G. (2002). Modeling the practical effects of applicant reactions: Subgroup differences in test-taking motivation, test performance, and selection rates. International Journal of Selection & Assessment, 10, 258-270.

Ployhart, R. E., & Ryan, A. M. (1997). Toward and explanation of applicant reactions: An examination of organizational justice and attribution frameworks. Organizational Behavior & Human Decision Processes, 72, 308-335.

Poteet, M. L., & Kudisch, J. D. (2003, September). Straight from the horses mouth: Strategies for increasing feedback acceptance. Paper presented at the 31st International Congress on Assessment Center Methods, Atlanta, Georgia.

Potemra, M. J. (2005). Skill development in a university setting: An investigation of students' improvability beliefs, locus of control, academic self-efficacy, and learning oriented attitudes. Unpublished master's thesis, Colorado State University.

Povah, N. (1986). Using assessment centers as a means for self-development. Industrial and Commercial Training, 18, 22-25.

Povah, N., & Ballantyne, I. (2004). Assessment & development centres (2nd ed.). Gower: UK.

Prahalad, C., & Hamel, G. (1990, May-June). The core competence of the corporation. Harvard Business Review, 79-91.

Prien, E. P., Schippmann, J. S., & Prien, K. O. (2003). Individual assessment: As practiced in industry and consulting. Mahwah, NJ: Lawrence Erlbaum Associates.

Primoff, E. S. (1975). How to prepare and conduct job element examinations. Washington, DC: Personnel Research and Development Center, U.S. Civil Service Commission (TS-75-1).

Pynes, J., & Bernardin, H. J. (1992). Mechanical vs consensus-derived assessment center ratings. Public Personnel Management, 21, 17-28.

Raggins, B. R., Townsend, B., & Mattis, M. (1998). Gender gap in the executive suite: CEO and female executives report on breaking the glass ceiling. Academy of Management Executive, 12, 28-42.

Reilly, R. R., Henry, S., & Smither, J. W. (1990). An examination of the effects of using behavior checklists on the construct validity of assessment center dimensions. Personnel Psychology, 43, 71-84.

Reilly, R. R., & Smither, J. W. (1985). An examination of two alternative techniques to estimate the standard deviation of job performance in dollars. Journal of Applied Psychology, 70, 651-661.

Reynolds, D. (2003, September). Assessing executive and leaders through a technology-based assessment center. Paper presented at the 31st International Congress on Assessment Center Methods, Atlanta, GA.

Richards, W. (2002, October). A digital portfolio to support learning and development. Paper presented at the 30th International Congress on Assessment Center Methods, Pittsburgh, PA.

Riggio, R. E., Mayes, B. T., & Schleicher, D. J. (2003). Using assessment center methods for measuring undergraduate business student outcomes. Journal of Management Inquiry, 12, 68-78.

Riordan, C. M. (2000). Relational demography within groups: Past developments, contradictions, and new directions. Research in Personnel and Human Resource Management, 19, 131-173.

Riordan, C. M., & Shore, L. M. (1997). Demographic diversity and employee attitudes: An empirical examination of relational demography within work units. Journal of Applied Psychology, 82, 342-358.

Ritchie, R. J. (1994). Using the assessment center method to predict senior management potential. Consulting Psychology Journal: Practice & Research, 46, 16-23.

Ritchie, R. R., & Moses, J. L. (1983). Assessment center correlates of women's advancement into middle management: A 7-year longitudinal analysis. Journal of Applied Psychology, 68, 227-231.

Roberson, L., & Block, C. J. (2001). Racioethnicity and job performance: A review and critique of theoretical perspectives on the causes of group differences. Research in Organizational Behavior, 23, 247-325.

Robins, R. W., Noftle, E. E., Trzesniewski, K. H., & Roberts, B. W. (2005). Do people know how their personality has changed? Correlates of perceived and actual personality change in young adulthood. Journal of Personality, 73, 489-521.

Rogers, D. A. (2003). The evaluation of gamma, beta, and alpha change in individuals following participation in a developmental assessment process. Unpublished paper, Colorado State University.

Rogers, D. A. (2005, April). Alpha, beta, and gamma change on assessees' understanding of DAC dimensions. Paper presented at the 20th annual meeting of the Society for Industrial and Organizational Psychology, Los Angeles, CA.

Rohmert, W. (1988). AET. In S. Gael (Ed.), The job analysis handbook for business, industry, and government (pp. 843–859). New York: Wiley.

Rohrbaugh, J. (1979). Improving the quality of group judgment: Social judgment analysis and the Delphi technique. Organizational Behavior and Human Performance, 24, 73–92.

Rokeach, M. (1973). The nature of human values. New York: The Free Press. Rosch, E., Mervis, C. G., Gray, W. D., Johnson, D. M., & Boyes-Braem, P. (1976). Basic objects in natural categories. Cognitive Psychology, 8, 382–439.

Rupp, D. E., Baldwin, A., & Bashshur, M. (2004, April). Supervisory justice training: An application of developmental assessment centers. Paper presented at the 20th annual meeting of the Society for Industrial and Organizational Psychology, Los Angeles, CA.

Rupp, D. E., & Cropanzano, R. (2002). Multifoci justice and social exchange relationships. Organizational Behavior and Human Decision Processes, 89, 925–946.

Rupp, D. E., Gibbons, A. M., Runnels, T., Anderson, L., & Thornton, G. C., III. (2003, August). What should developmental assessment centers be assessing? Paper presented at the 63rd annual meeting of the Academy of Management, Seattle, Washington.

Rupp, D. E., & Thornton, G. C., III. (2003, September). Consortium to study developmental assessment centers. The 31st International Congress on Assessment Center Methods, Atlanta, Georgia.

Russell, C. J. (1987). Person characteristic versus role congruency explanations for assessment center ratings. Academy of Management Journal, 30, 817–826.

Ryan, A. M., Daum, D., Bauman, T., Grisez, M., Mattimore, K., Nadloka, T., & McCormick, S. (1995). Direct, indirect, and controlled observation and rating accuracy. Journal of Applied Psychology, 80, 664–670.

Ryan, A. M., & Sackett, P. R. (1998). Individual assessment: The research base. In R. Jeanneret & R. Silzer (Eds.), Individual psychological assessment: Predicting behavior in organizational settings. San Francisco, CA: Jossey-Bass.

Rynes, S. L. (1991). Recruitment, job choice, and post-hire consequences: A call for new research directions. In M. D. Dunnette & L. M. Hough (Eds.), Handbook of industrial and organizational psychology (Vol. 2, pp. 399–444). Palo Alto,

CA: Consulting Press.

Rynes, S. L., & Cable, D. M. (2003). Recruitment research in the twenty-first century. In W. C. Borman, D. R. Ilgen, & R. J. Klimoski (Eds.), Handbook of psychology: Industrial and organizational psychology, Vol. 12 (pp. 55-76). New York: Wiley.

Sackett, P. R. (1982). A critical look at some common beliefs about assessment centers. Public Personnel Management Journal, 2, 140-147.

Sackett, P. R. (1987). Assessment centers and content validity: Some neglected issues. Personnel Psychology, 40, 13-25.

Sackett, P. R., & Hakel, M. D. (1979). Temporal stability and individual differences in using assessment information to form overall ratings. Organizational Behavior and Human Performance, 23, 120-137.

Sackett, P. R., & Tuzinski, K. (2001). The role of dimensions and exercises in assessment center judgments. In M. London (Ed.), How people evaluate others in organizations (pp. 111-129). Mahwah, NJ: Lawrence Erlbaum Associates.

Sackett, P. R., & Wilson, M. A. (1982). Factors affecting the consensus judgment process in management assessment centers. Journal of Applied Psychology, 67, 10-17.

Sagie, A., & Magnezy, R. (1997). Assessor type, number of distinguishable dimension categories' and assessment centre construct validity. Journal of Occupational and Organizational Psychology, 70, 103-108.

Salas, E., & Cannon-Bowers, J. A. (2001). The science of training: A decade of progress. Annual Review of Psychology, 52, 471-499.

Sanchez, J. I., & Levine, E. L. (2001). The analysis of work in the 20th and 21st centuries. In R. W. Woodman & W. A. Pasmore (Eds.), Research in organizational change and development (Vol. 7, pp. 71-89). Greenwich, CT: JAI Press.

Sawyer, I. (1966). Measurement and prediction, clinical and statistical. Psychological Bulletin, 66, 178-200.

Schalk, R., & Rousseau, D. M. (2002). Psychological contracts in employment. In N. Anderson, D. S. Ones, H. K. Sinangil, & C. Viswesvaran (Eds.), Handbook of industrial, work, and organizational psychology (Vol. 2, pp. 133-142). Thousand Oaks, CA: Sage.

Schein, E. H. (1970). Organizational psychology. Englewood Cliffs, NJ: Prentice-Hall.

Schippmann, J. S. (1999). Strategic job modeling: Working at the core of integrated human resources. Mahwah, NJ: Lawrence Erlbaum Associates.

Schippmann, J. S., Ash, R. A., Battista, M., Carr, L., Eyde, L. D., Hesketh, B., Kehoe, J., Pearlman, K., Prien, E. P., & Sanchez, J. I. (2000). The practice of competency modeling. Personnel Psychology, 53, 703-740.

Schippmann, J. S., Prien, E. P., & Katz, J. A. (1990). Reliability and validity of in-basket performance measure. Personnel Psychology, 43, 837-859.

Schleicher, D. J., & Day, D. V. (1998). A cognitive evaluation of frame-of-reference rater training: Content and process issues. Organizational Behavior & Human Decision Processes, 73, 76-101.

Schleicher, D. J., Day, D. V., Mayes, B. T., & Riggio, R. E. (2002). A new frame for frame-ofreference training: Enhancing the construct validity of assessment centers. Journal of Applied Psychology, 87, 735-746.

Schmidt, F. L. (1988). The problem of group differences in ability test scores in employment selection. Journal of Vocational Behavior, 33, 279-292.

Schmidt, F. L., & Hunter, J. E. (1998). The validity and utility of selection methods in personnel psychology: Practical and theoretical implications of 85 years of research findings. Psychological Bulletin, 124, 262-274.

Schmidt, F. L., Hunter, J. E., McKenzie, R., & Muldrow, T. (1979). The impact of valid selection procedures on workforce productivity. Journal of Applied Psychology, 64, 609-626.

Schmitt, N. (1977). Interrater agreement in dimensionality and combination of assessment center judgments. Journal of Applied Psychology, 62, 171-176.

Schmitt, N. (1993). Group composition, gender, and race effects on assessment center ratings. In H. Schuler, J. L. Farr, & M. Smith (Eds.), Personnel selection and assessment: Individual and organizational perspectives (pp. 315-332). Hillsdale, NJ: Lawrence Erlbaum Associates.

Schmitt, N., Cortina, J. M., Ingerick, M. J., & Wiechmann, D. (2003). Personnel selection and employee performance. In W. C. Borman, D. R. Ilgen, & R. J. Klimoski (Eds.), Comprehensive handbook of psychology, Vol. 12: Industrial and organizational psychology (pp. 77-105). New York: Wiley.

Schmitt, N., Ford, J. K., & Stults, D. M. (1986). Changes in self-perceived ability as a function of performance in an assessment centre. Journal of Occupational Psychology, 59, 327-335.

Schmitt, N., Gooding, R. Z., Noe, R. A., & Kirsch, M. (1984). Meta-analyses of validity studies published between 1964 and 1982 and the investigation of study characteristics. Personnel Psychology, 37, 407-422.

Schmitt, N., & Hill, T. E. (1975). Sex and race composition of assessment center groups as a determinant of peer and assessor ratings. Journal of Applied Psychology, 62, 261-264.

Schmitt, N., & Mills, A. E. (2001). Traditional tests and job simulations: Minority and majority performance and test validities. Journal of Applied Psychology, 86, 451-458.

Schmitt, N., Schneider, J. P., & Cohen, S. A. (1990). Factors affecting validity of a regionally administered assessment center. Personnel Psychology, 43, 1-12.

Schneider, B., & Konz, A. M. (1989). Strategic job analysis. Human Resource Management, 28(1), 51-63.

Schuler, H. (1993), Social validity of selection situations: A concept and some empirical results. In H. Schuler, J. L. Farr, & M. Smith (Eds.), Personnel selection and assessment: Individual and organizational perspectives. Hillsdale, NJ: Lawrence Erlbaum Associates.

Schuler, R. S., & Huber, V. L. (1990). Personnel and human resource management (4th ed.). St. Paul, MN: West.

Schweiger, D. M., Sandberg, W. R., & Rediner, P. L. (1989). Experiential effects of dialectical inquiry, devil's advocacy, and consensus approaches to strategic decision making. Academy of Management Journal, 32, 745-772.

Sherman, S. J., Judd, C. M., & Park, B. (1989). Social cognition. Annual Review of Psychology, 3, 281-326.

Shore, T. H. (1992). Subtle gender bias in the assessment of managerial potential. Sex Roles, 27, 499-515.

Shore, T. H., Shore, L. M., & Thornton, G. C., III. (1992). Construct validity of self- and peerevaluations of performance dimensions in an assessment center. Journal of Applied Psychology, 77, 42-54.

Shore, T. H., Tashchian, A., & Adams, J. S. (1997). The role of gender in a developmental assessment center. Journal of Social Behavior & Personality, 12,

191–203.

Shore, T. H., Thornton, G. C., III, & Shore, L. M. (1990). Construct validity of two categories of assessment center dimension ratings. Personnel Psychology, 43, 101–115.

Silzer, R. F., & Louiselle, K. (1990, March). Statistical versus assessor data: Application and recent research. Paper presented at the 18th International Congress on the Assessment Center Method, Anaheim, CA.

Skarlicki, D. P., & Folger, R. (1997). Retaliation in the workplace: The role of distributive, procedural, and interactional justice. Journal of Applied Psychology, 82, 434–443.

Slivinski, L. W., Grant, K. W., Bourgeois, R. P., & Pederson, L. D. (1977). Development and validation of a first-level management assessment centre. Ottawa, Canada: Public Service Commission of Canada.

Smith, A. B. (1989). A comparison of two assessment center integration methods. Unpublished doctoral dissertation, Colorado State University.

Smith, A., & Reynolds, D. (2002, October). Automating the assessment experience: The latest chapter. Paper presented at the 30th International Congress on Assessment Center Methods, Pittsburgh, PA.

Smith, E. E., & Medin, D. L. (1981). Categories and concepts. Cambridge, MA: Harvard University Press.

Smith, P. C., & Kendall, L. M. (1963). Retranslation of expectations: An approach to the construction of unambiguous anchors for rating scales. Journal of Applied Psychology, 47, 149–155.

Smith-Jentsch, K. A., Salas, E., & Baker, D. P. (1996). Training team performance-related assertiveness. Personnel Psychology, 49, 110–116.

Sniezek, J. A., & Henry, R. A. (1989). Accuracy and confidence in group judgment. Organizational Behavior and Human Decision Processes, 43, 1–28.

Sniezek, J. A., & Henry, R. A. (1990). Revision, weighting, and commitment in consensus group judgment. Organizational Behavior and Human Decision Processes, 45, 66–84.

Snyder, L. A., Gibbons, A. M., Woo, S. E., & Kim, M. J. (2005, April). An examination of the developability of dimensions in DACs. Paper presented at the 20th annual meeting of the Society for Industrial and Organizational

Psychology, Los Angeles, CA.

Society for Industrial and Organizational Psychology. (2003). Principles for the validation and use of personnel selection procedures (4th ed.). Bowling Green, OH: Author.

Sovereign, M. L. (1984). Personnel law. Reston, VA: Reston.

Spangenberg, H. H. (1990). Assessing managerial competence. Cape Town, South Africa: Juta.

Spangenberg, H. H., Esterhuyse, J. J., Visser, J. H., Briedenbann, J. E., & Calitz, C. J. (1989). Validation of an assessment centre against BARS: An experience with performance-related criteria. Journal of Industrial Psychology, 15(2), 1-10.

Spychalski, A. C., Quinones, M. A., Gaugler, B. B., & Pohley, K. (1997). A survey of assessment center practices in organizations in the United States. Personnel Psychology, 50, 71-90.

Squires, P., Torkel, S. J., Smither, J. W., & Ingate, M. R. (1988). Validity and generalizability of a role-play test to select telemarketing representatives. Paper presented at the meeting of the American Psychological Association, Atlanta, GA.

Stasser, G. (1992). Information salience and the discovery of hidden profiles by decisionmaking groups: A "thought" experiment. Organizational Behavior and Human Decision Processes, 52, 156-181.

Stasser, G., & Stewart, D. (1992). The discovery of hidden profiles by decision making groups: Solving a problem versus making a judgment. Journal of Personality and Social Psychology, 63, 426-434.

Steiner, I. (1972). Group process and productivity. New York: Academic Press.

Sterns, H. L., & Doverspike, D. (1989). Aging and the training and learning process. In I. Goldstein (Ed.), Training and development in organizations (pp. 299-332). San Francisco: Jossey-Bass.

Stewart, D. D., Billings, R. S., & Stasser, G. (1998). Accountability and the discussion of unshared, critical information in decision-making groups. Group dynamics: Theory, research, and practice, 2, 18-23.

Struth, M. R., Frank, F. D., & Amato, A. (1980). Effects of assessor training on subsequent performance as an assessee. Journal of Assessment Center Technology, 3(2), 17-22.

Swann, W. B. (1984). Quest for accuracy in person perceptive: A matter of pragmatics. Psychological Review, 91, 457-477.

Swim, J. K., Borgida, E., Maruyama, G., & Myers, D. G. (1989). Joan McKay versus John McKay: Do gender stereotypes bias evaluation? Psychological Bulletin, 105, 409-429.

Taylor, C. R. (1990, May). Strategic job analysis. Paper presented at the 18th International Congress on the Assessment Center Method, Anaheim, CA.

Taylor, M. S., Fisher, C. D., & Ilgen, D. R. (1984). Individual reactions to performance feedback in organizations: A control theory perspective. In R. Rowland & G. Ferris (Eds.), Research in personnel and human rescurces management (Vol. 2, pp. 81-124). Greenwich, CT: JAI Press.

Tetlock, P. E. (1983). Accountability and the complexity of thought. Journal of Personality and Social Psychology, 45, 74-83.

Tetlock, P. E. (1985). Accountability: The neglected social context of judgment and choice. In L. L. Cummings & B. M. Staw (Eds.), Research in organizational behavior (Vol. 7, pp. 297-332). Greenwich, CT: JAI Press.

Tett, R. P., & Guterman, H. A. (2000). Situation trait relevance, trait expression, and crosssituational consistency: Testing a principle of trait activation. Journal of Research in Personality, 34, 397-423. Thibodeaux, H. F., & Kudisch, J. D. (2003). The relationship between applicant reactions, the likelihood of complaints, and organization attractiveness. Journal of Business & Psychology, 18, 247-257.

Thomson, H. A. (1970). Comparison of predictor and criterion judgments of managerial performance using the multitrait-multimethod approach. Journal of Applied Psychology, 54, 496-502.

Thompson, D. E., & Thompson, T. A. (1982). Court standards for job analysis in test validation. Personnel Psychology, 35, 865-874.

Thoresen, J. D. (2002, October). Do we need dimensions? Dimensions limited or unlimited. Paper presented at the meeting of the International Congress of Assessment Center Methods, Pittsburgh, PA.

Thornton, G. C., III. (1976). The effects of feedback in developmental planning. Paper presented at the Fourth International Congress on the Assessment Center Method, Portsmouth, NH.

Thornton, G. C., III. (1992). Assessment centers in human resource management. Reading, MA: Addison-Wesley

Thornton, G. C., III. (1993). The effect of selection practices on applicants' perceptions of organizational characteristics. In H. Schuler, J. L. Farr, & M. Smith (Eds.), Personnel selection and assessment. Individual and organization perspectives (pp. 57-69). Hillsdale, NJ: Lawrence Erlbaum Associates.

Thornton, G. C., III, & Byham, W. C. (1982). Assessment centers and managerial performance. New York: Academic Press.

Thornton, G. C., III, & Cleveland, J. N. (1990). Developing managerial talent through simulation. American Psychologist, 45, 190-199.

Thornton, G. C., III, & Mueller-Hanson, R. A. (2004). Developing organizational simulations: A guide for practitioners and students. Mahwah, NJ: Lawrence Erlbaum Associates.

Thornton, G. C., III, & Rogers, D. A. (2001, September). Developmental assessment centers: Can we deliver the essential elements? Paper presented at the 29th International Congress on Assessment Center Methods, Frankfurt, Germany.

Thornton, G. C., III, & Rupp, D. E. (2003). Simulations and assessment centers. In J. C. Thomas (Ed.), & M. Hersen (Series Ed.), Comprehensive handbook of psychological assessment, Vol. 4: Industrial and organizational assessment (pp. 318-344). New York: Wiley.

Thornton, G. C., III, Tziner, A., Dahan, M., Clevenger, J. P., & Meir, E. (1997). Construct validity of assessment center judgments. Journal of Social Behavior and Personality, 12, 109-128.

Thornton, G. C., III, & Zorich, S. (1980). Training to improve observer accuracy. Journal of Applied Psychology, 64, 351-354.

Tillema, H. H. (1998). Assessment of potential, from assessment centers to development centers. International Journal of Selection & Assessment, 6, 185-191.

Tomkiewicz, J., Brenner, O. C., & Adeyemi-Bello, T. (1998). The impact of perceptions and stereotypes on the managerial mobility of African Americans. Journal of Social Psychology, 138, 81-124.

Triandis, H. C., Kurowski, L. L., & Gelfand, M. J. (1993). Workplace diversity. In M. D. Dunnette & L. M. Hough (Eds.), Handbook of industrial and organizational psychology (Vol. 4, pp. 769–827). Palo Alto, CA: Consulting Psychologists Press.

Truxillo, D. M., Bauer, T. N., Campion, M. A., & Paronto, M. E. (2002). Selection fairness information and applicant reactions: A longitudinal field study. Journal of Applied Psychology, 87, 1020–1031.

Tuckey, M., Brewer, N., & Williamson, P. (2002). The influence of motives and goal orientation on feedback seeking. Journal of Occupational and Organizational Psychology, 75, 195–216.

Turnage, J. J., & Muchinsky, P. M. (1984). A comparison of the predictive validity of assessment center evaluations versus traditional measures of forecasting supervisory job performance: Interpretive implications of criterion distortion for the assessment paradigm. Journal of Applied Psychology, 69, 595–602.

Tversky, A., & Kahneman, D. (1974). Judgment under uncertainty: Heuristics and biases. Science, 185, 1124–1131.

Tziner, A., & Dolan, S. (1982). Validity of an assessment center for identifying future female officers in the military. Journal of Applied Psychology, 67, 728–736.

Tziner, A., Meir, E. I., Dahan, M., & Birati, A. (1994). An investigation of the predictive validity and economic utility of the assessment center for the high-management level. Canadian Journal of Behavioural Science, 26, 228–245.

Tziner, A., Ronen, S., & Hacohen, D. (1990). The assessment center once more under the surgeon's knife: A long-term validation study in a nonNorth American organization setting. Unpublished manuscript, Tel Aviv University.

UK Industrial Society. (1996). Assessment & development centres. Managing Best Practice, 29.

Umeshima, M. (1989, May). Combining outside assessors with peer assessors. Paper presented at the 17th International Congress on the Assessment Center Method, Pittsburgh, PA.

U.S. Bureau of Labor Statistics. (2001). Contingent and alternative employment arrangements, February 2001 (USDL 01-153) [On-line]. Available: http://www.stats.bls.gov/newsrels.htm.Dateaccessed:January10,2004.

U.S. Bureau of Labor Statistics. (2002). Workers on flexible and shift schedules in 2001 (USDL 02-225) [On-line]. Available: http://www.stats.bls.gov/newsrels.htm. Date accessed: January 10, 2004.

U.S. Department of Labor Bureau of Labor Statistics. (2003). Occupational outlook handbook. Washington, DC: U.S. Bureau of Labor Statistics Office of Occupational Statistics and Employment.

U.S. Department of Labor Employment and Training Administration. (2002). O*NET. Washington, DC: Government Printing Office. [On-line.] Available: http://www.doleta.gov/programs/onet/, accessed August 1, 2004.

Viswesvaran, C., Ones, D. S., & Schmidt, F. L. (1996). Comparative analysis of the reliability of job performance ratings. Journal of Applied Psychology, 81, 557-574.

Waldman, D. A., & Korbar, T. (2004). Student assessment center performance in the prediction of early career success. Academy of Management Learning and Education, 3, 151-167.

Walsh, J. P., Weinberg, R. M., & Fairfield, M. L. (1987). The effects of gender on assessment center evaluations. Journal of Occupational Psychology, 60, 305-309.

Walter, M. (2004). Approach to Development Experiences Questionnaire: Reliability and validity evidence. Unpublished paper, Colorado State University.

Wanous, J. P., & Youtz, M. A. (1986). Solution diversity and the quality of group decisions. Academy of Management Journal, 29, 149-159.

Weekly, J. A., Frank, B., O'Conner, E. J., & Peters, L. H. (1985). A comparison of three methods of estimating the standard deviation of performance in dollars. Journal of Applied Psychology, 70, 122-126.

Wegner, D. M., & Bargh, J. A. (1998). Control and automaticity in social life. In D. T. Gilbert,S. T., Fiske, & G. Lindzey (Eds.), The handbook of social psychology (4th ed., pp. 446-496). New York: McGraw-Hill.

Weisner, W. H., & Cronshaw, S. F. (1988). A meta-analytical investigation of the impact of interview format and degree of structure on the validity of the employment interview. Journal of Occupational Psychology, 61, 275-290.

Weldon, E., & Gargano, G. M. (1985). Cognitive effort in additive groups: The effects of shared responsibility on the quality of multiattribute judgments. Organizational Behavior and Human Decision Processes, 36, 348-361.

Weldon, E., & Mustari, E. L. (1988). Felt dispensability in groups of coactors: The effects of shared responsibility and explicit anonymity on cognitive effort. Organizational Behavior and Human Decision Processes, 36, 348-361.

Wernimont, P. F., & Campbell, J. P. (1968). Signs, samples, and criteria. Journal of Applied Psychology, 52, 372-376.

Wiggins, J. S. (1973). Personality and prediction: Principles of personality assessment. Reading, MA: Addison-Wesley.

Wilkinson, B., & Byham, T. M. (2003, September). Factors affecting the acceptance and application of developmental feedback from an executive development center. Paper presented at the 31st International Congress on Assessment Center Methods. Atlanta, Georgia.

Wingrove, J., Jones, A., & Herriot, P. (1985). The predictive validity of pre- and post-discussion assessment centre ratings. Journal of Occupational Psychology, 58, 189-192.

Woehr, D. J. (1994). Understanding frame-of-reference training: The impact of training on the recall of performance information. Journal of Applied Psychology, 79, 525-534.

Woehr, D. J., & Arthur, W. (2003). The construct-related validity of assessment center ratings A review and meta-analysis of the role of methodological factors. Journal of Management, 29, 231-258.

Woehr, D. J., & Huffcutt, A. I. (1994). Rater training for performance appraisal: A quantitative review. Journal of Occupational & Organizational Psychology, 67, 189-205.

Wolfson, A. D. (1988, August). Assessing general management skills in technical functions. Paper presented at the annual meeting of the American Psychological Association, Atlanta, GA.

Wollowick, H. B., & McNamara, W. J. (1969). Relationship of the components of an assessment center to management success. Journal of Applied Psychology, 53, 348-352.

Wonderlic, F. (1992). Wonderlic Personnel Test User's Manual, Libertyville, IL: Wonderlic Personnel Test.

Woo, S. E., & Sims, C. (2005, April). The impact of agreement between self- and assessor-ratings on DAC engagement. Paper presented at the 20th annual meeting of the Society for Industrial and Organizational Psychology, Los Angeles, CA.

Wyer, R. S., Jr., & Srull, T. K. (1986). Human cognition in its social context.

Psychological Review, 93, 322-359.

Zedeck, S. (1986). A process analysis of the assessment center method. In B. M. Staw & L. L. Cummings (Eds.), Research in organizational behavior. Vol. 8 (pp. 259-296). Greenwich, CT: JAI Press.

# 주제 색인

ㄱ

## ㅁ



## ㅂ

ㅅ



ㅇ

ㅈ

ㅊ



ㅌ

## ㅍ

ㅎ



A-Z(사례)

# 역량평가 · 평가센터

저　　자 George C. Thornton Ⅲ / Deborah E. Rupp
옮 긴 이 김명준 / 김영재
발 행 인 김명준
발 행 처 어세스타
주　　소 서울시 영등포구 국회대로 68길 11, 삼보호정빌딩 5~6층(여의도동)
전　　화 02-787-1400
팩　　스 02-787-1408
홈페이지 www.assesta.com / www.career4u.net
초판발행 2017년